Het Qum

Eliette Abécassis

Het Qumran-mysterie

ANTHOS | MANTEAU

Voor Nederland: ISBN 90 414 0203 9
Voor België: ISBN 90 223 1466 9
D 1997 / 0034 / 739
NUGI 310 /311

Oorspronkelijke titel: *Qumran*
Oorspronkelijke uitgever: Éditions Ramsay
Omslagontwerp: Studio Jan de Boer
Omslagfoto: © Tony Stone Images
Foto achterplat: © John Foley

De vertaling van de bijbelteksten in dit boek is gebaseerd op de *Groot Nieuws Bijbel*, Nederlands Bijbelgenootschap, Haarlem 1983. De vertaling van de teksten van de Dode-Zeerollen op de pagina's 23, 61, 103-5, 161-2, 219-20 en 281-2 is gebaseerd op *De rollen van de Dode Zee*, ingeleid en in het Nederlands vertaald door dr. F. García Martínez en dr. A.S. van der Woude, Uitgeverij Kok, Kampen 1995.

Voor België: Uitgeverij Manteau, Antwerpen

Voor Rose Lallier

Dit boek is geboren uit een van haar visioenen

Wie zich nooit aan bespiegelingen heeft overgegeven
Over deze vier dingen:
Wat is er daar boven?
Wat is er daar beneden?
Wat was er vóór de wereld?
Wat zal er daarna zijn?
Die had beter niet geboren kunnen worden.

Babylonische talmoed, Hagiga, 11b

PROLOOG

I

De dag dat de Messias de geest gaf, was de hemel niet donkerder of minder donker dan andere dagen; er was geen stralend licht te zien, als een wonderteken. De zon ging schuil achter een zware nevel, maar de stralen wisten door de dichte bovenlagen heen te dringen. De wolken beloofden mot- of ijsregen, die geen verkoeling in het grofaarden landschap zou brengen. Het land was niet in diepe duisternis gehuld; de hemel gaf nog een flauw schijnsel te zien.

Het was kortom een dag als andere, niet somber en niet mooi, niet donker en niet helder, niet buitengewoon maar ook niet helemaal gewoon. Maar misschien was dat normale wel een voorteken van het ontbreken van een voorteken, ik weet het niet.

Zijn doodsstrijd was lang en zwaar. Zijn ademhaling was één lange, eindeloze klacht, immens van wanhoop. Zijn haar en zijn vale baard hadden niet meer de gloed van de wijsheid, alom leniging en heling verschaffend. In zijn ogen doofde het vuur dat erin placht te branden toen hij eenieder vol hartstocht zijn goede woorden en profetieën bracht en de komst van de nieuwe wereld verkondigde. Zijn lichaam, verwrongen als een doek, getekend, was een en al lijden, vol kneuzingen en open wonden. De botten tekenden zich onder het vel af als macabere striemen. Zijn verschrompelde huid, verfomfaaid als een hemd waar de lappen bij hingen, een verlote lijkwade, was een uitgerolde en ontwijde boekrol, een halfvergaan perkament waarop de letters van bloed rond de ingekraste regels dansten, tussen de doorhalingen en verbeteringen, een broddelwerk. Zijn uitgerekte ledematen, met naalden doorstoken, vol paarsblauwe vlekken, leken wel ineen te zakken. Van zijn doorstoken handen, gekromd van de pijn, stroomde bloed; een warme golf ontsprong aan het hart, opwellend tot aan zijn verdroogde mond, gespeend van de woorden van liefde die hij zo graag sprak, verstild in een sprakeloze uitdrukking van angst en verbazing, voor het laatst, juist voor de aanval. Zijn borst zette zich plots schrap, een lam ten prooi aan de wolf, alsof het hart naar buiten zou komen in al zijn naaktheid, berstend, geofferd.

Toen verstarde hij, bedwelmd door zijn eigen bloed, als door wijn die uit de pers gutst. De ontzetting en alle uitdrukking verdween van zijn vaalbleke, getekende gelaat, dat met zijn verwezen blik en halfopen mond wel een toonbeeld van onschuld was. Ging hij naar de Geest? De Geest liet hem juist in de steek, nu hij die, de wanhoop nabij, leek aan te roepen en bij de naam te noemen. Er kwam geen teken voor hem, de rabbi, de wonderdoener, de verlosser, de vertrooster van armen, de genezer van zieken, krankzinnigen en lammen. Niemand kon hem redden, ook hij niet.

Ze gaven hem wat water. Ze lenigden zijn nood. Sommigen zeiden dat een weerlicht een lichtspoor aan de einder trok, anderen meenden hem zijn vader te hebben horen roepen, met luider stem die nog lang nagalmde, alsof hij uit de hemel kwam. Het onvermijdelijke gebeurde. Hij bezweek.

Hij was al op leeftijd, maar ziek was hij niet. De leden van de gemeenschap dachten dat hij misschien wel onsterfelijk was, en waren ofwel in afwachting van een gebeurtenis – zijn dood, zijn wederverschijning, zijn opstanding –, ofwel van het achterwege blijven daarvan, als blijk van zijn langlevendheid – de eeuwigheid. Of hij nu stierf of bleef leven, in beide gevallen zou het dus om een wonder gaan.

Het was een middag in april. Volgens de diverse behandelende geneesheren was de coma die de vorige dag was ingetreden door een hartaandoening veroorzaakt. Tussen drie uur en halfvier 's middags stopten ze met de transfusies. Zijn lijk werd per ambulance van het ziekenhuis, waar hij de laatste adem uitblies, naar zijn woning gebracht. Daar werd hij op de grond neergelegd en met een lijkkleed bedekt, zoals de traditie het wilde. Daarna openden ze het bureau waar de rabbi placht te bidden, studeren en lezen, en daar reciteerden de gelovigen heilige geschriften. De velen die hem toegedaan waren kwamen hun leermeester de laatste eer bewijzen. Hij had namelijk duizenden leerlingen in de wereld, die geloof in hem hadden, die geloofden dat hij de koninklijke Messias was, de apostel van de nieuwe tijden, de wegbereider van een andere heerschappij, degene op wie ze al zo lang wachtten, sinds lang vervlogen tijden.

Het bezoek ging tot aan de avond door. Toen legden ze het lijk in een kist, gemaakt van hout waar arbeidzaamheid en gebed in zaten, dat van het grote eiken bureau waaraan de rabbi zoveel uren had gestudeerd. De politieafzetting bij het sterfhuis kon ternauwernood de menigte in bedwang houden. In de stad was het verkeer gestremd; geen auto kon zich een weg banen door die dichte mensenmassa van in het zwart geklede mannen, treurende vrouwen en kinderen die met honderdduizenden waren samengedromd om te rouwen om de rabbi. Sommigen sloegen in hun verslagenheid de handen aan het hoofd. Anderen schreeuwden op straat hun verdriet uit. Weer anderen dansten hier en daar op weemoedige of vlotte chassidische melodieën en zongen op bekende wijsjes: 'Hij zal leven, onze meester, onze rabbi, de koninklijke Messias.' Ze kwamen niet voor een begrafenis; ze verwachtten de Opstanding, het tijdstip dat de Exodus ten einde kwam en de Verlossing een aanvang nam. Dan konden ze zeggen dat ze in het land van Israël waren en dat het hunne noemen. Had hij het ze niet gezegd, in gelijkenissen en toespelingen? Ze hadden het begrepen. Na al dat lijden, die verstrooiing, al die treiterijen en terechtstellingen. Er was geen *later* meer, later was te ver weg. Hij was het, hier en nu; hij was de langverwachte die later zou komen.

De teraardebestelling werd tot de dag na zijn overlijden uitgesteld, om iedereen in de gelegenheid te stellen te komen. De Ben-Goerion-luchthaven zag zwart van de chassidim uit allerlei landen, die overhaast uit New York, Parijs of Londen waren overgevlogen.

Toen zijn leerlingen het huis uit kwamen, werden ze bestormd door mensen die voor het laatst bij de rabbi wilden zijn. Ze stelden zich aan het hoofd van de rouwstoet, gevolgd door drommen mensen in stemmig zwart, als één langgerekte weduwe met hoed en sluier, die haar tranen de vrije loop liet. Daarna ging de stoet omhoog, naar de begraafplaats van Jeruzalem op de Olijfberg.

Langzaam en in stilte droegen ze hem naar de tombe die de plaats aangaf waar sinds driehonderd jaar de vorige rabbi's van zijn geslacht rustten. Ze begroeven zijn naakte, in een lijkkleed gewikkelde lijk. De drie secretarissen van de rabbi zeiden de kaddisj. De gebruikelijke gebeden werden uitgesproken.

Daarna nam de meest geliefde leerling van de rabbi, degene die hij bijzonder liefhad, het woord.

'Broeders en zusters,' zei hij. 'Jeruzalem, de poort der volken, is thans gebroken, zijn muren zijn geslecht en zijn torens verwoest, het stof is eraf geschraapt en voorwaar, het lijkt wel een kale steen. De rabbi, onze meester, is niet meer onder ons zoals voorheen. Wij zijn wezen op deze aarde, onze woningen zijn desolaat, ons is het droef te moede, onze tranen dienen ons als brood, onze ogen kwijnen weg en onze keel droogt uit. Maar het volk dat in het duister wandelt zal weldra een groot licht zien. Kijk om u heen! De ruiterschare van God moet bij twintigduizend geteld worden, duizenden en nog eens duizenden. Overal bereidt men zich voor; ieder in zijn eigen tempo en volgens zijn eigen overtuiging, maar allen wapenen en verenigen ze zich in het gewoel van de nieuwe tijden.

Om ons heen kwijnt de ontredderde wereld weg. Onze woonverblijven zijn pantsers die ons beschermen tegen de talloze vuigheden van de uitdijende steden, Sodom en Gomorra in de gedaante van staal en plexiglas. Wij sluiten onze ogen voor de slechtheid, de wellust en de ontucht, de verdoemde geslachten van ziekelijke mensen, uitgeteerde beesten die in het maanlicht brullen, door de verlaten steden dolen en met uitpuilende ogen en lange, tegen de weke nek geplakte haren zonder reden hun gemakkelijke prooi doden: weerloze kinderen en alleenstaande vrouwen. Buiten onze huizen grijpt de ziekte om zich heen tot op alle continenten. Als een nieuwe melaatsheid zondert ze de mensen van elkaar af en stopt de zieken in hospitalen weg, de laatste dodentempels, waar het officie niet zozeer uit genezing bestaat, maar tegen de Verlossing in en verre van de Opstanding uit het wachten op het einde, profetisch en onherroepelijk aangekondigd door de in het wit gehulde priesters. Alom heeft de verdoemde aarde, dat stinkende vuilnisvat, geteisterd door de techniek en het afval daarvan, uitgedroogd, geblakerd door de zon, overwoekerd door de woestijn, door het water ontvloden – heeft de aarde kranke krampen en braakt en spuwt de lukraak ondergeschoffelde beenderen en het nog verse bloed van de laatste oorlog – bloedbad of genocide. Ziet u het niet? De rook stijgt op, de bloem valt af, het gras verdort. Deze aarde zal weldra het domein van de ransuil en de egel, de velduil en de raaf zijn. Broeders, wij zijn in een andere tijd, wij zijn *in de eindtijd*.

De ene dag zegt het tegen de andere, de nacht prevelt het tegen de dageraad, de dauwdruppels lillen in de nieuwe wind en brengen het nieuws: want voorwaar, de rabbi, de Messias ontwaakt uit zijn wereldse slaap en staat op en wekt de doden om de wereld te redden. Reeds zet hij zich neer als iemand die zilver loutert en zuivert. Reeds komt hij nader om ons te oordelen. Voorwaar, de dag komt dat alle mensen die hoogmoedig zijn en onrecht doen als kaf in een laaiende vuuroven zullen zijn, en op die dag zullen ze in zijn onblusbaar vuur verbranden. En boven hen die zijn naam vrezen zal de zon van de gerechtigheid opgaan, en hun ogen zullen hem zien en zij zullen zeggen: de Eeuwige zij geprezen. En zij die niet zien zullen verdelgd worden door de geweldige wraak van de Eeuwige – en zo zal zijn naam verheerlijkt zijn.'

Daarna verlieten de naasten van de rabbi de begraafplaats, om plaats te maken voor de massa's gelovigen die bij de ingang wachtten en achter elkaar aan schuifelden tot diep in de nacht, in die nacht die duister was als alle andere nachten. Hij moest misschien uit zijn graf komen om ten hemel te stijgen, maar niemand zag daar iets van. Of degenen die erbij waren praatten er niet over. Of misschien was de nacht van zijn begrafenis gewoon net als de dag dat hij stierf: de hemel was helderder noch donkerder; er was geen stralend licht te zien, als een wonderteken. De maan ging schuil achter een dichte nevel, maar het was geen volle of bloedrode maan. De grauwe wolken staken nauwelijks af tegen de donkere achtergrond en voorspelden wat mot- of ijsregen, die geen verkoeling in het grofaarden landschap zou brengen. De hemel vervloog niet als rook en werd niet als een stuk papier opgerold. De aarde kraakte niet in haar voegen, waggelde niet als een dronkaard, was niet wrak als een schuilhok in het veld. De zee kolkte niet en de rustige baren wierpen slik noch schuim op. De bergen stortten niet ineen en smolten niet weg in het vuur. De Saronvlakte was niet kaalgeslagen, evenmin als de Araba; Basan en de Karmel waren niet ontbladerd. Geen nieuwe hemel, geen nieuwe aarde, geen koninkrijk: niets dan deze aarde hier beneden. Wie had zich opgesloten in de grotten, wie had zich daar veertig dagen begraven om er het verzegelde stuk te lezen? De pottenbakkerskruik was niet aan diggelen geslagen, zonder scherven die groot genoeg waren om vuur mee uit de haard te nemen of water uit een plas te scheppen. De pottenbakkerskruik was vol en bevatte duizend goddelijke schatten, en het graafwerk leverde een rijke schervenoogst op.

De nieuwe wijn was niet in de rouw, de wijnstok was niet verkommerd en de levende lammeren mekkerden niet meer dan gewoonlijk. Het vrolijke ritme van de tamboerijnen was niet gestokt, de bekoorlijke tonen van de harp weerklonken nog steeds in de huizen. De stad was niet geknuppeld als vruchten in de boom, of nagelezen als druiven wanneer de oogst erop zit. Jeruzalem, de poort der volken, was geen stad van vrede, met fundamenten gemaakt van saffier, met kantelen van robijn en wijd uitgespannen tentdoeken. De tempel binnen zijn muren was niet herbouwd met cipressen-, olmen- en bukshout. Alles was kalm, zonder geluid, geen geluid van het volle leven, geen geluid vanuit de Tempel, geen geluid van de Eeuwige, om zijn vijanden met gelijke munt te betalen, om de beker van zijn toorn over hen uit te gieten, om vreselijke wraakoefeningen aan hen te voltrekken en hen woedend te kastijden.

Toch zou er wel een teken kunnen zijn, een minieme aanwijzing waaruit bleek dat alles niet normaal was. Iemand zou dat dan kunnen laten weten. Want de artsen hadden zich vergist. Hij was al zo oud, maar nog zo kranig en zo kras, met de preken die hij in de hele wereld hield, de mensen die hij onophoudelijk ontving, de raadgevingen die hij verstrekte, telefonisch of aan huis, privé of in het openbaar, schriftelijk of mondeling, persoonlijk of via zijn leerlingen. Hij was de laatste telg van zijn geslacht en had geen zoon, en het was alsof hij zich aan het leven had vastgeklampt om het te rekken. Hij was al zo oud dat ze er niets achter hadden gezocht. Ze hadden het allang zien aankomen, bezorgd of bang; ze hadden het voorspeld en de feiten aangepast aan hun verklaringen, aan hun profetische wetenschap. Wie had het ook kunnen weten, nu hij zelf zijn naderende einde en zijn komende opstanding had aangekondigd?

Maar hij was niet bezweken aan een hartzwakte die zich de vorige dag had voorgedaan; hij was bezweken aan een hevige schok, een harde klap op zijn hoofd, waardoor hij het bewustzijn had verloren. Maar dat wist niemand. Niemand, behalve ik, die niet alwetend ben.

De rabbi was namelijk geen natuurlijke dood gestorven. Zijn uur was gekomen door de hand van degene die hem tot God geroepen had. De rabbi was helemaal geen natuurlijke dood gestorven; hij was vermoord. Ik had hem vermoord.

De Eeuwige der Heerscharen zegt: Let op, de dag komt dat alle mensen die hoogmoedig zijn en onrecht doen, als kaf in een oven zullen verbranden. Op die dag komen ze om in de vlammen; met wortel en tak worden ze uitgeroeid.

II

Ik ben in het jaar 1967 van de christelijke jaartelling geboren, maar mijn geheugen is vijfduizend jaar oud. Ik herinner me die vervlogen eeuwen alsof ik ze zelf heb beleefd, want mijn traditie is ervan vervuld, in woord en geschrift en door de exegesen die in de loop van de tijd zijn gegeven, opeengehoopt en aaneengevoegd of voorgoed verloren gegaan; maar wat er nog van over is, is in mij en vormt een spoor dat zich als een lijn aftekent in het wedervaren van families en geslachten en zo van verwant op verwant naar de afstamming afdaalt. Ik heb het niet over de Geschiedenis, die stoet van personages, bijgezet in was en in de grafstenen van musea, die in doodse eeuwigheid de koele, onaangedane bladzijden van de geschiedenisboeken omslaan. Ik heb het over het geheugen, dat zich in levendige herinneringen en aan geen chronologische volgorde gebonden gedachten ontboezemt, want de ordening van de tijd kent geen methoden of feiten, hardnekkige vooroordelen van de wetenschap, maar is er een van de zin, van het bestaan dus. Het heden, dáár is het geheugen in zijn element, via zelfbeschouwing en minutieuze ontleding, die de afwezigheid en onwerkelijkheid van zijn wezen blootlegt, want het heden bestaat niet en is louter een directe uitdrukking van wat er gaande is, wat voorbijgaand is en dus al voorbij en verleden tijd is.

In de taal die ik spreek heeft het werkwoord 'zijn' geen tegenwoordige tijd; om 'ik ben' te zeggen moet je een toekomende of verleden tijd gebruiken, en ik zou, om mijn geschiedenis in uw taal te beginnen, graag een absolute verleden tijd willen bezigen en niet een voltooid tegenwoordige tijd, die het verleden bedrieglijkerwijs tot heden maakt en de twee tijden door elkaar haalt. Het liefst heb ik een verleden tijd die in zijn eenmaligheid áf is. Dat is het ware verleden van de verleden tijd. Het heden dat zich ontbindt en het heden dat zich in de verleden tijd uitdrukt, wijkt daarin terug alsof het daar zijn herkomst ontwaart, want het verleden is immers de herkomst van alles. In de bijbel die ik lees is er geen tegenwoordige tijd en zijn de toekomende en de verleden tijd nagenoeg identiek. In zekere zin komt het verleden via de toekomst tot uiting. Men zegt dat je, om een verleden tijd te vormen, een letter, de *wav*, aan de toekomende tijd kunt toevoegen, de 'wav-consecutivum' genoemd. Maar die letter betekent ook 'en'. Een vervoegd werkwoord kun je dus lezen als bijvoorbeeld 'hij deed' of als 'en hij zal doen'. Ik heb altijd voor de tweede oplossing gekozen. Volgens mij drukt de bijbel zich alleen maar in de toekomende tijd uit en kondigt hij altijd alleen maar gebeurtenissen aan die nog niet hebben plaatsgehad, maar zich in de komende tijd zullen voordoen. Want er is geen heden, en het verleden is de toekomst.

Tweeduizend jaar geleden begon een geschiedenis die het aanzien van de wereld een eerste maal veranderde, en vijftig jaar geleden ten tweeden male, wegens een opzienbarende oudheidkundige vondst. Als ik 'opzienbarend' zeg, spreek ik niet voor de mijnen, die het altijd geweten hebben, dat wil zeggen sinds het begin van de christelijke jaartelling, maar voor de anderen; voor hen spreek ik ook van 'oudheidkunde', want voor mij is er niets zo levend en zo weinig historisch als die wetenschap. In zekere zin kan ik zeggen dan ik en de mijnen die bedrijven en er ook het voorwerp van zijn, maar dat zal ik later nader verklaren.

De geschiedenis waar ik op doel, die deel uitmaakt van de Geschiedenis maar niet mijn geschiedenis is, is het christendom. Ik ben geen christen; ik ben lid van een gemeenschap van religieuze joden die buiten de hedendaagse samenleving leven en die chassidim genoemd worden. Als joden wijden we ons volgens eeuwenoude traditie aan het optekenen van belangrijke woorden en feiten, om ze in de herinnering te laten voortleven. Ik aanvaard derhalve mijn taak om deze geschiedenis getrouw en naar waarheid neer te schrijven, wat ik bij dezen wil doen.

Om te beginnen moet ik zeggen dat chassidim de mensen niet willen overtuigen of bekeren. Ik schrijf dus niet om gelezen te worden, maar om de feitelijke waarheid vast te leggen en de herinnering levend te houden. Daarvoor schrijf ik, en voor het nageslacht: van mijn vaderen en de vaderen van mijn vaderen heb ik geleerd dat de dingen en de gedachten ergens op een plekje van de wereld geboekstaafd en heimelijk bewaard moeten worden, niet met het oog op de actualiteit en hedendaagse lezers, want we hebben een kloosterroeping en leven in afzondering, maar voor toekomstige lezers, latere geslachten die weten te ontdekken en te begrijpen, die onze geheimen ontdekken en onze taal begrijpen zullen. Ik schrijf niet voor mijzelf, want schrijven is geen uitlaatklep of goddeloze, heidense ontboezeming. Voor mij en de mijnen is schrijven heilig, het is een rite waar ik me bijna met tegenzin, uit plichtsbesef aan zet. Dat is mijn wijze van bidden, van vergeving zoeken, van offeren.

Nu moet ik bekennen dat ik geen nauwgezet schrijver ben. Ik heb geen oog voor details. Ik ga steeds met rasse schreden op mijn doel af, als een hardloper of hordeloper. Schoonheidszin is al evenmin een sterke kant van me als een scherpe blik. Schrijven brengt me niet in vervoering. Het kan me niet zo bekoren, vergeleken bij devotie. Het liefst zou ik me tot de handeling beperken, waar de daad bij het woord wordt gevoegd – handeling en geen beschrijving. Ik zou inzicht in het doel, de zin willen geven, een rechtstreekse blik in de innerlijkheid. Maar is die zonder vorm wel te geven? De mijne is in ieder geval geen bedrieglijke, verhullende sluier van schoonheid, die niets anders dan zichzelf onthult: holle pracht. De talmoed leert dat je niet bewonderend moet stilstaan bij landschappen, mooie planten of sierlijke bomen die je op je weg vindt als je aan het studeren bent: *Wie lopend op een weg studeert en het studeren onderbreekt om te zeggen: 'Wat een mooie boom, wat een fraaie struik', verdient de doodstraf.* Ik geloof dat ik die houding in wezen altijd gehad heb. Ik ben bijziend; bij het schrijven zet ik mijn bril af. Als ik mijn ogen opsla, zie ik een heel vage wereld voor me, waarin sommige vormen en bewegingen zich aftekenen, maar andere, ielere, onopgemerkt blijven. Wat ik voor me heb is zo vaag dat ik het meer raad dan zie. Maar misschien vergis ik me. Zou ik wel iets anders kunnen zeggen dan deze woorden, die de mijne en slechts de mijne zijn? Ik wil althans de letters in beweging brengen en met kracht van woorden niet zozeer zeggen wat ik was, maar wat ik moet zijn, wat ik zal zijn. Wie mij weet te lezen, zal de toekomst uit het verleden, de synthese uit de analyse en de opzet uit de exegese ontcijferen. Want ik verzin mezelf via mijn interpretaties en begrijp mezelf in mijn tekst. *Elke letter is een wereld, elk woord een heelal.* Iedereen is verantwoordelijk voor de woorden die hij schrijft en voor de woorden die hij leest, want iedereen leest wat hij wil.

Zoals mijn voorvaderen schrijf ik op een zeer dunne dierenhuid, waarop ik eerst met een scherp instrument lijnen heb getrokken, omdat mijn pen anders uit de koers raakt en gaat zwalken, omhoog of omlaag, buiten de getrokken lijnen waarlangs hij moeizaam zijn weg moet gaan. Zo'n rechte lijn die ik trek is geen laagje zwarte inkt op het vel, zoals mijn tekst, maar een kras in de huid zelf, die zo zwaar aangezet moet zijn dat er een zichtbare inkerving is, maar zo licht dat de huid niet geperforeerd wordt. Dat is een delicate ingreep, want het ene perkament is brozer dan het andere en de huiden zijn niet allemaal op dezelfde manier gelooid. Om geen gaten te maken moet je perkamenten met een ivoorachtige tint er dan ook uit weten te halen; die zijn kwetsbaarder dan exemplaren die naar citroengeel of donker ivoor zwemen.

Ik kwijt mij langzaam van mijn taak. Als ik aan het eind van een rol kom, naai ik hem vast zonder de huid te beschadigen en begin ik aan de volgende. Ik schrijf alles in één keer op, want ik kan mijn tekst niet uitwissen of eindeloos opnieuw beginnen. Eerst verzamel ik mijn gedachten en herinneringen, want ik weet dat ik geen fouten mag maken. Wel kan ik, als mijn pen me parten speelt, mijn hand uitglijdt of mijn geheugen me in de steek laat, fouten verbeteren zonder ze te verdoezelen, door boven of onder de misgeschreven letter een lettertje te schrijven, of door de juiste of ontbrekende letter in te voegen in het wit boven de schrijfregel. Om mijn tekst goed te lezen moet men dus niet vergeten tussen de regels te lezen.

Het verhaal dat ik neerschrijf is niet mooi om te vertellen. Het gaat evenzeer over wreedheid als over liefde. Ik teken het slechts op omdat ik me niet kan onttrekken aan het voorschrift dat gebiedt dat alle belangrijke feiten bewaard moeten blijven; en wat ik ga beschrijven is zo ongelooflijk dat het vergeten of doodgezwegen zal worden als ik het niet op schrift zet. Voor mij als schrijver is het een manier om de Eeuwige te eren, het is mijn gebed. En voor mij als chassid is niets belangrijker dan de eredienst, die ons trouw aan de voorschriften van de goddelijke Wet doet zijn. Graag had ik deze aarde iets meegegeven van het leven der engelen die rond Gods troon zijn lof zingen, maar ik heb niets dan onheil te berichten. Sinds duizenden jaren wachten wij op de vervolmaking van onze cultus in het nieuwe Jeruzalem, wachten we met smart, zonder Tempel of Heilige Stad, en leven tot dan in het verborgene en vervangen de offers door de lofzang van onze lippen en de offerande van ons leven.

En zo verloopt, volgens onze precieze kalender met zijn dagen en feesten, het rituele kloosterleven van onze gemeenschap, ver van iedereen, sinds de duizenden jaren dat wij ons stille bestaan leiden in onze verholen woonverblijven. Maar wij hadden kennis van de tijd die verstreek en wisten dat elders onze jodenbroeders zich onder de volken verstrooiden, terwijl wij de bewaarders van de Rol bleven. Zo leefden wij, tot er iets gebeurde wat ons bestaan ingrijpend veranderde: in 1948 kregen de joden een eigen land; sommigen van onze gemeenschap gingen naar de grond hunner vaderen, anderen bleven in de diaspora om daar op de Messias te wachten.

Maar ik loop enigszins op de zaken vooruit, want daar begint de eerste rol van mijn geschiedenis en mijn arbeid als schrijver.

Jeruzalem, om u kan ik niet zwijgen; Sion, ik zal niet eerder rusten dan dat het licht der vrijheid daagt, de fakkel van de redding ontbrandt.

Eerste rol

DE HANDSCHRIFTENROL

Aankondiging van de geboorte van Isaak

Na deze gebeurtenissen verscheen God aan Abram en zeide tot hem: 'Zie, tien volle jaren zijn verstreken vanaf de dag dat gij uit Haran vertrokken zijt: twee hebt gij hier doorgebracht en zeven in Egypte en één sedert gij uit Egypte zijt teruggekeerd. Nu dan, ga na en tel alles wat gij bezit, en zie hoe vele malen vermenigvuldigd alles is dat met u wegtrok op de dag dat gij Haran verliet. Nu dan, vrees niet, Ik ben met u en ik zal u een steun en sterkte zijn. Ik ben een schild boven u en een scherm voor u tegen degene die sterker is dan gij. Uw rijkdom en bezit zullen ten zeerste toenemen.'

Maar Abram zeide: 'Mijn Heer God, inderdaad is mijn rijkdom en bezit groot, maar waartoe dient mij dit alles? Wanneer ik sterf, ga ik naakt heen, zonder kinderen. Dan zal een van mijn dienaren van mij erven, Eliëzer, de zoon van [...]' ... Maar hij zeide tot hem: 'Deze zal niet van u erven, maar degene die zal voortkomen [uit uw lendenen].'

Genesis-apocryfon

I

Het begon op een ochtend in april 1947. In den beginne, zogezegd.

Maar eigenlijk is het allemaal heel lang geleden begonnen, meer dan tweeduizend jaar geleden. In de tweede eeuw voor Christus vormde zich een sekte van vrome joden, die hun eigen interpretatie gaven aan de vijf boeken van Mozes, aan zijn wetten en geboden. Ze uitten scherpe kritiek op de joodse religieuze autoriteiten in Jeruzalem en beschuldigden de Tempelpriesters van laksheid en corruptie. Ze wilden zich verre van de anderen houden en vestigden zich daartoe in een verlaten streek waar hun gemeenschap in afzondering kon leven, in Qumran, aan de oever van de Dode Zee. Hun bezittingen waren gemeenschappelijk, zodat iedereen onafhankelijk kon leven. Het kleine klooster had zijn priesters en zijn eigen sacramenten, want huns inziens waren die van Jeruzalem niet wettisch en was de tempel niet volgens de strenge reinheidsvoorschriften gebouwd. Ze leefden in Qumran tot de Romeinen het verwoestten, in het derde jaar van de joodse oorlog. Ze werden Essenen genoemd.

Of misschien gaat de genese van dat alles wel zo'n vijfduizend jaar terug, toen God de wereld schiep, toen hij het land van de hemel scheidde om daar de eerste man en de eerste vrouw, Adam en Eva, te laten leven. Daarna kwamen de zondvloed, de tijd van de aartsvaderen, de ballingschap in Egypte, de bevrijding uit de slavernij dankzij Mozes en de terugkeer van het volk Israël in het land van Kanaän.

Ofwel alles is voortgekomen uit de chaos die aan het al voorafgaat en zonder welke er geen begin van ordening is – toen de aarde woest en leeg was, bedekt door peilloos diepe wateren waarboven Gods geest zweefde, en alles in diepe duisternis was gehuld. Toen vatte God het idee op om de wereld te scheppen, een onzinnig idee natuurlijk, want we weten nog altijd niet waarom hij dat gedaan heeft.

Generaties komen en gaan, alleen de aarde blijft. De zon komt op, de zon gaat onder en haast zich naar de plaats waar hij weer op moet komen.

Laten we het er maar gewoon op houden dat alles op een ochtend in april van het jaar 1947 na Christus begint, dat alles begint of opnieuw begint, want er is niets afgedaan vóór de komst van de Messias en er is niets nieuws zolang zijn zon niet het eeuwig licht doet schijnen.

Op die dag werden de handschriften van de Essenen ontdekt zoals ze eeuwenlang bewaard waren gebleven, in linnen doeken gewikkeld en in hoge kruiken verzegeld. Die rollen waren beschreven in de tijd dat de sekte zijn kampement nog in Qumran had. Toen ze zagen dat de nederlaag tegen de Romeinen onvermijdelijk was en dat ze weldra onder de voet gelopen zouden worden, verborgen de Essenen hun heilige boeken in de ontoegankelijke grotten van de rotskust in de omgeving, om ze uit handen van de ongelovige veroveraars te houden. Ze stopten ze zo goed in, in die doeken en kruiken, dat de handschriften intact zijn gebleven tot die noodlottige dag in 1947 toen mensen ze ontdekten. De mensen legden ook de ruïnes bloot van de plaats waar de Essenen geleefd hadden, en groeven de resten van hun woningen en van hun gemeenschappelijke gebouwen en inrichtingen op.

Ze gingen ook andere grotten binnen, waar nog meer handschriften verborgen waren, die ze zich toe-eigenden om ze te gelde te maken.

Nu was er in Israël een man, een jood, die David Cohen heette. Hij was de zoon van Noam, die de zoon was van Chavilio, die de zoon was van Micha, de zoon van Aäron, de zoon van Elon, de zoon van Haggai, de zoon van Tal, de zoon van Rony, de zoon van Jannai, de zoon van Amram, de zoon van Tsafi, de zoon van Samuël, de zoon van Rafaël, de zoon van Schlomo, de zoon van Gad, de zoon van Joram, de zoon van Johanan, de zoon van Noam, de zoon van Barak, de zoon van Tohu, de zoon van Saul, de zoon van Adriël, de zoon van Barzillai, de zoon van Uriël, de zoon van Emmanuël, de zoon van Ashur, de zoon van Ruben, de zoon van Er, de zoon van Issakar, de zoon van Nemuël, de zoon van Simeon, de zoon van Eliab, de zoon van Eleazar, de zoon van Jamin, de zoon van Lot, de zoon van Elihu, de zoon van Jesse, de zoon van Jetro, de zoon van Zimri, de zoon van Efraïm, de zoon van Michaël, de zoon van Uriël, de zoon van Jozef, de zoon van Amram, de zoon van Manasse, de zoon van Ozias, de zoon van Jonathan, de zoon van Ruben, de zoon van Nathan, de zoon van Hosea, de zoon van Isaak, de zoon van Zimri, de zoon van Josias, de zoon van Boaz, de zoon van Joram, de zoon van Gamliël, de zoon van Nathanaël, de zoon van Eliakim, de zoon van David, de zoon van Achaz, de zoon van Aäron, de zoon van Jehuda, de zoon van Jacob, de zoon van Josef, de zoon van Jozef, de zoon van Jacob, de zoon van Mattan, de zoon van Eleazar, de zoon van Eliud, de zoon van Achim, de zoon van Sadok, de zoon van Eliakim, de zoon van Abihud, de zoon van Zorobabel, de zoon van Salathiël, de zoon van Jechonias, de zoon van Josias, de zoon van Amon, de zoon van Manasse, de zoon van Ezekias, de zoon van Achaz, de zoon van Jonathan, de zoon van Ozias, de zoon van Joram, de zoon van Josafat, de zoon van Asa, de zoon van Abia, de zoon van Roboam, de zoon van David, zoon van Jesse, zoon van Jochebed, zoon van Boöz, zoon van Salomon, zoon van Nachson, zoon van Aminadab, zoon van Aram, zoon van Esrom, zoon van Fares, zoon van Juda, zoon van Jacob, zoon van Isaak, zoon van Abraham.

En die man was mijn vader, en hij was een landelijk bekend geleerde, want hij kende de geschiedenis van Israël sinds de vroegste tijden. En in het bijzonder de vroegste tijden: hij had de leiding over de opgravingen in Israël die het oude verleden moesten doen herleven. Zijn lust en zijn leven en zijn dagelijks werk was de archeologie. Hij had een grote kennis en heugenis van de oudheid waarvan hij de resten hoopte terug te vinden. Hij had heel wat boeken over zijn ontdekkingen op zijn naam staan, en die werden net als zijn colleges algemeen gewaardeerd, want ze waren levendig geschreven en hij vertelde de geschiedenis alsof hij die zelf beleefd had. En als mijn vader over het verleden sprak, hadden al zijn toehoorders de indruk het opnieuw te beleven. De man schilderde de geschiedenis niet als een voorbije tijd, en verloor zich nooit in heimwee naar vroeger tijden. Hij deed het heden gedijen in het verleden, en het verleden herleven in het heden. Voortdurend riep hij gedenkwaardige feiten in de herinnering op. 'Weet je nog?' zei hij me dan als hij zijn verhaal begon, alsof ik me gebeurtenissen kon herinneren die zich tweeduizend of honderdtwintigduizend jaar geleden hadden afgespeeld. Het leek wel alsof hij alles in zijn hoofd had, alsof hij alles had beleefd zonder ooit iets te hoeven lezen, alsof hij eraan terugdacht. Hij was vijfenvijftig jaar. Hij had een weelderige haardos, als Absalom; op zijn lichaam tekenden zich de spieren van een krijger af, en hij was inderdaad sterk en strijdbaar als koning David. De donkere ogen in zijn zongebruinde gezicht waren vief en kwiek. Maar voor mij was hij leeftijdloos. Ik was nooit bang geweest om hem oud te zien worden, en als ik naar hem keek moest ik aan de zinspreuk denken die mijn rabbi graag in de mond nam: 'Het is verboden oud te zijn.' Dankzij de goddelijke geest die hem leek te bezielen en dankzij de herinnering die via hem herleefde leek hij ontstegen aan de eeuwen en de tijd en aan alle tekenen van menselijk verval. Dankzij zijn geest doorliep hij de hindernissen en wisselvalligheden van het heden, want hij had iets groters en machtigers te volbrengen.

Ik moet erop wijzen dat ik in de tijd dat ik nog bij mijn vader woonde nog niet bij de chassidim was. Ik hoorde bij de anderen, want ik had mijn geestverwanten nog niet gevonden. Tot die wedergeboorte die de ontmoeting met hen voor mij was, kende ik mijzelf niet. Ik leefde dus zoals alle Israëliërs in de moderne wereld. Na mijn militaire dienst ben ik gaan studeren. Op de jesjiwa heb ik dus de thora en de talmoed bestudeerd. Ik had daar voor mijn diensttijd al drie jaar op gezeten, en had het gevoel dat dit teruggetrokken en contemplatieve leven mij het best beviel, zonder precies te weten waarom.

Ik had een vriend, Jehuda, met wie ik meestal samen studeerde. Hij was erg ontwikkeld; als zoon van een chassidische opperrabijn kende hij de hele talmoed uit zijn hoofd. In het begin had ik een grote achterstand op hem, want ik was niet godsdienstig en met de heilige geschriften opgevoed. Mijn moeder, een Russische jodin, was van een strijdbaar en anti-religieus atheïsme, een laatste restje communisme en het enige wat ze uit de Sovjet-Unie had meegenomen, naast een onuitroeibaar accent. Het was nooit sabbat bij ons thuis. Mijn vader leek alleen om archeologie te geven; in feite was dat zijn talmoed, zijn manier om de joodse geschiedenis opnieuw te beleven. Beïnvloed door mijn moeder en door de rationele inslag van wetenschapsmensen, zijn collega's en vrienden, bad hij niet en las hij de geschriften alleen op perkament, steen of papyrus. Zijn specialisme was namelijk de paleografie, en achteraf gezien was het volgens mij geen toeval dat hij zijn leven aan de studie van oude geschriften had gewijd.

Paleografie is geen exacte wetenschap. Ze mist de precisie van de scheikunde en kan niet zulke exacte classificaties opstellen als de plant- of dierkunde. Ik durf zelfs te beweren dat paleografie helemaal geen wetenschap is, al kan ze dan met een grote mate van precisie tot dateringen komen. En het was ook geen toeval dat hij, zoals de vader van Jehuda hem het gedachtegoed van zijn vaderen had doorgegeven, de hand had in mijn eerste lectuur en mijn enige gebeden, door mijn hand langs de sleetse krabbels op oude handschriften te leiden.

Hij leerde me om minutieus het materiaal te onderzoeken waarop de schrijver zijn letters had aangebracht, evenals de vorm van de letters, omdat dat aanwijzingen zijn waaruit de geografische en historische oorsprong van het handschrift afgeleid kan worden. Als er bijvoorbeeld inscripties zijn gegrift in steen of klei, waar je moeilijk kromlijnige letters op kunt aanbrengen, zal de vorm zich vanzelf aan het materiaal aanpassen en 'vierkant' zijn. Dat geldt voor oude geschriften uit Perzië, Assyrië en in een bepaalde periode ook Babylonië. Als daarentegen op papyrus of perkament is geschreven, zijn de letters 'rond' en is het schrift meer lopend, wat weer kenmerkend is voor andere delen van de wereld. Zo leerde mijn vader me dat het eerste waar de paleograaf rekening mee moet houden de voortdurende verandering van het gebruikte letterschrift is. Hij heeft me de overgang van het ene naar het andere alfabet leren herkennen, een lastig en hachelijk werkje, met alle voetangels en klemmen die de paleograaf wachten. Een afgedankt alfabet kan nog lang nadat het nieuwe is ingevoerd gebruikt worden, om speciale redenen of uit nostalgie. De tijdperken die we ons altijd zo duidelijk afgebakend voorstellen, met onze lineaire opvatting van de tijd, kunnen op een perkament dan ook onontwarbaar met elkaar verstrengeld zijn, en van een tekst die we met zekerheid gedateerd dachten te hebben kunnen we soms uiteindelijk niet uitmaken of hij uit deze of uit gene eeuw is, zozeer zijn de tekenen des tijds wars van de tijd.

Gelukkig beschikt de paleograaf nog over andere aanwijzingen, zoals de halen of punten die twee letters verbinden, of de positie van de letters ten opzichte van de regels. Soms volgt het schrift een regel die aan de onderkant gelijkmatig is, soms klampt het zich aan een andere regel vast en dijen de letters naar boven uit, met flinke schommelingen aan de onderkant. Mijn vader zei dat mensen ook door hun milieu gevormd worden, als klinkers en medeklinkers op het steen gemodelleerd. Volgens mij had hij zelf iets van perkament, een leren rol met ronde, verbonden letters. Hij praatte nooit over zijn verleden of zijn familie. Die zou wel bij de shoah zijn omgekomen, dacht ik. Ondanks de afstandelijke en afwijzende houding die hij tegenover zijn voorgeschiedenis aan den dag legde, had hij me, zijns ondanks bijna, toch iets meegegeven: een klein, zwart, kriebelig geschreven, moeilijk te duiden handschrift. Het was in mij geschreven, in mijn hart gegrift, en pas veel later, toen een aantal tragische gebeurtenissen de sluier ervan oplichtten, kon ik het ontcijferen.

Als het Oud-Hebreeuws, zo was mijn vader in mijn ogen, cryptisch en moeilijk te ontraadselen. Het Hebreeuws heeft namelijk geen klinkers, behalve dat bepaalde medeklinkers soms als zodanig gebruikt worden. Maar helaas hebben die niet altijd dezelfde waarde en wisselt hun betekenis. Of ze er nu wel of niet zijn, het woord waar ze deel van uitmaken is nooit helemaal duidelijk, tenzij de lezer het al min of meer weet voor hij het leest, in welk geval de tekst voor hem alleen maar als houvast dient. De heilige geschriften werden altijd hardop gelezen en soms uitsluitend via orale traditie overgedragen. Geschreven teksten dienden dan ook vooral om de lezer te herinneren aan wat hem al bekend was. Eeuwenlang leverde dat geen problemen op, zolang de gebruikers van de oorspronkelijke documenten de strekking van die teksten kenden. Maar die raakte langzamerhand in vergetelheid, en toen archeologen zo'n tweeduizend jaar later zeer oude documenten opgroeven, konden de paleografen heel moeilijk uit het consonantenschrift wijs worden. Wat moest je van een woord als *lm* maken: lam, leem, loom? Soms was de context natuurlijk wel duidelijk, maar als die nu eens geen woorden bevatte die gemakkelijk thuis te brengen waren? Dat bood alle ruimte voor fouten, dwaalwegen en onzekerheden; maar ook voor interpreteren en creëren. Zoals een van onze rabbijnen zei: om de klinkers naar de medeklinkers te lokken is veel geduld en verlangen nodig, zoals wanneer iemand een mitswa wil doen. Zoals je geen daad kunt stellen zonder dat te willen, zo krijgt het potentiële woord gestalte door de klinkers die de vrucht van het verlangen zijn. Maar dat heb ik later pas echt begrepen, toen ik met de geweldige kracht van de vleselijke begeerte kennismaakte.

Mijn vader wijdde me in de kritische lezing van teksten en de strenge regels van de studie in. Hij leerde me dat het schrift aan het begin van het derde millennium in het Nabije Oosten was opgekomen, niet voor gebeden of spirituele geschriften, maar voor bestuurlijke doeleinden. Pas rond tweeduizend jaar voor de huidige jaartelling ging men het gebruiken voor het optekenen van voortbrengselen van de woordkunst, zoals epische of lyrische gedichten. Ik zal nooit vergeten hoe geschokt ik was toen hij me vertelde dat Mozes de thora helemaal niet eigenhandig geschreven had. Ik was toen dertien, de leeftijd van de bar mitswa, en toen werd mijn besluit geboren tot de traditie terug te keren – mijn tesjoewa.

'Maar die boeken zijn door Mozes geredigeerd en hem door God ingegeven,' zei ik. 'Volgens Deuteronomium zijn ze zelfs door Gods hand geschreven.'

'Dat is onmogelijk. De thora kent te verschillende stijlen om van één schrijver te zijn. Er zijn drie hoofdauteurs: de priesterlijke auteur, de Elohist en de Jahwist.'

'Maar als die geschriften door mensenhand geschreven zijn, dan zijn ze niet geopenbaard.'

'Ze zijn mensenwerk, maar ze zijn geopenbaard in de zin dat ze op woordkunst, op gesproken woorden stoelen. Oorspronkelijk was het schrift niet bestemd voor het lezen op zich; het was alleen maar een houvast, een hulpmiddel om de gesproken tekst intact te houden. Pas eeuwen later, met de komst van de grote bibliotheken uit de hellenistische tijd, ging het schrift zich losmaken van de gesproken taal. En toen later de boekdrukkunst werd uitgevonden, stond niets meer de volledige zelfstandigheid ervan in de weg. De overdracht van de teksten door de eerste bijbelauteurs stond dus heel dicht bij de gesproken taal. Jammer genoeg bezitten we geen enkele rol uit de tijd van Mozes en de uittocht uit Egypte, of van Ezra bij de terugkeer uit de Babylonische ballingschap. De rollen die we hebben zijn in het algemeen in Oud-Hebreeuws schrift, dat door de Hebreeën sinds hun intocht in Kanaän werd gebruikt. Na de verovering door Alexander de Grote in 333 voor Christus kwam het Hebreeuwse kwadraatschrift op, en dat wordt nog steeds gebruikt. Tot de christelijke tijdrekening bestonden het oude en het nieuwe schrift naast elkaar. Het oude, dat van de priesters, symboliseerde de onafhankelijkheid van de natie en deed de geschiedenis daarvan voortleven; het nieuwe was dat van de Farizeeën, die een voorname rol in het sociale en politieke leven speelden. Tot dan toe leerden alleen schriftgeleerden en priesters lezen en schrijven. Gods wet werd op een andere manier onderwezen: priesters lazen de mensen eruit voor, en huisvaders herhaalden tegenover hun kinderen wat ze uit hun hoofd geleerd hadden. Er brak een nieuw tijdperk aan toen ook het grote publiek werd aangemoedigd de wet te bestuderen. De alfabetisering die de Farizeeën wilden, betekende een ware revolutie. De Hebreeën voerden niet lang erna een nieuw alfabet in, en dat was het einde van de orale traditie. Zie je, de thorarollen zoals jij die kent werden pas sinds de tweede eeuw voor Christus in de synagoge gelezen. Pas na de verwoesting van de tempel en het beëindigen van de offers werd de thorarol het onwrikbare Boek dat een tekst, een schrift en een taal in zich verenigde en waaruit geen jota meer geschrapt mocht worden.'

Toen mijn vader me leerde lezen, wilde hij niet dat ik me van schrijfletters bediende. Hij wilde dat ik alles uit mijn hoofd kende, zonder een stoffelijk medium nodig te hebben. Hij zei dat je beter teksten in je hoofd kon hebben dan papieren met je mee te slepen, en dat je eerst moest weten voor je kon begrijpen. Waren dat geen ideeën van een talmoedist die zich voor een paleograaf hield? Net als Jehuda en zijn vader kende hij de oude rollen uit het hoofd. En dankzij die methode maakte ik razendsnel vorderingen toen ik de talmoedstudie ter hand nam en met Jehuda samenwerkte, de beste leerling van de jesjiwa.

II

Nu gebeurde het dat er in het jaar 1999 van de huidige tijdrekening, dat wil zeggen in het jaar 5759 van de onze, een misdrijf werd gepleegd in zulke zonderlinge en gruwelijke omstandigheden dat het leger erbij werd betrokken. Zoiets was sinds meer dan tweeduizend jaar in Israël niet meer voorgekomen. Het was alsof het verleden als een duveltje uit een doosje te voorschijn sprong, om de mensen met een bleek, sardonisch lachje te honen: de man was dood aangetroffen in de orthodoxe kerk in de oude binnenstad van Jeruzalem, hangend aan een groot houten kruis – gekruisigd.

En het gebeurde dat mijn vader een oproep kreeg van de bevelhebber van de Israëlische strijdkrachten, Sjimon Delam, die hem dringend wilde spreken. Die twee hadden samen in de oorlog gevochten, en hoewel hun wegen zich gescheiden hadden en de een een man van actie, politiek en strategie, was geworden en de ander een man van kennis en reflectie, waren ze oude wapenbroeders die altijd voor elkaar klaarstonden. Sjimon was een echte vechtjas en een gewiekste spion. De kleine, gedrongen man had zich tijdens een missie in Libanon eens doodgemoedereerd als vrouw verkleed om in een terroristengroep te infiltreren. Zelf had ik bij dezelfde elite-eenheid als zijn zoon gezeten, die al even stoer en onstuimig was als zijn vader, en ook tussen ons had het wel en wee van de strijd een hechte band gesmeed.

Toen ze elkaar op het hoofdkwartier van het leger ontmoetten, maakte Sjimon een bezorgde en onzekere indruk, wat mijn vader niet van hem gewend was.

'Ik heb je hulp nodig,' zei hij, 'bij iets bijzonders, waar wij militairen geen ervaring mee hebben. Een precaire kwestie van religieuze aard. Ik heb een wijs man nodig, een bezonnen en geleerd persoon, maar ook een vriend die ik kan vertrouwen.'

'Waar gaat het over?' vroeg mijn vader, geïntrigeerd.

'Iets gevaarlijks... even gevaarlijk als de Palestijnse kwestie en de oorlog met Libanon, en even belangrijk als de betrekkingen met Europa en de Verenigde Staten. In zekere zin gaat het om al die kwesties tegelijk. Ik wil je een delicate opdracht toevertrouwen, waar zowel universitaire kennis als militaire ervaring bij komt kijken. Er staan enorme bedragen op het spel, en sommigen zijn alleen maar op geld uit en gaan over lijken. Maar ik zal het je eerst laten zien.'

Ze gingen met de auto naar de Dode Zee. Ze namen de weg van Tel Aviv naar Jericho, die tot onder het zeeniveau daalt en diep in de laaiende vuuroven kilometerslang door een sneeuwachtige woestijn slingert, tussen de duinen van de Jordaan en de oevers van de Dode Zee. Uiteindelijk doemden die op, naakt en dreigend. In de schemering van de namiddag was de wind gaan liggen, en op de vlakte rook het naar zwavel.

De wind draait naar het zuiden en draait naar het noorden. De wind draait en waait en komt weer uit op hetzelfde punt. Alle rivieren stromen naar zee, maar de zee raakt nooit vol. Het water keert terug naar de bron om opnieuw te gaan stromen.

De stilte werd nauwelijks doorbroken door wat geluidsgolven die uit het diepst van de woestijn kwamen. De zon, die hier ononderbroken, als een brandende haard, alle dierlijk en plantaardig leven in zijn gloeiende kolen stooft, had zijn onverbiddelijke bewind nog niet neergelegd. Onder een strakke hemel reden ze langs de drabbige stranden op het laagste punt van de aarde, daarna sloegen ze af in de richting van een terras dat tegen een keten van rotsachtige kliffen afstak. In de verte glinsterde de Dode Zee naargeestig in de zon. Rechts ervan tekende zich een groene vlek af: de oase Ain Fesjka, die het land van Zabulon als het ware oplicht, evenals dat van Neftali, de weerbarstige weg naar zee, het Galilea van de heidenen.

Qumran strekt zich uit van de Dode Zee tot de top van een sterk hellende rotskust met drie etages, gescheiden door steile, grillige hellingen, en verbrokkelt zich op het mergelachtige, door een stroompje doorsneden terras. Rechts ervan loopt de Wadi Qumran in de Zoutzee uit. Het terras bevat de ruïnes van Qumran en sinds kort ook een kleine kibboets. De hellingen van de hoog boven het strand uitstekende rotskust zijn steil, en het harde kalkgesteente dat er van de wanden lijkt te vallen plet geleidelijk de zachte mergel.

Onder aan de rotskust loopt het oude pad en de nieuwe weg van Sodom naar Jericho. Dit is het meest toegankelijke niveau, waar de paden het best begaanbaar, de wegen het minst smal en de rotsen het minst bezwaarlijk te beklimmen zijn, verzacht door het leem van de hier nog nabije grond. Sommige weldenkende mensen gaan niet verder dan hier, omdat ze vinden dat hun reis erop zit en ze zich niet verder willen inspannen. Hier houden ze halt om uit te zien over het land in de diepte, met zijn sobere bronzen en gouden tooi, nauwelijks hellend, tastbaar, heel reëel onder hun marmerblanke voeten.

Het tweede hellende terras draagt al iets van de geschiedenis in zich. Het getuigt van een vroeger niveau van de Dode Zee, veel hoger dan het huidige. Het loopt gelijkmatig af, waardoor het goed bewoonbaar en begaanbaar is. Hier bevinden zich de ruïne van Qumran en de kibboets die over de historische plek waakt en bij de bronnen palmen kweekt. Er gaat een steile, moeilijk begaanbare weg heen, maar je kunt je laten leiden door degenen die indertijd wat paden hebben afgebakend en kloven in het brosse rotssteen hebben gedicht, waardoor iedereen aan de hand van die tekens zijn weg kan vinden, steeds hoger, naar de grotten toe.

De lenigsten onder hen kunnen zo op het derde niveau komen, gevormd door een kalkstenen terras dat hoog boven het vorige uittorent. Hier maakt de historie plaats voor de prehistorie. Trapsgewijs gelegen inhammen getuigen van de steeds lagere waterstand. Het is slechts met de grootste inspanning te bereiken: je moet tegen de harde rotswand op klimmen, vaak in de brandende zon, risico's nemen door over kloven te springen, duizelend en al omhoogklauteren, de minste uitholling bespeuren en erin stappen, zonder angst om je te verstappen. En op de spitse bank, uitgehouwen in de vorm van grote massieve rotsblokken met bijna verticale wanden, waarlangs de puinhellingen soms het water van de zeldzame maar hevige regens laten afdruipen, kun je een aantal grotten onderscheiden, al zijn sommige ervan zo goed verschanst en zo moeilijk toegankelijk dat niemand het bestaan ervan nog bevroed heeft. Het pad lijkt nog verder te gaan, steeds hoger, tot aan de rotskruin. Verder dan het laatste niveau kun je niet, want wie zijn weg wil vervolgen wacht een sprong in het duister, en degenen die het erop gewaagd hebben kunnen het ongetwijfeld niet navertellen.

Qumran is niet bepaald de hof van Eden. Het ligt midden in de woestijn, in de diepste verlatenheid. Maar het weer schijnt er milder te zijn en de lucht koeler dan aan de oevers van de Dode Zee. Er is zoet water, niet voortdurend maar wel overvloedig, dat op het tweede terras in een permanent reservoir opgeslagen kan worden en voldoende is voor de levensbehoeften van mensen. De brakwaterbronnen drenken de palmtuinen. De diepe ravijnen vormen een natuurlijke burgwal die het voorgebergte waarin de nederzetting ligt bijna volledig isoleert. Daarom is het er ook leefbaar, al ziet het er nog zo weinig naar uit.

De Essenen hadden dit voortijdse oord als vestigingsplaats gekozen alsof ze door terug naar het begin te gaan het einde dachten te bereiken. Daarom hadden ze hun heiligdom ook hier in de buurt gebouwd, in Chirbet Qumran, op een van de meest verlaten, barre en onherbergzame plekken ter wereld, in deze steile en spletige kalkrotsen, doorsneden met ravijnen en doorzeefd met grotten, in dit witte gesteente van grove, onuitwisbare littekens, stigmata van onderaardse beroeringen, van heftige tektonische krachten, van pijnlijk langzame erosie, in deze schuilhoek van rebellen, rovers en heiligen.

Daar bracht Sjimon mijn vader heen, naar het vervallen klooster. Hij raapte een houtje van de grond op en begon er langzaam op te kauwen. Na een paar minuten verbrak hij het stilzwijgen.

'Je kent deze plek. Je weet dat ze hier ruim vijftig jaar geleden handschriften van een Esseens klooster hebben gevonden: de Dode-Zeerollen. Het schijnt dat ze uit de tijd van Jezus dateren en dat ze ons verborgen en moeilijk te aanvaarden dingen over de godsdiensten leren. Je weet ook dat sommige van die handschriften verdwenen zijn, of liever gezegd: gestolen. Voor zover we ze bezitten, zijn we er met list of geweld aan gekomen.'

Mijn vader kende die plek inderdaad goed; hij had er veel opgravingswerk gedaan. Hij wist vanzelfsprekend alles van de wederwaardigheden rond de rollen sinds de dag, 23 november 1947, dat Eliakim Ferenkz, hoogleraar oudheidkunde aan de Hebreeuwse universiteit van Jeruzalem, een telefoontje had gekregen. Het was een Armeense vriend, een antiquaar uit de oude binnenstad van Jeruzalem. Die wilde hem zo spoedig mogelijk spreken. De kwestie was te serieus en te delicaat om per telefoon af te handelen.

Het land was op dat moment in staat van oorlog. De Algemene Vergadering van de Verenigde Naties moest zich over de verdeling uitspreken. De Arabieren dreigden de joodse steden en dorpen aan te vallen. De regio was als een woestijn vlak voor een zandstorm: alles was kalm, maar er was het gedruis van de iele wind die de voorbode van de orkaan was. Rond het belegerde Jeruzalem hielden de Britten van achter versperringen de vijand en het komen en gaan in het oog. Nu konden professor Ferenkz en zijn Armeense vriend geen van beiden aan een pasje komen. Ze spraken af elkaar de volgende dag aan de grens te ontmoeten. En zo spraken ze elkaar, aan weerszijden van het prikkeldraad.

'Zo, vanwaar al die haast?' vroeg de professor.

'Het zit zo,' zei de Armeniër. 'Ik heb een Arabische collega uit Betlehem op bezoek gehad, een antiquaar net als ik, met stukken leer die in een oud schrift beschreven waren. Volgens mij zijn het heel waardevolle documenten.'

'Wat voor Arabische collega?' vroeg Ferenkz achterdochtig, want ze hadden hem meer dan eens oude voorwerpen proberen te verkopen die namaak waren.

'Hij heeft ze zelf in feite van bedoeïenen gekregen. Die hebben hem verteld dat het stukken van leren rollen waren, gevonden in een grot bij de Dode Zee. Er waren er wel honderden van, volgens hen. Ze wilden een schatting van de prijs. Daarom ben ik naar jou toe gestapt, om je mening te vragen.'

'Laat eens zien. Als die fragmenten waardevol zijn, zal ik er persoonlijk voor zorgen ze voor de Hebreeuwse universiteit aan te kopen.'

De Armeniër haalde een stuk perkament uit zijn zak en hield het omhoog tegen de afrastering, om de professor ernaar te laten kijken. Ferenkz kwam zoveel mogelijk dichterbij om de tekst te kunnen thuisbrengen, geschreven op het gelige, brosse, ongelooflijk fragiele en flink gehavende stuk perkament. En wat hij zag kwam hem bekend voor, als dit land waarvan de humus één groot document was, als de boekrollen die in grotten en bij opgravingen gevonden waren, en vooral ook als *de grafschriften uit de eerste eeuw die hij zelf in de omstreken van Jeruzalem had ontdekt.* Maar er was iets wat hem intrigeerde. Nog nooit had hij zo'n geschrift op leer gezien, dat in tegenstelling tot harde steen een vergankelijk medium is. Was het oud? Was het vervalst? Ferenkz was archeoloog. Hij was gewoon resten van bouwsels te onderzoeken, zoals woningen, versterkingen, waterwerken, tempels of altaren, en opgegraven voorwerpen, zoals wapens, gereedschap of huisraad. Maar geen handschriften, geen perkamenten. Archeologie op perkament was een absurditeit.

En toch geloofde Ferenkz erin, zonder precies te weten waarom. Op die dag, op dat moment, tegenover dat prikkeldraad, wist hij dat het stuk leer geen vervalsing was.

'Ga in Betlehem nog meer monsters voor me halen. In de tussentijd zorg ik dat ik aan een pasje kom om nog een keer naar je winkel te komen,' stelde hij de Armeniër voor.

De week daarop belde de Armeniër op: hij had nog meer leren fragmenten. Professor Ferenkz haastte zich naar de winkel. Hij onderzocht de fragmenten zorgvuldig. Een uur lang hield hij ze in zijn handen, nam ze onder de loep, ontcijferde ze en concludeerde dat ze inderdaad authentiek waren. Hij wilde meteen naar Betlehem gaan om de hele rol te kopen, maar de oorlog dreigde en de sfeer in het land was zeer gespannen. Voor een jood was de rit van Jeruzalem naar Betlehem per Arabische autobus en over Arabisch gebied een zeer hachelijke onderneming. Zijn vrouw zei dan ook dat hij niet moest gaan.

De volgende dag was hij nog steeds thuis, dieptriest bij de gedachte dat de handschriften hem ontglipten. Die avond meldde de radio dat het verdelingsplan van de Verenigde Naties pas aan het eind van de volgende dag in stemming zou komen. Hij bedacht wat zijn zoon hem had gezegd. Eli was hoofd Operaties van de Hagana, de clandestiene joodse strijdgroep, en Matti was zijn codenaam, die hij na de stichting van de staat Israël voorgoed aannam. Matti had zijn vader gezegd dat er Arabische aanvallen te vrezen waren zodra de Verenigde Naties zich hadden uitgesproken. De opschorting van de stemming, overwoog Ferenkz, bood een hele dag respijt om te proberen zich over de handschriften te ontfermen. 's Morgens vroeg ging hij op pad. Hij kwam met zijn pasje langs de Britse versperring en wekte zijn Armeense vriend. Samen gingen ze op weg naar Betlehem. Daar ontmoetten ze de Arabische handelaar, die hun vertelde wat de bedoeïenen hadden gezegd.

'Het zijn bedoeïenen van de Taamireh-stam,' zei hij, 'die hun geiten vaak aan de noordwestelijke oevers van de Dode Zee hoeden. Op een dag was er een dier van de kudde afgedwaald. Ze gingen erachteraan, maar het was ze te vlug af. Ze kwamen bij een grot die het dier was binnengegaan, en toen ze stenen tegen de rotswand gooiden, weerklonk het als het geluid van aardewerk. Ze gingen de grot in. Daar ontdekten ze aarden kruiken, met bundels leren vellen die volgekrabbeld waren in Hebreeuws schrift. Ze zijn ermee naar mij gestapt om ze te verkopen.'

De handelaar liet ze de twee kruiken zien. Het waren antieke stukken, glad en hard als het gesteente van Qumran, waarop zich in de loop van honderden of duizenden jaren lagen oranjegeel, grijs dooraderd stof hadden afgezet. De ene was laag en bol, met twee oren aan weerszijden. De andere was langwerpig en smaller. Beide hadden ze een deksel om de inhoud te verzegelen. Ferenkz opende ze en haalde er voorzichtig stoffige, oeroude rollen uit. Aan het daglicht prijsgegeven na tweeduizend jaar eenzame opsluiting, schudden ze de roetige as van hun graf af en kwamen loom en wankel overeind om de ritmische pas van de verrezenen in te zetten. Ferenkz sloeg ze behoedzaam open, want ze waren ineengevouwen, naar binnen gekeerd als bloemknoppen in de lente, als oogleden die 's morgens vastplakken na een lange, diepe nachtrust, als kleverige cocons vlak voor het uitkomen. Hij herkende op die sidderende kadavers het schrift van de bijbel, duizenden jaren, honderden jaren of een dag geleden, zo leek het, door Hebreeën geschreven. *Meer dan tweeduizend jaar waren ze niet gelezen.* Met die schat op het hart gedrukt ging Ferenkz terug en kwam via de Jaffa-poort in de stad Or, op joods domein. De zojuist opgediepte perkamenten zouden al gauw in de hele wereld bekend worden als de 'Dode-Zeerollen'.

Thuisgekomen begon hij het handschrift dadelijk te bestuderen, tot zijn familie hem onderbrak om hem te vertellen wat iedereen op de radio had gehoord: de resolutie over de verdeling van Palestina was aangenomen. Tranen van vreugde en ontroering biggelden langs zijn wangen. 'Moet je nagaan,' zei zijn vrouw, 'er komt een joodse staat!'

De volgende dag maakte Ferenkz, ondanks de Arabische aanvallen, de tocht opnieuw om de rollen te kopen. Een van de handschriften bleek het *Boek van de profeet Jesaja* te zijn. De andere kende hij nog niet, maar hij was ervan overtuigd dat ook die zo'n duizend jaar ouder waren dan alle handschriften die hij tot dan toe had gezien. Ferenkz besefte dat deze ontdekking verregaande implicaties voor de bijbelstudie zou hebben. De andere handschriften die hij bestudeerde waren van even groot belang. Het ene was het profetische verhaal, in bijbels Hebreeuws, van een beslissende oorlog waarin het goede over het kwade zegevierde. Die rol werd bekend als *De oorlog van de kinderen van het licht en de kinderen der duisternis*. Een andere rol, een bundel Hebreeuwse verzen die op het *Boek der psalmen* leek, kreeg later de naam *Hymnenrol*.

Kort nadat hij de drie handschriften had gekocht, hoorde Ferenkz dat er nog een vierde bestond. Eind januari 1948 kreeg hij een brief van een zekere Kaïr Benyaïr, die hem over een perkament wilde spreken. Deze man, een bekeerde jood die lid was van de Syrisch-orthodoxe gemeente, trad op namens bisschop Hosea, de Syrische overste van het Sint-Marcusklooster in de oude binnenstad van Jeruzalem. Na een omslachtige briefwisseling ontmoetten Ferenkz en Kaïr Benyaïr elkaar ten slotte in het Arabische stadsdeel. De vertegenwoordiger van bisschop Hosea liet Ferenkz een oud handschrift zien, vertelde hem dat hij dat van leden van de Taamireh-stam had gekocht en vroeg of hij er belangstelling voor had. Professor Ferenkz zag onmiddellijk dat het zeker tweeduizend jaar oud was, net als de andere. Op 6 februari 1948 troffen Ferenkz en Kaïr Benyaïr elkaar voor de definitieve koop. Maar de vertegenwoordiger van Hosea leek, nadat hem een aanzienlijk bod was gedaan, van gedachten te veranderen en maakte aanstalten om met rol en al te vertrekken. Ferenkz probeerde hem ervan te weerhouden, marchandeerde, smeekte tevergeefs, en wist alleen een principeafspraak voor de week daarop los te krijgen. Benyaïr kwam natuurlijk niet opdagen, en Ferenkz zag het handschrift nooit meer terug.

De vertegenwoordiger van de bisschop had helemaal niet als taak het handschrift te verkopen; het ging hem alleen maar om een schatting van de ouderdom en de waarde ervan. Hosea had de rol op dezelfde manier als Ferenkz gekocht en hem aan verschillende deskundigen laten zien. Een monnik, hulpbibliothecaris van het Oudheidkundig Museum van Palestina, zei na het vluchtig ontcijferd te hebben dat het een vervalsing was. De bisschop nam ook een erudiete Griekse geestelijke in de arm, die een studiejaar in Jeruzalem doorbracht en vaak in de Sint-Marcusbibliotheek kwam; deze sprak van een niet buitengewoon interessante kopie van het boek Jesaja. Een derde onderzoeker dacht dat het om een verzameling profetische uitspraken ging, maar was er niet zeker van of ze uit de oudheid stamden. In augustus van dat jaar dateerde een expert van de Hebreeuwse universiteit het handschrift in de Middeleeuwen.

'Het is zeker de moeite van het bestuderen waard,' zei hij, 'maar het is niets bijzonders.'

Hosea had echter stellig de indruk dat het handschrift weleens heel wat ouder kon zijn.

'Gelooft u niet dat het uit de oudheid kan dateren?' had hij gevraagd.

De expert had ontkennend geantwoord en gezegd dat die hypothese geen hout sneed. Toen zijn gesprekspartner eraan vasthield, verklaarde hij zich nader.

'Neemt u de proef op de som. Stop een stel handgeschreven papieren in een kistje, vergeet het tweeduizend jaar, verberg het of begraaf het zo u wilt, en ik verzeker u dat u de vraag hoeveel ze waard zijn niet eens meer hoeft te stellen.'

In arren moede was Hosea met het handschrift naar zijn meerdere in de kerkelijke hiërarchie gestapt, die hem de raad gaf het daarbij te laten en het uit zijn hoofd te zetten. Maar de bisschop zette door. Hij was vast overtuigd van de waarde van de rol en wilde dat bevestigd zien door een expert die hem ondubbelzinnig voor echt verklaarde.

Hosea stuurde ook mensen op onderzoek in de grotten uit, om andere rollen op te sporen. Ze brachten heel wat handschriften mee terug, sommige zwaar gehavend en vergaan, andere in betere staat. Ook kocht hij de twee grote kruiken waarin de handschriften verborgen waren. Al die aanwinsten hoopte hij voor een goede prijs te verkopen, en wel in samenwerking met een vriend, die er in de Verenigde Staten een veel hoger bedrag voor zei te kunnen krijgen en voorstelde het perkament te laten taxeren door de Amerikaanse School voor Oriëntalistiek van Jeruzalem en daarna het land uit te gaan, want zodra het Britse mandaat afliep, zou in Israël waarschijnlijk de vlam in de pan slaan.

In die tijd studeerden er aan de School voor Oriëntalistiek van Jeruzalem twee seminaristen die later wetenschappelijke faam zouden verwerven wegens hun onderzoek aan Qumran. De eerste was Paul Johnson, een promovendus van de Yale Divinity School die voor onderzoek naar het Heilige Land was gekomen, een fervent katholiek die kort daarna intrad; de tweede Pierre

Michel, een Franse pater die gespecialiseerd was in de archeologie van het Midden-Oosten.

Paul Johnson was een magere man met een uitgeteerd, blank gezicht en rood haar, zoals Esau en David. Hij wond zich weleens op, maar was geen wild dier zoals Esau; en hij was wel eerzuchtig, vol geldingsdrang, maar hij was niet strijdlustig en gedreven, zoals David. Hij was ingehouden en methodisch als Jakob, wat hem tot een goed archeoloog maakte, vroom als Abraham, Isaak en Jakob, nu eens even vurig als Jesaja, dan weer moedeloos en beschaamd in zijn geloof als Jeremia, maar bovenal rechtlijnig en onbuigzaam als de profeet Elia.

Pierre Michel was vrij klein van stuk en een en al rondheid, tot en met het maantje van beginnende kaalheid dat zich op zijn hoofd aftekende. Hij was spontaan van aard en te druk en rondborstig om zijn gevoelens en geheimen te kunnen verbergen. Hij zocht een evenwicht tussen gerechtigheid en liefde, tussen geloof en rede, tussen hoop en treurnis. Hij zocht naar antwoorden, maar was daar nooit tevreden mee, wat hem zwak en kwetsbaar maakte. Maar hij was allerminst dom en beïnvloedbaar zoals Samson. Innerlijk was hij als een zee waarvan het oppervlak kalm was, maar waar in de diepte heftige, verwoestende krachten huishielden, tegengestelde stromingen die soms op elkaar botsten als venijnige rollers tegen vlijmscherpe riffen.

Bij afwezigheid van de hoogleraar oudheidkunde, die op reis was, was Paul Johnson de enige die Hosea kon ontvangen. Deze werd eindelijk voor zijn moeite beloond. Na een aantal archeologische werken nageslagen te hebben, bevestigde de theologiestudent dat het om een rol uit de oudheid ging. Pierre Michel deelde zijn mening. Ze zetten zich samen aan het onderzoek van het document en maakten er met toestemming van de geestelijke foto's van. Daarna identificeerden ze als eersten de overige in de grotten gevonden fragmenten, zoals de *Jesaja-rol*, de *Orderegel* en het *Habakuk-commentaar*. Toen wisten ze zeker dat wat ze in handen hadden zonder meer de grootste archeologische ontdekking van de moderne tijd was.

Direct na de onafhankelijkheidsverklaring verklaarden de Arabieren de oorlog aan de staat Israël. Jeruzalem lag onder vuur, van alle kanten belegerd, stervend van de honger en de dorst. In de oude stad ging de joodse wijk in vlammen op. Geen van de drie door wallen beschermde heiligdommen kon de dood en verderf zaaiende beschietingen tot zwijgen brengen, noch de Heilig-Grafkerk, noch de Westmuur, noch de Rotskoepel. Het was alsof in Judea niet alleen een beslissende oorlog woedde, maar de Apocalyps was aangebroken. In die omstandigheden leek het Paul Johnson en Pierre Michel wel zo wijs om naar de Verenigde Staten te vertrekken. Voor hun vertrek bewogen ze Hosea ertoe een stuk te tekenen dat hun het exclusieve publicatierecht toekende; van hun kant zegden ze toe snel naar een koper uit te kijken. De bisschop ging akkoord. Op 11 april vertrok ook hij naar de Verenigde Staten, en zo werd het bestaan van de Dode-Zeerollen wereldkundig.

Toen professor Ferenkz het nieuws hoorde, ontstak hij in hevige woede. Hij verdacht de Amerikanen ervan zijn onderhandelingen met Hosea te hebben gesaboteerd. Brief na brief stuurde hij om te betogen dat de rollen aan de nieuwe staat Israël toebehoorden, maar tevergeefs. Het was te laat. Hosea was met de rollen in zijn bagage uit Jeruzalem vertrokken, vastbesloten om ze aan de meestbiedende te verkopen; en om in de hele wereld het woord van de orthodoxe Kerk uit te dragen.

In New York trof hij Paul Johnson en Pierre Michel weer. Volgens afspraak probeerden ze twee jaar lang samen met Hosea de rollen aan de man te brengen, bij de Congresbibliotheek, bij de universiteit van Chicago, bij kunsthandelaren in de grote steden. In 1950 verschenen de eerste publicaties, met foto's, van de *Jesaja-rol*. Het jaar daarop werden de *Orderegel* en het *Habakuk-commentaar* integraal gepubliceerd.

Ferenkz zelf bezorgde de uitgave van de drie rollen die hij gekocht had. Ook werkte hij de transcipties uit die hij inderhaast van de rol van Hosea had gemaakt, toen hij die onderzocht had. Hij was ervan overtuigd dat dit waardevolle document aan Israël toebehoorde en reisde naar de Verenigde Staten om Paul Johnson te ontmoeten. Het gesprek begon rustig, maar toen Johnson zich erop beroemde aan de oorsprong van de ontdekking van de rollen te hebben gestaan, kon Ferenkz zich niet meer inhouden.

'U weet, neem ik aan, waar de laatste rol zich bevindt, die Hosea me wilde verkopen voordat hij zich bedacht,' zei hij ten slotte.

'Ik weet niet waar u het over hebt,' had Johnson geantwoord. 'Alle rollen die we bezitten zijn of worden binnenkort gepubliceerd.'

'U liegt,' zei Ferenkz. 'U moet me die rol teruggeven. Hij is niet van u, en u hebt niet het minste recht zich in deze kwestie te mengen.'

'De joden, díe hebben er niets mee te maken,' repliceerde de katholieke geestelijke.

De oorlog was verklaard, maar Ferenkz kon de strijd niet ten einde strijden. In 1953 overleed hij, vervuld van de bittere gedachte dat 'zijn' rol, die hij maar even had gezien, voorgoed verloren was. Hij wist niet dat zijn eigen zoon er een jaar later de hand op zou leggen.

Matti had ontslag genomen als stafchef van de Israëlische strijdkrachten, om het werk van zijn vader voort te zetten. Hij had voor de publicatie gezorgd van diens boek over de drie handschriften die hij ontdekt had, en had zelf een uitvoerig commentaar geschreven op een daarvan, *De oorlog van de kinderen van het licht en de kinderen der duisternis*. Toen hij in 1954 in de Verenigde Staten was om daar een lezing te geven, kreeg hij een brief waarin hem een handschrift van de Dode Zee te koop werd aangeboden.

Hij dacht meteen dat het hier om de bewuste rol kon gaan die zijn vader niet van Kaïr Benyaïr had kunnen kopen. Hij had gelijk: Hosea vroeg er te veel geld voor en had nog altijd geen koper gevonden. Het kwam tot een levendig loven en bieden, dat tot in Israël doorging. Na de nodige verwikkelingen wist Matti het handschrift ten slotte te bemachtigen.

Maar tijd om het te lezen had hij niet: op 5 juni 1967 brak er opnieuw oorlog tussen Israël en zijn buurlanden uit, en hij werd als strategisch adviseur aan het leger toegevoegd. De slag om Jeruzalem had op 7 juni plaats. Op zestig kilometer van Amman lagen duizenden fragmenten van Dode-Zeerollen in kisten opgeslagen, en het grootste deel van de verzamelingen bevond zich in de *scrollery*, een ondergrondse zaal van het Oudheidkundig Museum van Jeruzalem, dat toen nog Jordaans was. Israëlische parachutisten rukten op in de oude stad en beklommen de stenen treden aan het eind van de Tiferetstraat. Voor het eerst na duizend jaar zagen ze de westmuur terug, die de tempel beschermd had voor die verwoest werd. Met hun voorhoofd tegen het steen en met uitgestoken hand stortten ze tranen en gebeden op de plaats die de Plaats had geherbergd, in de schaduw van de heuvel waar Abraham zijn zoon Isaak wel zou hebben geofferd als God niet tussenbeide was gekomen.

Daarna veroverden ze na hevige gevechten met de Jordaanse troepen het strategische museum waar de rollen van Qumran zich bevonden. De vijandelijke eenheden werden tot aan Jericho teruggedreven, ten noorden van de Dode Zee. Zo kwam niet alleen het museum, maar ook Chirbet Qumran met zijn honderden handschriften onder Israëlische controle. 's Morgens 7 juni 1967, midden in de slag om Jeruzalem, betraden Matti en twee andere mannen met bonzend hart de scrollery van het Oudheidkundig Museum. Maar op de lange tafels waar de fragmenten gewoonlijk rijkelijk lagen uitgestald vonden ze niets. In de kelders van het museum troffen ze de waardevolle rollen aan, haastig bijeengeraapt, in kisten verpakt en daar voor het uitbreken van de gevechten opgeslagen.

Matti besloot nu om de verzameling te completeren met de handschriften die hij zelf bezat. Hij deed er ook het bewuste handschrift bij dat hij met zoveel moeite had bemachtigd. De Israëlische autoriteiten wilden echter geen openlijke oorlog met de vorige bezitters van de tweede partij rollen. Er werden afspraken gemaakt met professor Johnson, die een team van onderzoekers samenstelde om de handschriften te bestuderen. De groep bestond uit vijf met zorg uitgekozen leden, en had als taak alle fragmenten te ontcijferen en de resultaten daarvan te publiceren.

Op een dag na afloop van de oorlog ging Matti naar het museum om het bewuste handschrift te bekijken en te gaan bestuderen. Maar waar hij ook zocht, in de zalen of in de kelders, hij vond het nergens. Na een paar dagen zoeken en vergeefs navragen moest hij de feiten onder ogen zien: *de rol was verdwenen.*

III

'Wie wisten er van het bestaan van dat handschrift?' vroeg mijn vader, nadat Sjimon hem uitvoerig over de verdwijning van de rol had ingelicht.

'Dat valt onmogelijk te zeggen. De ontdekking van de eerste vier rollen is stilgehouden, maar het nieuwtje dat Hosea een van de belangrijke Dode-Zeehandschriften van de hand had gedaan ging snel rond in kringen van academici die de geschriften van Qumran waren begonnen te bestuderen. Hun belangstelling voor die handschriften was flink toegenomen sinds de ontdekking van de vierde grot van Qumran in september 1952. De leden van de Taamireh-stam die een paar jaar eerder al de grot van Chirbet Qumran hadden gevonden, gingen daar opnieuw rondkijken, in de hoop dat ze er nog meer handschriften zouden vinden waar ze wat aan konden verdienen. Ze wroetten in het gesteente, schraapten de bodem af, die onder dikke lagen stof lag, tot die duizenden fragmenten prijsgaf.'

'Ja, de kranten in de hele wereld stonden er vol van. Er ging geen dag voorbij of er werd wel een nieuwe historische schat blootgelegd, als de stukjes eenmaal samengevoegd, ontcijferd en uitgeschreven waren. Maar niemand wist nog wat de betekenis van die ontdekking was. Het lezen van de rollen ging langzaam en moeizaam. Alleen de geleerden en goed geïnformeerde onderzoekers konden het belang ervan onderkennen en beseffen dat ze het uitgangspunt van nieuw historisch onderzoek zouden gaan vormen, en dat dat onderzoek uiteindelijk de waarheid zou kunnen brengen over het ontstaan van het rabbijnse jodendom en de opkomst van het christendom. Tot dan toe had men alleen verspreide gegevens over het leven van Jezus en het ontstaan van het christendom bijeengesprokkeld, aan de hand van geschriften die van geslacht op geslacht waren overgegaan: de misjna, de talmoed, het Nieuwe Testament, de werken van Flavius Josephus en de apocriefen, zoals het *Boek der Jubileeën* – met eeuwenlang corrigeren, schrappen en censureren als gevolg. De religieuze geschriften waren door de joodse en christelijke wetgeleerden zo lang met de hand gekopieerd, woord voor woord, vers voor vers, dat hun historische waarheidsgetrouwheid steeds twijfelachtiger was geworden. Als ze ketters leken, werden ze omgewerkt; in tijden van godsdienstvervolging werden ze in het vuur gegooid. Ze werden verboden, soms ook herschreven om ze met de rechte leer en het geloof van dat moment in overeenstemming te brengen. Hier ging het niet meer om wat verspreide fragmenten; met de dag kwam er meer materiaal. Het ging om grote en kleine stukken, gevouwen en gesleten, al dan niet goed geconserveerd, maar via die onooglijke stukjes en fragmenten werd wel geschiedenis gemaakt... Maar dat konden alleen de geleerden weten.'

'Daarom doe ik ook een beroep op jou. Het kan zijn dat het handschrift is ontvreemd door een van de leden van het "Internationale Team" dat door Paul Johnson en zijn kameraad, die Franse pater, Pierre Michel, is samengesteld. Zij waren de enigen die toegang tot de rollen hadden. Ken je de andere leden van het team?'

'Ik weet wie het zijn. Je hebt Thomas Almond, een agnostische Engelse oriëntalist, bijgenaamd de "engel der duisternis" wegens zijn curieuze gedrag en zijn grote zwarte cape. En je hebt de Poolse pater Andrej Lirnov, een melancholieke, gekwelde persoonlijkheid; en de dominicaan Jacques Millet, een nogal extraverte Fransman, die je gemakkelijk herkent aan zijn woeste grijze baard en zijn grote bril met ronde glazen. Die hadden inderdaad allemaal rechtstreeks toegang tot de rollen. En wie er inzage in wilde hebben, kon niet om ze heen. Maar de officiële publicaties van het team waren erg schaars, en de meeste fragmenten uit grot nummer 4 zijn alleen becommentarieerd in zeer besloten, niet voor het publiek toegankelijke werkgroepen.'

'Er is wel eens iets vreemds gebeurd: in 1987 heeft Pierre Michel, in een referaat waarvoor hij in Harvard was uitgenodigd, het een en ander onthuld over een fragment dat hij aan het bestuderen was. En wat hij erover zei, deed Matti sterk denken aan de rol die hij in haast ontcijferd had, voor hij gestolen werd. Er waren twee kolommen in het Aramees waarin de profeet Daniël de droom van een koning uitlegt. Maar de echte verbluffende passage van het fragment, dat door Pierre Michel in de eerste eeuw voor Christus werd gedateerd, was de uitleg van een droom waarin de verschijning van een "zoon van God" of "zoon van de Allerhoogste" werd voorspeld.'

'Dus precies de benamingen die in het evangelie van Lucas bij de Maria-Boodschap door de aartsengel Gabriël worden gebruikt.'

'Pierre Michel heeft geweigerd het document te publiceren. Afgezien van die paar woorden die hij heeft laten vallen tijdens dat referaat, dat was bestemd voor de universitaire wereld, en het voorlezen van een minuscuul fragment dat hij had vertaald, is de inhoud van de rol geheim gebleven.'

Sjimon onderbrak zichzelf en haalde een papiertje uit zijn zak, dat hij mijn vader aanreikte.

Hij zal machtig zijn op aarde,
Iedereen zal hem eren en dienen,
Machtig zal hij heten en met Zijn naam zal hij worden aangeduid.
Zoon van God zal hij genoemd worden,
Zoon van de Allerhoogste zal hij genoemd worden.
Als een vallende ster
In een visioen, zo zal hun koninkrijk zijn.
Ze zullen een zeker aantal jaren
Op aarde heersen
En alles verpletteren,
De ene natie zal de andere verpletteren,
De ene provincie de andere,

Tot het volk van God opstaat
En het zwaard doet rusten.

'Ja,' zei mijn vader, 'die tekst ken ik. Maar niemand heeft ooit het einde van dat fragment gezien, en het valt dus niet met zekerheid te zeggen of de tekst iets zegt over de komst van een door God gezonden Messias.'

'Hoe dan ook, sinds dat referaat is er nooit meer iets van dat fragment vernomen. Er gingen jaren voorbij, maar er kwam nooit een nieuwe publicatie. Het was alsof er opdracht was gegeven of officieuze overeenstemming bestond om alles stop te zetten. En uiteindelijk kwam het daar ook van. Het Internationale Team viel uiteen en de leden gingen hun eigen weg. Johnson kreeg een aantrekkelijke aanstelling aan de universiteit van Yale, Almond ging naar zijn geboorteland Engeland terug, Millet ging pendelen tussen Jeruzalem, waar hij nog steeds opgravingswerk doet, en Parijs, waar hij doceert. En Pierre Michel ging terug naar Parijs, legde het habijt af en werkt nu voor de CNRS, de organisatie voor zuiver wetenschappelijk onderzoek.'

'En Andrej Lirnov,' vulde mijn vader aan, 'heeft zelfmoord gepleegd, om onbekende redenen.'

'Ja, inderdaad... Je zult wel denken dat het niets voor mij is om me zo voor archeologie te interesseren,' zei Sjimon na een lichte aarzeling. 'Maar het is zo dat het verdwenen handschrift momenteel door de Israëlische overheid gezocht wordt, niet om theologische redenen, die ongetwijfeld heel ingewikkeld zijn, maar omdat het ons rechtens toekomt en omdat het ongetwijfeld essentiële informatie over de geschiedenis van het joodse volk bevat.'

'En volgens jou gaat het om het fragment dat Pierre Michel tijdens dat referaat heeft voorgelezen?'

'Dat is hoogstwaarschijnlijk het geval.'

'Maar hebben jullie er een idee van wat de rol bevat?'

'Dat weten ze niet precies. Ze denken dat Jezus erin ter sprake komt, heel expliciet.'

'En gevaarlijk voor het christendom?'

'Het zou misschien maar beter in de kelders van het Vaticaan bewaard kunnen blijven, net als andere taboe verklaarde fragmenten,' zei Sjimon kalm.

'Maar heb je een idee wat er precies aan de hand is?'

'Nee, dat weet ik niet; wel weten we dat het niet zomaar verdwenen is, en we hebben onze hypothesen. De andere handschriften zijn vrijwel zeker van de Esseense sekte van Qumran. Ze dateren ongeveer uit de tijd dat Jezus leefde, maar in geen van de gevonden fragmenten wordt iets over Jezus gezegd. Het zou heel goed kunnen dat de verdwenen rol uiteindelijk wel belangrijke onthullingen over het christendom bevat.'

'Ja, dat weet ik; ik begrijp waar je heen wilt. Maar ik kan de opdracht niet aannemen, Sjimon. Dat is geen werk voor mij. Ik ben geen soldaat meer, en ik ben ook nooit een spion geweest. Ik ben onderzoeker geworden, wetenschapsman, archeoloog. Ik kan niet de hele wereld gaan afreizen, op zoek naar dat handschrift. Misschien is het verdwenen. Misschien is het wel verbrand!'

Sjimon zweeg even en dacht na. Mijn vader kende hem goed en wist dat hij er de man niet naar was om zich van zijn stuk te laten brengen. Hij kende diens typische manier om zijn gesprekspartners aan te kijken, bedaard en ironisch. Ook al probeerde hij het te verhullen, hij was het toonbeeld van een spion. Zijn trage, afgemeten tred, zijn bruine ogen die je strak en vorsend aankeken, zijn trage manier van spreken en van reageren op andermans woorden, alsof hij bezig was de informatie op te slaan. Op dit moment, dacht mijn vader, zal hij wel koortsachtig aan het nadenken zijn om te proberen hem te overtuigen en – wat zijn specialiteit was – de gevoelige snaar in hem te raken.

'Ik heb juist een wetenschapsman nodig, een specialist,' zei hij, 'een paleograaf, niet een soldaat... En ik weet hoeveel belangstelling je voor die handschriften hebt. Weet je nog hoe je reageerde toen je hoorde dat ze waren ontdekt? We vochten samen in de oorlog, maar jij dacht aan niets anders meer; je zei dat het een revolutie was.'

'Luister. Toen de handschriften van Qumran in 1947, meer dan een halve eeuw geleden, ontdekt werden, stond alles er heel anders voor. Die streek maakte toen deel uit van het Palestijnse grondgebied, dat onder Brits mandaat stond. In het oosten had je Transjordanië. De weg langs de Dode Zee bestond nog niet; die hield ten noordwesten ervan op. Er waren alleen maar ruwe paden en struikgewas, waar een oude Romeinse straatweg doorheen liep, en die was lange tijd niet eens aangegeven. De enige menselijke aanwezigheid in de omgeving was die van de bedoeïenen. Ik was zo geïnteresseerd in die ontdekking omdat ik niet snapte hoe die handschriften in zo'n oord gevonden hadden kunnen worden. Tegenwoordig zijn er goede wegen, zijn de opgravingen in volle gang en gaat het om strategische internationale belangen. We hebben Jericho aan de Palestijnen gegeven, en er is zelfs sprake van om ze omwille van de vrede een deel van de woestijn van Juda te geven, inclusief de omgeving van Qumran. Dat is me allemaal te ingewikkeld. Het gaat me niet meer aan; ik kan het niet volgen, begrijp je? Ik ken de handschriften die ze gevonden hebben. Ik weet allang dat de Essenen, die in dezelfde tijd als Jezus leefden, dat die precieze geschiedschrijvers, die het als hun levenstaak en bestaansreden zagen om op schrift te stellen wat ze zagen, *in hun handschriften niet over Jezus spreken*. Daarom willen jullie dat laatste handschrift ook terugvinden: gaat dat dan eindelijk wel over Jezus? Wat zegt het erover? Was Jezus een Esseen? Zo ja, is het christendom dan een tak van het essenisme? Of heeft die rol het niet over hem? Zou dat dan betekenen dat Jezus van later tijd is dan de sekte? Of, als er niets over hem gezegd wordt, is Jezus dan soms een verzonnen personage? Heeft hij wel echt bestaan? Daarom is het opsporen ervan ook zo riskant. Een revolutie moet vermeden worden. We weten niets van dat handschrift af, en des te beter. Het is beter om de zaken op hun beloop te laten dan om ze misschien uit de hand te laten lopen. Dat kan Israël niet gebruiken. Het is een te krachtig wapen. Het is een bom die dreigt te ontploffen in het gezicht van degenen die hem bezitten.'

'Luister,' antwoordde Sjimon, 'wat ik je vraag is niet per se om uit te vinden wat de strekking ervan is. Dat doen anderen wel; als jij dat niet wilt, draag je daar geen verantwoordelijkheid voor. En als die strekking uiteindelijk maar beter niet onthuld kan worden, zal dat ook niet gebeuren; neem dat maar van mij aan. Het gaat er alleen maar om dat je dat handschrift terugvindt, waar het zich ook bevindt, in handen van christenen, joden, bedoeïenen of Arabieren, en het me bezorgt.'

'En als de christenen het al hebben – het Vaticaan, bedoel ik?'

'Dat is onmogelijk.'

'Waarom?'

Er viel weer een stilte. Minutenlang kauwde Sjimon onverstoorbaar op zijn houtje, alsof hij wederom de voors en tegens wilde afwegen, het belang van de informatie die hij ging verstrekken wilde meten, de risico's en de prijs ervan wilde calculeren.

'Omdat het Vaticaan er momenteel naar op zoek is,' bracht hij ten slotte uit. 'Ze zijn er wanhopig naar op zoek.'

'Hoe weet je dat?'

'Heb je weleens van de pauselijke Bijbelcommissie gehoord?'

'Vagelijk, ja. Maar vertel me er meer van.'

'Het is een instituut dat aan het begin van de eeuw door paus Leo XIII is ingesteld om een dam op te werpen tegen het oprukkende modernisme. Het waakt over de bijbelstudie onder de katholieken. Het bestond eerst uit twaalf door de paus benoemde kardinalen en een aantal "consultoren", allemaal met hun eigen deskundigheid. Hun officiële taak was om te waken over alles wat tegen de officiële heilige geschriften inging. Ze moesten er met name op toezien dat academici het gezag van de Schrift niet aantastten en ze moesten de officiële katholieke interpretatie bevorderen. Je zou denken dat er in de tweede helft van deze eeuw het een en ander veranderd is, zeker sinds het tweede Vaticaanse concilie, maar daar is geen sprake van. De École Biblique in Jeruzalem, waar de meeste leden van het Internationale Team vandaan komen, is nog steeds even nauw verbonden met de Bijbelcommissie als vroeger. De meeste leerlingen ervan worden door de Commissie als docent in seminaries en andere katholieke instellingen geplaatst. In feite wordt ook door de consultoren van de Commissie bepaald wat het publiek wel of niet over de Dode-Zeerollen te weten mag komen. Toen in 1955 onder leiding van Thomas Almond in Manchester de *Koperen rol* ontcijferd werd, riep het Vaticaan de Commissie in buitengewone zitting bijeen om voorzieningen te treffen tegen mogelijke onthullingen. De Commissie is ongelooflijk reactionair. Weet je dat ze al publicaties heeft uitgegeven waarin beweerd wordt dat Mozes eigenhandig de Pentateuch heeft geschreven heeft en waarin op de letterlijke en historische juistheid van de eerste drie Genesis-boeken wordt gewezen? Nog maar kort geleden heeft ze een decreet uitgevaardigd over de bijbelstudie in het algemeen en de historische waarheid van de evangeliën in het bijzonder; wie de evangeliën interpreteert, moet dat doen in een geest van gehoorzaamheid aan het gezag van de katholieke Kerk.'

'Maar verder? Geloof je dat die rol zo belangrijk voor ze is? Hoe ver zullen ze gaan om hem te bemachtigen, volgens jou?'

'Nogal ver, denk ik. Er is nog een lichaam dat afhankelijk is van de Bijbelcommissie: de Congregatie voor de Geloofsleer, die in wezen een rechtbank is, met eigen rechters. De consultoren die voor die rechters werken hebben als speciale taak om de twistpunten op te sporen waarover de Commissie zich moet uitspreken. Dat onderzoek gaat in het algemeen over alles wat de eenheid van de Kerk kan bedreigen. Net als in de Middeleeuwen gebeurt dat in het diepste geheim. Tot 1971 werd aangenomen dat de Commissie en de Congregatie los van elkaar staande instellingen waren. Maar die schijn wordt niet langer opgehouden. Ze zijn elk afzonderlijk in hetzelfde kantoor en op hetzelfde adres in Rome gevestigd. Voor de leden van die commissies gelden heel eenvoudige stelregels: tot welke conclusies men ook komt en tot wat voor onthullingen de lezing van die rollen ook leidt, het leergezag van de Bijbelcommissie mag niet weersproken worden. Maar er is meer. De geschiedenis van de Congregatie voor de Geloofsleer gaat terug tot de dertiende eeuw. In 1542 was ze bekend als het Heilig Officie, ofwel... de inquisitie. Van alle departementen van de curie is de Congregatie het machtigst. De leden zijn van mening dat de recente theologische ontwikkelingen tot ontaarding en verval van de Kerk dreigen te leiden. Alleen het onderdrukken van alle afwijkingen van de leer kan voor een hernieuwing in één geloof en één dogma zorgen. Die mensen beschouwen degenen die het niet met hen eens zijn als verblind, of erger nog als verdorven. Nu is het zo dat de voormalige promovendus Paul Johnson, die samen met Pierre Michel als een van de eersten de rollen bestudeerd heeft, en net als hij lid van het Internationale Team, het huidige hoofd van de Congregatie is. We weten dat hij die ene rol in handen heeft gehad; en hij heeft hem ongetwijfeld ook gelezen toen hij nog aan de École Biblique van Jeruzalem verbonden was. Maar hij heeft hem niet meer en is ernaar op zoek. We weten dat Paul Johnson op dit moment alles in het werk stelt om die rol terug te vinden. We volgen hem en zijn stille afgezanten al maandenlang in verschillende landen.'

'Wie zijn dat?'

'Leden van het Internationale Team, met name zijn rechterhand, Pierre Michel. En nog een ander lid van het team, pater Millet.'

'Dat betekent...'

'Dat zij de grootinquisiteurs van de huidige katholieke Kerk zijn.'

Sjimon wilde mijn vader met alle geweld overtuigen en overhalen. Hij wist dat hij voor geen kleintje vervaard was, maar besefte ook dat het moeilijk zou zijn om deze ferme, verstandige man in zo'n geschiedenis te verwikkelen. Even leek mijn vader na te denken.

'Wie had die rol oorspronkelijk in zijn bezit?' vroeg hij ten slotte.

'Hosea, de orthodoxe hogepriester, die hem aan Matti heeft verkocht. Maar we denken dat Paul Johnson hem achterover heeft gedrukt en aan Pierre Michel heeft doorgespeeld om hem te bestuderen.'

'En Hosea? Kent hij de inhoud van het handschrift?'

Sjimon liet opnieuw een stilte vallen, en antwoordde toen: 'Hij is dood, David. Vermoord, vorige week toen hij in Jeruzalem terug was. En met de rollen is ook het geld dat hij bij zich had verdwenen. Het gaat vermoedelijk om dieven die goed van zijn akkefietjes op de hoogte waren. Ze willen ze misschien proberen te verkopen; als dat zo is, moeten we ze achterhalen, waar ook ter wereld, net als Matti.'

'Maar hij was stafchef van het leger. Hij werd bij zijn opsporingswerk geholpen,' zei mijn vader fel. 'Ik kan het niet alleen af. Ik zou te maken krijgen met geleerden en minder geleerden, en misschien wel met oplichters of moordenaars. Nee,' zei hij hoofdschuddend, 'zoiets is echt niets voor mij... Het antwoord is nee,' voegde hij er op afwijzende toon aan toe. 'Verder praten heeft geen zin.'

'Goed. Dat is onherroepelijk, neem ik aan?'

'Onherroepelijk.'

Mijn vader glimlachte. Hij kende Sjimon wel zo goed om te weten dat hij het niet zomaar opgaf; die laatste vraag betekende gewoonlijk dat hij zijn laatste kaart ging uitspelen. Mijn vader wachtte rustig en ietwat nieuwsgierig af tot Sjimon ermee op de proppen kwam.

Die sloeg de blik neer en leek zich een tijdje op de korrelige grond te concentreren. Toen zei hij: 'Als het er zo voor staat, kan ik je alles wel vertellen. Ik wilde het voor je achterhouden tot je geaccepteerd had, om je niet af te schrikken, maar ja, nu je weigert... Misschien kun jij me opheldering geven. Het gaat niet alleen om het Vaticaan. Het is waar dat de christenen achter die rol aan zitten. Maar het is ook een kwestie van binnenlandse politiek, een zaak van de politie. Wat ik je ga vertellen moet onder ons blijven, akkoord?'

'Natuurlijk.'

'Goed. Ik heb je gezegd dat de orthodoxe priester Hosea vermoord is, maar dat is niet helemaal waar... of laat ik zeggen dat het om nadere precisering vraagt. Het gaat eigenlijk om iets anders, iets ingewikkelders. Hoe zal ik het zeggen... De politie heeft besloten de zaak voorlopig stil te houden, om ongestoord onderzoek te doen zonder paniek onder de bevolking te zaaien.'

Sjimon nam anders nooit een blad voor de mond, en mijn vader was verbaasd hem zo weifelachtig te zien.

'Wat is er aan de hand?' vroeg hij.

'Je zult het nauwelijks geloven... Hij is *gekruisigd*.'

Bij die woorden veerde mijn vader overeind.

'Hoezo, gekruisigd?'

'Gekruisigd, zoals Jezus. Aan een kruis gehangen. Nou ja... niet helemaal zoals Jezus. Het gaat om een wat vreemd kruis, met twee dwarsbalken, een grote en een kleine.'

'Een Lotharings kruis?'

'Een soort afgeknot Lotharings kruis. De polsen van die arme kerel waren aan de kruisbalk genageld, en zijn voeten aan de staander. Hij is vrij snel de verstikkingsdood gestorven. Eerst dachten ze dat het het werk van een gestoorde was, een maniak. En – daar wilde ik heen – ze weten nog niet waarom, maar het is mogelijk dat het verband houdt met die handschriften.'

'O ja?'

'Ja. We weten dat Hosea in verband met die boekrol overhaast uit de Verenigde Staten is teruggekomen... alsof hij op de vlucht was. Kijk, het is merkwaardig, dat kruis, dat ceremonieel; het lijkt wel een terechtstelling... Ik weet niet wat er aan de hand is, David, maar als het een gestoorde is, een maniak, kan hij elk ogenblik opnieuw toeslaan.'

'Ja, inderdaad... Ik...'

Sjimon bespeurde zijn verwarring en speelde zijn laatste troef uit.

'Je hebt er iemand bij nodig, een weerbare man, een jonge man die je kan verdedigen. Iemand die tegelijk soldaat en erudiet is.'

'Ja, inderdaad,' zei mijn vader, die zich al half gewonnen had gegeven.

'Ik ken iemand die aan die beschrijving voldoet. En jij kent hem ook.'

'Wie dan?'

'Ik denk aan je zoon, Ary, die nu aan de jesjiwa studeert. Ik heb zijn militaire staat van dienst ingezien. Ik weet dat hij het leven van mijn zoon Jacov heeft gered. Je zoon is een moedige jonge man die een uitstekend militair had kunnen worden als hij niet voor een... contemplatieve levensweg gekozen had.'

'Niets is aan het toeval overgelaten, hè?' zei mijn vader. 'Alles is al geregeld. Het enige dat me nog te doen staat, is te vertrekken.'

Tweede rol

DE HEILIGENROL

Toen ik nog jong was,
Voordat ik had gedwaald,
Heb ik haar gezocht.
Zij kwam tot mij in haar schoonheid
En ten einde toe heb ik haar onderzocht.
Zelfs wanneer de bloesem afvalt,
Als de druiven rijpen,
Verheugen zij het hart.
Mijn voet trad op de rechte paden,
Want vanaf mijn jeugd heb ik haar gekend.
Ik heb mijn oor slechts een weinig genijgd,
Maar ik heb rijkelijk onderwijzing gevonden.
Zij werd mij een voedster;
Aan mijn meesteres geef ik de bloei van mijn jaren.
Ik streefde ernaar mij te vermaken,
Was heftig uit op het goede, onafgebroken.
Ik brandde bij mijn verlangen naar haar
En kon mijn ogen van haar niet afhouden.
Ik wakkerde mijn verlangen naar haar aan
En op haar hoogten was ik niet rustig.
Mijn lid opende [haar poorten
En] ik onderzocht haar naaktheid.
Ik reinigde mijn lid in [haar...]

Apocriefe psalmen
'Hymne op de wijsheid'

I

Na de schepping overzag God wat hij allemaal gemaakt had, het licht, het uitspansel, de sterren, de zon en de maan, het land en de zee, de planten en de dieren, en hij was voldaan en vond dat het goed was.

Over die tevredenheid verbaas ik me weleens. Waren de aardse goederen dan evenzeer te waarderen als die van de wereld hierna? Waarom had ik me aan ascetisme overgegeven om me beter op die laatste te richten, terwijl de eerste mij ook veroorloofd waren? *Ik zei bij mezelf: 'Laat ik proberen plezier te hebben en te genieten van het leven.' Maar ook dat was zinloos. Lachen is dwaas, merkte ik, en aan plezier heb je niets.*

Ik was geen Verloren Zoon. Ik was een waardige zoon van David Cohen, al kon ik de portee van die uitspraak destijds niet ten volle bevatten. Maar Sjimon zou verbaasd zijn geweest als hij me gezien had zoals ik toen was, hij die me in het groene onderofficierstenue van de landmacht had leren kennen. Ik was groot, droeg een baard en had de blauwe ogen van mijn Russische moeder, achter een brilletje met ronde glazen. Ik had geen volle baard, zoals de oude wijzen, maar een schuchter, vlossig baardje. Lichamelijk leek ik op mijn vader: rijzig en pezig, bijna knokig. Dat had me bij het vechten in het leger wat succes opgeleverd, maar sinds ik bij de chassidim was hield ik mijn conditie niet meer op peil.

Net als al mijn broeders had ik lange spiraalvormige krullen aan weerszijden van mijn gezicht: de traditionele slaaplokken, die ik soms op mijn hoofd bond, onder mijn hoed. Dag en nacht hield ik mijn zwartzijden keppeltje op, dat een groot deel van mijn hoofd bedekte, ook als ik mijn hoed op had. Ik droeg zwarte, platte schoenen zonder veters aan mijn voeten, die zelf weer in zwarte kousen waren gehuld. Ook mijn broek was zwart, zoals de traditie wilde. Maar onder mijn lange donkere jasje droeg ik een wit overhemd, en daaronder altijd een klein bidkleed, twee crèmekleurige vierkante wollen slippen met een opening voor het hoofd, één op de borst en één op de rug, met aan de onderste hoekpunten een rituele franje ter gedachtenis aan het Verbond. Ik droeg geen das, een tooi die al te kenmerkend voor de niet-joodse wereld was. Om mijn middel had ik een gordel gebonden, de guertl, een lang zwartzijden gevlochten lint, om het bovenlichaam van het prozaïscher onderlichaam te scheiden. Op sabbat- en feestdagen droeg ik mijn zwartzijden, glanzend gesatineerde leviet.

Het archeologische handwerk leerde ik van mijn vader, die ik bij zijn werkzaamheden en zijn onderzoek hielp, maar dat was toen ik nog niet op de jesjiwa zat, jaloers en eenkennig als de God van Israël. Sinds mijn prille jeugd nam mijn vader me naar de opgravingen mee. Ik was zijn enige zoon en zijn enig kind. Maar ik was erg vroom, dat wil zeggen praktiserend – wat de joden 'orthodox' noemen.

In tegenstelling tot mijn vader, die geen sabbat meer hield en niet meer koosjer at, deed ik iedere morgen de gebedsriemen om; en als hij op sabbat met mijn moeder de auto nam om een tochtje in de omgeving te maken, deed ik mijn grote witte bidkleed aan om al mijn kameraden van de jesjiwa te zegenen, want ik was een zoon van Cohen, een Cohen, een afstammeling van de hogepriesters op wie de belangrijke taak rustte het volk Israëls te zegenen. Mijn dagen stonden in het teken van de wet. Als ik opstond deed ik steevast mijn ochtendgebed. Als ik ging eten vroeg ik steevast de zegen. Als ik naar bed ging deed ik steevast mijn avondgebed. En er ging geen dag voorbij dat ik niet studeerde. Via de wet huisde de tijd in de ruimte, zoals de mezoeza's aan de deurposten, de sabbatlampen op tafel en de chanoekalampen aan de vensters. En via de wet werd het woord vlees; ik at alleen door de thora toegestaan vlees: dieren die herkauwen en gespleten hoeven hebben, en vissen met schubben en vinnen. En via de wet was het vlees een vreugde. Op de jesjiwa rustten we op vrijdagavond en zaterdag, zonder licht aan te doen, en zonder pen en papier, die we niet mochten aanraken, want we moesten ons verre van werkgerei houden; maar de hele nacht zongen en dansten we, volgens het chassidische ritueel, want zoals een van onze opperrabijnen zei: 'Je zingt niet omdat je blij bent, maar je bent blij omdat je zingt.' We leefden niet in ascese en versterving, we leefden gezamenlijk, in gemeenschap, jong en oud, met vrouwen en kinderen, en iedereen was blij om in de sabbatrust verenigd te zijn, om de gerechten en de goudbruine challe te delen, om naar onze leermeesters te luisteren en om hun woordspelingen te lachen. Zodra de eerste ster boven Jeruzalem verscheen en de rustdag inluidde, viel er een lethargie over Mea Sjearim. Jongeren holden naar de rand van de wijk om vaten op de weg te zetten en het verkeer tegen te houden, terwijl anderen stenen in hun zakken stopten, om de eerste auto die voorbijkwam voor straf met stenen te bekogelen.

Het geluid van sirenes en sjofars kondigde de komst van de verloofde – de sabbat – aan, en drommen mensen slenterden, op hun paasbest gekleed, door de straatjes rond de straatweg, op weg naar een van de vele synagogen, waarvan sommige nauwelijks groter dan een huisje waren. Zodra ze de deur uit waren klampten sommige rabbijnen, al in hun zwart-witte gebedsmantel gehuld, voorbijgangers aan om een laatste persoon voor de minjan te vinden, de tien gelovigen die vereist zijn om een godsdienstoefening te mogen houden. Uit open ramen klonken indringende melopeeën, telkens door felle uitroepen onderbroken psalmodieën en gebeden, terwijl de jonge studenten hun vreugdeliederen aanhieven. *Want wie leeft, weet tenminste nog dat hij dood zal gaan; maar wie dood is, weet helemaal niets meer. Hij heeft niets meer te verwachten; niemand denkt meer aan hem. Het is afgelopen met zijn liefde, zijn haat, met al zijn hartstochten. Ze spelen geen rol meer in wat er hier op aarde gebeurt, nooit meer. Daarom: eet en heb plezier, drink wijn en wees vrolijk. Dat heeft God gewild.*

Ik leefde in Jeruzalem op een particuliere, voor de meeste mensen niet toegankelijke plek, en als er op deze wereld nog ergens een onbezoedelde plek is, dan is het wel Mea Sjearim, ingeklemd tussen de oude binnenstad van Jeruzalem en de nieuwe joodse stad. Die wijk lijkt wel door de joden zelf te zijn gebouwd om zich van de andere joden te isoleren, als uit een onstilbare behoefte aan anders-zijn. Die plek is natuurlijk een anachronisme, aan de zelfkant van de staat, van de samenleving en van alles wat eigen aan Israël is. En we waren natuurlijk ook een residu en zouden misschien mettertijd ook wel verdwijnen; maar misschien was de toekomst ook wel aan ons en zouden we ondanks alles blijven voortbestaan, dankzij ons geloof en ons geboortecijfer, want onze families waren talrijk als de sterren aan de hemel en de zandkorrels aan zee, en ze waren heengegaan en hadden zich vermenigvuldigd zoals God, onze God, het geboden had.

Het was een lange straatweg, met aan weerszijden lage huizen waarvan de bouwstijl aan die van Midden-Europa deed denken, met de schuine daken van regenachtige regionen – en dat in een land waar elke regendruppel een zegening is, een liturgische celebratie –, met smeedijzeren portalen, minuscule balkons en eindeloos op elkaar uitkomende binnenplaatsen. Bij de ingang van de wijk hield de eeuwige bedelaar, de wandelende jood met zijn zware zwarte jas en zijn grote hoed, zijn centenbakje op, op de grond zittend naast een bord waarop in het Engels, Jiddisch en Hebreeuws geschreven was:

Joods meisje, de thora gebiedt je om zedig gekleed te gaan. Hij wil dat rokken tot onder de knieën vallen en dat getrouwde vrouwen het hoofd bedekt hebben. Wij verzoeken bezoekers onze godsdienstige gevoelens niet te kwetsen door onwelvoeglijk gekleed over straat te gaan.

De enkele duizenden joden van Mea Sjearim leven nog op het ritme van de tijd van de Midden-Europese getto's, die ze als sefardim of sabra's veelal nooit gekend hebben, maar die ze herscheppen met behulp van veel strudels en van het Jiddisch, want de heilige taal zou zich niet lenen voor profaan gebruik of voor de verwoording van de onvermijdelijke trivialiteit van de zaken en daden van alledag. Mea Sjearim, dat een paar vierkante kilometer beslaat, betekent in het Hebreeuws 'de honderd poorten'. Volgens sommigen zijn bij de bouw ervan, door Hongaarse joden in de tweede helft van de negentiende eeuw, de ramen en terrassen met opzet aan de achterkant aangebracht, uitkijkend op de binnenplaatsen, met maar een paar deuren aan de straatkant, om rovers en ongelovigen buiten de muren van de vesting te houden.

Toen ik er voor het eerst kwam, was ik zeventien. Mijn ouders kwamen er nooit. Die wijk was niets voor hen. In het begin keek ik op van de enorme bevolkingsdichtheid en van het gekrioel en de koortsachtige drukte in de nauwe straatjes, de vaste tred van de chassidim, hun onverstoorbaar regelmatige tempo ondanks de dichte menigte: een wereld van pittoreske, baardige, spraakzame mensen, onophoudelijk in beweging en, zo kwam het me voor, met de blik op de eeuwigheid gericht. Oude rabbijnen bleven regelmatig midden op de weg staan om urenlang over een woord uit de talmoed te discussiëren, het verkeer ophoudend, zonder op of om te kijken, terwijl er steeds meer bleke, serieus ogende jonge mensen omheen kwamen staan en met verve argumenteerden. Dat waren de bachoerim, leerlingen aan de kollelim en de jesjiwoth. Niet veel later zou ik een van hen zijn en de gelederen komen versterken van die vreemde scholen zonder diploma's of doelstelling, behalve om wat verder door te dringen in de wereld van de gemeente Gods.

Ik dacht toen nog dat alle inwoners van de wijk zich geheel aan de studie en het onderhouden van het joodse gedachtegoed wijdden. Met de economische kant hield ik me niet bezig; alles leek me er met een ondoorgrondelijk, magisch aureool omgeven. Later kwam ik erachter dat de helft van de inwoners daar inderdaad al hun tijd en gaven aan wijdden, maar dat de overigen in hun levensonderhoud voorzagen en baantjes hadden waardoor ze een geregeld en ordentelijk bestaan konden leiden, zoals klerk, slachter, besnijder, opzichter van een rituele badinrichting, pruiken- en mezoezamaker, hoeden- en pettenmaker, goudsmid, metaalbewerker voor de fabricage van sabbat- en Chanoekalampen of maker van allerlei houten, stenen, zijden of fluwelen siervoorwerpen. Ook leefden ze van de bijdragen van buitenlandse gemeenten, met name uit Williamsburg, de chassidische wijk van New York. De overigen, degenen die studeerden, kwamen dan ook niet van de honger om, al leidden ze vaak een precair bestaan. En studeren was het enige waar ze voor deugden. Vanaf hun vijfde leerden ze de thora. Op hun twaalfde kenden ze de talmoed al, waarna ze zich aan de kabbala wijdden, maar pas op hun veertigste waren ze waardig om zich over de mystieke tekst van de Zohar te buigen, het *Boek van de Luister*.

Ook wist ik toen nog niet dat er achter die eenvormigheid van uiterlijk en levenswijze oneindig veel uiteenlopende richtingen schuilgingen. Achter elk klein detail, een broek met omslagen of kniebanden, lage zwarte schoenen of hoge schoenen, korte jasjes of lange met een split, gestreepte of effen witte hemden, borsalino's, streimels of Russisch ogende petten, school een dynastie, een andere denkrichting met eigen gebruiken.

Ik benijdde ze, degenen die het geluk hadden sinds hun prille jeugd de traditie te kennen. Ik had het allemaal in korte tijd moeten inhalen. Ik vond dat ik niet opgevoed was en mijn leven van voren af aan zou moeten beginnen. Ik was toen ook nog zo naïef om niet in te zien dat ik voorbestemd was om me terug te trekken in dit laatste toevluchtsoord, dit onneembare bolwerk, deze wereld waar verstrooide oudere mannen, met hun streimel op het hoofd, hun lange baard en hun stemmige nette jas, een hele rits kinderen met zich meezeulden, broertjes en zusjes die met tussenpozen van negen maanden geboren waren; plechtstatig volk met gehaaste tred en eendere gezichten, bleek en door lange slaaplokken omrand; een zonderling paleis met glanzende zijde en fluweel, een buitentijdse plek waar personages uit de achttiende eeuw rondliepen tussen meisjes met sjaals om en vrouwen met pruiken en hoeden, met om de schouders geslagen halsdoeken, met lange rokken die de benen verhullen en met de enkels in wollen kousen gehuld. Veertig graden in de schaduw en een Poolse winter, de warmte van het oosten verweven met de barste, ijzigste herinnering aan het bleekste westen, dat van de eerste helft van de achttiende eeuw in Podolië, met de preken en de pogroms, de cultus van de haat die er gestookt werd, die gezaaid werd in elke moederschoot, om de nieuwgeborenen aan te steken en langzaam maar zeker de gruwelijke ramp van de komende eeuwen voor te bereiden. De enige uitweg was dan ook om op jezelf te zijn, binnen de honderd poorten, binnen je gemeenschap, de 'plaats', als het er één was, de broze barricade tegen alle agressie, het vertrouwde nest waar arme zielen van alle leeftijden tot zichzelf kwamen, de rabbijn en de parnassim, de verachte jood en zijn arme, verworpen familie, en met studie en onderwijs als bindmiddel. Met de schriften voor zich kon iedereen binnen de honderd poorten het gevoel hebben het lot in eigen hand te hebben, dat al zo lang geleden begonnen was en een cultuur van duizenden jaren achter zich had; en de gemeenschap binnen de honderd poorten was als een burcht waarin iedereen koning was en iedereen onderdaan, zonder slaven of martelaars.

Toen ze het getto tot in het hartje van Israël hadden meegenomen, hadden ze daarbij niet het complement, de uitweg ervan vergeten: de mystieke bezieling van de kabbala, die uitzicht op een nieuw streven bood. Ze brachten het waarachtige leven en handelen binnen de honderd poorten, en de mogelijkheid tot een scheppende zin en bedoeling. Want in de verste verte van hun ballingschap hadden ze begrepen dat het niet meer voldoende was als een daad werd afgeleid uit een reeks logische redeneringen in overeenstemming met de traditie, wilde die daad legitiem zijn; in de uitvoering ervan moest zo'n daad de hele diepte krijgen van de bedoeling die ten grondslag ligt aan de wording en de langzame rijping ervan. Om zich nu tegen deze wereld te beschermen, hadden ze de wereld hierna bedacht en die 'vervoering' genoemd.

Ik kende die vervoering al voor ik met het chassidisme kennismaakte. Ik was altijd al licht in verrukking geraakt. Het gebeurde wel dat ik bezeten was van een mateloze kracht en trek. Soms raakte ik in trance en voelde ik een eeuwige kracht in me. Geen obstakel kon me dan tegenhouden. Bezield door het geloof heb ik me ook aan de godsdienststudie gewijd, ondanks de bezwaren van mijn ouders. Gedreven door die geloofsijver ben ik bij de chassidim gegaan, omdat ik wist dat zij als enigen bezetenen konden begrijpen. Durf ik het te bekennen? Mag ik het neerschrijven? Ik ben meer dan eens vrijwel in een staat van devékoet geweest, de opperste gelukzaligheid, de volheid die voor hen een gedragsregel is.

Op mijn jesjiwa heb ik geleerd hoe je je tot extase kunt opwerken; ik leerde er hoe je moet bidden om de concentratie te bevorderen, de intensiteit waarmee je naar de letters in een boek moet kijken, waardoor je één wordt met het innerlijke licht van het Hebreeuwse teken dat woorden en dingen levend maakt. Ik heb er vruchtbaar denken en langdurig vasten geleerd. Ik heb er de juiste dosering van magische poeders geleerd. Soms was wijn alleen al voldoende. Als de wijn binnenkomt, komt het geheim naar buiten. Bij poeder komt het hele wezen te voorschijn.

Het was dan alsof ik me van mijn wezen ontdeed, me wist te verliezen en te vergeten; ik was bezeten en bezat mezelf niet meer. Verlost van alle egoïstische banden die me in mezelf opsloten, stond ik open voor een vage maar heldere luister. Ik had de indruk dat mijn lichaam zich in levitatie verhief, alsof ik buiten mijn dode, abstracte zelf trad en het probeerde mee te nemen naar de hemelse wereld. Ik had de indruk in die zelfvernietiging ruimte en tijd te overstijgen, om aan het wezenlijke te raken. En even ontmoette ik, in eeuwige zielsrust, in een vluchtige omhelzing, de geest van de Volkomenheid, en hervond ik de schitterende waarheden en dromen van de schepping. Ik was in verheven beschouwingen verzonken. Ik schreef boeken, las de thora. Ik was Mozes en Elia, ik was koning en profeet tegelijk. Mijn gedachten vervoerden me tot buiten het aardse leven naar de wereld hierna die ik deed komen, want ik was de Messias.

We hielden feesten waarbij we de hele nacht tot uitputtens toe, dicht op elkaar gedrongen rond het vuur dansten, tot aan het krieken van de dag. Onze hoeden scheerden langs elkaar en vormden een donkere, woelige zee die eindeloos deinde. Soms maakte een van ons zich van de groep los en danste alleen, midden in de kring, vlak bij het vuur. Als hij voor het vuur langs ging, was hij nog slechts een schimmige ledenpop, op het punt om te verdwijnen, met een rood, door de vlammen getekend hoofd: een gezicht dat in extase opgloeide.

Soms kwamen we met een strijkje op een binnenplaats bijeen en voerden we bezweringsdansen uit. Sommige virtuozen die de stok en de fles wisten te hanteren wrongen zich in de knapste bochten en houdingen, met kunstige bewegingen van het achterovergebogen hoofd en lichaam tot aan een horizontale positie. Bij een van die figuren, de volatsj, moest de ene danser met subtiele bewegingen de andere, die zich dood hield, zien op te wekken, tot ze uiteindelijk op een hels ritme samen dansten.

Toen God de mens schiep, gebeurde dat door inkrimping. Zijn oneindige wil verengde zich tot een eindig wezen. Door zich in zichzelf terug te trekken maakte hij plaats voor het schepsel. *Tsimtsoem*. Ik breng mijn ik tot niets terug, ik haal mijn subjectiviteit neer, om in haar waarheid de oerwijsheid gewaar te worden, die van het eerste begin, met alle mogelijkheden, veranderingen en voortdurende ontwikkelingen van de zuivere wil. Zo ontdek ik alles waar ik in bewuste staat geen vermoeden van heb. Ik maak plaats voor de ander in de hoedanigheid van een ander, degene die in mijzelf vastzat en die ik niet gezien had. Ik ben de schepper die op het punt staat te scheppen, met de onzegbare aanzet tot de eerste daad. Ik zie de goddelijke wereld – het volkomen anders-zijn, de volstrekte transcendentie – in mij werkzaam.

Maar dat vereist een langdurige beoefening van de ascese: zich onthechten van de waarden van deze wereld, zichzelf verloochenen, zich ontdoen van eigenliefde, van trots, van eigenbelang – en ook van droefheid, want tranen doen God vergeten. Je moet jezelf leegmaken om erachter te komen wat er in latente vorm, zonder dat je het wist, allemaal al in gedachten, woorden, verlangens en herinneringen was. Je moet de opgesloten wil bevrijden en al zijn kracht teruggeven.

Dan pas kun je tot de ware kennis van zaken komen. In tegenstelling tot de rede, die de objecten die ze bevat tot haar eigenheid terugbrengt, door een tautologische herhaling van hetzelfde, maakt de devékoet je los van het ik om de ander te beschouwen – dat wil zeggen met zich mee te nemen.

De devékoet was dan ook tegelijkertijd ons verstand en onze ethiek. Hij was het middelpunt van ons leven, de kern van de Verlossing. De Messias laat zich er immers in voorvoelen, verwezenlijkt zich erin. Net als God zal hij zich niet in zijn totaliteit openbaren, maar bij wijze van inkrimping. En als hij ons komt verlossen, zal hij in elke gedachte, elk woord en elke daad de goddelijke vonken verenigen die in ons verstrooid zijn.

II

Zaai 's morgens en 's middags, luidt de spreuk, *want je weet niet of het de ene keer op zal komen of de andere keer; of dat het beide keren goed zal gaan*. Als chassid stond ik 's morgens vroeg op en liep van Mea Sjearim door het Arabische stadsdeel naar het hartje van de oude stad, de witte wijk, blinkend in het ochtendgloren dat Klein Jeruzalem in een lichtende aura hulde. Ik wist waar ik heen ging en zette er flink de pas in. Mijn hart bonsde in het schemerlicht van de stad; ik had het gevoel dat die me als een verloofde aankeek. Af en toe kwam er een vreemde kalmte over me, een gevoel van vervulling. Soms voerden mijn passen me langs duistere omwegen en deden me door verboden wijken dwalen. Maar ik vond altijd de weg terug, de weg die naar de Muur leidde. Om daar te komen moest je door smalle, vaak donkere en bochtige straatjes heen, en ik ontwaarde hem altijd bij verrassing, opdoemend achter een steegje, ontzaglijk en onbeweeglijk wakend over de stad als de wakkerste wachtpost van de Tsahal. Het was niet de Klaagmuur – niet meer. Het was de westmuur, die door Herodes ter bescherming om de tempel was gebouwd en nu door de ironie van het lot alleen nog maar over zichzelf waakte. Daarna hield ik er één hand tegenaan en deed mijn ochtendgebed. Uit eerbied voor de verwoeste tempel liep ik daarna achteruitlopend weg, zoals alle vrome joden, om hem niet de rug toe te keren.

Vervolgens ging ik naar een van de vele jesjiwoth in de wijk, om me weer aan de talmoedstudie te zetten. Daar bracht ik de hele dag door, discussiërend over de inhoud van de kloeke delen van de talmoed, zoekend naar een afdoend argument, maar wel wetend dat er geen afdoend argument bestond. Vaak discussieerden we ook tevergeefs, waarna we steevast besloten met de traditionele formule, de tékoe, die zoveel betekent als: *bij de komst van de Messias zullen alle vragen en alle problemen een oplossing vinden.*

Daar ontmoette ik hem voor het eerst. Hij zat met een geopend boek voor zich in een hoekje van de zaal, wiegend en aan zijn baard plukkend, zonder acht te slaan op de jonge, drukke talmoedisten. Hij psalmodieerde en liet zijn gekreun door enkele sibillijnse zinnen volgen: 'Als een roos tussen de doornen, zo is Israël. Wat beduidt de roos? Het volk Israël is rood of wit als een roos en ziet zich nu eens streng, dan weer mild bejegend.'

Ik vroeg een van mijn kameraden wie die man was.

'Weet je dat dan niet?' vroeg hij verbaasd. 'Dat is de rabbi.'

'Welke rabbi?'

'*De* rabbi,' zei hij, alsof er maar één was.

Toen ik later bij hem gestudeerd en veel van hem geleerd had, wist ik wat een groot man hij was. Hij zei: 'Het is niet je plicht die taak te volbrengen, maar je bent niet vrij om hem niet te verrichten.' Ook zei hij dat er duizenden jaren geleden, toen de joden een klein halfnomadisch volk waren dat in Kanaän rondtrok, al sprake was van joodse studie. Hij leerde me dat het hoogst belangrijk was je verstand te ontwikkelen. Als we bij de talmoedstudie niet volkomen geconcentreerd waren, kon hij in hevige woede ontsteken; hij zei dat je de draad van de aangevoerde argumenten zo kwijt was, waardoor het resultaat onbetekenend werd. Je moest de redenering stap voor stap volgen, alsof het om een politieonderzoek ging, waarbij de ontknoping van de intrige gevonden moest worden. We trachtten de verborgen zin van de wet te begrijpen, die zich slechts met de grootste inspanning liet ontsluieren. Hij wilde niet, zoals sommige andere leermeesters die ik had gekend, dat zijn leerlingen kennis erin stampten, maar vond dat ze zelf moesten leren denken. Er was geen wedijver tussen leermeester en leerling; die zelfstandigheid van geest boezemde hem geen angst in.

Meestal begon dat als volgt. De rabbi vroeg een van ons de eerste regels van een bladzijde uit de talmoed voor te lezen. Het onderwerp deed er weinig toe – iets zonderlings of bizars, een bepaald geval dat zich niet zo gauw zou voordoen en waarvan we de teneur niet altijd begrepen: een toren die in de lucht zweeft, een muis die op Pesach met broodkruimels in een huis aankomt, een foetus die van de ene in de andere baarmoeder wordt overgeplant, een robot die deel uitmaakt van een minjan. Over zes of zeven regels konden we twee uur discussiëren. Als we één dag, één enkel uur ontbraken, viel de redenering al niet meer te volgen, zo gecompliceerd was die.

Soms werd ik door twijfel bekropen: wat bezielt een jonge man van achttien jaar om tien jaar van zijn leven in een jesjiwa te willen doorbrengen om de geschriften van de talmoed te bestuderen, terwijl hij duizend andere dingen zou kunnen doen? Wat lokt hem naar die afgelegen weg? De meeste van mijn kameraden waren geen baäl tesjoewa zoals ik, die naar de traditie was teruggekeerd. Ze waren daar omdat hun vader dat wilde, om geleerd te worden. Ik had het licht gezien en wilde me ontplooien.

De studie zelf gaf me ook niet dezelfde voldoening als het louter beschouwen van de luister waarmee ze omgeven was. Kennis was voor ons niet het hoogste goed. Zoals de meeste chassidim en strijdig met een zekere rationalistische joodse traditie vond ik dat de aandacht voor de details van een tekst, de minutieuze exegese en de wijdlopige discussies die de pilpoel, de talmoedische studiemethode vormen, weliswaar noodzakelijk waren, maar inferieur en ondergeschikt aan het achterliggende doel: zich stevig vastklampen aan God, zonder los te laten.

Gemakkelijk was het niet. We mochten de jesjiwa niet uit, behalve in noodgevallen. Het bezit van tijdschriften, kranten of radio's was verboden. De rabbijn zei dat de jesjiwa geen school was zoals een andere, maar diepgang, zuiverheid en godsvrucht vereiste; voor degenen die van dat ideaal afweken was er geen plaats. Daarom was het ook verboden belangstelling te hebben voor wat zich rondom het studiehuis afspeelde, zolang we daar verbleven. Het was een afscherming tegen de wereld, een wijkplaats die zijn poorten sloot om indringers buiten – en de leden binnen te houden.

We mochten ook niet met meisjes omgaan. De rabbi zei dat een jongen pas verkering met een meisje mocht hebben in het jaar vóór zijn huwelijk.

'Maar hoe weet hij nu of het een jaar voor zijn huwelijk is? Dan moet hij eerst dat meisje ontmoeten,' wierp ik de rabbi eens tegen.

'Kijk, als je achttien bent en aan de universiteit gaat studeren, zul je de eerstkomende vier jaar waarschijnlijk niet trouwen. Maar wat gebeurt er als je op je achttiende de vrouw van je leven ontmoet? Omgaan met het meisje van wie je houdt en alleen maar met haar praten is erg moeilijk. Daarom kun je die situatie beter vermijden, voor het serieus wordt.'

'Maar studenten zeggen dat ze al eerder met meisjes willen omgaan, anders hebben ze geen gelegenheid om te leren hoe ze zich tegenover hen moeten gedragen.'

'Van twee dingen één: ofwel je weet hoe het hoort, ofwel je weet het niet. Maar je zult het niet te weten komen door met veel meisjes om te gaan. Bovendien hebben degenen die er laat aan beginnen even goede huwelijken als degenen die vroeg beginnen.'

We mochten ook geen fornuis hebben. Als we onze tijd verdeden met de vraag wat we die avond zouden eten, kon dat onze concentratie verstoren. We mochten niet naar de film, om de verleiding tot het doen van slechte dingen niet groter te maken. We mochten ook niet naar cassettes luisteren. Sommigen leenden een bandrecorder van een leraar, zogenaamd voor de studie, en profiteerden ervan om naar Simon en Garfunkel te luisteren. Ze vonden dat het op Jiddische muziek leek.

Ik was altijd graag naar de film gegaan. Maar toen ik eenmaal op de jesjiwa zat, zou ik er, zelfs als ik er het recht toe had gehad, niet meer heen zijn gegaan; ik was niet gerust op de blikken van de anderen. Wat zouden ze wel van ons denken, als ze me zo in de bioscoop zagen, met mijn streimel en mijn slaaplokken? Ik probeerde me ook niet voor vrouwen te interesseren. Op straat keek ik niet naar ze, en als ik met ze te maken had, sloeg ik de ogen neer om te vermijden dat onze blikken elkaar kruisten. De rabbi zei dat je 's zomers, als ze luchtig gekleed gingen, nog meer moest oppassen.

Als je op zo'n plek woont, zo verschillend en zo geïsoleerd van de rest van de wereld, staat je volgens mij niets anders te doen dan lezen en leren. Het was alsof die school diende om ons te harden en sterk genoeg te maken om ons te weren als we geconfronteerd zouden worden met de boze machten die de wereld te gronde richten. We bereidden ons zonder aflaten op die strijd voort, we wapenden ons en verschansten ons en stonden paraat om weerstand te bieden en te vechten. We vormden het leger van de nieuwe tijden. *Aan wijsheid en ervaring heb je meer dan aan een heel stadsbestuur.*

Ik had geen hekel aan de rabbi. Ik koesterde niet de grenzeloze verering die anderen voor hem hadden, maar geloofde heilig in hem, als in een profeet, een superieur mens. Daarom kon ik het hem ook niet kwalijk nemen toen mijn beste vriend, Jehuda, aan een gearrangeerd huwelijk met zijn dochter moest geloven, al wist ik dat hij er triest onder was. Hij was jonger dan ik, vierentwintig jaar pas, en ik had hem nog nooit over trouwplannen gehoord. Maar ik vond het niet stuitend dat het hem opgedrongen werd, van buitenaf, zonder dat hij het wilde of zelfs maar zijn aanstaande kende. Zo kwamen de meeste huwelijken tot stand.

Het was allemaal met zijn zuster begonnen, die de huwbare leeftijd had bereikt. Hun vader was naar de koppelaar gestapt om een echtgenoot voor haar te zoeken. Deze wist van een broer en een zus die beiden beschikbaar waren, en omdat hij wist dat Jehuda nog geen vrouw had, had hij een dubbel arrangement voorgesteld, waarbij de broers en zusters over en weer met elkaar zouden trouwen. De vader van Jehuda had eerst geweigerd, omdat hij vond dat zijn zoon nog wel even kon wachten. Maar de tijd verstreek en de koppelaar toog keer op keer ten aanval en sprak er met zijn moeder over, wier mening in dezen primordiaal was. En toen ze van de koppelaar de naam van de beoogde schoonfamilie hoorde, kon ze slechts instemmen: het ging om niet minder dan de kinderen van de rabbi. Dus werden de financiën geregeld. Daarna werd Jehuda door de rabbi ontvangen. Omdat er een zekere afstand moest worden bewaard zolang de zaak niet rond was, spraken ze elkaar in de jesjiwa. Doel van het onderhoud was om de talmoedische capaciteiten van de jonge man te beoordelen. Jehuda had een spreekbeurt voorbereid en bracht het er met verve van af. Af en toe onderbrak de rabbi hem om een punt te verhelderen of een precisering te vragen. Na tien minuten knikte hij ten teken dat het genoeg was. De aanstaande van Jehuda heette Rachel en was achttien jaar. Ze kon een huishouden bestieren en koken, en wilde naaister worden.

'Moet je nagaan,' zei Jehuda me kort daarna, 'wat een eer het is om met de dochter van de rabbi te trouwen. Denk je eens in. Mijn ouders zijn dolblij.'

'Maar zij, je vrouw – wat vind je van haar?' vroeg ik.

'Ik heb haar één keer gezien, ik weet het niet. Maar dankzij haar ga ik tot zijn naaste omgeving behoren!'

De rabbi en Jehuda spraken elkaar nog eenmaal voor het huwelijk. Ze liepen samen door de straten van Mea Sjearim en hadden het over de jesjiwa en van alles en nog wat. Toen ze uit elkaar gingen, glimlachte de rabbi even en zei: '*Gute Nacht.*'

Een paar weken later braken ze het glas ter herinnering aan de verwoeste tempel. Duizenden chassidim uit de hele wereld woonden de feestelijkheden bij. Het was een somptueuze bruiloft, waarbij de bruid traditiegetrouw zeven rondjes om de bruidegom maakte.

Nu hij de schoonzoon van de rabbi was, kon Jehuda diens woorden en zijn hele doen en laten van nabij volgen. Voor een chassid was dat van onschatbare waarde.

Ik kende de gewoonte om huwelijken te arrangeren heel goed, maar dat neemt niet weg dat ik me triest voelde. Ik besefte dat er voor hem een nieuw leven begon, en voor mij dus ook: het betekende dat ik mezelf binnenkort ook op een huwelijk moest voorbereiden. Ik was natuurlijk al meermalen gepolst. Mijn ouders waren niet godsdienstig en ik was dus niet de best denkbare partij, maar ik had tesjoewa gedaan, leerde snel, behoorde tot de beste leerlingen van de jesjiwa en had een goede naam: *Je kunt beter een goede naam hebben dan er alleen maar goed uitzien, en je sterfdag is beter dan je geboortedag.* Verschillende vaders en moeders waren me al de verdiensten van hun dochters komen aanprijzen, maar ik had ze nooit benaderd, want ze aanspreken zou het bezegelen van een verbintenis zijn geweest. En wat kon ik eraan doen dat voor mij de tijd nog niet gekomen was?

Ik dacht me dus op het toeval te verlaten en op een dag naar de koppelaar te stappen. Maar het huwelijk van Jehuda bespoedigde de zaken een beetje. In de talmoed staat geschreven dat het niet goed is als een man alleen leeft.

Voor mijn ouders was mijn vertrek naar de jesjiwa een soort dood geweest. Ik kon hun maaltijden niet meer delen. In het begin kwam ik nog wel een glas thee drinken met een koekje, maar uiteindelijk zocht ik ze helemaal niet meer op. Hoe kon ik een huis binnengaan waar de mezoeza's aan de deurposten niet koosjer waren, en een keuken waar alles taref was, waar melk en vlees gemengd werden, waar schaaldieren en andere verboden dieren gegeten werden, en, God vergeve me, zelfs varkensvlees? Hoe kon ik aan tafel gaan met mensen die voor het eten hun handen niet wasten en niet baden, en die na zich verzadigd te hebben niet dankten? Hoe kon ik leven met mensen die op sabbatsdag kookten, het licht aanstaken en de auto namen? Hoe kon ik met een getrouwde vrouw omgaan die haar hoofd niet bedekte? Mijn eigen ouders waren goddelozen, mijn moeder was een renegate die niet begreep hoe haar zoon een chassid had kunnen worden. Voor haar was dat een stap terug, eeuwen terug, naar de gevangenis van het getto. Was zij niet juist naar Israël gekomen om zich van al die ketenen te bevrijden? Ze zei dat ik te jong was om als een asceet te leven volgens die antieke, achterhaalde wetten, en te vrij om geloof te hechten aan al dat bijgeloof, die onverbiddelijke regels die me beletten van het leven te genieten.

Die verboden waren geen restricties, maar een middel tot zingeving. Bovenal was het verboden om oud te zijn, voor jong en oud. Ik wist dat ik achter mijn streng ogende streimel en zwarte jas jong moest blijven, en dat was ik ook, met alle naïviteit en onbezorgdheid van dien. Die kleding was alleen maar een pantser tegen de ouderdom van de wereld en beschermde me tegen het sociale vernisje, de schijnheiligheid, de ontucht, de bekrompenheid, de geldzucht, alles wat de wereld lelijk maakt en wat jonge mensen zo oud maakt, zo triest en ontgoocheld. Zoals de rabbi zei: de jeugd kent zichzelf niet, net als het geluk, en verliest zichzelf als ze zich zoekt, net als het geluk. *Geniet van je jeugd, neem het ervan zolang je nog jong bent. Doe wat je fijn vindt, waar je zin in hebt, want je bent maar één keer jong. Maar denk wel aan de God die je gemaakt heeft, ook als je nog jong bent.*

Ik had in dienst gezeten, in tegenstelling tot de meeste van mijn kameraden van de jesjiwa, die dienst geweigerd hadden, om religieuze en om ideologische redenen, omdat ze geen zionisten waren. Mijn ouders wilden dat ik in dienst ging, en ik was het daarmee eens. Dit land had ons veel gegeven, en het minste dat je kon doen was drie jaar lang op te komen voor de veiligheid ervan, voor ónze veiligheid; en dus ook die van de chassidim. Ik was in Libanon geweest. Ik had er dagen, weken zonder slaap gekend, wakend, vanuit een tank de vijand bespiedend; en de angst was onze lotgenoot, waarmee we leerden leven. Er ging geen week voorbij zonder dat ik een militaire begrafenis bijwoonde, zonder dat ik het kanon zijn schorre gereutel in de lucht hoorde schieten, van machteloos verdriet: een jonge man van mijn leeftijd was in de strijd gebleven. De oorlog was voor mij niet een spel, iets theoretisch, maar iets heel reëels, dat me liet zien dat we in zware tijden leefden, dat ons leven precair en bedreigd was, dat ons bestaan op deze aarde een meedogenloze oorlog was. Het was David tegen Goliath; Jericho heroverd en weer verloren, de Golan binnengevallen door de vier Mesopotamiërs, die weer door Abraham verdreven werden, Masada belegerd, het symbool van dit belaagde land, dit lapje grond dat van alle kanten bestookt wordt, dat zijn grenzen betwist weet en dat al strijdend de vreselijke dreiging voor zich uit schuift van belagers die wachten en in hinderlaag liggen; dezelfde steden, dezelfde strijd, dezelfde hoop. Als soldaat, met mijn groene tenue en mijn mitrailleur, bezocht ik, zodra ik de gelegenheid had, nog steeds de westmuur, het hoofd gebogen tegen de rotswand, om vurig te bidden dat dit de laatste oorlog mocht zijn, dat de vreselijke ballingschap en de terugkeer niet vergeefs waren geweest en dat we konden doorgaan een taal te doen herleven, de woestijn te doen opbloeien en op sommige zomeravonden naar het koperen en gouden licht te kijken, dat onze stad in een zachte glinster hult. *In Gaza zal niemand meer wonen, Askelon wordt een woestenij, Asdod wordt ontvolkt op klaarlichte dag, Ekron met wortel en tak uitgeroeid.*

In de drie jaar van mijn militaire dienst had ik de mondaine jeugd leren kennen, drugs, alcohol, het nachtleven. Ik had dat allemaal langs me heen laten gaan, want het zei me niets. Ik had wat contact met meisjes gehad en wat geproefd van de kunstmatige paradijzen van chemicaliën en valse sentimenten – als een buitenstaander, een etnoloog, zonder er bevrediging in te vinden of er opnieuw in te vervallen. De anderen noemden me 'die ander'; ze zagen heel goed dat ik, zonder ze te verfoeien of te verachten, anders was. Ze zeiden dat ik van een andere eeuw was, van een andere wereld, niet van deze tijd. En ze hadden gelijk. Ik was een relict, een levende antiquiteit. Een studieobject, een oud perkament, onverlet en goed geconserveerd, heel fris ondanks zijn hoge ouderdom, gereed om kersverse waarheden prijs te geven en in zijn jeugdigheid de eeuwen bloot te leggen, in al hun onbevangenheid.

Mijn vader zei daar allemaal niets van. Hij zei niet, als mijn moeder, dat het allemaal onzin was, een stap terug. Hij gaf nooit commentaar. Pas later heb ik dat stilzwijgen begrepen. Ik wist niet dat hij in zijn jonge jaren heel vroom was geweest, ik begreep niet hoe een Cohen zo 'geassimileerd' kon zijn en ik dacht dat hij niet wist waarom ik in het zwart gekleed ging zoals de Polen in het getto, ook als het 's zomers drukkend warm was.

Maar hij wist wel degelijk waarom ik dat deed, en zeker ook beter dan ikzelf. Ik wist niet dat het verleden zijn religie was, en zijn beroep het opsporen van zijn verleden. En de archeologie was ons beider lust en leven, en als we samen opgravingen deden of oude documenten bestudeerden, waren we echt vader en zoon, en het was geen verloren zoon.

III

Als Sjimon niet tussenbeide was gekomen en geen beroep op mijn vader had gedaan, zou ik dus wel getrouwd zijn en me gesetteld hebben, misschien wel voor de rest van mijn leven, want in de schriften stond geschreven dat je moest studeren om nog meer te kunnen studeren. Maar er moest nodig iets gebeuren; zonder het echt te weten, zat ik daar voortdurend op te wachten. Het was alsof ik al mijn kennis voor me hield, terwijl die me ergens anders van pas kon komen. Hoewel de studie, zoals ik die opvatte, zichzelf als enige beloning had, had ik, in tegenstelling tot heel wat van mijn kameraden, het vage gevoel dat daarin nog niet het einddoel van mijn bestaan lag, maar dat er iets ophanden was, in wording nog, en dat ik me voorbehield om handelend op te treden als het zover was. *Eerst zei ik bij mezelf: 'Ik ben wijzer dan al mijn voorgangers in Jeruzalem; door ervaring ben ik veel wijzer en verstandiger dan zij.'*

Maar een beeld kan me beter verhelderen dan een lange uiteenzetting: ik zou dan als een aquarel zijn, met vage contouren en pastelkleuren. In die tijd was ik een rechtvaardige, een onnozele hals, die wel kwaad had gezien maar er nog nooit in gemengd was. Ik was puur als een pasgeboren kind; niet doordat het mij aan zwakheden ontbrak, niet doordat ik nooit een misstap had begaan, want ik had gezondigd als ieder ander, maar door een soort integriteit die het bestaan niet aan het wankelen had kunnen brengen. Ik was uit één stuk, volkomen mezelf door mijn keuzen, mijn dromen en mijn verlangens. Niets kon me tegenhouden, niets schrikte me af. Eerlijk gezegd had ik ook niets meegemaakt. En nu ik wel geleefd heb, verlang ik terug naar de tijd voor er wonden werden geslagen, toen alles nog mogelijk was. Daarvoor was ik nooit met het kwaad in aanraking geweest. Daarna moet je gewoon proberen te leven met de herinneringen waaraan we ons vastklampen. Dan is het te laat om te hopen. Maar ik loop weer vooruit op die duistere tijden, terwijl ik alleen maar herinneringen wilde ophalen.

Toen mijn vader me over de handschriften sprak, was ik niet verbaasd. Ik kende de mysterieuze geschiedenis van de ontdekking ervan, en ik voelde me aangetrokken door die plek, Qumran, waar zich, naar ik wist zonder te kunnen uitleggen waarom, een deel van mijn leven zou afspelen, alsof dat ergens geschreven stond. *Vermoeiend is alles, onbeschrijfelijk vermoeiend; we kunnen nooit alles zien, nooit alles horen. Wat er gebeurd is, zal weer gebeuren en wat er gedaan is, zal weer gedaan worden; er is niets nieuws onder de zon. Men zegt wel: 'Kijk, dat is iets nieuws.' Maar dan blijkt dat het er vroeger ook al was. Niemand denkt meer aan de mensen die voor ons geleefd hebben en ook aan de mensen die na ons komen, zal later niemand meer denken.*

'Ik herinner me de opgravingen nog die je daar gedaan hebt,' zei ik tegen mijn vader. 'Bij de Wadi Qumran waren de ruïnes van Chirbet Qumran. Niet ver daarvandaan was een begraafplaats met honderdtien graven. Die waren noord-zuid georiënteerd, dus het was uitgesloten dat ze van moslims waren. Er stonden geen herkenbare tekens op.'

'Ja, het waren Esseense graven.'

'Ik wist niet dat er een handschrift was gestolen... Ik heb begrepen dat ze het terug willen vinden, maar waarom zit Sjimon erachter? Wat heeft het leger ermee te maken?'

'Er zijn grote politieke belangen met die handschriften gemoeid.'

'Wat is er aan de hand?'

'De regering wil het Vaticaan voor zijn bij het opsporen van die rol.'

'Is dat handschrift dan gevaarlijk voor het christendom?'

'Ze weten niet wat erin staat. Ze weten ook niet wie het in zijn bezit heeft.'

'Waarom hebben ze jou ingeschakeld? En waarom willen ze dat ik met je meega?'

'Volgens mij hebben ze ons juist gevraagd omdat we erbuiten staan en gekwalificeerd zijn om hem op te sporen.'

'En wat word ik geacht te doen?'

'Meegaan, me vergezellen, en misschien ook wel beschermen.'

'Is het dan zo gevaarlijk dat je een lijfwacht nodig hebt?'

'Misschien wel,' erkende hij.

'Wanneer moeten we weg?'

'Nu. Morgen. Zo gauw mogelijk.'

'Maar ik kan niet. Ik studeer aan de jesjiwa, en je weet dat je de studie niet zomaar kunt staken.'

'Wie heeft het over het staken van je studie?' zei hij malicieus.

Hij leek even na te denken en zei toen: 'Als we dat handschrift vinden, kunnen we het samen bestuderen. Misschien ontdekken we wel iets belangrijks... Misschien moeten we het wel onder ons houden en het alleen aan Sjimon afleveren, of misschien niet eens aan hem. Je moet er in ieder geval niet met je rabbi over praten.'

Hij boog zich voorover en sprak op een fluistertoon: 'Met niemand, zonder mijn toestemming, begrepen?'

Ik knikte. Het was voor het eerst dat hij me zoiets vroeg: om te kiezen tussen de gehoorzaamheid en de eerbied die ik hem verschuldigd was en het blinde vertrouwen dat ik in mijn rabbi had. En dat terwijl ik mijn besluit toch genomen had, en dat wist hij, want ik had ze verlaten, hem en zijn traditie, of liever zijn non-traditie, zoals ik het toen noemde. Maar er was nooit een rechtstreekse confrontatie geweest. Die bleef impliciet, al voelde ik dat het onderwerp, zonder dat het ooit werd aangeroerd, voortdurend aanwezig was, als een hangende vraag, zonder antwoord. Maar toen hij dat verzoek deed, besefte ik dat het om zoiets serieus ging dat ik er misschien niet met de rabbi over moest praten, zoals mijn vader me had gevraagd, om eindelijk het vijfde gebod te gehoorzamen, dat ik in mijn gehoorzaamheidsdrang naar mijn gevoel verzaakte, in naam van de thora, die toch voorschrijft eerbied voor je vader en moeder te hebben.

Hij vertelde me niet over de gruwelijke moord die er in verband met de handschriften gepleegd was, kennelijk om me te sparen. Ik hoorde er pas veel later van, nadat er nog meer gruweldaden waren gepleegd, en misschien was dat maar beter ook. Ik geloof niet dat de ongelooflijke schok die ze bij me teweegbrachten ook maar enigszins minder zou zijn geweest als ik erop voorbereid was geweest. Van dat alles wist ik nog niets; ik wilde alleen maar dat handschrift opsporen, uit nieuwsgierigheid en omdat ik er door iets ondefinieerbaars toe aangetrokken werd, iets als een onuitwisbare herinnering.

We gingen op weg naar de Jordaan-vallei, want mijn vader wilde me Qumran laten zien zoals Sjimon het hem had laten zien. De plaats waar hij me mee naar toe nam, niet ver van de grotten, verhief zich boven de omgeving. Links van ons, in het noorden, meanderde de zilveren Jordaan tussen het geboomte door; achter ons, in het westen, deed de woestijn van Juda de naargeestige hellingen in mildere, rossige duinen overgaan, en in de verte was een groene oase te zien, de palmtuinen van Jericho. Voor ons vormde het grijze water van de Dode Zee een groot meer, aan weerszijden omzoomd door steile blauwachtige bergen, dat een glinsterende blik op het landschap wierp. Die van mijn vader was strak op de westoever gericht, waarachter een ander klif majestueus de Ras Fesjka verrees, het voorgebergte dat over het helgroene Ain Fesjka uitkeek. In die contreien, zo wist hij, vlak bij de bron, wat verder naar het noorden, lag het mergelplateau tegen het rotsgebergte aan, dat enigszins uitstak boven de kustvlakte en de ruïnes van Chirbet Qumran. Vanwaar we ons bevonden waren die niet te zien, maar later begreep ik dat hij ze zich moeiteloos voor de geest kon halen.

Ik kwam daar niet voor het eerst. Ik had er al vaak tochtjes gemaakt met mijn ouders en met vrienden. Voor mij en veel anderen was het toen nog een uithoek in een verlaten oord, waar alleen wat in tenten levende bedoeïenen te vinden waren. Pas later hoorde ik dat Chirbet Qumran, dat door de oude exploratoren van Palestina maar heel vluchtig genoemd en beschreven was, een van de meest gekende en gewijde plaatsen ter wereld was. Uit deze streek bij de Dode Zee, een woest, vormeloos landschap waar geen mens en geen dierlijk wezen te bekennen was, was het monotheïsme afkomstig, en dat was misschien ook wel het enige dat dit land kon voortbrengen: één God, naamloos, gezichtsloos en lichaamsloos, volstrekt afwezig, zonder spoor of tastbaar feit. In die duinen en dat meer was geen plaats voor nimfen of sirenen.

We gingen te voet naar het oude Esseense klooster van Chirbet Qumran, op een afstandje van de zee opgetrokken uit grote blokken grijs steen. Erachter lagen de hellingen, met hier en daar wat donkere holten: de natuurlijke grotten waar de rollen gevonden waren. Tussen de Dode Zee en het klooster lag de dodenakker, een groot rechthoekig stuk grond, geplaveid met grote stenen en harde rotskeien. Aan de noordwestzijde stond een toren van twee verdiepingen, die ter verdediging diende.

Het klooster bevatte een keuken met een oven en een refter. Een ander vertrek diende als gemeenschappelijke zaal voor de Essenen, met aangrenzend een in baksteen en pleisterwerk uitgevoerd scriptorium. Daar waren drie bronzen en twee roodaarden inkthouders gevonden, waar nog opgedroogde inkt in zat. Het van de hellingen afstromende regenwater voedde zes grote regenbakken, om in de waterbehoeften van de gemeenschap te voorzien; daarnaast was een groot bassin blootgelegd, de mikwa, dat voor de reiniging van de leden diende.

'Voor de opgravingen,' zei mijn vader, 'had je hier alleen maar een hoop stenen en een vrijwel volledig bedolven cisterne.'

'Is bekend hoe de bewoners van Qumran leefden?' vroeg ik.

'Ze hielden zich bezig met schrijven, lezen en studeren. De gemeenschap bezat een ruime bibiliotheek van vele honderden boekdelen. Een deel bestond uit bijbelboeken, de rest uit de geschriften van de sekte. Die boeken werden intensief gelezen en dienden ter stichting van de gemeenschap. In de niet-bijbelse geschriften zullen de opvattingen van de sekte zijn neergelegd. In die tijd hadden boeken geen auteur; als degenen die de teksten overschreven dachten dat die door bepaalde toevoegingen, weglatingen of veranderingen verbeterd of verfraaid konden worden, dan brachten ze die naar eigen goeddunken aan. Niet zo heel lang geleden was het nog heel gewoon dat kopiisten hun talent toonden door de tekst waar ze aan werkten bij te werken.'

'Ook de heilige geschriften?'

'Als ze ervan overtuigd waren dat het om een heilig geschrift ging, streefden ze naar een getrouwe weergave, zonder veranderingen. Denk maar aan de legende van de Septuaginta. Ptolemeüs II van Egypte zou tweeënzeventig vertalers uit Jeruzalem hebben laten komen, zes van elke stam. Hij zou ze allemaal gevraagd hebben om in tweeënzeventig dagen de wet van Mozes uit het Hebreeuws in het Grieks te vertalen. De legende wil dat ze, ieder voor zich afgezonderd in een cel op een eiland in de Middellandse Zee, hun werk door goddelijke inspiratie volbracht hebben. Na tweeënzeventig dagen bleken hun voltooide vertalingen volkomen identiek te zijn.'

'Waar diende deze ruimte voor?' vroeg ik, wijzend op de resten van een grote zaal, kennelijk een van de hoofdvertrekken.

'Dat is de plaats waar de leden van de gemeenschap bijeenkwamen. Een van de Esseense rituelen was om gezamenlijk de maaltijd te gebruiken, waarbij de Messias de ereplaats innam. Niemand mocht het brood en de wijn aanraken voordat de priester iedereen in hiërarchische volgorde gezegend had. Die plechtigheid was een voorproefje van het paradijs; de priester diende als plaatsvervanger van de Messias, bij diens afwezigheid, en moest in zijn naam handelen.'

'Zoals Jezus tijdens het Laatste Avondmaal?'

'Ja, en tijdens dat maal vereenzelvigt Jezus zich met de Messiasfiguur.'

'Bestaat er volgens jou een verband tussen Jezus en de "Leraar der Gerechtigheid", waar de rollen van Qumran van spreken?'

'Voor zover onze kennis nu reikt kan ik wel zeggen dat er verbluffende overeenkomsten zijn. Je weet dat het *Habakuk-commentaar*, een rol die helaas nogal beschadigd is, aanhalingen uit Habakuk afwisselt met beschrijvingen van latere gebeurtenissen, die de vervulling van de profetieën zijn. Waar de Ouden van de "Gerechtige" en de "Boze" spreken, heeft de commentator het over de sekte en haar eigen "Leraar der Gerechtigheid", die een van de tempel afvallige priester was. Deze is aangeklaagd en uiteindelijk gedood door de "goddeloze priester". En die Leraar der Gerechtigheid schijnt door de gemeenschap als een martelaar vereerd te zijn. Volgens de Essenen had hij rechtstreeks van God openbaringen ontvangen en werd hij door de priesters vervolgd. Ook geloofden ze dat de Leraar der Gerechtigheid aan het eind der tijden zou terugkeren, na "de oorlog van de kinderen van het licht en de kinderen der duisternis". Volgens hun voorspellingen zou de Leraar der Gerechtigheid de goddeloze priester doden, de macht in handen nemen en de wereld een Messiaans tijdperk binnenleiden.'

En mijn vader vervolgde: 'Er zijn dus opvallende gelijkenissen tussen deze Esseense figuur en de Jezus-figuur van de christenen. Net als de Leraar der Gerechtigheid predikt Jezus boetvaardigheid, armoede, deemoed, naastenliefde en kuisheid. Net als hij eist hij eerbied voor de wet van Mozes. Net als hij is hij de Uitverkorene en de Messias Gods, de verlosser van de wereld. Net als hij ontmoet hij vijandigheid bij de priesters, met name de Sadduceeën. En ook hij wordt veroordeeld en gevangengezet. Net als hij zal hij aan het einde der tijden de hoogste rechter zijn. Net als hij heeft hij een Kerk gesticht, waarvan de aanhangers met smart op zijn wederkomst wachten. En ten slotte hebben de christelijke Kerk en de Esseense gemeenschap beide als voornaamste ritueel het heilig maal, voorgezeten door een priester als hoofd van de gemeente. Er zijn dus veel punten van overeenkomst, maar vooralsnog hebben we geen afdoende bewijs.'

Mijn vader sprak met een emotie die hem vaak overmande als hij opgravingsplaatsen bezocht en daar het verleden weer tot leven bracht. Ik luisterde graag naar het timbre van zijn aangedane stem, mat en levendig tegelijk, gesmoord soms, afgeknepen in de keel, alsof het hem moeite kostte er een duidelijk geluid aan te ontlokken. Uitgesproken met die donkere stem stootten de woorden op elkaar, keelklanken, als de scheldwoorden van de meest onbekookte profeten.

Even verderop waren wat mensen in de weer aan de voet van een muur. Ze waren met opgravingswerk bezig. Een van hen had kennelijk de leiding. Het was een man van normaal postuur, nogal gezet, met grijs krulhaar en dito baard en een grote donkere hoornen bril op. Zijn hoogrode wangen getuigden van menig extra slokje wijn buiten de sacramentele zegen om, en zijn ronde buikje, zichtbaar ondanks zijn ruime dominicaner soutane, duidde op een zwak voor een welvoorziene dis.

Het was pater Millet, een van de leden van het Internationale Team. Mijn vader herkende hem meteen, want hij had hem al eerder bij opgravingen en op congressen ontmoet. Het was een goedmoedige, spraakzame man, en we raakten al gauw in gesprek.

'Hoe gaat het?' vroeg mijn vader.

'We hebben een gebouwencomplex van tachtig meter oostwest bij honderd meter noord-zuid blootgelegd,' zei hij, terwijl hij hem de volgekrabbelde plattegrond liet zien die hij in zijn hand had. 'Uit onderzoek van de muren en de grond en van het gevonden aardewerk en geld hebben we verschillende bewoningsperioden kunnen onderscheiden en dateren. De eerste menselijke vestiging in Chirbet Qumran gaat terug op het Israëlitische tijdperk: de muren met de diepste fundamenten rusten in een brandlaag die veel scherven uit de tweede ijzertijd bevat. Die zijn vooral te vinden op de hoek van sector 73 en 80 en aan de noordzijde, bij de funderingen van de oostmuur, waar zich oudere muren bevinden. Een van de teams heeft in vak 68 een hengsel gevonden, met het stempel LAMMELECH, 'voor de koning', dat tot een bekend type behoort, en een potscherf met wat letters in Oud-Hebreeuws schrift erop. Aan de hand van de plaats van de scherven en het niveau van de funderingen heb ik het grondplan van een rechthoekig bouwwerk kunnen reconstrueren, dat bestaat uit een grote binnenplaats met een rij vertrekken tegen de oostmuur aan en een uitbouw in de noordoosthoek. Een andere muur loopt aan de oostkant langs cisterne 117, maar waar die voor dient weet ik niet.'

'Waarschijnlijk de clausuur aan de westkant van het gebouw,' zei mijn vader, terwijl hij een snelle blik op de plattegrond wierp.

'Maar daarvóór is er een soort omheining.'

'Met een opening aan de noordkant?'

'Precies.'

'Daardoor zal het afvloeiingswater in de grote ronde cisterne zijn gestroomd, de diepste van Chirbet Qumran. Hebt u het hele complex kunnen dateren?'

'Ja,' antwoordde Millet, verbluft door de snelheid waarmee mijn vader, bijna werktuiglijk, zijn conclusies had getrokken. 'De datering is uit de scherven af te leiden. Het complex stamt uit het einde van de zevende eeuw voor Christus. Dat blijkt uit het stempel LAMMELECH, uit het einde van de koningstijd, en door die potscherf, die is beschreven in een schrift van niet zo lang voor de ballingschap. Het is ook duidelijk dat de nederzetting de val van het koninkrijk Juda niet heeft overleefd, en de as die overal bij de Israëlitische scherven wordt gevonden wijst erop dat alles in vlammen is opgegaan. Het is heel lang een ruïne geweest, tot een nieuwe groep mensen zich in Chirbet Qumran is komen vestigen.'

'Bedoelt u de priesters die tegen de tempel in opstand kwamen?'

'Er zijn verschillende hypothesen. Hoe dan ook, wie het ook waren, het gaat om de stichters van het essenisme. Trouwens, kijkt u hier eens, dit hebben we net gevonden en het is ongetwijfeld van hen geweest.'

Hij liet ons een flesje zien, dat volgens hem uit de tijd van Herodes of zijn onmiddellijke opvolgers dateerde. Hij dacht dat ze het opzettelijk in de ruïne hadden verborgen, want ze hadden de voorzorg genomen om het in een beschermend papier van palmvezel te wikkelen.

'Ziet u,' zei hij, terwijl hij het flesje een beetje scheef hield, 'er zit stroperige rode olie in, heel anders dan de olie van tegenwoordig. Volgens mij is het balsemolie, waarmee de koningen van Israël gezalfd werden. Maar dat is niet zeker, want de boom waar die van afkomstig was bestaat al vijftienhonderd jaar niet meer.'

'Mag ik eens kijken?' vroeg ik. Hij gaf me meteen het flesje.

'Hebt u de *Koperen rol* gelezen?' hernam mijn vader, die zich niet van de wijs liet brengen.

'Ja, ik heb de transcriptie gelezen die Thomas Almond ervan gemaakt heeft en die zojuist gepubliceerd is. Die rol beschrijft een enorme schat aan goud, zilver, kostbare zalven, gewaden en heilig vaatwerk, en de vierenzestig plaatsen rondom Jeruzalem en in Juda waar die in de oudheid zou zijn verborgen. Er zit ook een gedetailleerde kaart in van die plaatsen, bekkens, graven of tunnels, en de naam en ligging ervan is nauwkeurig aangegeven. De hoeveelheid kostbaarheden die door de onderzoekers op grond van de aanwijzingen op de rol wordt geschat is zo groot dat de vraag rijst hoe ze zo'n schat bijeen hebben kunnen brengen.'

'Lijkt het u niet waarschijnlijk,' zei mijn vader, 'gezien het feit dat in de *Koperen rol* veelvuldig over ritueel vaatwerk wordt gesproken, dat er een verband bestond tussen de gemeenschap van Qumran en de Tempelpriesters van Jeruzalem?'

'En de gemeenschap van Qumran zou dan gesticht zijn door afvallige Tempelpriesters... Gelooft u dat echt? En wat zou dat voor consequenties hebben?' vroeg Millet, niet erg overtuigd.

'Ga er nou eens van uit dat de gemeenschap van Qumran gesticht is door voormalige, met de Sadduceeën rivaliserende priesters. Dat zou de Christus-figuur nog dichter bij het essenisme brengen, als we denken aan de conflicten van Jezus met de Tempelpriesters. Dat zou ook verklaren waarom ze zich uiteindelijk op hem gewroken hebben door hem ter dood te brengen. Want als Jezus de Leraar der Gerechtigheid van de Essenen was, vormde hij een ernstige politieke bedreiging voor ze.'

'Tja, dat is waar, gesteld dat Jezus een Esseen was, maar dat is een hypothese die nooit bewezen is,' zei Millet.

'Het referaat van Pierre Michel had wel degelijk die strekking,' antwoordde mijn vader.

'Ja, dat weet ik... Maar dat is nooit gepubliceerd, en niemand heeft inzage gehad in het geschrift waar hij het over had.'

'Dat geschrift is verdwenen.'

'Zoals zoveel geschriften uit Qumran, die daarna wel gepubliceerd zijn... Maar waarom bent u zo geïnteresseerd in het Qumran-onderzoek?' vroeg Millet, opeens wat op zijn hoede.

'Ik ben hoogleraar paleografie aan de universiteit van Jeruzalem en doe onderzoek naar de Dode-Zeerollen. En u, sinds wanneer houdt u zich met de rollen bezig?'

'O, weet u,' antwoordde Millet, wat ontspannener nu, 'ik was er niet bepaald voor voorbestemd. Ik kom uit Zuid-Frankrijk en heb op een seminarie bij Lyon theologie en Latijn gestudeerd. Ik kreeg daar een keer oude Hebreeuwse boeken in handen in de seminariebibliotheek en besloot die taal te gaan leren. Ik kreeg van mijn bisschop toestemming om in Parijs college te gaan lopen bij een oriëntalist, André Dupont-Sommer. Later werd ik een vriend en collega van Paul Johnson, die hoofd was van het Internationale Team. Hij heeft me ook een paar van de belangrijkste Aramese geschriften van de Dode-Zeerollen toevertrouwd. Daarna werkte ik aan de École Biblique van Jeruzalem. Ik heb meer dan twintig jaar op die rollen gestudeerd, sinds ik met de archeologiestudie begonnen ben.'

Millet begon uit te weiden over zijn passie voor archeologie, en mijn vader en hij praatten bijna een uur lang over opgravingen, perkamenten en oude geschiedenis.

Terwijl hij enthousiast praatte, probeerde ik zijn gelaatstrekken te ontcijferen. Dat leek niet zo moeilijk: hij had een regelmatig, sympathiek gezicht, als Jozef. Toen ik hem nader bekeek, merkte ik aan weerszijden van zijn voorhoofd, op zijn linker- en rechterslaap, twee horizontale adertjes op, die onder het praten opbolden en trilden. Aan het uiteinde van één daarvan kruisten twee bloedvaatjes een derde, dat verticaal liep. Het geheel leek wel twee Hebreeuwse letters te vormen: *wav* en *tav*. Samen konden die letters een woord vormen: *tav*, dat 'noot' betekent. Ik bedacht dat deze man vast een plezierig muziekje in zich had, dat in zijn uiterlijk weerspiegeld werd, als je het maar wist te lezen.

Op een gegeven moment vroeg mijn vader hem: 'Vindt u het niet vreemd dat er geen enkele jood in uw Internationale Team zit? Een kenner van de joodse geschiedenis had u belangrijke diensten kunnen bewijzen...'

'Ja, dat weet ik. Het is een soort universitaire apartheidspolitiek die moeilijk te rechtvaardigen valt.'

'Wat zou er gebeurd zijn als een van de onderzoekers die Johnson aanzocht erop gestaan had een joods academicus aan te trekken die op dat gebied de grootste expert was?'

'Dat zou tot een diplomatiek incident hebben geleid, denk ik. In ieder geval lagen de grotten van Qumran tot 1967 op Jordaans grondgebied, en het Jordaanse leger zou geen jood de grens hebben laten passeren.'

'Maar gelooft u niet dat joodse academici een interessant licht op de interpretatie van de teksten hadden kunnen werpen door hun kennis van de joodse wetten en de rabbijnse literatuur?'

'Ik kan me niet herinneren dat ik een lid van het team heb horen spreken over het belang van de rabbijnse literatuur voor de vertaling van de geschriften van Qumran. Het standpunt tegenover joodse academici was heel eenvoudig: we konden niet met ze samenwerken, dus het was zonde van de tijd om erover te praten... Dat klinkt misschien onaanvaardbaar, dat weet ik, maar het is niet anders. Archeologen hebben ook last van hun vooroordelen. Weet u,' zei hij na enige aarzeling, 'vroeger dacht ik dat archeologisch onderzoek de geschiedenis waarheidsgetrouw aan het licht bracht. Ik dacht dat je met zorgvuldige opgravingen een objectief beeld van een vindplaats kon krijgen. Nu weet ik dat iedere archeoloog een opgravingsterrein betreedt met vooropgezette ideeën over wat hij al dan niet wil vinden. Je kunt je onmogelijk door een onontwarbare hoop keien, rommel, stof en scherven heen werken als je niet al een bepaald idee hebt van het soort gebouwen en voorwerpen dat je er denkt te vinden.'

'Wat wilt u daarmee zeggen? Dat de leden van het Internationale Team bepaalde dingen misschien niet hebben "gezien"?' vroeg mijn vader, die begon te begrijpen wat de ander liet doorschemeren.

'Nee... Het is niet zo dat er willens en wetens gegevens verdonkeremaand zijn. Het team heeft geprobeerd zo precies mogelijk de verschillende lagen te onderscheiden, de plaats vast te leggen van al het vaatwerk, aardewerk, de munten en gebruiksvoorwerpen en een heel gedetailleerde plattegrond te maken. Niemand twijfelt er nu natuurlijk nog aan dat er een gemeenschap was gevestigd. Maar wat voor één? Je moet er wel vast in geloven, wil je in zo'n bouwval de meubels van een kamer, de zaal waar de leden van de gemeenschap bijeenkwamen of een refter herkennen.'

'Wat waren de veronderstellingen van Johnson toen hij hier bij het opgravingswerk betrokken was?'

'Volgens Johnson is de geschiedenis van Qumran die van een groep andersdenkende gelovigen die rond 125 voor Christus huis en haard verlieten om hun intrek te nemen in de kale ruïnes van een vesting die sinds de Bronstijd niet meer bewoond was. Hoe kwamen ze aan de financiële middelen om zich daar te vestigen, en aan hun middelen van bestaan? Dat probleem heeft Johnson niet opgelost. Zijn idee is dat ze zelf de bouwers zijn van een klooster met een grote toren, grote gezamenlijke vertrekken en werkplaatsen, en een uitgebreid waterleidingstelsel met regenbakken en rituele baden. De sekte zou onder het bewind van koning Alexander Janneüs groter zijn geworden. De verwoesting van de nederzetting is volgens hem geen uitvloeisel van de burgeroorlog die het land vijfendertig jaar lang teisterde, en evenmin van de Romeinse inval en het bewind van Herodes. Nee, volgens Johnson is de nederzetting van Qumran niet door een politieke gebeurtenis te gronde gegaan, maar door de aardbeving die in 31 voor Christus de streek verwoestte.'

'En alles wat tegen zijn interpretatie ingaat...'

'Zoals?'

'Al die gebruiksvoorwerpen, de muntstukken, de handschriften, die duidelijk bewijzen dat de nederzetting niet in 31 voor Christus verdwenen is, maar pas daarna, en dat de Esseense sekte dus in contact kan hebben gestaan met de eerste christengemeenten...'

'Het kan zijn dat die "bewijzen", zoals u zegt, niet echt "geleverd" zijn.'

Alsof hij het gevoel had dat hij te veel had gezegd, haastte Millet zich nu om afscheid van ons te nemen. Hij liep al met grote stappen weg, toen ik merkte dat ik het flesje met rode olie nog in mijn hand had. Ik rende hem achterna om het hem terug te geven. Hij nam het aan, maar bedacht zich opeens en gaf het me weer terug.

'Nee, ik schenk het u,' zei hij.
'Waarom?' vroeg ik verbluft.
'Dat weet ik niet... Wees er zuinig op.'
Zijn blik was kalm, maar ik zag er ook iets droevigs, bijna smekends in. Ik nam het merkwaardige geschenk aan. 'Dit is tenminste een bewijs dat niet zal verdwijnen,' zei ik bij mezelf.

Een paar dagen later ontmoetten we Sjimon, die ons onze tickets voor de Verenigde Staten en Engeland gaf, waar we de twee andere leden van het Internationale Team, Paul Johnson en Thomas Almond, aan de tand wilden voelen. Ook wilden we Matti spreken, die voor een congres in New York was.
'Succes!' wenste Sjimon ons ten afscheid toe. 'En wees vooral voorzichtig .... O ja, Ary, voor ik het vergeet,' voegde hij eraan toe, 'hier is je afscheidscadeau.'
Hij gaf me een leren holster met een klein pistool erin. Hij zag mijn verbaasde blik en zei: 'Pas op, het is geladen. Je zult er wel mee om kunnen gaan... Ik hoop dat je het niet nodig hebt, maar je kunt nooit weten, hè?'
Voor ik kon reageren, nam hij de holster weer terug en zei: 'Ik stuur het per post naar jullie hotel, want je kunt het natuurlijk niet in het vliegtuig meenemen. En vergeet bij elk vertrek vooral niet hetzelfde te doen en het overal waar je heengaat te laten nasturen.'
Hij nam nogmaals afscheid en liep weg. We keken hem na en hadden een vreemd, onbehaaglijk gevoel.

De dag voor ons vertrek gingen we naar het orthodoxe klooster van Jeruzalem om Kaïr Benyaïr te spreken, die namens bisschop Hosea met Matti over de vierde, laatste Dode-Zeerol had onderhandeld. We wilden hem beslist ontmoeten: hij had de handschriften gezien en wist misschien door wie Hosea vermoord kon zijn.

Het orthodoxe klooster bevond zich aan het eind van een smalle straat in de Armeense wijk. We stonden voor een zware middeleeuwse deur met een modern mozaïek erboven, die na ons aanbellen een stukje openzwaaide en een argwanend kijkende diaken liet zien. Er waren niet veel toeristen die het kwamen bezichtigen, met zijn kerk, zijn rijke bibliotheek en zijn benedenzaal, waar volgens Syrische traditie zo'n tweeduizend jaar geleden het Avondmaal had plaatsgevonden. Bezoekers waren er zeldzaam, en als ze zich aandienden waren de bewoners schijnbaar des te omzichtiger.

De diaken wees ons de huisvesting van de priesters en het woonverblijf van Hosea, op de bovenverdieping van een van de gebouwen. Op weg daarheen kwamen we langs het priesterkoor van de kerk. Boven het altaar met Oud-Syrische inscripties hingen vergulde, door kaarsen verlichte iconen. Plechtige gebeden weerklonken vanuit de rotswanden van de crypte. Sinds twee dagen werd er om de hogepriester gerouwd.

Bij de vertrekken van Hosea werden we koeltjes door een vrouw ontvangen. Ze nam me van top tot teen op, met mijn streimel en mijn zwarte jas, en vroeg zich af wat een religieuze jood zo ver van zijn domicilie te zoeken had. Mijn vader vertelde haar het doel van ons bezoek, en zij antwoordde dat Kaïr Benyaïr in Frankrijk was, waarheen hij na de dood van Hosea overhaast was afgereisd. Hij werd gezocht, zo niet als verdachte, dan toch als getuige in deze zaak. Maar hij had geen adres achtergelaten, en niemand wist waar hij was.

Terwijl mijn vader met haar praatte, liep ik ongemerkt naar boven, naar de woonruimte van Hosea. De deur stond open. Ik ging naar binnen en zag drie grote, weelderige vertrekken, overdekt met grote hardstenen gewelven en aangekleed met oude meubels, met edelstenen ingelegde snuisterijen, zeer oude muziekinstrumenten en antiek edelsmeedwerk.

Dat het zo moet aflopen, dacht ik bij mezelf, met al die schatten. *Ik heb goud en zilver bijeengebracht, kostbaarheden van koningen van landen waarover ik regeerde. Ik zorgde voor zangers en zangeressen en ook voor vrouwen om ons mannen te vermaken.* Ik liep werktuiglijk naar het bureau, dat bedolven was onder allerlei dozen en paperassen, Oud-Syrische boeken en dossiers. Een stuk opgevouwen perkament temidden daarvan trok mijn aandacht. Ik pakte het en sloeg het open; het was een fragment van een boekrol.

Ik moffelde het in mijn tasje weg en liep weer snel de trap af.

Beneden was de vrouw, die mijn afwezigheid niet opgemerkt had, doende mijn vader de toegang tot de vertrekken te ontzeggen. De raadselachtige moord op Hosea was nog niet opgehelderd; er waren slechts vage vermoedens, zonder dat men precies wist naar wie de verdenking uitging. In die precaire situatie waren buitenstaanders niet welkom. De eerbiedwaardige instelling was wars van schandalen en hulde zich liever in stilzwijgen, alsof ze geen ruchtbaarheid wilde geven aan een pijnlijk familiegeheim.

Toen we eenmaal buiten en op veilige afstand waren, begonnen we haastig het handschrift dat ik meegenomen had te lezen. Mijn vader zag meteen dat het om een fragment van een Dode-Zeerol ging. Met kloppend hart vertaalden we samen de duidelijk afgetekende lettertjes:

1. *In de vesting gelegen*
In het Achor-dal, veertig passen
Onder de treden naar het oosten.
2. *In het graf,*
In de derde laag stenen
Staven goud.
3.*In de grote cisterne*
Op de binnenplaats van de zuilengang,
In het pleisterwerk van de bodem,
Verborgen in een gat tegenover de hoogste opening,
Negenhonderd geldstukken.
4. *Op het plein van het Bekken,*
En de waterafvoer,
Zes passen van het noorden naar het bekken
Vaatwerk.
5. *Boven aan de vluchttrap,*
Aan de linkerzijde,
Veertig staven zilver.
6. *In het huis met de twee baden is het bekken, het vaatwerk en het zilver.*

'Het is een stuk van de *Koperen rol*,' zei mijn vader. 'De rol die Thomas Almond gedeeltelijk ontcijferd heeft. Het is een beschrijving van de plaats waar een schat verborgen is.'

'Om wat voor schat zou het gaan?'

'Wie zal het zeggen? Misschien wel de rijkdommen van koning Salomo. Het was een schitterende tempel, weet je nog? Gouden deurvleugels, panelen met palmvormig snijwerk, vergulde zolderingen, gewijd meubilair, gouden kandelaars, schitterende houten muziekinstrumenten en een klein, met bladgoud bekleed altaar. En in het Heilige der Heiligen waakten engelenfiguren van oleasterhout over het meest gewijde, de Ark des Verbonds.'

'Maar de tempel van Salomo is in de zesde eeuw voor Christus door het leger van Nebukadnezar verwoest!'

'Ja, maar de rijkdommen die hij bevatte zijn verdwenen. Daarover zijn allerlei legenden overgeleverd. Volgens een ervan, uit het tweede Boek der Makkabeeën, was de profeet Jeremia een van de bewakers van de schat. Na de val van Jeruzalem zou hij geboden hebben dat het tabernakel hem zou volgen, naar de berg Nebo zijn gegaan en het tabernakel, het altaar en de wierook daar in een grot hebben ondergebracht. Volgens een andere overlevering zou de schat door de joden zijn meegenomen tijdens hun ballingschap in Mesopotamië; ze begroeven hem in een tempelcomplex en borgen de zevenarmige kandelaars weg en verborgen de zeventig vergulde tafelen en andere voorwerpen in een toren in Bagdad. Volgens anderen zou een wetgeleerde de sieraden, de edelstenen, het goud en het zilver gevonden hebben en aan een engel hebben laten zien, die ze verborgen heeft. Weer anderen beweren dat het heilig vaatwerk en de schat zich onder een grafsteen van Daniël bevinden, en dat wie er aankomt op slag sterft. Dat zou een archeoloog ook overkomen zijn. Volgens deze tekst zou de schat in de omgeving van Jeruzalem verborgen zijn, ergens achter de rotsdalen, voorbij de toppen, maar aan drie kanten daarvan afgesneden door steile ravijnen. Al die plaatsen zijn vanaf Qumran te zien. Weet je nog wat we in Chirbet Qumran hebben gezien?'

'O ja! Denk je niet dat de tekst zinspeelt op de laaggelegen grote dubbele cisterne? *In het huis met de twee baden is het bekken, het vaatwerk en het zilver.*'

'Ongetwijfeld. Dat betekent dan ook dat Hosea waarschijnlijk op zoek was naar die schat. Misschien is hij daarom wel vermoord.'

'Maar waarom wilde hij die opsporen? Had hij niet genoeg aan de handschriften verdiend?'

'Bedenk wat de Prediker zegt... *Wie op geld uit is, krijgt er nooit genoeg van, en wie op rijkdom uit is, wil altijd meer. Ook dat is zinloos.*'

We besloten om op de terugweg Frankrijk aan te doen, om Kaïr Benyaïr op te sporen, zonder nog precies te weten hoe we hem zouden kunnen vinden.

Die avond zocht ik de rabbi op, om hem te zeggen dat ik weg moest, zonder dat ik kon zeggen waarom.

'Is het dan iets om je voor te schamen, dat je er niet voor uit wilt komen?' vroeg hij argwanend.

'Nee. Het is voor een goed doel. Ik vertrek met mijn vader.'

'Je vader?' zei hij verbaasd.

Hij wist dat mijn vader niet religieus was. Ik vermoedde ook wel wat voor woord hij in gedachten had om hem te kwalificeren, zoals dat in zijn stem doorklonk: een *apikoros*. Een epicurist, een renegaat, zonder God of gebod.

'Vergeet onderweg de wetten niet. Ver van hier zijn veel verlokkingen. Anders loop je het risico niet gered te worden bij de komst van de Messias, die aanstaande is. Wees in elk geval op je hoede. Vergeet, als je daar bent, de komst van de Messias niet. Gedurig is zijn voetstap te horen, al dichter naderend tot Israël, zijn volk.'

Ik huiverde. We wachtten al zo lang op zijn komst. En nu verkondigde de rabbi dat de tijd gekomen was dat God aan het tijdeloze vertrouwen zou beantwoorden. Hier verkondigde hij dat wij de laatste generatie van de ballingschap en de eerste van de Verlossing waren. Het was alsof de hele wereld eraan toe was dat hij die openbaring ontving, en nu zei hij, al profeterend:

'Mashiah komt.' Tijdens de Zesdaagse Oorlog had hij gezegd dat ze niet bang hoefden te zijn; bij de ineenstorting van het communisme en de Golfoorlog had hij voorzegd dat Israël de veiligste plek ter wereld was, en dat de tijd van de verwoesting nog niet daar was. Hij had zich niet vergist. Veel mensen geloofden dat zijn inspiratie van hemelse oorsprong was. Sommigen dachten dat de rabbi zelf het voorwerp van de Messias-verwachting was. Anderen zeiden dat de komst van de Messias zich alleen in onze godsvrucht voordeed en niet in de historische werkelijkheid, die immers tijdgebonden was. *Bovendien weet geen mens wanneer het zijn tijd is. Zoals vissen ineens gevangenzitten in een fuik of vogels vastraken in een klapnet...*

'Vergeet niet,' zei hij me nog voor ik vertrok, als een laatste vermaning of misschien wel een eerste gebod, 'vergeet niet dat je vanaf dat je wakker wordt van de Mashiah bezield moet zijn, en dat de thorastudie en het bidden louter dienen om hem eerder te laten komen. Bid zonder aflaten dat de geestelijke baring van de Mashiah zonder pijn en dralen mag verlopen. Je zult als het volk Israëls in Egypte zijn, dat God aanriep en om verlossing vroeg. Daar had God op gewacht, op ons en de kracht van onze verlangens. Daartoe moet je jezelf steeds deels als verdienstelijk en deels als schuldig beschouwen. Eén mitswa die je doet, en je laat de hele wereld al naar de kant van de verdienste overhellen, tot bevrijding en definitieve Verlossing van alles en iedereen.'

Sommigen vonden dat de rabbi aan alle kenmerken van de Messias voldeed en dat we dus, zoals het volk Israëls in vroeger tijd, onze aanhankelijkheid jegens de toekomstige koning David moesten betuigen en moesten zeggen: *Wij zijn uw vlees en uw botten.* Ze wilden ook laten weten dat de rabbi de koninklijke Messias van deze tijd was.

Maar ik, die hem zo toegewijd was dat ik al zijn raadgevingen zou opvolgen, ik die door de geringste buiging van zijn stem geïmponeerd was en in de diepste overpeinzingen verzonk, ik twijfelde nog. Hoe diepgelovig ik ook was en hoezeer ik de thora ook eerbiedigde, ik koesterde niet de vurige verwachting die voor sommigen hun voornaamste – en eigenlijk hun enige – geloofsgoed was. Ik geloofde oprecht in onze rabbi's en had een geweldig respect voor degene die ik als de grootste van allemaal beschouwde; maar ik verbond daar geen Messias-verwachting aan, die volgens mij nog even opgeschort moest worden. En ik voerde daar lange discussies over met mijn kameraden van de jesjiwa, die me vaak van mijn stuk brachten.

'Als hij de Messias is, laat hij het dan bewijzen,' zei ik.

'Maar hij heeft het al bewezen, met alle voorspellingen die hij heeft gedaan.'

'Laat hij ons dan verlossen, als hij echt de Messias is.'

'Daar wachten we nu juist op. Daarom bidden we ook dag en nacht,' antwoordden ze dan.

Ze zouden me nog eens voor een atheïst houden, dacht ik, voor een ongelovige, terwijl ik lééfde voor de godsdienst. Ze hielden niet van mijn kritische instelling, hoewel die niets opstandigs had.

Toen ik afscheid van ze nam, zeiden mijn kameraden van de jesjiwa eenvoudigweg: 'Tot ziens. Hopelijk ben je weer bij ons terug vóór de Verlossing.'

Bij mijn vertrek had ik de merkwaardige overtuiging dat ik evenzeer op zoek naar de Messias was als wanneer ik bij ze zou zijn gebleven om de schriften te bestuderen. Was het wel zo zeker dat hij onder hen was? Ik wilde zelf uitzoeken of het geen ander was, ergens anders, ergens ver weg in de wijde wereld. *Ik was koning van Israël en woonde in Jeruzalem. Ik nam me voor alles wat er gebeurt in deze wereld te bestuderen, want ik wilde weten wat de zin van alles was. Dat heeft God ons mensen opgedragen; het is een kwelling. Ik bekeek wat men hier op aarde allemaal ondernam: alles bleek zinloos, grijpen naar de wind. Wat krom is, wordt niet recht, en wat ontbreekt, kun je niet meetellen. Eerst zei ik bij mezelf: 'Ik moet toch het verschil kunnen zien tussen wijs en dwaas, tussen verstandig en dom.' Maar ook dat, heb ik ingezien, is grijpen naar de wind. Want hoe meer kennis, des te meer ergernis, hoe groter het inzicht, des te groter het verdriet.*

De dag voor mijn vertrek had ik een vreemde droom, waaruit ik angstig wakker schrok en die me nog dagenlang hardnekkig achtervolgde en me een hoogst onbehaaglijk gevoel gaf. Ik was hem al gauw weer vrijwel vergeten, tot hij me weer voor de geest kwam, toen er dingen gebeurden die de betekenis ervan konden verduidelijken.

Ik zat in een auto met mijn vriend Jehuda, die achter het stuur zat. Het was niet in Jeruzalem, maar in een stad die ik, zonder te weten waarom, in Europa situeerde. We moesten een rivierarm oversteken, maar nergens was een brug te bekennen. Jehuda stelde voor erdoorheen te waden en reed al op de oever af. Op het laatste moment leek die weg me te gevaarlijk en het water te diep, en ik riep dat hij links moest afslaan. Maar hij had geen tijd om te reageren, en door de ruk die hij aan het stuur gaf kwamen we nog dichter bij het water. Op dat moment werden we, in plaats van weg te zinken, door de hemel gegrepen en vlogen we de wolken in. Een autobus voor ons had dezelfde weg genomen. Ik keek naar hulp uit, om ons weer op de grond te zetten, maar de auto bleef onverstoorbaar stijgen en er kwam niets. Toen wierp Jehuda me een doordringende maar tegelijk verontschuldigende blik toe, alsof hij wilde zeggen dat hij het niet met opzet had gedaan. Ik riep: 'Nu niet!' En bij die woorden werd ik wakker.

Derde rol

DE OORLOGSROL

De eerste oorlog van de kinderen van het licht

De eerste krijgshandeling van de kinderen des lichts zal gericht zijn
Tegen het erfdeel van de kinderen der duisternis, tegen het leger van Belial,
Tegen de schare van Edom, Moab en de Ammonieten,
En tegen de scharen van Filistea en van de Kittieten van Assyrië.
Met hen zijn om hen te helpen degenen die zich misgaan tegen het verbond.
De zonen van Levi, de zonen van Juda en de zonen van Benjamin,
De ballingen van de woestijn, zullen tegen hen strijden
Naar [de sterkte] van al hun scharen,
Wanneer de ballingen van de kinderen des lichts
Uit de woestijn der volken terugkeren
Om zich te legeren in de woestijn van Jeruzalem.

De eindstrijd; nederlaag van de kinderen der duisternis

Na de oorlog zullen zij van daar optrekken
Tegen de Kittieten van Egypte.
In zijn tijd zal hij in grote grimmigheid uittrekken
Om oorlog te voeren tegen de koningen van het noorden
En zijn toorn zal erop gericht zijn te vernietigen en te verdelgen de hoorn van
[... Dat] is de tijd van het heil voor het volk Gods
En de tijd van de heerschappij voor al de mannen van zijn erfdeel,

Maar van eeuwige verdelging voor het ganse erfdeel van Belial.
Er zal grote paniek zijn onder de zonen van Jafet
En Assyrië zal vallen, zonder dat iemand het helpt.
De heerschappij van de Kittieten zal ophouden,
Doordat de goddeloosheid totaal op de knieën gedwongen zal worden;
Er zal geen ontkomen zijn voor alle kinderen der duisternis.

[...]

Van U is de strijd
En van U komt de sterkte,
Niet van ons.
Niet onze macht en de sterkte van onze handen
Hebben kracht geoefend,
Maar door uw macht
En het vermogen van uw grote kracht,
Zoals Gij ons sedert eerlang hebt aangekondigd:
'Een ster gaat op uit Jakob,
Een scepter rijst op uit Israël,
En verbrijzelt de slapen van Moab,
En verplettert alle zonen van Set.
Hij zal heersen uit Jakob
En de vluchtelingen uit de stad verdelgen.
De vijand zal tot bezit worden
En Israël zal kracht oefenen.

En door bemiddeling van uw gezalfden,
De zieners van uw getuigenissen,
Hebt Gij ons aangekondigd de tijden van de oorlogen uwer hand
Om U te verheerlijken door onze vijanden,
Om te doen vallen de benden van Belial,
De zeven ijdele volken,
Door middel van de armen die Gij verlost hebt,
Met macht en met welslagen
Tot wonderbaarlijke sterkte,
Waardoor het versaagde hart tot een deur der hoop werd.
Gij zult met hen handelen als met Farao

En zijn wagenmenners in de Schelfzee.
De verslagenen van geest zult Gij in vlam zetten
Als een vuurfakkel tussen de garven,
Die de goddeloosheid zonder ophouden verteert,
Totdat de schuld uitgedelgd is.

Rol van de oorlog
De regel van de oorlog
'De oorlog van de kinderen van het licht en de kinderen der duisternis'

I

We begonnen aan onze lange omzwervingen van duizenden kilometers en duizenden jaren.

In feite begaven we ons op het oorlogspad, maar daar stonden we niet bij stil, want we waren niet bang, in het begin. We wisten toen nog niet tot wat voor gruweldaden en wreedheden mensen in staat zijn wanneer hun geloof geschokt wordt. Want de mens doet vaker kwaad uit zwakheid dan uit kracht of boosaardigheid. Hij begaat het kwaad om te bewijzen dat hij bestaat, wanneer hij zijn bestaan in het drijfzand van de wisselvalligheden voelt wegglijden. Dan keert hij zich van het oneindige Goede af en zoekt hij iets anders oneindigs waar hij zijn wankele bestaan op kan stoelen; en zo komt het tot het Kwade. Hij leunt erop en streeft het na zoals het Goede nagejaagd wordt. Ik heb het hier niet over het kwaad dat we dagelijks gedachteloos doen en dat niets te betekenen heeft, maar over het absolute Kwaad. Het overwogen en gestadig gerijpte Kwaad, het beraamde en bewuste Kwaad, dat zijn willigste slachtoffers onder de simpele, goede zielen vindt, die van de rechtvaardigen en de deugdzamen. Niemand weet waarvoor het in zijn opperste ondeugd en verdorvenheid wraak neemt, niemand weet waarom het zich louter in het vernietigen van de onschuld uitleeft en waarom het steeds weer opnieuw toeslaat, maar het moet het wel vreselijk te kwaad hebben, het Kwaad, dat het zo slecht is. Het Kwaad heeft het tot in zijn ziel te kwaad, anders zou het niet met Kwaad vergelden.

Ik heb het over het absolute Kwade, dat niets liever doet dan naar hartenlust de broze krachten van het Goede slopen en nooit dat genot mag smaken, want het Goede is even oneindig als het Kwade in zijn oneindigheid slecht is. Ik heb het over het absolute Kwaad dat per definitie een onbevredigd kwaad is.

Na de schepping van de wereld schiep God de mens als zijn evenbeeld en gelijkenis, om zeggenschap te hebben over de vissen in de zee, over de vogels in de lucht, over de dieren, over de aarde en alle beestjes die er op aarde rondlopen. En hij keek naar alles wat hij gemaakt had en was voldaan en vond dat het heel goed was.

Maar misschien wist hij niet wat voor afschuwelijk complot er vanuit dat geschapene beraamd werd. Want het was geen afspiegeling van zichzelf die hij middels de mens gemaakt had; hij had het Kwade geschapen.

Onze bijbel zegt dat de Messias na een vreselijke oorlog tussen het Goede en het Kwade zal komen. Die oorlog heet in de boekrollen: *De oorlog van de kinderen van het licht en de kinderen der duisternis.*

We vertrokken. Het was voor het eerst dat ik het vliegtuig nam, en het was alsof ik voor een eeuwigheid van mijn geboortegrond wegging. Door de snelheid leek de afstand wel een sprong in de tijd te maken. Toen ik in New York aankwam, voelde ik een soort veroudering.

Ons hotel bevond zich in Williamsburg, de chassidische wijk van Brooklyn, en ik voelde me dan ook bepaald niet ontheemd. Het leek er Mea Sjearim wel. De voorbijgangers zagen er net zo uit als ik, met baard, slaaplokken en streimel. Wel vertoonde hun kleding meer verscheidenheid, en de fijne nuances daarin vormden een waar kledingidioom. Sommigen droegen in plaats van een lange jas een cholot, een soort donkere kamerjas met korte, ronde revers en een ceintuur die met strikken en knopen aan het jasje vastzat. De rijkeren hadden een staart van sabelbont aan hun streimel. Minder gefortuneerden droegen een kappiloesj, een grote vilten hoed met brede rand en een matzijden lint om de bol. Al naar gelang de kleding kon je zien tot welke richting iemand behoorde, wie er Hongaar of Galiciër was, wie er deel uitmaakte van de Satmar, de voornamelijk Amerikaanse antizionistische beweging, van de Habad, een wereldwijde Messiaanse zendingsbeweging, van de studieuze Goer, van de Visjnitz of van de Belz. Maar allemaal hadden ze dezelfde gehaaste pas die de chassidim kenmerkt. Overal zag je groepjes leerlingen van de jesjiwoth, studiegenoten die druk over een moeilijke passage discussieerden; soms hele families, zeer talrijk, met de ouderen voorop, gevolgd door de jongeren, die weer de baby's in hun armen droegen. *Gaat heen en vermenigvuldigt u.*

De avond dat we aankwamen was het sabbat. Vele honderden chassidim repten zich over straat, op weg naar de synagoge. Ik wilde er ook gaan bidden, en wonder boven wonder wist ik mijn vader over te halen om mee te gaan. Zonder hoed, zonder streimel of zwart jasje ging hij onder in die massa feestelijk uitgedoste mensen, maar hij leek zich best op zijn gemak te voelen. De anderen vroegen me wat ik daar met hem deed, of hij soms mijn vader was of een vriend, of een nieuweling, een baäl tesjoewa, waar er veel van waren.

We waren die avond te gast bij de chassidim, zoals de gewoonte het wilde, want op sabbatsdag moest je anderen uitnodigen. Er was die avond een feestmaal. De gelovigen dronken en dansten als bezetenen.

De rabbi, de leider van de gemeente, zat aan het hoofd van de tafel, die feestelijk gedekt was ter ere van de sabbat. Mijn vader zag met enige verwondering een aantal jonge mannen zwijgend aan weerszijden van de rabbi zitten en hem gretig gadeslaan.

'Het is een grote gunst voor een chassid om de rabbi te zien eten en drinken,' zei ik. 'Je moet al zijn gebaren nauwgezet observeren, want ze kunnen een belangrijke boodschap bevatten, een nieuwe levensoriëntatie. Als de rabbi een vinger uitsteekt, beeft de hele wereld.'

'En als de rabbi nu alleen maar een oude man is, die niet eens meer netjes kan eten? Moet je zien: hij is bezig in te dommelen onder invloed van de drank.'

'Voor hen vormt die oude man de band tussen hemel en aarde, hij is degene die deel heeft aan het lijden van de wereld. Hij is misschien wel de laatste der rechtvaardigen, degenen wiens deugden de hele gemeenschap zullen redden. De wijn die hij gezegend heeft, de haring die nog ongenuttigd op zijn bord ligt maar die hij wel met zijn vingers heeft aangeraakt, zijn gewijde zaken, die ons leren dat eten een geloofsdaad is, niet bestemd om de levensbehoeften te bevredigen maar om het lichaam te reinigen, dankzij het goddelijke levensbeginsel dat in het voedsel schuilt. Het is een mystieke vereniging met God, net als de devékoet.'

De rabbi stond van tafel op. Meteen stortte een van de chassidim die naast hem zaten zich op de restjes van zijn eten. Mijn vader keek me vragend aan.

'Wat etensrestjes van het bord van de rabbi nuttigen, zijn beker met de laatste druppels wijn aan de lippen brengen, betekent dat je eeuwig gezegend bent,' legde ik uit.

'Daar geloof je toch niet echt in, hè, neem ik aan?' vroeg hij bijna smekend. 'Zeg, dat geloof je toch niet?'

'Ik geloof in de vermogens van rabbi's. Ik geloof dat dit iemand is aan wie we oneindig veel eerbied verschuldigd zijn. Ik geloof,' voegde ik er zwakjes aan toe, 'dat we met hem over de handschriften moeten praten. Ik weet zeker dat hij ons kan helpen.'

'Ons helpen? Daar weet hij helemaal niets van! Je gelooft toch niet dat hij alwetend is?'

'Je kunt nooit weten...'

De volgende dag hadden we 's avonds een afspraak met Matti, de zoon van professor Ferenkz die bij de ontdekking van de rollen betrokken was. Matti was in New York voor een congres, en we wilden hem spreken om meer te weten te komen over de verdwijning van de rol en over de inhoud daarvan, want de korte tijd dat hij die in handen had gehad, had hij hem misschien wel vluchtig kunnen inzien.

Deze stoere wetenschaps- en krijgsman behoorde tot de mythische helden van Israël, tot de strijders van het eerste uur voor de bevrijding van het land, en tot degenen die de stichting van de staat mogelijk hadden gemaakt. Tijdens de onafhankelijkheidsoorlog was hij stafchef van het leger geweest, waarna hij in de voetsporen van zijn vader was getreden. Hij had veel opgravingswerk gedaan, wat hem samen met zijn wapenfeiten tot een beroemdheid in het land had gemaakt. Hij was net als mijn vader een militant zionist, bezeten van bijbelse oudheidkunde en opgravingen, maar overtuigd atheïst.

Hij ontving ons in het café-restaurant van zijn hotel. Hij had kort, dicht ingeplant haar, donkere ogen en een stramme verschijning. Hij leek wel wat op Mozes, zoals ik me die voorstelde toen ik klein was: in plaats van alle treurige kenmerken van de ouderdom, met trekkingen en bevende ledematen, waren kracht en wijsheid bij hem de zichtbare tekenen van zijn leeftijd. Maar wat vooral opviel was de textuur van zijn huid: die was niet fijn en gerimpeld, zoals bij bejaarde mensen, of flets en korrelig als een overrijpe vrucht, maar ferm en solide. Het was een stevige, gebronsde huid, alsof zijn hoofd in bruine leem gehuld was, opgewerkt door als rotsen uitstekende jukbeenderen, geloosd door de geprononceerde kloof van zijn volle, uiterst vlezige lippen, en verlicht door het glimmende zwart van zijn antracietkleurige ogen. Die huid, gebruind en getaand door de zon, gegroefd en geplet door het zand, weerspiegelde de geërodeerde landschappen van Judea, waarin hij zoveel tijd had doorgebracht dat ze zich uiteindelijk aan hem hadden vastgeklit, als zand aan een fossiel, een fossiel aan het gesteente en het gesteente aan de rots.

'Ja, ik weet ervan, David,' zei hij, om nodeloze toelichtingen van mijn vader voor te zijn. 'Ik heb een paar jaar geleden zelf naar die rol gezocht, maar toen ik hem gevonden had is hij me weer door de vingers geglipt...'

'Wat is er gebeurd?' vroeg mijn vader.

'Hij is gestolen uit het Oudheidkundig Museum in Jeruzalem.'

'Heb je de tijd gehad om hem te ontcijferen?'

'Helaas niet.'

'Weet je wie hem heeft gestolen?'

'Dat is moeilijk te zeggen... Ik kan je het best alles vertellen wat ik weet. Toen ik een keer op reis was, hier in New York, kreeg ik een anonieme brief van iemand die me een handschrift wilde verkopen. Die brief verwees naar een persverklaring van Thomas Almond, het Engelse lid van het Internationale Team –

bijgenaamd "de engel der duisternis" –, waarin sprake was van een gestolen boekrol. De afzender zei dat hij aan dat handschrift kon komen en sloot als bewijs een foto van een fragment in. Ik had alle reden om te geloven dat het om de bewuste rol ging die mijn vader in handen had gehad, maar niet had kunnen bemachtigen. Die man vroeg maar liefst honderdduizend dollar! Dat was een enorm bedrag, maar wat is de prijs van iets van onschatbare waarde? Ik rekende op een garantie van de Israëlische overheid en ging schriftelijk akkoord, in een brief die ik poste restante naar het genoemde adres stuurde. Een paar weken later kreeg ik ongeveer het volgende antwoord: "Ik moet u mededelen dat de eerste minister van het koninkrijk Jordanië zich voor hij vermoord werd bereid heeft verklaard driehonderdduizend dollar te betalen. De prijs blijft dus nader overeen te komen." Die brief was ondertekend door Hosea, de aartsbisschop van de Syrisch-orthodoxe Kerk.

Ik had hem tijdens een verblijf in de Verenigde Staten al eens ontmoet, waarbij we onderhandelingen hadden aangeknoopt, die hij vervolgens weer had afgebroken. Nu kwam hij daarop terug en probeerde hij de prijs op te drijven. Ik hield mijn woede in, want ik wilde die rol absoluut hebben. We hadden een geregelde briefwisseling. Hosea kwam vaak in de Arabische landen van het Midden-Oosten, waar contacten met Israël verboden waren, en hij stuurde me telegrammen of schreef me door tussenkomst van een vriend van hem in de Verenigde Staten, een zekere Kaïr Benyaïr. Ik probeerde uit zijn brieven op te maken hoe het er nu eigenlijk voor stond tussen hem en zijn contactpersonen in Jordanië. Hij scheen onder één hoedje te spelen met Jordaanse regeringsfunctionarissen en hofdignitarissen, die hem hadden gezegd dat verschillende handschriften, ook die van het Oudheidkundig Museum van Jordanië, te koop waren. Dat verklaarde ook waarom het aantal boekrollen dat hij me aanbood telkens wisselde. Maar ik bleef vooral geïnteresseerd in de rol waarvan ik een fragment op de foto had gezien.

In een van mijn brieven liet ik hem weten dat ik bereid was zijn eisen aan mijn vrienden voor te leggen en dat we, als ze redelijk waren, het zeker eens zouden kunnen worden. Een paar dagen later ging ik met sabbatverlof naar Londen, waar de communicatie eenvoudiger zou zijn. Hosea stuurde me toen een klein fragment van de rol, ter datering. Het was niet beduimeld en zonder infrarood leesbaar; ik herkende in de Hebreeuwse lettertekens meteen de hand van een schrijver die tot dezelfde school behoorde als andere kopiisten van bepaalde Dode-Zeerollen. Ik kon ook met zekerheid zeggen dat de bewoordingen niet identiek waren aan die van de bijbeltekst. Na mijn vluchtige onderzoek maakte ik een foto van het stuk perkament en stuurde het zoals beloofd terug naar Hosea, met de antwoorden op zijn vragen: dat het fragment kennelijk deel uitmaakte van de Dode-Zeerollen, dat het door een goede schrijver in het Hebreeuws geschreven was, maar dat het fragment te klein was om te kunnen zeggen of het apocrief was of een geschrift dat door de sekte van de Dode Zee was opgesteld.

Daarna schreef ik Paul Johnson aan, het hoofd van het Internationale Team, die toen in de Verenigde Staten was. Ik had al eens met hem te maken gehad en wist dat hij al eerder zaken met Hosea had gedaan. Ik vroeg hem of hij voor mij als tussenpersoon wilde optreden, om Hosea zover te krijgen de bewuste rol aan me te verkopen. Hoewel ik me op de vlakte hield, liet ik merken dat ik enthousiast was en had ik het over het kleine fragment dat Hosea me gestuurd had. Ik opperde ook dat het weleens om een van de belangrijkste tot nu toe ontdekte handschriften kon gaan, en dat het de plicht van de universitaire wereld was om het van Hosea te kopen, en de plicht van het joodse volk om het naar Israël, zijn historische plaats, terug te halen. Ik besloot mijn brief met het verzoek aan Johnson alles in het werk te stellen om de rol in veiligheid te brengen en niet voorgoed verloren te laten gaan. Een week later liet hij me weten dat Hosea, vanwege de hoge kosten en de andere aanbiedingen die hij had ontvangen, de prijs op zevenhonderdvijftigduizend dollar had gesteld, waarvan honderdvijftigduizend direct moest worden voldaan en de rest bij levering van de rol. Ik was woest en liet per omgaande weten dat ik er niet op inging.

Een tijdje later was ik weer in New York om daar lezingen te houden. Ik kreeg een brief van Hosea die heel anders van toon was dan de vorige. Hij vroeg me of ik een laatste bod op de rollen wilde uitbrengen. Ik verklaarde me bereid honderdduizend dollar te betalen. Om me voor oplichterij te behoeden voerde ik de officiële onderhandelingen via mijn advocaten. Er werd een uitvoerig contract getekend, met een afschrift voor Johnson, door Hosea en degene die namens hem voor de overdracht zou zorgen, Kaïr Benyaïr. Allerlei clausules waarborgden de authenticiteit van het perkament, dat me binnen tien dagen na ondertekening van het contract geleverd zou moeten worden. Het losse fragment zou me door Kaïr Benyaïr persoonlijk overhandigd worden. Als dat in de rol paste, sloot dat alle twijfel over de echtheid uit.

Er gingen tien dagen voorbij. Kaïr Benyaïr liet toen hij terug was uit Jordanië tot mijn verbazing weten dat het handschrift nog bij Hosea was, dat die vraagtekens plaatste bij de geldigheid van onze overeenkomst en dat hij meer geld wilde, zeker nu de bedoeïenen ook meer eisten.

Ik begon nu echt te geloven dat ze gek geworden waren. Ze dachten dat ze een half miljoen dollar voor die rol konden krijgen! In een brief die hij Johnson schreef zei Hosea dat hij de rol tot zijn spijt nog niet kon sturen, en gebruikte als smoes dat de problemen tussen Libanon en Jordanië het verkeer tussen beide landen bemoeilijkte. Hij legde uit dat hij een aantal mensen moest omkopen en grote risico's moest nemen, en dat de oorspronkelijke prijs omhoog moest.

Al die tijd volgde ik nauwgezet wat er in de vakbladen over Qumran gepubliceerd werd om er zeker van te zijn dat de rol niet aan een ander was verkocht. Nergens werd er iets over gezegd. Het bestaan ervan was blijkbaar alleen aan Hosea, Kaïr Benyaïr en mij bekend.

Het was inmiddels begin juni 1967. De Zesdaagse Oorlog brak uit. Ik werd naar Israël teruggeroepen om dienst te doen als coördinator tussen de premier, de minister van Defensie en de chef-staf van het leger. Deze gebeurtenissen verdrongen de rollen natuurlijk een beetje uit mijn gedachten. In de weken daarvoor had Egypte een paar acties tegen Israël ondernomen, waarvan de ernstigste de blokkade van de Golf van Akaba was, een grote bedreiging voor de ontwikkeling van de Negev en het scheepvaartverkeer met Oost-Afrika. Elf jaar eerder had Israël al, om een soortgelijke blokkade te breken, een militair offensief ingezet, de Sinaï-campagne. Toen waren de troepen pas teruggetrokken na een schriftelijke verklaring van de Verenigde Staten dat elke Egyptische blokkade voortaan als een oorlogsdaad beschouwd zou worden, die een gewapende reactie rechtvaardigde.

's Morgens vroeg op de vijfde juni vroeg Israël nog aan Jordanië om neutraal te blijven. Koning Hoessein antwoordde met kanonnengebulder. De oorlog brak uit. Jordanië, Egypte en Syrië vormden één front tegen Israël. Na twee dagen oorlog had het Israëlische leger de Arabische overmacht verslagen, het Jordaanse deel van Jeruzalem bezet – met name ook de oude stad en het Oudheidkundig Museum – en het Jordaanse leger teruggeslagen tot aan de oostelijke Jordaan-oever.

Op 7 juni ging ik 's avonds naar mijn flat om wat te slapen. Ik werd wakker door een telefoontje van de stafchef; hij liet me weten dat overste Yanaï van de inlichtingendienst aan mij was toegevoegd om me te helpen de rol te vinden.

De volgende dag, 8 juni, ging Yanaï naar het huis van Kaïr Benyaïr, wiens adres hij had achterhaald. Die was thuis. Hij was niet een van de dappersten, en wat dreigende taal van de militair was voldoende: uit een bergplaats onder de vloer haalde hij een schoenendoos met de rol erin en een sigarenkoker waarin de losse fragmenten zaten.

Die middag woonde ik op het hoofdkwartier een belangrijke vergadering bij van het kabinetscomité voor Defensie, in verband met de situatie inzake Syrië. Midden in de besprekingen gaf een bode me een briefje, waarin stond dat Yanaï buiten op me wachtte. Als adviseur van de premier moest ik niet alleen de verschillende standpunten aanhoren, maar die ook analyseren en mijn eigen mening over de desbetreffende kwestie geven; ik deed mijn best geconcentreerd te blijven en mijn ongeduld om iets over het resultaat van de nasporingen van Yanaï te horen te bedwingen. Uiteindelijk kon ik weg. Hij zat rustig in de gang op me te wachten, deed twee stappen in mijn richting, gaf me iets en zei eenvoudig: "Ik hoop dat dit is wat u zocht." '

Matti zweeg even. Hij haalde een pakje sigaretten uit zijn zak, bood ons er een aan, stak er zelf een op en inhaleerde diep. Zijn gezicht bleef volkomen onbewogen, maar zijn donkere ogen fonkelden met een felle glans.

'Ik ging het eerste het beste lege bureau binnen en pakte de schoenendoos voorzichtig uit,' vervolgde hij. 'Ik deed hem open. Ik zag dat de rol erin zat, gewikkeld in een omslag waar weer cellofaan omheen zat, en de fragmenten, samen in een kleiner mapje. Terwijl in de zaal ernaast over kwesties van leven of dood van duizenden mensen beslist werd, kon ik de verleiding niet weerstaan om de schat beter te bekijken. Het leverde me gevoelens van voldoening en teleurstelling op. De bovenrand van de rol was oneffen en kromgetrokken; sommige gedeelten leken halfvergaan, andere waren in slechte staat, week geworden en vastgekleefd door het vochtige stof. Het perkament was zo te zien het ernstigst aangetast aan de kant die het meest van de vochtigheid te lijden had gehad – niet die in de grot waar het eeuwenlang bewaard was gebleven, maar op de plek waar het de afgelopen jaren was verstopt. Maar wat heel merkwaardig was, was dat de Hebreeuwse letters omgekeerd stonden en dat je ze alleen in een spiegel kon lezen. Ze waren van links naar rechts geschreven, in tegenstelling tot het Hebreeuws.

De volgende dag heb ik de rol in een hermetisch afgesloten ruimte in het laboratorium geplaatst, waarvan ik de vochtigheidsgraad en temperatuur precies kon regelen. Eerst moesten de gedeelten die bij Kaïr Benyaïr aan elkaar vastgeplakt waren geraakt van elkaar worden gescheiden. De gedeelten die goed geconserveerd waren werden losgehaald en aan een normale vochtigheidsgraad van vijfenzeventig tot tachtig procent onderworpen. De zwaarst beschadigde fragmenten moesten eerst soepel gemaakt worden door ze een paar minuten aan een vochtigheidsgraad van honderd procent bloot te stellen. Daarna werden ze een paar minuten gekoeld. Elke fase werd heel zorgvuldig uitgevoerd, want door het hele proces kon het schrift onherstelbaar beschadigd worden.

Omdat we het Oudheidkundig Museum sinds de Zesdaagse Oorlog onder controle hadden, besloot ik het perkament daar in bewaring te geven. Het Internationale Team zette er zijn onderzoek van de boekrollen voort, zoals de Israëlische autoriteiten omwille van de verdraagzaamheid en het respect wenselijk achtten.

Toen ik op een ochtend in hun studiezaal kwam, bleek de tafel waarop de rol gewoonlijk uitgevouwen lag leeg te zijn. Ik stond perplex. Alleen de onderzoekers hadden toegang tot die ruimte, en ik zag ze er niet voor aan een diefstal te plegen. Dagenlang hebben we het hele museum overhoop gehaald, maar tevergeefs. Ik moest me er geleidelijk bij neerleggen dat het handschrift voorgoed verdwenen was, alsof er een of andere vloek op rustte waardoor het voor ons taboe was...

Twintig jaar gingen voorbij. In 1987 bezocht ik een groot internationaal congres, waar de meeste specialisten op het gebied van de Dode-Zeerollen aanwezig waren. Wie schetst mijn verbazing toen Pierre Michel in zijn voordracht over een ongepubliceerde rol sprak, waarvan de stijl en de inhoud een opvallende overeenkomst vertoonden met die van het gestolen handschrift...'

'Denk je dat hij die rol heeft gestolen?' vroeg mijn vader.

'Dat zou kunnen. Dat zou verklaren waarom hij weigert het handschrift te publiceren: uit angst dat ik het herken. Of iemand anders zou het moeten hebben gestolen en daarna aan Pierre Michel hebben verkocht of gegeven...'

'Waren de leden van het Internationale Team in het Oudheidkundig Museum werkzaam op het moment dat het handschrift verdween?'

'Ja. Pierre Michel en Paul Johnson, die ik volkomen vertrouw, waren daar vrijwel voortdurend. De drie anderen – pater Millet, Andrej Lirnov en die vreemde Thomas Almond – waren minder vaak bij het onderzoek betrokken.'

'Zou Pierre Michel het perkament in 1967 al ontcijferd kunnen hebben?' vroeg ik.

'Absoluut. Het lange, precieze voorbereidende werk was al gedaan; je hoefde de tekst alleen nog maar voor een spiegel te houden om de woorden in de juiste volgorde te kunnen lezen.'

'Als Pierre Michel de dief is, hoe is het dan te verklaren dat hij het risico heeft genomen om ontmaskerd te worden door in te gaan op de inhoud van de rol die hij bijna twintig jaar had achtergehouden?' vroeg mijn vader.

'Dat is inderdaad wonderlijk. Maar ik ben een ex-militair, en ik kan je wel zeggen dat zoiets vaak met de belangrijkste geheimen het geval is. Dat is eigen aan geheimen, dat ze willen uitkomen: hoe belangrijker het is, hoe moeilijker het te bewaren is. Je kunt niet anders, je moet het met iemand delen. Op een dag ga je praten; dan krijg je spijt, maar het is al te laat en je moet ervoor boeten.'

'Hebt u hier ook de foto van het fragment dat u ontcijferd hebt?' vroeg ik.

'Nee, die is in Israël. Ik zal jullie een afdruk sturen zodra ik terug ben, over een week. Maar het is een heel kort fragment, en ik kan het wel ongeveer uit mijn hoofd citeren:

In het begin was het Woord,
Het was bij God,
En het was God.
Door het Woord is alles ontstaan,
En zonder het Woord
Is er niets ontstaan.
In het Woord was leven,
En dat leven was het licht voor de mensen,
Het licht schijnt in de duisternis,
En de duisternis heeft het niet kunnen doven.
Er kwam een man, een afgezant van God;
Zijn naam was Johannes.
Hij kwam als getuige:
Het was zijn taak te spreken over het licht.
Door hem moesten alle mensen tot het geloof komen.
Maar zijn uitspraken werden verdraaid
En wat hij zei werd veranderd,
En het woord werd tot leugen
Om de waarheid te verhullen,
De ware geschiedenis van de Messias.
En aan deze zal,
Door het sacrament van de priesters van Qumran,
De schat gegeven worden.

We deden er even verbouwereerd het zwijgen toe.

'Heb je een idee van de inhoud van de hele rol?' vroeg mijn vader nogmaals.

'Helaas... Ik heb de tijd niet gehad om hem helemaal te lezen. Zeker is wel, naar wat ik ervan heb gezien, dat het geen apocrief geschrift is, maar een oorspronkelijk geschrift van Qumran. Sinds de voordracht van Pierre Michel denk ik ook dat het een nieuw licht werpt op de Essenen en hun aanspraken als ware erfgenamen van de Sadokidische priesters. Het *Damaskus-document*, een van de eerste gevonden handschriften, gaat over hoe de groepering zich geleidelijk ontwikkeld heeft. Van een priesterlijke protestbeweging die wettische standpunten innam werd die tot een radicale sekte die zich volledig richtte op het geloofspunt van de openbaring, belichaamd in de persoon van de Leraar der Gerechtigheid. Volgens de sekte van Qumran bood alleen goddelijke inspiratie de sleutel tot de diepere zin van de schriften. Jullie weten dat in de traditie van de apocalytische speculatie degene die de sleutel tot de mysteriën en de verborgen wetten bezit de afgezant van God is. De Essenen beschouwden zichzelf als voorvechters van de machten van het licht, ofwel de "kinderen van het licht". Volgens mij was het gewoon een sekte die geloofsgenoten ervan wilde overtuigen dat haar wereldbeeld het juiste was. Ze zagen in de gebeurtenissen van alledag de verwezenlijking van een goddelijk plan met de geschiedenis. Pontius Pilatus was in die tijd landvoogd van Judea, en de Romeinen wilden zich de tempelschatten toe-eigenen en de bezittingen van de priesters inpikken. De Romeinse legioenen die in de vesting waren gelegerd bewaakten de tempel. Voor de priesters, en vooral die van Qumran, was die vijandelijke daad een profanatie van de Heilige Stad; Pilatus had de tempel bezoedeld door er een offer te brengen bij het standbeeld van Tiberius. Ik denk dat de "Kittim", de "kinderen der duisternis" waar de geschriften van Qumran het steeds over hebben, de Romeinen zijn, degenen die de godinnen van de zege en van de fortuin aanbaden en die door de Essenen verschrikkelijk gehaat werden.'

'Kun je Qumran dan niet beschouwen als een van de belangrijkste haarden van politiek verzet tegen het Romeinse imperialisme, én tegen de joodse aristocratie, die met de bezetter heulde met als enig doel rijkdom te vergaren?'

'Het is niet bekend of de drijfveren van de Essenen van politieke of van theologische aard waren. In de tijd dat de sekte haar grootste invloed in Judea had, reisden zendelingen ervan het Middellandse-Zeegebied af, ver van de politieke woelingen in Jeruzalem, met als enige bagage een boekrol, een soort evangelie, en als eenvoudige belijdenis matigheid, reinheid en armoede.'

'Maar in de ogen van degenen die de wetten en reinheidsvoorschriften die in de voorvaderlijke geschriften beschreven waren in ere wilden houden in Judea en die in opstand kwamen tegen de economische overheersing door de Romeinen en de joodse aristocratie, had het verkondigen van een nieuw evangelie dat tegen de Mozaïsche wet inging hoe dan ook een politieke kant. Dat was nu juist het probleem van Jezus.'

'Ik weet waar je heen wilt. Je vraagt je af of Jezus ook in die rol genoemd wordt, en zo ja, in wat voor bewoordingen. Ik kan je alleen maar zeggen dat het weinige wat ik ervan gelezen heb niets over hem zegt. Maar ik zou bij jullie naspeuringen niet alleen naar een zogeheten Jezus zoeken, maar ook naar een eventuele figuur die soortgelijke karakteristieken heeft. Want de historische Jezus kan net zo goed Arthronges zijn geweest, de vermeende Messias waar Flavius Josephus van spreekt, een gehelleniseerde en daarna onder de *pax romana* geromaniseerde figuur die door heel wat heidenen, niet-joden, in het Romeinse rijk als afgezant van God werd beschouwd. Het is niet zeker of Jezus wel heeft bestaan zoals de evangeliën hem beschrijven. Voor zover we nu weten hebben we van maar twee personen die in het leven van Jezus genoemd worden het onweerlegbare bewijs dat ze bestaan hebben: Pontius Pilatus, die wordt genoemd in een Latijnse inscriptie die Italiaanse archeologen in 1961 hebben opgediept in de oude haven van Caesarea, en Kajafas, de hogepriester, van wie het familiegraf in 1990 door Israëlische onderzoekers in Zuid-Jeruzalem is blootgelegd. Alle aanwijzingen die we over het leven van Jezus hebben zijn direct of indirect afkomstig uit de christelijke literatuur, waarvan de eerste geschriften bijna een eeuw na de gebeurtenissen waar ze van verhalen geschreven zijn.'

'Je weet wie de drie centrale figuren zijn in de geschriften van Qumran: de "Leraar der Gerechtigheid", de "slechte priester" en de "sofer" of "man van de leugen",' zei mijn vader. 'Volgens sommigen zou met die laatste Paulus bedoeld zijn, over wie met diepe minachting gesproken wordt in het *Habakuk-commentaar*, dat ook iets zegt over een polemiek tussen "de man van de leugen" en de "Leraar der Gerechtigheid" over de strikte naleving van de reinheidsvoorschriften en de tempeldienst.'

'Ik kan wel raden waar je aan denkt... Paulus heeft het fundament gelegd voor een volkomen nieuw geloof, niet gebaseerd op de Mozaïsche wet maar op het geloof in Jezus. Door hem heeft de geest van de wet het van de letter gewonnen. Hij heeft die godsdienst verbreid in het Middellandse-Zeegebied, in Efeze, Korinthe, Thessalonica. Door zijn prediking van het evangelie gingen de christenen de joden als een volk met een strenge, angstaanjagende God beschouwen. Door hem is de universele gedachte van het christendom opgekomen, die van de bekering van alle heidenen... Door hem zijn de christenen zich als het nieuwe Israël gaan beschouwen en hebben ze geleidelijk ook de Romeinen voor hun geloof gewonnen, waardoor het Romeinse rijk nog geen drie eeuwen later een christelijk rijk werd... En om die aardverschuiving te verhullen, die het werk van Paulus was en niet van Jezus, zouden die handschriften dan verdwenen zijn...'

En Matti vervolgde, met een besmuikt glimlachje: 'Volgens mij zitten jullie op het goede spoor. Maar ik zou eerst eens met Paul Johnson gaan praten.'

'Hebt u nog steeds contact met hem?' vroeg ik.

'Eerlijk gezegd niet. Ik heb lang genoeg met hem gewerkt om te weten dat hij ongelooflijk intelligent is. Maar sinds er iets is voorgevallen ga ik hem uit de weg.'

'Wat was dat?'

'Dat was kort voor de rollen verdween, tijdens een avondje in het museum. Johnson was die avond een beetje beschonken. "Ik stel voor een toast uit te brengen," zei hij, terwijl hij zijn glas hief. "Ik wil drinken op de grootste man die er in deze tweede helft van de twintigste eeuw leeft: Kurt Waldheim." Ik moet zeggen dat ik bijna van mijn stoel viel. Er waren wel wat onthullingen in de Israëlische pers verschenen, maar daar had ik tot dan toe geen geloof aan gehecht. Volgens mij is Johnson niet helemaal zuiver op de graat, als jullie begrijpen wat ik bedoel.'

'Hebt u hem sindsdien niet meer ontmoet?'

'Jawel, maar op een afstandje. Ik herinner me met name een congres waar ik in 1988 aan deelgenomen heb, met een groep academici die moest toezien op de publicatie van de rollen. Een van hen was de directeur van de *Biblical Archeological Review*, Barthélemy Donnars. Dat is een bekende figuur op archeologische congressen, van San Francisco tot Jeruzalem, waarop hij altijd op een van de voorste rijen driftig aantekeningen maakt in een geel notitieboekje. Hij is eigengereid en idealistisch, wars van compromissen. Hij praat en oogt heel vriendelijk, maar daarachter verbergt zich een ijzeren wil. In 1988 hadden Millet, Michel, Almond en Johnson nog tientallen ongepubliceerde documenten onder zich, en Donnars zou graag gezien hebben dat al dat materiaal bij Israëlische onderzoekers terechtkwam. Hij drong er bij Johnson op aan een precies tijdschema van de komende publicaties te geven. Die heeft toen maar de verschijning aangekondigd van een publicatie, *Ontdekkingen in de woestijn van Juda*, waarop in de volgende drie jaar tien uitgaven met verschillende geschriften uit Qumran moesten verschijnen en vóór 1996 nog tien uitgaven. Dat was natuurlijk niet haalbaar. In 1989 schreef Donnars een artikel met als titel "Het lukt ze nooit", een regelrechte oorlogsverklaring aan het Internationale Team. Het kwam erop neer dat de tijd van ontwijkende verklaringen, uitvluchten en vaagheden nu voorbij was. Dat dit team, dat al dertig jaar niets gepubliceerd had, nooit iets zou publiceren. Dat het Israëlische departement van Oudheden medeplichtig was aan dat doodzwijgen. Dat de enige manier om een eind aan die obstructie te maken was om alle ter zake kundige academici vrije toegang tot de rollen te geven. Donnars vond ten slotte gehoor, maar het was te laat voor de belangrijkste rol, die in 1967 was verdwenen.'

We bleven nog wat napraten met Matti en namen daarna laat op de avond afscheid van hem, blij met alle informatie die we gekregen hadden, ervan overtuigd dat we op het goede spoor zaten... maar zonder te vermoeden dat we hem nooit meer levend terug zouden zien.

We gingen het hotel uit, dat in hartje Manhattan lag, en liepen ruim een uur door de stad. Ons hoofd stond niet naar het bezichtigen ervan, maar we wilden alles wat Matti ons had gezegd even overdenken. Toch werden we meegesleept in de maalstroom van de nacht: het was bijna twee uur en door de lichten van de stad waren de vluchtige blikken die we om ons heen sloegen als momentopnamen, nauwelijks minder scherp dan overdag.

We waren in een wereld. Het geometrische stratenpatroon maakte verdwalen bijna onmogelijk. In de verte kon je overdag aan het eind van een verkeersader de zee zien, als een ongenaakbaar azuurblauw, maar 's nachts leek het alsof er voorbij de Twin Towers geen horizon was. Naast elkaar wandelden we door de avenues, geïmponeerd door de reusachtige torens van Babel met hun strakke gevels, waarvan de lijnen messcherp in glas en plexiglas getekend waren. Op het gevaar af te struikelen keken we omhoog en probeerden we ons voor te stellen hoe het zou zijn om boven op zo'n wolkenkrabber te staan, of je nu een wereldheerser was of een eenvoudige yuppie, en de stad te aanschouwen in zijn aluminium torens, om de ritmisch opgaande lijnen van stalen stenen te zien, de ziggoerats met trappen van beton, glas of asfalt, die zich in elkaar weerspiegelen en waarvan het beeld eindeloos weerkaatst wordt; om vanuit de hoogte het centrum te zien dat van één ding doortrokken was, snelheid: de toekomstprofeet, de stadsgodin; om naar de mensen te kijken die er als dieren rondrennen, gedreven door een overlevingsinstinct en de waanzin des vlezes; en door geld ook, dat in die dolle wedloop via een elektronisch schakelaartje, een gadget, wereldstormen ontketent. Het moest wel duizelingwekkend zijn om daar heel hoog boven het eiland die van zucht en wanhoop vergeven wereld aan je voeten te zien.

Nee, bedacht ik, ze hebben die torens niet gebouwd om Hem van dichterbij te zien, of om met hun vingertoppen Zijne Heilige Majesteit te beroeren. Ze zijn er niet om omhoog te kijken, maar om beter *vanuit* de hoogte omlaag te kunnen kijken – dat wil zeggen om Hem te begrijpen en al kijkend zijn titanische, kosmische gezichtspunt in te nemen. Om net als Hij op die kleine, lachwekkende mensen neer te zien, die in geel en zwart rondjakkeren, als de insecten waar elk huis in de stad van vergeven is, armoedig of luxueus, schoon of vuil, druk bewoond of leegstaand; schichtige kleine dravers met hun glimmende schilden, of apathische zwoegers met hun slijmerige lijf. Waren wij even erbarmelijk, even door en door weerzinwekkend, op het monsterlijke af?

We verlieten de in verblindend neon badende straten en drongen wat dieper de nacht in. Het was nog fris in maart, en uit de opengebroken trottoirs stegen dampflarden op. Nergens vonden we stilte. Het geluid van de sirenes – ambulances, brandweer- en politieauto's – achtervolgde ons overal, alsof zich bij elke stap die we zetten een nieuwe ramp voltrok. We namen een taxi, die nogal vreemde kronkelwegen nam en ons ten slotte in de buurt van East Village, in Alphabet City, afzette.

Het waren de poorten van de hel. Zwervers in lompen, halfdronken, halfslapend, in elkaar gedoken op de bordessen, leken wel opgegraven lijken, zo stonken ze en zat hun grauwe en paarsige huid onder het vuil. De stampvolle, rokerige kroegen puilden tot op de straat uit van een bonte verzameling vreemdsoortige schepsels, gekleed in plastic en vinyl, met haardossen vol kleurige pieken. We kwamen langs jongeren met geverfd haar, met tatoeages over hun hele lichaam en gezicht of met ringetjes door lichaamsdelen. Sommigen zaten op de grond en dienden zich injecties toe in hun al door tientallen prikken getekende armen; anderen braakten op het trottoir, bij de vuilnisbakken en de zwervers; midden op de weg stond een man luidruchtig te vloeken, zonder dat iemand er aandacht aan schonk. In een straatje achteraf hadden wat in leer geklede en met kettingen behangen individuen het naast hun motoren hevig met elkaar aan de stok.

Het was er een duivels oord, een wijkplaats van alle onheilsboden die de volken laafden aan hun vervoerende wijn. Het was Babylon, machtigste aller rijken, die haar vlechten losgooide, haar rokken optrok en haar dijen toonde, om haar naaktheid te onthullen. Beesten, dacht ik, bij het zien van de bizarre schepsels die uit de kroegen kwamen, beesten met tien hoorns en zeven koppen, met diademen op hun hoorns en blasfemische tatoeages op hun kop. Sommigen leken op luipaarden en hadden zich in de huid daarvan gehuld; anderen hadden bloedsporen op het gezicht. Bij de ingang van een nachtclub trachtte een wonderlijk uitgedoste man, half paard, half leeuw, als vuurvreter de aandacht van de voorbijgangers te trekken. Iedereen die zijn spelonk binnen wilde, drukte hij een merkteken op de rechterhand of op het voorhoofd, gelijk aan de naam die boven zijn hoofd knipperde: *666*. Mijn vader huiverde toen hij vlak langs hem liep. Hij nam me bij de arm, om haastig naar het andere trottoir over te steken.

'Laten we uit deze wijk weggaan,' zei hij, 'om geen deel te hebben aan de zonden en plagen waartoe hij gedoemd is.'

II

De volgende dag gingen we met de trein naar de universiteit van Yale, op anderhalf uur van New York.

We ontmoetten er diverse archeologen, met wie mijn vader de draad van oude controversen van jaren her weer opnam. Zijn collega's waren vaak verbaasd om mij achter hem te zien, in het zwart gekleed, met mijn slaaplokken die onder mijn grote, donkere, breedgerande hoed uitkwamen, en mijn timide, bijna schuwe voorkomen. Ze begrepen niet hoe een zoon zo van zijn vader kon verschillen, en wisten niet hoeveel ik in wezen met hem gemeen had, al leek ik in niets op hem. Met mijn hoed en mijn onafscheidelijke kleine psalter vulde ik alle leemten van mijn vader op. Ik was zijn volmaakte complement; ik was de kleding die hij had afgelegd en laten liggen. Of misschien was ik wel zijn ware gedaante en had hij alleen zijn kleren meegenomen, en zijn eigen lichaam vergeten. Als zoon was ik zijn verleden, maar tegelijk zijn toekomst. Mijn vader droeg baard noch hoed, en een gewone broek met ruitjeshemd. Maar hij geneerde zich niet om me voor te stellen, mij, zijn zoon, een chassid, een orthodoxe. De professoren leken zich af te vragen wie nu de dekmantel van wie was, en zullen ons wel een vreemd duo hebben gevonden.

Ten slotte werden we door Paul Johnson in eigen persoon ontvangen. De geleerde, bekend om zijn grote kennis van de kerkvaders en de middeleeuwse theologie, was een kleine, vitale zeventiger. Zijn rode, met de jaren wat uitgedunde haar had een doffe koperglans. Zijn groene ogen, die nog jeugdig twinkelden, gaven zijn gezicht iets innemends. Ze staken af tegen zijn uiterst bleke en gerimpelde huid, met dooraderde wangen en rode puistjes aan weerszijden van de neus, waarvan de vleugels een netwerk van heel kleine, in elkaar verstrengelde adertjes vertoonden. Ik kneep mijn ogen samen om er een patroon in te onderscheiden; ik zag er drie Hebreeuwse letters in, ק, ר en ת – die het woord *karat*, 'snijden', zouden kunnen vormen.

Zijn bureau was bezaaid met tijdschriften, geschiedwerken en een indrukwekkende hoeveelheid bijbels. Met een klein afleesapparaat voor microfiches dat op een hoek van zijn bureau stond kon hij foto's van de oude rollen bekijken.

Mijn vader vroeg hem om iets over het Internationale Team te vertellen.

'Dat heb ik samen met Pierre Michel geformeerd,' antwoordde hij. 'Ik ben wat eerder dan hij met het werk begonnen, in de zomer van 1952. Eerst moest ik alle rollen die in de grotten waren gevonden schoonmaken, prepareren en identificeren. Het was niet heel veel: het waren er misschien vijftien. Ik haalde een fragment uit de doos, deed dat in een bak om het nat te maken en stopte het tussen twee glazen platen om het recht te laten trekken. Vaak moest ik het ook schoonwassen, als het vies was geworden door urinekristallen, waarschijnlijk van in die grotten verdwaalde geiten. De vuilste fragmenten waste ik met castorolie. Maar ondanks al onze voorzorgen hebben we een vreselijke fout gemaakt: we hebben plakband gebruikt om ze samen te voegen.'

'En nu zijn de onderzoekers er uren mee bezig om de kleverige en hard geworden restjes plakband van de fragmenten te verwijderen,' zei mijn vader.

'We wisten toen nog niet dat het een ernstige fout was; we waren nog niet zo goed op de hoogte van de restauratiemethoden. Voor ons was de eerste drie jaar het ontcijferen en thuisbrengen van de teksten het allerbelangrijkste. Ik ben al vrij gauw met Pierre Michel gaan samenwerken. Die had een ongelooflijk talent om te lezen wat schijnbaar onleesbaar was. Hij kende heel zeldzame Hebreeuwse en Aramese woorden. Hij had een rotsvast vertrouwen in de precisie van de paleografische analyse bij de bestudering van oude handschriften. Hij was ervan overtuigd dat de schriften zich in de loop der eeuwen uniform ontwikkelden en probeerde er een chronologische volgorde in aan te brengen. Zo wist hij in de fragmenten van Qumran drie verschillende, op elkaar volgende Hebreeuwse schriften te onderscheiden: Oud-Hebreeuws tussen 200 en 150 voor Christus, Hasmonees Hebreeuws tussen 150 en 30 voor Christus en Herodiaans Hebreeuws tussen 30 voor en 70 na Christus. Die kwamen overeen met belangrijke perioden in de geschiedenis van Judea, vanaf de vrijheidsstrijd tegen de Seleuciden tot aan de verwoesting van Jeruzalem door de Romeinen. Daardoor konden we met zekerheid vaststellen dat het rollen van de Esseense sekte waren, genoemd bij Filo, Flavius en Plinius de Oude. Maar dat weet u allemaal al. Zeg me liever waarmee ik u van dienst kan zijn.'

'We willen graag weten hoe u aan het handschrift bent gekomen dat u Pierre Michel in handen hebt gegeven, en waar hij in 1987 een voordracht over heeft gehouden,' zei mijn vader abrupt.

Johnson antwoordde, ietwat verbaasd: 'Van bisschop Hosea. Hij was meestal onze leverancier, behalve als we zelf fragmenten in de grotten gingen zoeken. Maar waarom wilt u dat weten?'

'Omdat dat handschrift in het museum in Jeruzalem thuishoort. Wij zijn ernaar op zoek. Wist u niet dat het om de rol ging die door Matti in bezit gekregen was, door hem aan het museum in bewaring werd gegeven en kort daarna werd gestolen?'

'Toen nog niet. Ik had de tijd niet gehad om goed te kijken naar de rol van Matti, die ik had geholpen bij zijn onderhandelingen met Hosea. Ik kon ook niet weten dat het dezelfde was die Hosea me later te koop zou aanbieden. Dat hoorde ik pas na de voordracht van Pierre Michel van Matti, die zei dat hij hem terug wilde hebben. Maar het handschrift is min of meer in het niets verdwenen... met Pierre Michel.'

'En hebt u het gelezen toen u het gekocht had?'

'Helaas niet. De lettertekens waren omgekeerd, gespiegeld, en het was moeilijk om hem vluchtig door te lezen. Dat heb ik eerst aan die Poolse onderzoeker van het team, Andrej Lirnov, toevertrouwd. En die heeft het weer aan Pierre Michel doorgegeven, voor hij zelfmoord pleegde.'

'Denkt u dat zijn zelfmoord verband houdt met wat hij gelezen had?'

'Dat kan. Ik weet het niet. Ik had het even graag ingezien als u, uit wetenschappelijke en theologische belangstelling. Hoewel ik geneigd ben te denken dat het zo misschien wel beter is,' voegde hij er aarzelend aan toe.

'Hoezo?'

'Ik was stomverbaasd over de voordracht van Pierre Michel. Hij had me al enige tijd niets meer laten weten over de resultaten van zijn onderzoek, tegen zijn gewoonte in. Ik was er niet zeker van of hij wel gezond was... geestelijk. Dat zou ook niet zo vreemd zijn... na alles wat er gebeurd was...'

'Wat was er gebeurd?' hield mijn vader aan.

Hij wierp ons een duistere blik toe en antwoordde toen kortaf: 'Die rollen zijn behekst. Sinds de affaire-Shapira is het met iedereen die ermee in aanraking kwam slecht afgelopen. Ze plegen zelfmoord. Ze sterven een gewelddadige dood. Zoals Lirnov. Zoals Hosea. Ze zeggen dat hij is neergestoken, maar dat is niet waar.'

'Hoe is hij volgens u dan gestorven?' vroeg ik.

'Ze hebben hem gekruisigd.'

'Van wie hebt u dat?' vroeg mijn vader.

'Ik heb mijn bronnen.'

Ik wierp mijn vader een vragende blik toe, maar hij gaf me een overduidelijk teken waar ik koud van werd.

'Ik weet niets van dat vermiste handschrift af, maar ik denk ook niet dat het erg belangrijk is. Tien jaar na de eerste vondsten is er een nieuwe tak van wetenschap geboren, de qumranologie, met een bibliografie van tienduizend titels. Overal in de wereld zijn er publicaties over het onderzoek aan de Dode-Zeerollen, onderzoeksinstituten, boeken bij de vleet. Dus dat laatste handschrift van u, dat is een druppel water in de qumranologische oceaan, waar ik me geen zorgen over maak. En ik betwijfel of het ook maar iets nieuws toevoegt aan de andere handschriften, die niet één belangrijke onthulling bevatten omtrent het oude christendom en jodendom.'

'Integendeel, als zoveel mensen hevig in die teksten geïnteresseerd zijn, is een vermist handschrift van groot belang!' zei ik.

'Voor wie? Het verband tussen het essenisme en het vroege christendom is al gesignaleerd door de achttiende-eeuwse filosofen, die zeiden dat het christendom een gedaanteverandering van het essenisme was. Koning Frederik II schreef in 1770 aan D'Alembert dat Jezus eigenlijk een Esseen was. Dat was in de eeuw van de Verlichting. Ze wilden demystificeren, de grondslagen van de religie onderuithalen. Wilt u dat soms ook? Is dat niet een strijd uit een andere eeuw?'

'We willen daarheen waar de waarheid ons voert,' zei mijn vader.

'Gelooft u dat die u naar een revolutie voert? De religie heeft wel andere dingen meegemaakt en is die altijd weer te boven gekomen.'

Opeens stond hij op, met een van woede verwrongen gezicht.

'Wat wilt u nu eigenlijk? De oorspronkelijkheid van de christelijke boodschap in het geding brengen? De grondslagen van het dogma aan het wankelen brengen?'

'De Kerk kan het belang van de onthullingen die de boekrollen hebben gebracht niet langer ontkennen,' zei mijn vader kalm. 'Bijvoorbeeld die van de Leraar der Gerechtigheid van onbekende naam, die openlijk gebroken had met het officiële judaïsme en de tempeldienst, en die door een "goddeloze" priester zou zijn vervolgd. Wie was dat? Is hij gedood of zelfs gekruisigd, zoals af te leiden zou zijn uit de zinsnede in de boekrollen: "levend aan een hout gehangen"? Is er een verband tussen hem en Jezus? Is het godslasterlijk om te zeggen dat de Leraar der Gerechtigheid en Jezus misschien wel een en dezelfde persoon zijn? En hoe zit het met Johannes de Doper? Het staat vast dat de profeet in de woestijn die Jezus heeft gedoopt op z'n minst contact heeft gehad met de Essenen, die ook in de woestijn leefden en de doop toepasten.'

'Johannes kan net zo goed een anachoreet zijn geweest, een heremiet, en geen lid van een gemeenschap. En vergeet niet dat Jezus het woord Gods verkondigde, terwijl de Essenen een esoterische leer hadden. Persoonlijk denk ik dat de geschriften van Qumran niets zeggen over het christendom, maar over de leefwereld waarin hij is geboren, dat wil zeggen het jodendom van de eerste eeuw. Wat de Esseense leer betreft: die kent niemand, die is verdwenen met de laatste aanhanger ervan, na de opstand van de joden tegen de Romeinen, toen Qumran door een aardbeving verwoest werd.'

'Dat de Essenen besloten hadden buiten de samenleving te leven, was omdat ze notoire tegenstanders van de Tempel waren. Bovendien verwachtten ze het einde van de wereld en bestudeerden ze de apocalytische literatuur.'

'Het christendom is ook opgekomen in een sfeer van Messiaanse verwachting.'

'We willen er meer van weten, en daarom willen we die boekrol,' vervolgde mijn vader. 'Het is een schandaal dat er in 1947 gevonden geschriften zijn ingepikt en dat er niet één publicatie bestaat waardoor we er kennis van kunnen nemen.'

'Wat wilt u nog meer?' antwoordde Johnson, hoe langer hoe bozer. 'U hebt de handschriften uit de grotten 1 tot en met 11; in 1951 hebben de Amerikanen al drie van de vier handschriften uit het Sint-Marcusklooster gepubliceerd: de eerste *Jesaja-rol*, het *Habakuk-commentaar* en de *Orderegel*. Daar komt dan nog de postume uitgave bij van de teksten waar Ferenkz aan gewerkt had: de tweede *Jesaja-rol*, die van *De oorlog van de kinderen van het licht en de kinderen der duisternis*, en de *Hymnen*. Vier handschriften uit het Sint-Marcusklooster, die in 1948 naar de Verenigde Staten waren overgebracht, zijn sindsdien door Israël verworven, dat er zelfs een soort boekentempel voor heeft opgericht in het Israël-museum in Jeruzalem.'

'We willen dít handschrift, niet de andere die we al hebben,' antwoordde mijn vader kortaf.

Hij dacht even na en zei toen zachtjes: 'Maar u zult wel bang zijn voor uw geloof. Heeft de Bijbelcommissie u opdracht gegeven zo te doen? Ik bedoel de Congregatie voor de Geloofsleer, waar u voor werkt.'

'Inderdaad,' zei hij meteen. 'Ik laat me niet met uw praktijken in; u wilt het eeuwenoude geloof in onze Heer aan het wankelen brengen. U veroorzaakt het schandaal.'

Bij die woorden wees hij ons met een dreigend gebaar de deur, ten teken dat het onderhoud beëindigd was. We gingen weg, gekrenkt maar ook geschrokken.

Mijn vader leek terneergeslagen. Oudheden waren heilig voor hem, en nu zag hij de rollen opeens over de wereld verspreid, in handen van vier onderzoekers; ook leken ze wel schrik en verwarring in de geesten te zaaien. Mensen waren aan hun eind gekomen, beestachtig vermoord, of waren gek geworden en hadden zelfmoord gepleegd. Hoewel hij een strikt methodisch wetenschapsman was, een atheïst en rationalist, geloofde mijn vader wel degelijk in tekenen van de hemel, op het bijgelovige af. Dat had ik altijd vreemd gevonden: deze man die zozeer onthecht was van de godsdienst, hechtte eraan om niet tegen, zoals hij het noemde, de orde der dingen in te gaan; volgens mij was dat gewoon de goddelijke orde.

Ik was verbaasd over zijn moedeloosheid. Ik kende zijn belangstelling voor onderzoek en ontdekking en begreep niet waarom hij, zonder noemenswaardige pogingen in het werk te hebben gesteld, dacht dat we het handschrift waarschijnlijk nooit zouden terugvinden, en dat het, mochten we daar wel in slagen, ons alleen maar het grootste onheil zou brengen. In feite was mijn vader – dat begreep ik pas later – nog steeds behept met de angst voor de duivel die hem in zijn kindertijd was ingeprent, en die hem aankleefde als een droesem in zijn nuchtere wetenschappelijke wereld: hij was bang dat die rollen van Satan bezeten waren.

'Het is precies andersom,' zei ik hem. 'In tegenstelling tot wat Johnson beweert, hebben die handschriften vast een waardevolle inhoud, en volgens mij weet hij dat ook. Het is een teken dat we moeten doorzetten.'

'Ik weet het niet. Ik weet niet meer wat ik moet beginnen.'

'Wat is die affaire-Shapira, waar Johnson het over had?' vroeg ik.

'De affaire-Shapira... In de zomer van 1883 was in Londen de vondst van twee oude Hebreeuwse handschriften van Deuteronomium het gesprek van de dag. Ze waren geschreven in lopend Hebreeuws-Fenicisch schrift, dat al bekend was. Het ging om vijftien of zestien lange, slordig opgevouwen repen leer, die Shapira uit Palestina had meegebracht. Hij bood ze het British Museum aan voor een miljoen pond. Wekenlang wijdde de Engelse pers er bijna dagelijks artikelen aan, en ze publiceerden ook de vertaling van de teksten. De nieuwsgierigen verdrongen zich in het museum, waar een paar fragmenten werden tentoongesteld. De eerste minister, Gladstone, een groot liefhebber van oudheden, ging er ook heen en ontmoette er Shapira.

Shapira, een Poolse, tot het christendom bekeerde jood, handelde in Jeruzalem al lang in antiquiteiten en handschriften. Hij had Berlijnse en Londense bibliotheken Hebreeuwse geschriften geleverd, meestal afkomstig uit Jemen. Ook had hij een commentaar op de *Midrasj* van Maimonides ontdekt.

Nu doen die perkamenten van Shapira, gezien de omstandigheden waarin ze gevonden zijn, sterk denken aan die van de Dode Zee. Tijdens een bezoek aan sjeik Mahmoed el-Akarat, in 1878, had hij gehoord dat Arabieren die beschutting hadden gezocht in de grotten van de Oesadi el-Moedjin, aan de oostoever van de Dode Zee, daar boeken met dodenbezweringsformules hadden gevonden. Die waren, net als die van Qumran, stevig in kennelijk zeer oude doeken gewikkeld. Om kort te gaan: hij vroeg de sjeik of hij die handschriften mocht inzien en ontdekte een afschrift van de laatste woorden van Mozes in de vlakte van Moab. Shapira verklaarde de verbluffend goede staat waarin de geschriften verkeerden uit de bijzonder droge lucht in de grotten, iets wat de bedoeïenen heel goed wisten.

Zijn reputatie werd echter bezoedeld doordat hij Moabitische afgodsbeelden aan het rijksmuseum in Berlijn verkocht, die door een commissie van deskundigen als vals werden bestempeld. De Engelsen waren verontrust en besloten een aantal specialisten bijeen te roepen om de rollen nader te onderzoeken. De eerste die de authenticiteit van de handschriften bestreed was Adolf Neubauer, die in contact stond met de Berlijnse deskundigen. De genadeslag werd toegebracht door Clermont Ganneau, een Franse archeoloog en een anti-semiet. Men verklaarde uiteindelijk dat de fragmenten van nul en generlei waarde waren, in een officieel rapport waarin stond dat de compilator van de Hebreeuwse tekst wel een jood moest zijn geweest. Kort daarna pleegde Shapira in Nederland zelfmoord, in een sjofel hotel in Rotterdam.'

'Nóg een dodelijk slachtoffer van de rollen...,' zei ik.

'Ja, ongetwijfeld de eerste dode, en misschien niet de laatste. Het bedenkelijkst is dat die handschriften nooit teruggevonden zijn. Ze zijn blijkbaar met Shapira in Nederland verdwenen. Het is idioot, hoor,' zei hij, 'maar ik vind dat angstig.'

'Waarom? Hebben Johnson en de Congregatie je ervan overtuigd dat die rollen behekst zijn? Denk je dat die rollen de basis vormen van een nieuwe ketterse leer?'

'Misschien wel. Die kruisiging maakt me bang. Wie kunnen erachter zitten? De christenen? Dat ligt niet voor de hand. De joden? Het *Nahum-commentaar* spreekt van levend gehangenen, dat wil zeggen gekruisigden. Die straf was bij de joodse wet verboden, maar Alexander Janneüs maakte er toch erg veel gebruik van. Ook kunnen de joden, die massaal door Antiochus Epifanes gekruisigd waren, dat gebruik tijdens de Makkabese opstand en daarna van hun vervolgers hebben overgenomen; maar dat is een niet-onderzochte hypothese... De Romeinen blijven de meest waarschijnlijke hypothese.'

'Maar er zijn geen Romeinen meer!' riep ik uit. 'Dat is duizenden jaren geleden. Tegenwoordig ligt dat anders. De eerste de beste gestoorde kan het hebben gedaan... Ik geloof dat we de rabbi van Williamsburg om raad moeten vragen. Die kan ons zeggen of we moeten doorgaan of ophouden.'

Ik weet eigenlijk niet wat me bewoog om dat voor te stellen. Misschien dat ik zag dat hij zo van streek was. Of misschien was het wel gewoon een chassidische reflex. Hij keek me met een mengeling van verbazing en belangstelling aan.

'Die oude rabbi die we de afgelopen sabbat hebben ontmoet?'

Hij was blijkbaar zo terneergeslagen dat hij niet lang weerstand bood aan mijn pogingen om hem te overtuigen.

Men kan beter met z'n tweeën zijn dan alleen, want twee weten meer dan één. En als de een valt, kan de ander hem helpen opstaan. Maar het is vreselijk als je alleen bent en valt; dan is er niemand om je overeind te helpen. Iemand alleen kan overweldigd worden, maar met z'n tweeën gebeurt dat niet zo gauw. Een gevlochten touw breekt niet gemakkelijk.

Omdat ik de rabbi, mijn rabbi in Israël, als referentie opgaf, werd het gehoor waarom we gevraagd hadden meteen toegestaan. We gingen het kleine huis in Williamsburg binnen waar zitting werd gehouden. In het vertrek waar de rabbi zijn oordelen velde, zaten de leerlingen op de grond, met de hoed in de nek, een en al oor voor de woorden van de meester. De gabbai, de assistent van de rabbi, liep in en uit en overhandigde hem af en toe een kvtitl, een verzoekschrift. De rabbi kon raad verschaffen in uiteenlopende zaken als een zakelijke kwestie, een medische behandeling of een eventueel huwelijk, dat, als het advies negatief uitviel, alle kans had geannuleerd te worden. Hij had de aanwezige partijen nooit eerder gezien; ze konden uit de hele wereld komen, en er konden ook telefonisch verzoeken worden ingediend, uit Europa of Israël, als de betrokkenen niet in staat waren zelf te komen. En de rabbi, die niemand kende, maar die veel wist, had altijd overal een antwoord op.

De gabbai stelde ons als rekestranten aan hem voor. Ik zette kort de reden van ons bezoek uiteen, zonder in details te treden, zoals mijn vader me verzocht had, en ik vroeg de rabbi of we onze naspeuringen moesten voortzetten of opgeven. Hij trok zich even terug om na te denken, kwam toen terug, fluisterde iets in het oor van zijn assistent, schudde het hoofd en zei: 'Ga door met het onderzoek. Het is gevaarlijk, maar zet het door.'

Voor hij ons liet gaan, gaf hij ons zijn zegen door zijn handen op ons beider hoofd te leggen.

'God zal je bijstaan,' voegde hij mij toe.

Ik hief mijn hoofd op en mijn blik kruiste de zijne, doordringend van onder zijn zware wenkbrauwen, die uitliepen in zijn weelderige grijze baard. Meteen sloeg ik, als in een opwelling van schroom, de ogen weer neer. Toen boog hij zich voorover en fluisterde me iets in het oor wat me het bloed in de aderen deed stollen: 'Pas op voor je vader; hij loopt ernstig gevaar.'

Alvorens te vertrekken deponeerden we de pidjon, de betaling voor het advies, in het daarvoor bestemde bakje.

Achter ons klonk er een onstuimig gezang op: de chassidische uitspraken worden altijd besloten met dankliederen en dansen door de leerlingen, in plaats van gebeden, omdat die vrolijker zijn en beter voor het bereiken van de devékoet. Ik keek nog één keer om. Terwijl we verder liepen, hoorden we het telkens herhaalde 'ah, oi, hé, bam, ja' steeds luider. Er klonken in die vreugde een soort kracht en onoverwinnelijke saamhorigheid door; ik wist dat de leerlingen van de rabbi elkaar op dit moment bij de schouder of het middel vasthielden en een dans inzetten die ze in trancetoestand zou brengen. Ik kon me moeiteloos voorstellen wat er op dit moment op de chassidische zitting gebeurde: er vormden zich magische cirkels van dansers, waarbij de eerste schakel op de laatste aansloot, zonder begin of einde. Ze raakten steeds meer in vervoering op een steeds sterker opgevoerd ritme. Ze kregen het steeds warmer en zouden al gauw hun zware zwarte jassen uittrekken en zich in hemdsmouwen in steeds ingewikkelder bochten wringen. De lenigsten onder hen zouden dan midden in de grote cirkel een kringetje vormen, terwijl de anderen als hallucinanten, in hun handen klappend, toekeken hoe ze dansten. Het helse ritme liet daarbij, als de baarlijke duivel, geen enkel lichaam onberoerd, en iedereen zou zich al gauw door die zwarte magie laten meeslepen.

We gingen rechtstreeks naar het hotel, zonder nog op of om te kijken. Mijn vader leek wat tot rust gekomen door het advies van de rabbi. Terwijl hij nieuwe moed had opgevat om de missie waarmee we belast waren voort te zetten, was ik de wanhoop nabij, zonder dat ik hem dat kon zeggen: als de rabbi het hem had willen laten weten, had hij zijn vermaning wel hardop geuit. Bovendien had hij ons opgedragen om door te gaan. Voor het eerst was ik aan angst ten prooi, die mijn keel dichtschroefde en mijn maag verkrampte. Eens te meer moest ik de een verraden om de ander niet te verraden.

Mijn vader merkte ten slotte mijn bezorgdheid op en vroeg: 'Wat zei de rabbi tegen je, toen hij je in het oor fluisterde?'

'Een geheim,' zei ik, 'waarom zou hij het me anders ingefluisterd hebben?'

In gedachten verzonken merkten we niet dat een merkwaardige, geheel in het zwart geklede figuur ons discreet volgde.

We bleven nog een paar dagen in New York, bibliotheken en universiteiten aflopend om geleerden en archeologen te spreken. Overal kregen we te horen dat onze naspeuringen even zinloos voor het geloof als levensgevaarlijk waren.

Langzamerhand ebden mijn angstgevoelens weg, zoals ze ook bij mijn vader verdwenen waren. Achteraf heb ik de indruk dat er, als de twijfel eenmaal geweken en de lafheid overwonnen is, momenten zijn dat je te werk gaat zonder te weten waarom, als gedreven door een innerlijke, dwingende maar onbestemde noodzaak. Ook al hing er een dreiging rond de handschriften, ik voelde me nog steeds onoverwinnelijk. Ik was trots op mijn vader en mezelf. Ik was ervan overtuigd dat dit samenspel van generaties de sleutel tot prestaties en succes was. En hoewel ik fanatieker was dan mijn vader, geloofde ik, in tegenstelling tot hem, niet in de duivel. Ik geloofde ook niet in het kwaad, want je gelooft alleen wat je ziet, en ik had het nog nooit met eigen ogen gezien. Ik wist zeker dat de dood een van die mythen was die mensen verzonnen hebben om andere mensen bang te maken en in de feiten te laten berusten. De mens, dat dier dat behoefte aan een meester heeft, had in de dood een absolute meester gevonden. Dat was een uitkomst voor hem: hij zou nooit vertroosting in die ontdekking kunnen vinden.

Ik geloofde niet in de dood, want ik dacht dat de mens meester van zijn eigen lotsbestemming was.

De feiten, van een ongekende gemeenheid, zouden me al gauw in het ongelijk stellen en me in al hun gruwzaamheid de ogen openen.

Alles gaat eenzelfde weg, alles is van stof gemaakt en alles zal weer stof worden.

Ten slotte besloten we naar Londen te vertrekken om de Engelse onderzoeker Thomas Almond te ontmoeten, een van de vier leden van het team die handschriften onder zich had, en als agnosticus de meest toegankelijke van allemaal.

Op de ochtend van ons vertrek gaf de receptionist van ons hotel ons een pakje dat zojuist afgegeven was. Er zat een stukje donkerbruin perkament in. We begrepen niet direct wie het ons gestuurd had. Matti had nog niet de tijd gehad om ons het beloofde fragment te sturen. Bovendien zou hij ons een kopie doen toekomen, en zeker geen origineel, omdat hij dat niet bezat. Verder moesten we nog zorgen dat het pistool ons nagestuurd werd, voor we naar het vliegveld gingen. We besloten het dan ook pas later nader te bekijken.

Pas toen het vliegtuig opgestegen was, haalden we het stukje perkament weer uit het pakje. Mijn vader vouwde het voorzichtig open.

'Vreemd,' zei hij, 'ik snap niet wat voor dierenhuid dit is. Het is te donker om van een lam of schaap te zijn. Ik heb nog nooit zulk perkament gezien.'

Het dikke, gladde, nauwelijks gegroefde perkament was ook zacht, alsof het niet gedroogd was en er nog gevoel in zat. In tegenstelling tot de Qumran-rollen was het niet bros, alsof het zo in duizend stukjes kon verbrokkelen. Het leer waaruit het was gesneden was gelooid, maar heel zacht en soepel, en liet zich gemakkelijk oprollen. Het zag er bijzonder vers uit, alsof het dier net geslacht was, of niet zo lang geleden. We ontcijferden de woorden die er in het Aramees op stonden. De zwarte inkt waarin ze geschreven waren was hier en daar gevlekt en liep soms ongewild uit in de fijne, nauwelijks zichtbare groefjes van de huid, onderstreept door minuscule rode krasjes, als van bloed. De woorden die we onderscheidden waren ons welbekend:

Dit is mijn lichaam,
Dit is mijn bloed,
Het bloed van het verbond dat voor velen vergoten zal worden.

'Het gaat hier om de eucharistie, als Jezus zich in de evangeliën met het brood en de wijn van Pasen vereenzelvigt en zijn lijdensweg aankondigt,' zei mijn vader.

'Maar waar dient dit voor? Wie zou ons dat gestuurd hebben? En om wat voor reden?'

'Ik weet het niet. Als het deel zou uitmaken van de Qumranrollen, zou dat een doorslaggevend bewijs zijn van de band tussen de evangeliën en de boekrollen. Maar deze geef ik nog geen zes maanden...'

'Denk je dat iemand ons voor de gek wil houden?'

'Of ons bang wil maken... ons duidelijk wil maken dat we in de gaten gehouden worden.'

Geïntrigeerd bogen we ons opnieuw over het perkament. Het leek helemaal niet op de andere die we kenden. De woorden waren zo te zien door een goed boekrolschrijver geschreven, want de letters waren goed gevormd, maar in de gauwigheid, zonder de moeite te nemen om lijnen te trekken. De textuur van het vel, veel zachter dan die van de oude rollen, had iets angstig vertrouwds. Hoe langer ik ernaar keek, hoe sterker het vreemde gevoel me bekroop dat ik het al eens eerder had gezien. Maar waar? In een museum, op een reproductie, bij mijn vader in Israël? Zonder te kunnen zeggen waarom had ik de indruk dat ik het onlangs nog onder ogen had gehad. Opeens onderbrak mijn vader mijn gepeins met een kreet van afschuw. Druppels koud zweet parelden op zijn voorhoofd, zonder dat hij eerst een woord kon uitbrengen.

'Het is geen perkament... Ary... het is een huid,' zei hij ten slotte.

'Een huid, ja,' antwoordde ik, niet begrijpend.

'Nee, ik bedoel... een mensenhuid.'

Ik liet mijn blik opnieuw over het fragment gaan, dat mijn vader trillend vasthield. Een huivering van afgrijzen liep over mijn rug. *Ik herkende de karakteristieke bruine huid van Matti.*

III

Eenmaal in Londen telefoneerden we naar het hotel van Matti. We kregen te horen dat hij sinds twee dagen verdwenen was en dat de politie naar hem op zoek was.

We namen een hotel niet ver van het Centrum voor Archeologisch Onderzoek waar Thomas Almond geacht werd te werken. De schrik zat er nog in en we trilden op onze benen, als na een slapeloze nacht. Daar binnen de muren van onze kamer wisten we niet wat we moesten doen. Mijn vader belde ten slotte de politie om wat meer aan de weet te komen. Hij kreeg te horen dat Matti waarschijnlijk ontvoerd was, maar dat hij nog steeds spoorloos was. Voor ons bestond er geen enkele twijfel meer wat hem overkomen was. Maar waarom hadden ze hem dat aangedaan? Was hij geschaduwd? Wilde iemand verhinderen dat hij ons de beloofde kopie van het fragment bezorgde? Wist hij nog meer, wat hij ons niet verteld had? En waarom hadden ze ons die barbaarse waarschuwing gestuurd? Duizend vragen spookten ons voortdurend door het hoofd.

Vroeg in de middag gingen we naar het Centrum voor Archeologie, niet zozeer om onze missie voort te zetten als wel om er even uit te zijn en wat afleiding te hebben. Mijn vader was er goed bekend, want hij was er een paar keer voor onderzoeksdoeleinden geweest, maar hij kende het nauwelijks terug. De archeologie was geïnformatiseerd; dossiers, plattegronden en fossielen stonden tegenwoordig op microfilm, beter hanteerbaar en minder kwetsbaar. Een medewerker vertelde ons dat Almond al jaren nauwelijks meer naar het centrum kwam. Hij leefde teruggetrokken in zijn huis in de omgeving van Manchester, waar hij aan de vertaling van de handschriften en aan een boek werkte.

Tot overmaat van ramp was het huis van Almond volkomen afgelegen. Na de trein namen we een bus die ons midden in de wildernis afzette. We moesten nog kilometers door het bos lopen. Het was somber, regenachtig weer. Naargeestige geluiden, van uilen, van zwarte vogels die plotseling opvlogen, van onheilspellend krakend dood hout, vergezelden ons onafgebroken op ons pad. Eindelijk zagen we het huis in een bocht opdoemen.

Het was een bouwvallig huisje van grijze baksteen, deels door struikgewas overwoekerd. We klopten aan de deur. Een man van een jaar of vijftig, met een zwarte baard en zeer lang haar, donker gekleed, verscheen in de deuropening. Mijn vader stelde zich voor als hoogleraar archeologie aan de universiteit van Jeruzalem. Hij noemde de reden van ons bezoek en vertelde kort over ons onderhoud met Johnson. Toen pas liet Almond ons binnen.

Zijn interieur was een heiligdom van stoffige relieken, zo oud als Methusalem, her en der op de grond, opgehangen aan de muur of opgetast op de tafels. Hij liet mijn vader een paar zeldzame stukken zien, die hij met handschoenen aanpakte, zoals een bloemkweker tere bloemen betast. Hij was bezeten van archeologie, een ietwat geschifte geleerde, zo iemand die zich volkomen in zijn werk verliest en zonder dat werk ongetwijfeld verloren zou zijn. Hij wees op een oude tafel achter in een kamer, waarop de fragmenten lagen die hem ter vertaling waren gegeven. Mijn vader en ik wierpen er eenzelfde, nauwelijks te bedwingen begerige blik op.

Voor het eerst zag ik ze dus in het echt. Het waren zeer oude perkamenten, volgeschreven in een zwart en kriebelig Hebreeuws schrift, zonder marge, zonder alinea's en zonder interpunctie, als een stippellijn die toch zonder haperen zijn weg vervolgde. Soms schoot hij even de hoogte in, wegens een lange *lamed* of een hangende *jod*, om daarna weer de onzichtbare strakke lijn te volgen, alsof hij het rechte pad der deugd bewandelde. Dit perkament was fijn als papier en kruimelig en oplosbaar als tuinaarde, maar het was meer dan tweeduizend jaar bewaard gebleven. Het was broos en taai als de joodse moraal, kwetsbaar maar zich in zijn zwakte verschansend, als een spichtig gezicht. Het deed me denken aan het olieflesje dat de Makkabeeën in hun door de Griekse soldaten geplunderde tempel hadden aangestoken, en waarvan de vlam niet na een paar uur doofde, maar acht dagen bleef branden; dat was het wonder van Chanoeka, waardoor de tempelritus door kon gaan, ondanks de oorlog. Wat ik hier zag, leek wel het wonder van de boekrollen.

We bogen ons erover en ontcijferden zwijgend:

Maar ik behoor tot de goddeloze mensheid,
Tot de kring van het verdorven vlees.
Mijn ongerechtigheden, mijn fouten, mijn zonden, mijn afdwalend hart
Doen mij behoren tot de kring van het bederf,
Tot hen die in het duister wandelen.

Want het is niet aan de mens om zijn weg te bepalen,
En niemand kan zijn schreden vaststellen.
Aan God komt het oordeel toe,
Zijn hand zorgt voor volmaakte wandel
En door zijn kennis is alles geschied.
Al wat geschiedt bestiert hij volgens zijn plan,
En zonder hem geschiedt niets.

'Kijk deze eens,' zei hij, terwijl hij ons een ander handschrift aanwees dat er solider uitzag dan dat wat we lazen. 'Dat is de *Koperen rol*. Toen we hem vonden was hij zo verschrompeld, overal aan elkaar vastgeplakt, dat hij niet uit te rollen was. Maar ik heb een handig systeem ontwikkeld waardoor hij in stukjes gesneden kan worden. Kijk,' zei hij, terwijl hij ons een vreemd apparaat liet zien, bestaande uit een zaag met rails. 'Het perkament wordt in de lengterichting met een naald ingesneden en dan via een kleine trolley op rails tot pal onder de cirkelzaag gebracht. Het handschrift draait dus, terwijl de zaag op zijn plaats blijft. Met een blazer wordt het stof verwijderd en met een loep kan de diepte van de snede in de gaten gehouden worden. Om te voorkomen dat de rol op het moment dat hij met het zaagblad in aanraking komt in honderd stukjes uit elkaar valt, zit er verwarmd plakband om de buitenkant heen, waardoor het vel soepel blijft. De lijn die het blad maakt is vrij scherp en staat, zoals u ziet, loodrecht op de uiteinden van het perkament; zo is er een marge tussen de twee tekstkolommen. Er kan precies het gewenste aantal letters uitgesneden worden. Ziehier het resultaat,' zei hij, terwijl hij ons trots een heel klein fragmentje liet zien.

'Kent u de inhoud van de rollen die aan uw collega's van het Internationale Team zijn meegegeven?' vroeg mijn vader.

'Nee, die heb ik nooit gelezen. Ik ga nooit naar de qumranologische congressen – mijn collega's trouwens ook niet. Wel weet ik dat ze erop gewezen hebben dat die teksten geen enkele onthulling bevatten, niets dat onrust zou kunnen zaaien of tot een herbezinning op het christendom zou kunnen leiden. Nou, u moest eens weten! Ik ben op verrassende dingen gestuit. Een ging over wapens, schilden, zwaarden, pijlen en bogen, versierd met goud, zilver en edelstenen, die de opgestane mensen moesten dienen als ze bij de komst van de Messias de macht in handen zouden nemen. De tekst gaf een heel precieze beschrijving van het leger, verdeeld in een aantal bataljons, die elk onder hun eigen vaandel streden, dat een religieus devies voerde. Alles is aangegeven, voorzien, getimed, de opstelling van de troepen en de tactiek. Alles is vooraf geregeld voor de komst van de Messias. Bij zijn komst hoeft hij alleen die teksten maar te volgen om verzekerd te zijn van de zege in de laatste oorlog.'

'Welke oorlog?' vroeg ik.

Hij trok een geheimzinnig gezicht alvorens met galmende stem te verkondigen: '*De oorlog van de kinderen van het licht en de kinderen der duisternis!* Er is een hele rol aan die strijd gewijd, die ontbrandt na een oorlogsverklaring van de kinderen van het licht aan de kinderen der duisternis. Die laatsten zijn de legerscharen van Belial, de inwoners van Filistea, de benden van de Kittim uit Assur en de verraders die met hen heulen. De eersten zijn de zonen van Levi, Juda en Benjamin, de ballingen uit de woestijn. Dan volgt de confrontatie tussen Egypte en Syrië, om een eind te maken aan het Syrische bewind, waarna de kinderen van het licht Jeruzalem en de Tempel in handen hebben. Veertig jaar lang vechten ze tegen de afstammelingen van Sem, Ham en Jafet, dat wil zeggen alle volken van de wereld. De strijd tegen elk volk duurt zes jaar en eindigt in het zevende, overeenkomstig de wetten van Mozes. Na veertig jaar zijn alle kinderen der duisternis vernietigd.'

'Er zijn er die zeggen dat die handschriften gevaarlijk voor het geloof zijn en ongeluk brengen,' zei mijn vader.

'Wie zeggen dat? De kinderen der duisternis?' bromde hij met zijn holle stem.

'Ja... eh, nee,' zei mijn vader. 'Ik bedoel, sommige geleerden.'

'Die nemen genoegen met het dogma. Die zijn in de mysteriën van de Middeleeuwen blijven steken. Ik zoek de feiten, niet het dogma,' zei hij, terwijl hij zo'n klap op de tafel gaf dat we ervan overeind veerden. 'De theologen kunnen niet eens zeggen waar en wanneer Jezus is geboren en wie hij was, en ze kunnen niet verklaren hoe het beeld dat de synoptische evangeliën van hem geven te rijmen valt met het heel andere beeld in het evangelie van Johannes. Maar ze weten wel degelijk wat het christendom aan de heidense godsdiensten te danken heeft. Ze weten ook dat er opvallende overeenkomsten bestaan tussen de Essenen en de eerste christenen, en dat ze waarschijnlijk met elkaar in contact hebben gestaan. En dan zeggen ze nog dat het ze koud laat, dat het niks betekent. Maar ik zeg ze: is de waarheid niet een religieuze plicht? Zeggen de vier evangeliën niet: "De waarheid zal u vrijmaken"? Dan antwoorden ze dat het Nieuwe Testament een samenhangende beschrijving van het leven van Jezus en van de begintijd van de Kerk geeft. Dat is niet waar! We kennen van het leven van Jezus alleen maar fragmentarische en tegenstrijdige episoden, die geen samenhangend geheel vormen. En wat dat zogenaamde relaas van de begintijd van de Kerk betreft... Het is niet eens zeker of Jezus wel een christelijke Kerk heeft gesticht of heeft willen stichten.'

'Precies,' zei mijn vader, aangemoedigd door die woorden, 'we willen nu juist uitvinden wie Jezus echt was en wat zijn ware levensgeschiedenis is geweest.'

'Ik betwijfel of het leven van Jezus ooit gereconstrueerd zal kunnen worden. Er is te weinig materiaal. Maar ik zal u eens vertellen waarom die rollen verdwenen of overal verspreid zijn en waarom het met iedereen die ermee in aanraking komt slecht afloopt... u inbegrepen, als u doorzet,' zei hij, terwijl hij een lange, knokige wijsvinger naar ons uitstak.

'Ondanks alle tegenstrijdigheden in de evangeliën hebben de theologen altijd beweerd dat ze gaan over iets dat echt is gebeurd. En nu kunnen we voor het eerst sinds eeuwen dankzij de vondst van die perkamenten aan de weet komen of Jezus een Esseen of een Farizeeër was, of hij bestaan heeft of dat er verschillende Jezussen zijn geweest, of misschien wel helemaal geen. Lange tijd zijn de evangeliën de enige historische bron geweest omtrent het leven van Jezus en de oorsprong van de christelijke Kerk. In aanmerking genomen dat drie daarvan zo met elkaar overeenstemmen dat ze ongetwijfeld van elkaar overgeschreven zijn, gelooft u dan echt dat het een deugdelijke, geloofwaardige bron is? Nee! Het is een onzekere bron, en het zou kunnen dat die boekrollen alles op losse schroeven zetten.'

'Er is wel een kleine passage bij Flavius Josephus waarin Jezus genoemd wordt,' merkte ik voorzichtig op, om hem in het nauw te drijven. 'En Josephus was een serieuze, gewetensvolle geschiedschrijver.'

'De meest prominente geleerden hebben die passage aangevochten en aangetoond dat het een vervalsing is. Het is ongetwijfeld een invoeging van een goedwillende middeleeuwse kopiist. Dat is in zoveel geschriften gebeurd. We moeten de feiten wel onder ogen zien: alles wat we hebben, komt van de evangeliën, en de Dode-Zeerollen bieden ons eindelijk hoop om waarheid en legende van elkaar te kunnen onderscheiden. Maar bepaalde niet nader te noemen personen stellen alles in het werk om ons dat te beletten.'

Hij draafde nu opgewonden door en was niet meer te stuiten. Buiten viel de nacht in, nevelig, en het schaarse licht in de kamer wierp griezelige schaduwbeelden op de muren. De enorm uitvergrote gestalte van Almond was er te zien, bezwerende gebaren makend.

Hij sprak met zijn zware stem: 'U kent vast de geschiedenis van de drie wijzen die zich naar de kribbe van Jezus begaven. Maar kent u het Tiridates-verhaal, van de drie wijzen uit Parthië die met geschenken aankomen bij Nero, die ze aanbidden als "god-koning Mithras"? Of dat van de wijze die op zoek is naar Fravashi, wiens geboorte door een ster aan de hemel is aangekondigd? Zegt dat u niets?'

'Wie is dat, Fravashi?' vroeg ik.

'Een god uit de heidense beschaving; een beschaving waarvoor u veel belangstelling zult hebben,' voegde hij er veelbetekenend aan toe. 'En de aankondiging aan de herders. En het magnificat en het benedictus, zijn die echt door Maria en Elisabet uitgesproken en door getuigen doorverteld, zoals Lucas zegt, of gaat het om liturgische werken die voor de gelegenheid bewerkt zijn? De geleerden weten heel goed dat ze van later datum dan het bijbelverhaal zijn. Ik vraag iedereen,' zei hij, de armen spreidend en met luide stem sprekend, alsof hij een enorm gehoor als getuige inriep, 'welke passages in de evangeliën zijn niet door de auteurs ervan of door kopiisten herschreven of bewerkt? De oudste handschriften die we bezitten dateren pas uit de vierde eeuw, en de kerkvaders hebben alle tijd gehad om veranderingen in die geschriften aan te brengen en ze zo in overeenstemming te brengen met hun theologische dogma's. Weet u dat het onmogelijk is om te bewijzen dat Jezus in Betlehem geboren is? En zelfs als dat zo is, om welk Betlehem gaat het dan, het Betlehem in Judea of dat in Galilea? En als er werkelijk een "kindermoordenaar" is geweest die de pasgeboren Jezus wilde vermoorden, zoals in het evangelie staat, wie was dat dan? Er is verder geen enkele geschreven bron van te vinden.'

'Volgens zeggen was dat Herodes,' zei mijn vader.

'Maar kon een daad die zo barbaars was onbekend blijven voor een zo goed geïnformeerd man als Flavius Josephus, die uitgebreid stilstaat bij allerlei misdaden van die koning? Gaat het hier soms om een verzinsel van Mattheüs, waardoor de profetie van Rachel die om haar kinderen weent bewaarheid wordt? Laat hij om diezelfde reden Jozef en Maria ook niet met het pasgeboren kind naar Egypte gaan, waardoor de woorden van de profeet vervuld worden: "Uit Egypte heb ik mijn zoon geroepen"?'

Almond praatte maar door, niet meer te houden vanwege de aanwezigheid van het schamele gehoor dat mijn vader en ik vormden, maar in zijn gedachten ongetwijfeld vermeerderd met duizenden anderen, levend of dood.

'Wat denkt een gelovige?' zei hij. 'Een gelovige denkt dat Jezus het evangelie heeft gepredikt, dat hij als Messias gestorven is, dat hij opgestaan is, en dat hij via de apostelen de christelijke Kerk heeft gesticht, die zich in de hele wereld heeft verbreid. Of als hij niet in de opstanding gelooft, zal hij aannemen dat de apostelen, bezield door de geest van Jezus, de Kerk volgens de evangeliën hebben gesticht. Hij erkent – dat hoop ik tenminste,' zei hij met een sarcastisch glimlachje, 'dat Jezus een jood is en de joodse traditie heeft meegekregen. Ook erkent hij dat de apostelen de woorden van Jezus hebben geïnterpreteerd en daaruit zijn leer hebben afgeleid, en dat ze hem niet hebben beoordeeld zoals hij geweest is, maar zoals ze hem ten dele begrepen hebben: de Heiland, Onze Lieve Heer, de Zoon van God. In elk geval gelooft hij in de oorspronkelijkheid van de christelijke leer. Hij heeft er nauwelijks benul van wat er daarvoor was – behalve wat er door Mozes en de profeten met het oog op de komst van Christus gedaan is – en waar de bijbel niet van spreekt. Wat de gelovige niet weet maar de geleerden wel weten, is dat er ten tijde van Jezus allerlei heidense godheden waren, in wier naam een soortgelijke leer werd verkondigd. Mithras was de Verlosser van de mensheid. Tammoez, Adonis en Osiris ook. De opvatting van Jezus als Verlosser is niet joods; ook is het geen vertrouwd thema bij de eerste christenen in Palestina. De Messias die de joden verwachtten, en met hen de jodenchristenen, was niet de zoon van God, maar de boodschapper van God, die de wereld redt, niet door zijn lichaam en bloed te geven maar door de komst van het Messiaanse koninkrijk op aarde. De jodenchristenen stelden hun hoop niet op een verlossing waardoor ze in het paradijs zouden komen, maar op een waardoor er een nieuwe orde op aarde gevestigd zou worden, al geloofden ze wel in de onsterfelijkheid. Pas toen het christendom zich in de heidense wereld verbreidde, heeft de idee van Jezus als redder terrein gewonnen.

Zal ik u eens zeggen waarom die rollen beroering en schandaal zullen verwekken? Omdat ze inzicht geven in het jodendom van die tijd, en wel een *algeheel* inzicht. Als Jezus heeft bestaan, moet hij wel contacten of banden hebben gehad met een Esseense sekte, of daar zelf deel van hebben uitgemaakt; maar bij mijn weten wordt hij in geen van die rollen genoemd. Ze hebben het hooguit over een Leraar der Gerechtigheid, maar uit niets blijkt dat die Leraar der Gerechtigheid Jezus is geweest.'

'Het zou dus kunnen dat er een of meer "profetische" figuren zijn geweest, maar dat de belichaming of samenvoeging daarvan in één personage van na Jezus dateert?' vroeg ik.

'De Jezus-figuur is inderdaad op andere, bestaande personages geïnspireerd, zoals Mithras,' vervolgde hij, zichtbaar tevreden omdat we zijn gedachtegang hadden gevolgd. 'Vijfentwintig december, door de eerste christenen als geboortedatum van Jezus aangehouden, was bij de heidenen die van Mithras, op de winterzonnewende. Zo heeft de sabbat, de rustdag van God na de schepping, ook moeten wijken voor de dag van Mithras, de dag van de zon.'

Hij liep naar de muur en haalde er een schilderij van Christus aan het kruis af, een echte Caravaggio, zo te zien. Hij hield het met beide handen vast en ging verder met zijn betoog, alsof hij zich nu tot een klas richtte, op onderwijzende toon. 'Wat de figuur van de maagd met de stervende zoon betreft, die was wijdverbreid in het Middellandse-Zeegebied ten tijde van de christelijke expansie. Oorspronkelijk was dat een uitbeelding van de aarde, die in het voorjaar maagd en moeder was. De zoon was de vrucht van de aarde, slechts geboren om te sterven en weer in de aarde op te gaan, waarna er een nieuwe kringloop kon beginnen. Weet u nog: "Zaad moet eerst sterven..." Het drama van de "reddende God" en de "mater dolorosa" is de mythe van het gewas. De kringloop der seizoenen komt overeen met die van het paradijs. Zo heb je ook het sterrenbeeld Maagd, dat in het oosten rijst als Sirius, vanuit het oosten komend, de wedergeboorte van de zon aankondigt: in de heidense mythen kwam de doorgang van de ster van de Maagd over de horizon overeen met het verwekken van een kind bij de Maagd door de Zon. Doet u dat niet ergens aan denken? Zo werd de geboorte van Jezus lange tijd in een grot gesitueerd, net als daarvóór die van Horus, de zoon van Isis en Osiris, die zijn leven gaf om zijn volk te redden. Isis was overigens de "mater dolorosa". Van dat soort antieke mythen heb je er evenveel als sief bij de lagere geestelijkheid. In die culten en nergens anders ligt de oorsprong van de christelijke sacramenten.'

Bij die woorden legde hij het schilderij neer om wat geheimzinnige oude folianten te pakken, die her en der rondslingerden.

'Ook de eucharistie is aan de Mithras-dienst ontleend,' vervolgde hij, terwijl hij driftig in de lijvige boekwerken bladerde, als om daarin de afdoende bewijzen te vinden. 'Daar komt het heilig maal van de christenen vandaan. Het bloed van het lam maakt ook deel uit van de Mithras-traditie,' zei hij, terwijl hij een bijbel openscheurde, en daarna nog een. 'Het christendom heeft zoveel van het heidendom overgenomen dat er maar weinig overblijft wat echt "christelijk" is. Van Jezus wordt zelden gezegd dat hij "de Leraar" is, maar vaak wordt Christus "de Heiland" genoemd, de koning van de christenen. En of hij dat nu is of Mithras, maakt weinig uit voor de leer van de Verlossing: de sacramenten van de Kerk betekenden uiteindelijk dat "Christus" de "reddende God" was, een besluit dat in 325 na Christus bij meerderheid van stemmen op het Concilie van Nicea genomen is. Kortom, wat geleerden weten en gelovigen niet, is dat het christendom zich *met of zonder Jezus* verbreid zou hebben.'

Hij zweeg even om het effect van zijn woorden te peilen, en vervolgde: 'Het enige element van belang dat nergens in het heidendom te vinden is, is Jezus als meester, als leraar, als rabbi. Maar tussen de derde eeuw en de renaissance, toen de uitvinding van de boekdrukkunst voor een brede verbreiding van de bijbel zorgde, was die rabbifiguur volledig uit het zicht verdwenen, vergeten, en had die plaats gemaakt voor die van de Christus van de sacramenten, de reddende God, die de christelijke Kerk meer dan duizend jaar lang ijverig had gepropageerd. Jezus van Galilea kende men toen nauwelijks.

De enige die geprobeerd heeft de jood Christus in ere te herstellen was Paulus van Tarsus, een Farizeeër maar ook een hellenist, een verlichte jood die een grondige kennis van het heidendom had. Hij heeft het idee gehad om een synthese tot stand te brengen tussen Israël en Athene, om de kwijnende tempel van Jeruzalem te combineren met het offer van Mithras, en de Esseense jood met de onbekende Areopagen-god. Het was een *christianos* en geen christen, een gnosticus die vond dat Apollo, Mithras en Osiris zich moesten onderwerpen aan zijn Hebreeuwse Adonai. Maar dat kon alleen door middel van een gelijkstelling van de "Heilanden" en "Verlossers" – en zo is de Messias van Israël de Christus van de wereld geworden.'

Opeens weerklonk er, als om die laatste zin kracht bij te zetten, een enorme, oorverdovende gongslag, en daarna nog een en nog een. De klok sloeg galmend zeven uur. Maar Almond ging onverstoorbaar verder en schreeuwde bijna om het lawaai te overstemmen.

'Het had allemaal ook anders kunnen gaan en nog steeds christendom genoemd kunnen worden,' zei hij, elke lettergreep benadrukkend om niet misverstaan te worden, alsof hij ons vanaf een vuurtoren toesprak. 'Geleerden raken door de gegevens uit die handschriften dan ook niet van hun stuk, want die weten dat het christendom historisch gesproken niet als godsdienst door Jezus is gesticht en door zijn discipelen is verbreid. Gelovigen willen dat niet weten en hebben bange voorgevoelens als er zulke handschriften worden gevonden.'

'Wat hebt u in uw teksten gevonden?' onderbrak mijn vader hem, toen de kalmte was weergekeerd.

'Ze wantrouwen me, en ze hebben me niet de interessantste handschriften gegeven. Ik ben niet eens meer echt lid van het Internationale Team. Maar ik denk wel zo ongeveer te weten wat er in de andere staat, ik vermoed het althans. Meer kan ik u er op dit moment niet over zeggen, want daar gaat het boek over dat ik aan het schrijven ben.'

Hij sloeg opeens een andere toon aan en zei, met een vreemde blik in de ogen: 'Wist u dat sommige paddestoelen voor flinke hallucinaties kunnen zorgen? Moet u eens zien.' Hij maakte een gejaagde indruk.

Hij liep met ons naar een hoek van de kamer die tot dan toe in duisternis was gehuld. Hij stak een lampje aan waarvan de lichtkring een soort altaar liet zien, met daarnaast kleine rode paddestoelen met witte stippen, van het soort dat je niet zou plukken als je ze in het bos tegenkomt. Ze zaten onder de droge aarde en zagen er week, kleverig en weinig appetijtelijk uit.

'Ik neem er dagelijks een paar en inhaleer de rook ervan. Zo heb ik ontdekt waar u nog naar zoekt.'

Hij nam een handjevol paddestoelen, legde die op de kolen die al op het altaar lagen en stak de brand erin met de vlam van een olielamp. Al gauw begon er een zwarte rook omhoog te kringelen, die zo'n sterke geur verspreidde dat we het er benauwd van kregen. We snakten naar adem. Almond bleef onverstoorbaar midden in die walgelijk riekende walm staan en fulmineerde als een hogepriester van duistere missen: 'Het christendom is het product van een hallucinogene paddestoel. Dat is het onderwerp van mijn volgende boek. Ik zal daarin aantonen dat Jezus nooit bestaan heeft, evenmin als de christelijke godsdienst, want we zijn allemaal ten prooi aan een hallucinatie, opgewekt door een paddestoel waarvan ik tot hier aan toe, in de bossen van Manchester, exemplaren heb gevonden. Ik bestudeer de eigenschappen ervan bij mezelf. Als ik die rook inadem, krijg ik christelijke visioenen, van gekruisigde mensen en Maagden met Kind. Is dat niet verbazingwekkend?' zei hij met een sardonisch lachje. 'Wilt u niet dichterbij komen om het te proberen?

De mens droomt ervan God te worden en almachtig te zijn. Maar God waakt angstvallig over zijn macht en zijn kennis. Hij duldt geen enkele rivaal in zijn omgeving. Wel gedoogt hij in zijn goedheid wat stervelingen aan zijn zijde, heel even maar, om ze een glimp te laten zien van de schoonheid van de alwetendheid en de almacht. Voor die bevoorrechten is dat een unieke ervaring: de kleuren zijn levendiger, de klanken hoorbaarder, elke gewaarwording wordt versterkt, elke natuurkracht vertienvoudigd. Er zijn mensen gestorven om een glimp van de eeuwigheid te zien, om tot de mystieke aanschouwing te komen, en hun offer heeft de grote godsdiensten het licht doen zien, het jodendom zowel als het christendom.

En hoe je tot die mystieke aanschouwing komt? Dat is een esoterische wetenschap, verworven door eeuwen van waarneming en door middel van gevaarlijke experimenten. Degenen die het geheim van de planten bezaten waren er de priesters van. Ze zetten hun kennis meestal niet op schrift, maar gaven die alleen aan ingewijden door. Als de omstandigheden, zoals een vervolging, ze daartoe dwongen, noteerden ze de naam van de gewassen, hoe ze moeten worden gebruikt en de daarbij gebezigde spreuken, maar dan in zo'n geheimschrift dat alleen de verstrooide gemeenschappen het konden begrijpen.

Zo ging het ook toen de tempel na de joodse opstand in 70 na Christus verwoest werd en Jeruzalem geplunderd werd. De christenen verzonnen toen een list om de goddelijke wereld te kennen. Die werkte zo goed dat vergeten werd wat het geheim was van hun extatische ervaring, de bron van het roesmiddel, de sleutel tot de eeuwigheid: de heilige paddestoel. De *Amanita muscaria*,' zei hij, terwijl hij een paddestoel bij de steel pakte om hem ons te laten zien. 'Kijk die rode hoed eens met die witte stippen; hij heeft een krachtige hallucinatorische uitwerking. Kijk die fallische vorm eens, waardoor de Ouden zeiden dat het een evenbeeld van de god van de vruchtbaarheid was. Ja, dit is de zoon van God; de drug ervan is een zuivere vorm van het goddelijk zaad. In feite is het God zelf, die zich op aarde heeft gemanifesteerd.'

'Maar wat is het verband,' onderbrak ik hem, 'tussen die paddestoel en de boekrollen?'

'Wat! Ziet u dat niet?' zei hij, zijn wenkbrauwen fronsend. 'Dat is toch overduidelijk!? Als je het spijkerschrift van de Soemeriërs bekijkt, zie je dat de aanslibbingsgronden voor een overvloed aan bijzonder fijne klei zorgden, die in een ruitvorm werd gekneed. Maar de oudste vorm van die kleitabletten was rond en als een spaakwiel geribd, kortom, precies als de onderkant van de hoed van een paddestoel met zijn lamellen!'

Het is een halvegare, dacht ik, maar wel een halve, want wat hij allemaal zei was niet helemaal onzin. Mijn vader, die wel moest denken dat de man door de duivel bezocht werd terwijl hij zijn demonische snuifmiddel nuttigde, troonde me gauw mee naar buiten.

'Waar ben je geweest,' vroeg de Heer aan Satan. Hij antwoordde: 'Ik heb rondgezworven over de aarde.'

We aten in een nogal bedrukte stemming in het hotel. Mijn vader had er weer spijt van dat hij zich door zijn vriend Sjimon Delam had laten overhalen en deze opdracht op zich had genomen. Als hij urenlang in de grond spitte om een oude steen te vinden, als hij maandenlang oude kaarten bestudeerde om verdwenen steden terug te vinden, was hij in gevecht met de tijd en de ruimte. Maar hier leek hij het te moeten opnemen tegen iets volkomen abstracts, waarvan de contouren vervaagden naarmate hij voortging.

Ik had vreemd genoeg de indruk dat ik in deze hele geschiedenis steeds meer de hoofdrol ging spelen, en dat ik in hem soms geen leidsman, bondgenoot of meester had, maar een vijand tegen wil en dank, die me ontmoedigde en die leek terug te schrikken voor de dagende waarheid, misschien wel evenzeer als degenen die deze verhulden. Hij was bang, dat had ik al wel begrepen. En die angst, mét de mijne en de woorden van de rabbi, kon ik niet van me afzetten. Maar hoe weinig gerust ik zelf ook was, ik moest hem gerust zien te stellen.

'Dit is al het tweede land dat we aandoen en we zijn nog niet veel opgeschoten. Of we lopen tegen muren op, of tegen gestoorden,' zei hij.

'We zijn nog maar net begonnen! Als je opgravingswerk doet, kan dat drie jaar duren, of tien jaar of nog langer. En waar wij mee bezig zijn is eigenlijk ook een soort archeologisch onderzoek.'

'Nee, want de vondst is al jaren geleden gedaan, en wij zijn er alleen maar om de brokken te lijmen. Dit is spionnenwerk, geen archeologenwerk. Nee, ik vind dat het niets voor ons is; ik had er niet op in moeten gaan.'

'Als we resultaten willen zien, moeten we weer bij Almond langs. We moeten er vanavond heen.'

'Vanavond? Ik denk er niet aan! Heb je gezien in wat voor toestand we hem hebben achtergelaten? God weet wat hij op dit moment uitvoert...'

In de loop van de avond glipte ik zonder medeweten van mijn vader ons hotel uit om weer bij Almond langs te gaan. Volgens mij wist hij interessante dingen, die hij alleen in trance kenbaar kon maken, en het was wel zeker dat mijn vader me nooit had willen laten gaan. De mystieke ervaring van de devékoet had me geleerd dat er waarheden zijn die alleen in zo'n staat van vervoering aan den dag treden, en ik had de indruk dat Almond die onder invloed van drugs bereikte. Dat alles kon ik mijn vader niet uitleggen, want de devékoet is een chassidisch geheim dat weinig mensen kennen, en misschien was Almond daar wel een van.

Het was al middernacht toen ik bij hem aanbelde. Hij deed onmiddellijk open. Ik zei dat ik gekomen was om met zijn magische rook kennis te maken, en hij liet me binnen. Er brandden paddestoelen, die een loodzware walm verspreidden en walgelijk stonken. De kamer zag blauw van de rook en ik voelde me opeens wegzakken, alsof ik mijn ledematen niet meer meester was. Maar dit was geen devékoet. Dit was niet hetzelfde, want ik was me niet bewust van wat ik deed.

Ik kreeg vreselijke visioenen. In een sinister oord, omgeven door modderpoelen, door slijkige moerassen, door rivieren van bloed en vuur, door dorre valleien, door koele meren waarvan het bevroren water zware groenige ijsschollen vormde, door desolate vlakten en woeste grotten, helse spelonken waar duistere complotten werden beraamd, werd ik door de duivel in eigen persoon bezocht.

Hij veranderde voortdurend van gedaante. Nu eens had hij de trekken van Almond, dan weer die van Johnson of van andere gezichten die ik herkende, die van Beëlzebub en zijn demonen. Serafijnen en cherubijnen beijverden zich naar hartenlust voor ruzies en godslastering. Baäl-Berit zaaide de kiemen van moord in de geest van goede mensen. Astarot, vorst der Threnen, verwekker van luiheid en lusteloosheid, verbreiddde overal haat en nijd. Azazel, vorst der demonen, leerde de mensheid om oorlogstuig te vervaardigen. Als de witte bok, rein en onschuldig en toch gevlekt, bezoedeld door de wandaden en vergrijpen van het joodse volk, uit de stad verstoten naar onbekende, troosteloze contreien, om te boeten voor dingen die hij niet begaan had, godslasteringen en woordbreuken, diefstallen, moorden en bloedbaden, zo was ik op zoek naar mijn duistere meester.

Ik hoorde een afschuwelijk gesnerp dat de nachtelijke stilte verbrak en me over al mijn leden deed huiveren: de schrille roep van de zeven fluiters, die onbekende vogels die in de nachtelijke hemel rondwaren en volgens oude legenden de zielen zijn van joden die sinds de kruisiging van Christus geen rust meer gevonden hebben. Daarna week het aangezicht van Azazel voor dat van Satan.

Hij was vreselijk om te zien. Uit zijn mond droop het bloed dat hij zojuist opgezogen had, dat van de armen, de slaven en de onschuldigen. Zijn ogen waren vuurbollen die etterige vonken schoten; uit zijn met enkele kronen bedekte hoofd staken twee hoorns, spits en scherp als messen; zijn slappe, wanstaltige, uitgemergelde lijf was gehuld in een met bloed doordrenkt gewaad. Zijn handen en voeten liepen in vieze, puntige klauwen uit; een lange staart hing tussen zijn benen.

Hij liep naar het kleine altaar waarop de paddestoelen brandden en bedekte het met een zwarte doek. Donkere kaarsen eromheen gaven een giftige geur van teer en hars af. Op de tafel naast het altaar stond het schilderij van Caravaggio, van Christus aan het kruis. Toen ik me vooroverboog om het te bekijken, zag ik dat het een metamorfose had ondergaan: aan het omvergegooide crucifix hing een volkomen naakte Christus; zijn hals was afschuwelijk verwrongen om zich overeind te werken, zijn gebogen hoofd vertoonde een gemene en obscene glimlach, met een tong vol kwijl die uit zijn vlezige lippen hing.

Daarna hief de Boze lofzangen en gebeden aan, die hij van achter naar voren zong en zei. Hij bracht een kelk met water naar zijn mond; toen hij die over mijn hoofd uitgoot, veranderde het water in wijn. Plechtig sprak hij zijn voze woorden en kondigde hij aan dat de dag des oordeels aanstaande was.

'Meester van alle moorden, discipel der misdaden, meester der zonden en ondeugden, God van de rechte rede, ziehier je handschrift,' zei hij tegen me met een sardonische glimlach, terwijl hij me een zwarte perkamentrol aanreikte. 'Verkoop hem en je strijkt een miljoen dollar op.'

Bij die woorden kronkelde ik op de vloer, trappelde met mijn voeten en kroop op een afzichtelijke manier op mijn buik. Mijn tong klapte tegen mijn gehemelte en maakte zo'n lawaai dat de muren ervan weergalmden. Met verwijde pupillen liet ik mijn hoofd op mijn schouder zakken. Ik hoorde Satan met luide stem blasfemeren en zingen: 'Dit is mijn lichaam', terwijl hij een zwarte geit op zijn hoorns spietste. *Acquerra Beyty, Acquerra Goity.*

'Van mij,' zei ik, 'al dat geld. Ik ga die rollen verkopen...'

'Maar is dat dan,' antwoordde een vertrouwde stem me, 'is dat dan waarvoor we hier gekomen zijn? Wat heb je met je galoet gedaan? Heb je dat alles doorgemaakt om het gouden kalf te aanbidden en je opdracht, je taak, je uitdaging te vergeten?'

'Nee,' antwoordde ik, opeens gekweld door een kwaad geweten. 'Nee! De schriften zijn meer waard dan al het geld van de wereld.'

Toen verhief hij me met een machtige ademstoot op de nok van het huisje. En van beneden stak hij me de rol toe en zei: 'Hier is de rol, kom hem maar halen en hij is van jou.'

Vanaf het dak zag ik het handschrift. Ik hoefde maar een pas te doen, een kleine pas, en het was van mij. De leegte onder me maakte me niet bang. Integendeel, er ging een onweerstaanbare verleiding van uit, als een lokroep. De adem van de duivel kwam me bij vlagen tegemoet en fluisterde me toe: 'Kom! Zet die stap! Het is zo eenvoudig... Hier is alles wat je begeert, en je hoeft maar één stap te doen.' Ik werd als door een magneet naar de grond toe getrokken, als een voorwerp in een vrije val. Hoe langer ik in het niets keek, hoe meer ik gebiologeerd raakte. Toen sloot ik mijn ogen en zette een been vooruit...

Maar opeens kreeg ik een visioen van mijn vader die rustig sliep, mijn vader die op me wachtte, en wiens trouw en vertrouwen ik niet mocht beschamen.

'Nee,' zei ik, plotseling terugdeinzend, 'het leven is meer waard dan de schriften.'

Toen zette Satan me weer op de grond. En hij stak me de rol toe en brulde: 'Neem die handschriften en lees ze, en je zult over de wereld kunnen heersen, mits je belooft mij te aanbidden.'

'Nee,' riep ik meteen, want ik begreep dat je, om niet in verleiding te komen, niet over zijn voorstellen moest nadenken, maar ze zonder meer moest afwijzen. Aanbid de Heer, uw God, en vereer hem alleen, reciteerde ik.

'Jawel,' antwoordde hij. 'Je zult ze lezen!'

Hij liep op me af. Zijn ogen waren als oplaaiende strovuren, zijn mond schuimde met een paarsig kwijl, zijn verwonde handen dropen van het bloed en staken me de rollen toe, trillend van woede. Toen nam ik de benen en liep me buiten adem, zo ver als ik kon. Een uur lang rende ik voor mijn leven door het verlaten land, panisch bij de gedachte dat Satan me achtervolgde om me te onderwerpen. Ten slotte was ik uitgeput en verloor het bewustzijn.

De volgende dag werd ik 's ochtends vroeg wakker langs de kant van de weg, op een paar kilometer van het huis van Almond. Een vrachtauto bracht me naar het hotel, waar ik tot het middaguur sliep. Toen ik wakker werd, spookten de herinneringen van de afgelopen nacht me door het hoofd als in een boze droom, die ik besloot te vergeten, ondanks een stevige kater.

Die middag vertrokken we van Londen naar Parijs. Vanuit de taxi die ons naar het vliegveld bracht zagen we eindelijk iets van de stad, die we niet eens hadden kunnen bezichtigen. Het was een kleinood, bezet met gebouwen uit voorbije eeuwen waarvan ik nooit resten had gezien en die me verbazend fraai en flamboyant voorkwamen. Vergeleken met onze kostbare relieken was het een moderne stad, maar in verhouding tot New York, waarvan de postmoderniteit me een beetje van mijn stuk had gebracht, had het er heel wat eeuwen op zitten. Voor het eerst van mijn leven zag ik monumenten. In Israël had je muren, sarcofagen, verlaten opgravingsterreinen of ruïnes, maar geen echte monumenten. Israël was laag op laag geschiedenis, van met de grond gelijkgemaakte en weer opgebouwde steden, die aan de erosie van de jaren, de oorlogen en de verhuizingen onderhevig waren geweest. Maar in Londen stonden de bouwsels en oude huizen fier overeind, om de ijdele, vergankelijke strevingen van de mensen te trotseren, de tijd zijn absolute suprematie te ontnemen en daar zelf de duidelijkste en waarachtigste belichaming van te worden.

In de wijk waarin Carnaby Street lag liepen punks verveeld over straat. Sommigen droegen hun haar als Irokezen, in een boog opgestoken of met roze, blauwe of paarse lokken. Ze hadden kettingen aan hun spijkerbroeken en hun zwartleren jacks vol gaten, die openhingen over hun T-shirts met agressieve leuzen. Uit hun matte ogen sprak een holle schittering, zonder hoop. De gedachte kwam in me op dat deze wijk, die met zijn afwijkende, marginale bevolking die in een soort gemeenschap leefde wel iets van Mea Sjearim had, eveneens op het einde van de wereld wachtte. Op hun eigen manier waren zij ook soldaten van de nieuwe dageraad, zieners van het verval, geofferde apostelen van de tijd die komen ging.

Nog steeds geplaagd door vreselijke visioenen probeerde ik in het vliegtuig naar Parijs een bladzijde uit de talmoed te bestuderen, om zo tot rust te komen. De studie was voor mij als een bedwelmende wijn die me de schriften deed ontstijgen. Zoals alle chassidim keek ik er daarom een beetje mee uit: de talmoed is een soort geschrift dat nooit afgeschreven is, maar steeds weer opnieuw begonnen, weersproken, hernomen en opnieuw weerlegd, zonder resultaat of dogma. Hij is als een thriller waarin elke bladzijde je dwingend naar de volgende doorverwijst, en zo verder; als een filosofisch werk waarin elk blad, elke regel, elk woord van belang is en alle aandacht vergt om begrepen te worden. Maar in tegenstelling tot een thriller heeft hij een open einde; al zou je alle teksten en alle delen uit hebben, dan zou dat nog niet meer dan één lezing zijn en blijven er duizend andere interpretaties van dezelfde passages te ontdekken.

Net als een roman leidt de studie je dan ook af van de bespiegeling van het goddelijke. Na elk uur lezen wijdt een chassid zijn gedachten aan God. Maar gezien de omstandigheden had ik juist behoefte aan wat afleiding.

Mijn vader boog zich over mijn schouder en vroeg wat voor tekst ik las. Toen ik opkeek om hem te antwoorden, zag ik een vette kop in de krant die zijn buurman aan het lezen was:

KRUISIGING IN LONDEN

Geschrokken vroeg mijn vader een krant aan de stewardess. Samen lazen we het artikel:

> *De afgelopen nacht is in Londen professor Thomas Almond, een paleograaf die werkte aan een boek over de vondsten van de Dode-Zeerollen, om het leven gebracht. De moordenaar, van wie de identiteit nog niet is vastgesteld, moet een maniak zijn: hij doodde prof. Almond door hem aan een houten kruis te hangen. De rechercheurs van Scotland Yard, die geen verklaring hebben voor deze gruwelijke daad, stellen een diepgaand onderzoek in.*

We lazen het nog eens over, als om ons ervan te overtuigen dat het niet waar was. Het was alsof we in één klap tweeduizend jaar teruggingen. Studie en onderzoek werden door de werkelijkheid achterhaald. Mijn vader was des te onthutster bij de gedachte dat het zo kort na ons bezoek gebeurd was, alsof de moordenaar ons volgde om overal waar wij kwamen dood en verderf te zaaien.

Ik was doodsbang. Volgens het artikel was de moord de afgelopen nacht gepleegd, en ik wist dat ik waarschijnlijk pas bij het krieken van de dag bij Almond was weggegaan. Maar ik kon me niets herinneren, behalve dat ik hem voor middernacht nog levend had gezien. Was ik zonder het te weten bij zijn terechtstelling geweest? Wat was er gebeurd, dat ik niet meer geweten had wat ik deed?

Schreeuw alsof je een trompet aan de mond hebt. De vijand komt als een arend tegen het huis van de Eeuwige, want ze hebben mijn verbond geschonden en tegen mijn geloof gezondigd.

De emotie van mijn vader ebde weg. Hij was nu roerlozer dan steen, alsof hij wist dat de fataliteit waarmee die rollen omgeven waren koste wat het kost haar onverbiddelijke heerschappij zou uitoefenen.

Verder zag ik dat overal op aarde mensen onderdrukt werden. Zij huilden, maar niemand troostte hen. Zij gingen gebukt onder het geweld van de onderdrukkers, maar niemand kwam hen te hulp. Daarom vond ik dat wie dood is, er beter aan toe is dan wie nog leeft.

Vierde rol

DE ROL VAN DE VROUW

[...] brengt ijdelheid voort
En in een [...]
Zij is voortdurend uit op dwaling
En scherpt de woorden aan.
Spottend vleit zij,
Maakt allen belachelijk met kwade lippen.
Haar hart is bedacht op tuchteloosheid,
Haar binnenste op valstrikken.
Haar ogen zijn bezoedeld door onrecht,
Haar handen raken de Groeve,
Haar voeten dwalen af om kwaad te doen
En om te wandelen in schuld.
Haar [...] zijn fundamenten van duisternis,
Talrijke overtredingen zijn in haar slippen.
Haar [...] zijn een diepe nacht
En haar kleren [...]
Haar gewaden zijn volkomen duisternis
En haar versierselen helleplagen.
Haar bedden zijn legersteden van het verderf,
[haar...] diepten van de Groeve
En haar overnachtingsoorden slaapplaatsen der duisternis.
In nachtelijke tijden oefent zij haar heerschappij uit,
Op de fundamenten van de duisternis slaat zij haar woning op.
Zij verblijft in de tenten van de stilte,
Temidden van een eeuwige gloed,

En zij heeft geen erfdeel bij allen die lichtglans verspreiden.
Zij is het begin van alle wegen van het onrecht,
Een verderf voor allen die haar beërfd hebben,
En een ramp voor allen die zich aan haar vastgrijpen.
Want haar wegen zijn wegen van de dood
En haar paden paden der zonde.
Haar sporen voeren tot onrecht
En haar paden tot de schuld van de overtreding.
Haar poorten zijn poorten van de dood,
In de toegang tot haar huis beweegt zich het dodenrijk.
Allen [die zich naar haar begeven] zullen niet terugkeren en allen die haar beërven, zullen in de Groeve neerdalen.
Zij ligt in een hinderlaag op verborgen plaatsen
[en...] alle [...]
Op de pleinen van de stad verhult zij zich
En in de poorten van de steden neemt zij plaats,
Zonder dat iemand haar kan weerhouden van haar voortdurende [hoererij].
Haar ogen blikken gewiekst heen en weer,
Haar oogleden slaat zij tuchteloos op
Ten einde een rechtvaardig man te zien om hem te misleiden,
En een voornaam iemand om hem te laten struikelen,
Om de oprechten af te brengen van de rechte weg
En de rechtvaardige uitverkorenen van het onderhouden van het gebod;
Om de standvastigen door tuchteloosheid dwaas te maken,
En hen die oprecht wandelen, de inzetting te doen veranderen,
Om de ootmoedigen te laten afvallen van God
En hun schreden af te brengen van de wegen der gerechtigheid;
Om overmoed in hun hart te veroorzaken
Bij degenen die niet toegerust blijven op de rechte paden;
Om mensen te misleiden op de wegen van de Groeve
En mensenkinderen door vleierijen te verleiden.

'De verlokkingen van de vrouw'

I

Toen God na de schepping de mens in de hof van Eden had geplaatst, zag hij dat het niet goed was dat deze alleen was. Hij nam daarom een van zijn ribben en maakte daar een vrouw van. De mens zag dat ze vlees van zijn vlees en been van zijn been was en hechtte zich aan haar, en ze hielden van elkaar en werden opnieuw één vlees. Toen kwam de slang, en hij verlokte de vrouw, en zij liet de man een misstap begaan.

Kwam het kwaad dan door de liefde in de wereld? Nee, de oerzonde bestond niet in de vereniging van man en vrouw, maar wist daardoor binnen de sluipen, als een ziekte die om zich heen grijpt, van de slang op de vrouw en van de vrouw op de man overgaand. Na de liefde.

Jezus zei: 'Hebt elkander lief.' Ook zei hij dat er geen groter liefde bestaat dan van iemand die zijn leven geeft voor degenen die hij liefheeft. Waarom dan altijd al die haat?

Ik bedacht dat het antwoord op die vragen misschien te vinden was in een boek waar ik veel over gehoord had – vooral van mijn vader – zonder het ooit gelezen te hebben, terwijl iedereen het kende, las en zonder het te weten aanhaalde.

Ik doel op de evangeliën. Op de jesjiwa was ons het lezen ervan verboden, net als alle andere geschriften die niet uit de orthodoxe joodse cultuur stamden, waaronder de meeste essays en alle romans.

Ik had nu het vage gevoel dat er oud zeer achter die strafoefeningen school en dat er zich iets nieuws openbaarde. Daarom had ik bij aankomst in Frankrijk nog maar één idee: begrijpen wat er gaande was. Ik wilde het weten. De rabbi zei dat je zonder gêne vragen moest stellen en niet bang voor de antwoorden moest zijn, maar dit zou hij niet goedgevonden hebben. Het was ons streng verboden de evangeliën te lezen of zelfs maar de naam van Christus uit te spreken.

In Frankrijk aangekomen kocht ik een Hebreeuwse vertaling van de gewraakte geschriften. Toen ik die opensloeg, hoorde ik mijn hart bonzen. Mijn handen trilden toen ik de bladzijden omsloeg. Ik wist dat ik het niet had moeten doen, maar het moest. Zal ik ervoor uitkomen? Het lezen ervan had de wrange maar heerlijke smaak van het verbodene. Eindelijk zou ik er meer van weten.

Mijn bevindingen verbaasden me meer dan ik kan zeggen, niet omdat ze zo vreemd, maar omdat ze zo vertrouwd waren. Ik zal proberen weer te geven wat ik las, puttend uit mijn geheugen, want het is een vergrijp dat ik sindsdien nooit meer heb begaan.

Hij werd geboren in Betlehem, in Judea, ten tijde van koning Herodes: *Maar jij, Betlehem, gelegen in het land van Juda, jij bent lang niet de onbelangrijkste stad van Juda, want uit jou komt de man die als een herder mijn volk Israël zal leiden.* Hij was een zoon van Jozef en Maria, bij haar verwekt door toedoen van de Heilige Geest, zoals de profeet had voorzegd: *De maagd zal zwanger worden en een zoon ter wereld brengen, en ze zullen hem Immanuël noemen, wat betekent: God-met-ons.* Bij zijn geboorte kwamen er wijzen uit het oosten, door wondertekens ervan verwittigd. In Jeruzalem aangekomen vroegen ze waar de koning der joden was, die zojuist geboren was en die ze eer kwamen bewijzen. *Bij zijn geboorte verscheen er een ster in het oosten, die langs de hemel ging, en de wijzen kwamen bij de koning en zeiden hem dat het de aankondiging was van een kind met een stralende toekomst. Door angst bevangen liet de koning zijn raadslieden komen, die van mening waren dat het kind gedood moest worden.* Ze ontmoetten koning Herodes, die de schriftgeleerden bijeenriep; dezen zeiden dat de koning der joden in Betlehem geboren zou worden, zoals in de schriften stond. Ze gingen dus op weg naar Betlehem. Een ster aan de hemel ging ze voor, en zo vonden ze het huis waar de jonge kraamvrouw, Maria, de moeder van Jezus, zich bevond, en ze bewezen hem eer. Daarna vertrokken ze weer, wierookdampen en mirre achterlatend. *Zij dragen goud en wierook aan en verkondigen de grote daden van de Eeuwige.*

Toen kreeg Jozef een droom, die hem zei naar Egypte te vluchten, want Herodes wilde het kind laten opsporen en doden. *In Rama hoort men klagen, bitter treuren: Rachel huilt om haar kinderen, zij wil niet getroost worden, omdat ze er niet meer zijn.* Ze bleven in Egypte tot de dood van Herodes, en keerden toen terug en vestigden zich in Galilea, in een stad die Nazareth heet. *Men zal hem een Nazareeër noemen.*

En dan was er Johannes de Doper, die in de woestijn van Juda de mensen opriep tot inkeer te komen, want het hemelse koninkrijk was nabij. *Iemand roept in de woestijn: baan een weg voor de Heer, zorg dat hij over rechte paden kan gaan.* Johannes droeg kleren van kameelhaar en een riem om zijn middel. Hij voedde zich met sprinkhanen en wilde honing. Iedereen kwam bij hem om zich in de Jordaan te laten dopen en zijn zonden op te biechten. Ook veel Farizeeën en Sadduceeën kwamen zich door hem laten dopen, en hij maande ze hun leven te beteren.

Toen kwam Jezus van Galilea naar de Jordaan om zich door Johannes te laten dopen. Bij die doop zag Jezus de Geest van God in de gedaante van een duif; hij herinnerde zich Noachs vredesvogel, en in een nog verder verleden de Geest van God die over de schepping waaide. Daarna werd hij naar de woestijn gevoerd om driemaal door de duivel op de proef gesteld te worden. Maar hij herinnerde zich de uitspraken van de bijbel en de profeten, en doorstond de beproeving met succes. *Aanbid de Heer, uw God, en vereer hem alleen.*

Toen Jezus hoorde dat Johannes gevangen was genomen, vertrok hij weer naar Galilea. Daar vestigde hij zich in Kafarnaüm, aan de oever van het meer. *Land van Zebulon, land van Naftali, land dat ligt aan de weg naar zee aan de overkant van de Jordaan, Galilea waar de heidenen wonen: uw bevolking die in duisternis leefde, heeft een groot licht gezien, en de zon is opgegaan over hen die in het donkere land van de dood woonden.*

Hij trok Galilea door, omringd door zijn discipelen. Hij onderwees in de synagogen, verkondigde het goede nieuws en genas op wonderbaarlijke wijze alle ziekten en gebreken. Massa's mensen kwamen naar hem luisteren. Toen ging hij de berg op en sprak de 'zaligsprekingen'. *De Heer is met degenen wier hart gebroken is, en hij redt degenen die neerslachtig zijn, en de armen zullen het land bezitten.* Hij was niet gekomen om de wet van de profeten af te schaffen, maar om die te vervullen. Hij genas een melaatse, een centurio, de schoonmoeder van Petrus, de dochter van een notabele, en twee blinden en een bezetene die stom was. *Hij heeft onze kwalen op zich genomen en onze ziekten gedragen.*

Hij sprak in gelijkenissen, zoals in de psalmen en in de midrasj, want hij verkondigde dingen die sedert de oorsprong van de wereld verborgen waren geweest. *Luister zo goed als u kunt, verstaan zult u niet. Kijk zo scherp als u wilt, zien zult u niet. Want het hart van dit volk is ontoegankelijk, ze hebben hun oren toegestopt en hun ogen dichtgeknepen. Want anders zouden ze zien met hun ogen, horen met hun oren, ze zouden inzicht verkrijgen, tot inkeer komen en door mij worden genezen.*

Daarna ging hij naar Jeruzalem. Toen ze de Olijfberg naderden, stuurde Jezus twee van zijn leerlingen vooruit naar het dorp, waar ze een vastgebonden ezelin met haar veulen zouden vinden. De discipelen gingen erheen en zagen alles zoals hij het hun verteld had. *Maak aan de bevolking van Sion bekend: Let op, uw koning is in aantocht; hij is eenvoudig en rijdt op een ezel, op een veulen, het jong van een lastdier.* Hij ging op weg. Veel mensen liepen voor hem uit en riepen: 'Hosanna voor de Zoon van David, zegen rust op hem die komt in naam van de Heer!' Bij de tempel aangekomen, joeg hij er alle mensen weg die op het voorplein hun handel dreven.

Later zei hij tegen zijn discipelen: 'Jullie weten dat het over twee dagen Pasen is en dat de Mensenzoon wordt uitgeleverd om gekruisigd te worden.' De opperpriesters en oudsten kwamen bijeen in het paleis van de hogepriester Kajafas. Ze waren het erover eens dat Jezus gearresteerd moest worden, maar niet tijdens het feest, 'anders komt het volk in oproer'. Judas Iskariot, een van zijn discipelen, zou hem aan ze uitleveren.

Op paasavond wist Jezus dat hij gevangengenomen zou worden. Na het zingen van de lofpsalmen ging hij met zijn discipelen naar de Olijfberg. *Ik zal de herder doden en zijn schapen zullen worden uiteengejaagd.* Ze brachten de nacht in Gethsemane door. Toen kwam de man eraan die hem zou verraden, Judas, een van de twaalf, in gezelschap van een troep gewapende mannen, gestuurd door de opperpriesters. Hij begroette Jezus met een kus; dat was het teken. En Jezus zei hem: 'Vriend, doe waarom je hier bent.'

Hij werd prompt gevangengenomen. Petrus wilde hem verdedigen, maar Jezus zei: 'Denk je soms dat ik mijn Vader niet te hulp zou kunnen roepen? Als ik hem erom vroeg, zou hij me dadelijk bijstaan met meer dan twaalf legers engelen. Maar hoe zou dan de Schrift in vervulling gaan, die zegt dat het zo moet gebeuren!' Daarna richtte hij zich tot de troep, met de woorden: 'Dit is allemaal gebeurd om te laten uitkomen wat de profeten hebben geschreven.' Toen lieten de discipelen hem in de steek en vluchtten weg.

Jezus werd bij Pilatus voorgeleid. Toen Judas hem gevangen weggevoerd zag worden, kreeg hij wroeging; hij gaf de dertig zilverstukken terug aan de opperpriesters en oudsten en zei: 'Ik heb verkeerd gedaan door onschuldig bloed te verraden.' Maar het was te laat. Judas hing zich op. *Zij pakten de dertig zilverstukken – het geld dat de Israëlieten hem waard vonden – en zij gaven die voor de akker van de pottenbakker. Zo had de Heer het mij opgedragen.* Judas had het bloedgeld aan de priesters teruggegeven; maar omdat ze dat niet konden houden, kochten ze er de akker van de pottenbakker van.

Pilatus richtte zich toen tot het toegelopen volk en vroeg of hij Barabbas of Jezus moest vrijlaten. Ze kozen voor Barabbas en niet voor Jezus. Pilatus waste daarop zijn handen: het volk droeg de verantwoordelijkheid. En zo werd Jezus gekruisigd, op een plek die Golgotha heette. *Ze gaven hem wijn te drinken, vermengd met bittere kruiden. Ze verdeelden zijn kleren door erom te dobbelen.* Voorbijgangers schudden het hoofd en zeiden: 'Jij, die de tempel afbreekt, red nu jezelf.' *Hij vertrouwt op God. Laat God hem redden, als die van hem houdt!*

Op het middaguur viel er een duisternis over de stad, en die bleef daar tot drie uur in gehuld. Alvorens te sterven riep Jezus uit: *Eli, Eli, lama sabachtani?* 'Mijn God, mijn God, waarom hebt u mij verlaten?'

Ik was in de war. Ik begreep het belang van de vondst van de handschriften: als Johannes de Doper een Esseen was, en als Jezus een Esseen was, kon zijn leer dan wel als vanouds geïnterpreteerd blijven worden? Als het christendom uit een joodse sekte was voortgekomen, zou dat ons dan niet een nieuwe kijk erop geven?

Ik was vooral getroffen door het verraad, het lijden en de terechtstelling van Jezus. Waarom hij moest sterven, begreep ik niet; de redenen leken me duister. Waren de joden verantwoordelijk en de Romeinen schuldig, of was het omgekeerd? Maar welke joden dan? En welke Romeinen? De priesters, het volk, de discipelen die hem in de steek lieten? Waarom had Judas, een van de zijnen, hem verraden? Was dat om het geld, of zat er iets diepers achter, iets leerstelligs? Als hij zo'n berouw over zijn handelwijze had dat hij zelfmoord pleegde, was het dan denkbaar dat zijn geweten hem, de zoon van een zeloot, op het moment dat hij Jezus voor geld uitleverde in de steek had gelaten? En waarom was Jezus, die wist dat hij gearresteerd zou worden, die dat bij het Avondmaal herhaaldelijk aankondigde en aan zijn discipelen liet weten, zo berustend? Waarom moedigde hij Judas zelfs aan dat hij maar gauw moest doen wat hij van plan was? Alsof iedereen die avond zijn rol had, alsof het om een complot ging, een vooraf gesmeed plan, beraamd *door hun tweeën*, Jezus en Judas; alsof er een stille afspraak bestond tussen de verrader en zijn slachtoffer. Zonder dat duidelijk was wie er zo had besloten, leek het onvermijdelijk dat hij op dat noodlottige moment op de proef werd gesteld. Maar waarom hadden zijn andere discipelen het dan kennelijk niet begrepen of vermoed? Waarom hadden ze hem alleen gelaten op dat cruciale ogenblik, toen hij ze het meest nodig had?

Opeens begon het me te duizelen. Eindelijk nam het probleem duidelijke vormen aan. Het ging om niet meer of minder dan dit:

wie had Jezus vermoord? Ik bedacht vagelijk dat het antwoord op die vraag de oplossing zou bieden van het mysterie van de moord op Almond, Matti en Hosea, en tevens de sleutel tot de verdwijning van het handschrift.

Het antwoord viel uiteen in een complex van factoren. Judas was de verrader, en dus moreel schuldig. Maar had hij uit eigen beweging gehandeld, of namens anderen, wier werktuig hij alleen maar was? Wat voor afspraak was er tussen hem en Jezus? De Romeinen hadden hem ter dood gebracht; zij waren de uitvoerders, en met hen het staatsapparaat en de wet. Maar wat de zaak zo ingewikkeld maakte, was dat ze de joden de keus hadden gelaten. Die hadden gezegd dat hij ter dood gebracht moest worden. Maar om welke joden ging het? Niet om heel het volk, of om de Farizeeërs, die er niet bij waren. Alleen maar om vertegenwoordigers van de Sadduceeën, en met name bepaalde Tempelpriesters.

Waren dat dan de schuldigen? De joodse wet kende geen terechtstelling door kruisiging. Maar hij werd niet tot steniging veroordeeld. Daarmee werd opnieuw de schuld gedeeld door hen en de Romeinen; die konden niet zomaar 'de handen in onschuld wassen'. En wat waren de drijfveren van de betrokkenen? Waarom had Pilatus hem laten arresteren? Vormde hij zo'n gevaar voor het Romeinse gezag, terwijl hij alleen maar predikte voor de armen en gebrekkigen en helemaal geen politieke of revolutionaire boodschap had? Wat voor mensen in die opgezweepte, gemanipuleerde menigte schreeuwden dat hij ter dood gebracht moest worden? Was het mogelijk dat de mensen liever de bandiet Barabbas hadden dan hem, terwijl ze degene die door Johannes de Doper was aangekondigd eerder zo bejubeld hadden?

Vanwaar die animositeit van de kant van bepaalde priesters? Waren ze echt bang dat hij, een Galileeër, een eenvoudige plattelander van ergens ver uit de provincie, hun almacht in Jeruzalem bedreigde? Waarom wilden ze zijn dood, terwijl ze geen enkele echte aanklacht tegen hem hadden?

Wat waren de beweegredenen van Judas, die hem had verraden? Zou het alleen maar om het geld zijn? Was hij zo cynisch en op eigenbelang uit, hij, de zoon van een zeloot en zelf ongetwijfeld ook een zeloot? En wat waren ten slotte de beweegredenen van Jezus, om zich te laten verraden?

Het was eigenlijk alsof Jezus drie keer was vermoord: door Judas, door de Romeinen en door de priesters, bij monde van de menigte. En misschien nóg wel een keer... 'Mijn vader, waarom hebt u mij verlaten?' zei Jezus voor hij stierf. Er bleef een vraagstuk, een mysterie, dat de anderen ook niet was ontgaan, de Romeinen, de voorbijgangers en de misdadigers die aan weerszijden van hem gekruisigd waren. Als Jezus werkelijk de zoon van God was, kon hij gered worden door zijn Vader, of door hemzelf, hij die al zoveel levens had gered en anderen tot leven had gewekt. Had hij soms besloten ditmaal geen wonder te verrichten? In dat geval was zijn dood *gewild*. Een soort zelfmoord dus. Hij was dan de medeplichtige van Judas, die hij als een broeder had gekust en had aangemoedigd om te doen wat gebeuren moest. Jezus wist dat hij verraden zou worden en zou sterven, maar had niets gedaan om aan zijn lotsbestemming te ontkomen. Dan was er dus nóg een schuldige: Jezus zelf.

Tenzij...

Een hevige huivering trok door me heen. Ik kon niet verhinderen dat er een afschuwelijk godslasterlijke gedachte in me opkwam. Jezus wist dat hij uitgeleverd zou worden. Maar misschien dacht hij wel dat hij niet zou sterven. Tot het allerlaatst dacht hij dat God hem wel zou redden. Misschien hoopte hij op het laatste moment op de grote ommekeer, op het wonder en de luisterrijke, alles overtreffende, triomfale komst van de Vader. Hij verwachtte de komst van het hemelse Koninkrijk. Waarom zei hij anders: 'Mijn God, waarom hebt u mij verlaten?'

Dat waren zijn laatste woorden, waaruit de zin van een leven – en van een dood – spreekt. En ze reppen niet over de bezwijming van de martelaar aan het kruis, of over de uiteindelijke overwinning van de man die zich opoffert om de mensheid te redden, of over het verlangen om eindelijk zijn Vader weer te zien in de zaligheid van de andere wereld, walgend van deze aardse wereld. 'Waarom hebt u mij verlaten?' In die woorden klinkt teleurstelling door, verbazing, kritiek, een verwijt misschien. *Dit was de bedoeling niet. Zo wilde ik deze wereld niet verlaten. Waarom hebt u me in de steek gelaten, in handen van mijn moordenaars? Waarom hebt u me niet gered? Was u niet mijn rots, mijn schild, mijn burcht, mijn water in deze verdroogde grond? Was u niet degene die zich aan het hoofd van het volk stelt, de vader van de wezen, de voorspraak van de weduwen? Was u niet mijn vader? Was ik niet uw zoon?*

Bij zijn laatste ademtocht aan het kruis wijst Jezus God aan en beschuldigt, beticht hem ervan hem te laten sterven. *Waarom heeft God hem verlaten?*

De volgende ochtend werd ik moeizaam wakker. Ik had een onrustige slaap gehad, telkens onderbroken door lange nachtmerries, waarin ik beurtelings Jezus zag, in conflict met zijn tegenstanders, en Satan zoals die me in een boos visioen was verschenen.

We gingen naar de theologische faculteit om Jacques Millet op te zoeken, die na zijn bezoek aan Qumran weer terug was in zijn bureau in Parijs. Misschien kon hij ons vertellen waar Pierre Michel was.

We hadden de grootste moeite om in de buurt van Saint-Germain-des-Prés te komen: de weg was er volkomen versperd door een reusachtige menigte betogers, die met spandoeken in de hand en vastberaden leuzen scanderend voorbijtrok. Overal stonden auto's gelaten te wachten tot de stroom betogers voorbij was. We hadden 's morgens in de krant gelezen dat ze rondom Parijs files van duizenden kilometers vormden, bumper aan bumper, een lange processie van helse dieren, gehuld in een stinkende walm van uitlaatgassen. De bestuurders wachtten in hun voertuigen, als gevallen engelen, half mens, half beest, lijdzaam af, in het bange vermoeden of misschien wel de zekerheid dat er niets anders opzat. Na zes uur te hebben stilgestaan, konden ze het nog opbrengen elkaar kleine tekenen van verstandhouding te geven. Voor ergernis was het te laat.

Elke groep betogers had zijn eigen bord: spoorwegarbeiders, postbeambten, leerkrachten, werklozen. Een man met een megafoon sprak de menigte toe: 'De regering wil niet naar ons luisteren en wil ons nog steeds wijsmaken dat we blij moeten zijn dat sommigen armer zijn dan anderen, waardoor niet het hele land ten onder gaat. Ze zeggen dat de werkloosheidsbestrijding offers vergt, maar het zijn altijd dezelfden die offers brengen.'

De menigte wond zich niet op. De mensen waren murw en kwamen in alle rust op voor hun recht op arbeid en pensioen; ze eisten het aftreden van de regering. De trage stoet getuigde meer van de triestheid van een land zonder toekomstperspectief dan van de woede van sociaal bewogenen. Wel werden degenen die de menselijke barrières van hagen politiemannen wilden doorbreken met behulp van traangasbommen en charges met de wapenstok teruggedrongen, en soms zonder plichtplegingen in grote zwarte wagens afgevoerd. De Kittim, dacht ik. Het volk uitte zijn onvrede, zijn angst voor misère en voor de dag van morgen, en de soldaten, bang voor de woede van hongerlijdende mensen, arresteerden en sloegen ze.

We baanden ons met veel moeite een weg door de dichte drommen betogers, tot aan het universiteitsgebouw. Millet ontving ons in zijn bureau, een kaal, haveloos vertrek, afgeladen met boeken en paperassen. Ik zag meteen dat hij niet meer de jovialiteit en hartelijkheid van onze eerste ontmoeting tentoonspreidde. Hij was kennelijk niet in de stemming voor een ongedwongen en geanimeerd gesprek, zoals we op het opgravingsterrein van Qumran hadden gehad. De letters die ik in de fijne adertjes van zijn slapen had gelezen waren nog altijd zichtbaar, maar nu wat vager.

'Ik had niet gedacht u zo gauw en hier in Parijs weer terug te zien,' zei hij, terwijl hij ons een hand gaf. 'Maar ik vermoedde wel dat ik iets van de Israëliërs zou horen, na alles wat er gebeurd is.'

Hij gaf ons te verstaan dat hij, na de gruwelijke moorden die er waren gepleegd, bereid was onze vragen te beantwoorden en samen te werken met de Israëlische autoriteiten. Hij had, net als Andrej Lirnov, al zijn handschriften aan Pierre Michel overgedaan, die kort daarna was uitgetreden om zich als onderzoeker in Frankrijk te vestigen. Deze had momenteel de grootste verzameling niet-bijbelse handschriften, apocriefen en geschriften van de sekte onder zich. Volgens Millet had hij al met al honderdtwintig fragmenten, maar wilde hij niemand een precieze lijst daarvan verstrekken. Hij gaf ons het privéadres van Pierre Michel, maar zei erbij dat deze ons waarschijnlijk niet zou willen ontvangen, want hij sprak niemand meer.

Hij leek niet erg op zijn gemak en sprak aarzelender Hebreeuws dan bij onze voorgaande ontmoeting, alsof hij bang was zijn mond voorbij te praten. Mijn vader had blijkbaar dezelfde indruk, want hij vroeg hem recht op de man af: 'Hebt u een idee van de inhoud van de boekrol waar Pierre Michel in zijn voordracht in 1987 over sprak? Hebt u die ontcijferd toen u in de scrollery van het Oudheidkundig Museum in Jeruzalem werkte?'

'Nee, daar heb ik geen tijd voor gehad.'

Hij had antwoord gegeven op de strikvraag van mijn vader. De rol van Pierre Michel was dus inderdaad de rol die uit het museum was ontvreemd. Er viel een pijnlijke stilte, en we maakten aanstalten om te vertrekken. Opeens vroeg hij me, terwijl hij me vorsend opnam: 'Woont u in Mea Sjearim?'

'Ja.'

'Een mooie wijk, nietwaar?'

Er verscheen een stralende, nostalgische glimlach op zijn gezicht.

'Ja, inderdaad,' zei ik.

'Ach ja, ik mis Israël altijd erg als ik in Frankrijk ben. Het is er anders. Ik voel me er prettig, ik voel me er veilig. Het is zo'n geweldig land... Herinnert u zich dat olieflesje nog dat ik u gegeven heb?'

'Jazeker. Ik heb het nog altijd bij me. Wilt u het terug?'

'Nee, het is voor u. U mag het houden... Bewaar het zorgvuldig. U weet wat Jezus, Onze Lieve Heer, zegt: "Geef, en je zult royaal beloond worden..." '

Hij zweeg even en zei toen, wat zachter: 'Het is zo dat... in de tijd dat ik in de scrollery werkte, werd ik door sommige autoriteiten nogal sterk onder druk gezet om niet te proberen iets over de inhoud van dat perkament te weten te komen. Ik weet niet wat erin stond. Maar om het u ronduit te zeggen, volgens mij hadden ze geen vertrouwen in me.'

'Maar hebben ze het Pierre Michel na zijn uittreden niet ontfutseld?'

'Ja, dat hebben ze wel geprobeerd,' antwoordde hij, zonder die 'ze' nader aan te duiden. 'Daarom moest hij ook uit Jeruzalem weg. Maar hij valt nu niet meer onder de kerkelijke autoriteiten en hoeft ze dus niet meer te gehoorzamen, wat ik wel moest.'

'Bent u niets te weten gekomen over de inhoud van het handschrift, al is het maar oppervlakkig?' drong mijn vader aan.

'Jawel, vlak voor het verdween. Toen ik met Paul Johnson sprak over wat ik, laten we zeggen, met een half oog gezien had, vroeg hij me om het daar nooit met anderen over te hebben. Om het te vergeten, dus. Tegen Lirnov had hij hetzelfde gezegd. Maar die arme man kon er niet tegen wat hij aan de weet was gekomen...'

'Wat staat erin?' vroeg mijn vader.

'Dat kan ik u niet zeggen; ik heb beloofd erover te zwijgen en mag mijn belofte niet verbreken,' zei hij. 'Maar probeert u Pierre Michel te spreken te krijgen. Hier hebt u ook mijn privéadres,' zei hij, en gaf ons een kaartje. 'Aarzelt u niet om me te bellen, ik zal doen wat ik kan om u te helpen... zolang ik geen inbreuk op mijn gelofte maak, dat begrijpt u wel.'

'Bent u bang voor iets of iemand?' vroeg mijn vader. 'In dat geval zouden wij ú misschien kunnen helpen.'

Er viel opnieuw een stilzwijgen. De vraag bleef onbeantwoord.

'Gelooft u dat de Congregatie voor de Geloofsleer bij die misdrijven betrokken kan zijn?' ging mijn vader verder.

'Ik ben jarenlang aan de Congregatie verbonden geweest. Ik weet waartoe die mensen in staat zijn. Maar niet tot zoiets, gelooft u mij. Nee, voor hen ben ik niet bang. De enige reden waarom ik er het zwijgen toe doe is dat ik dat beloofd heb, en niets anders, dat verzeker ik u.'

Bij die woorden gebaarde hij ons dat het onderhoud beëindigd was. Toen ik hem een hand gaf, zag ik in zijn ogen een tragische blik waar ik triest van werd.

We waren niet veel van hem te weten gekomen, maar voor het eerst leek er een bres geslagen te zijn. We wisten nog niets, maar dat wisten we in ieder geval.

Ik weet wel dat je beter wijs dan dwaas kunt zijn, zoals je meer hebt aan licht dan aan duisternis. Een wijs man ziet wat hij doet, maar een dwaas dwaalt in het donker. Toch weet ik ook dat beiden hetzelfde overkomt. Want men blijft niet voor altijd aan iemand denken, of hij nu wijs is geweest of dwaas. Iedereen wordt gauw vergeten. En dan: of men nu wijs is of dwaas, dood gaan we allemaal.

Die avond gingen we naar het huis van Pierre Michel, in het dertiende arrondissement. Het was in de Chinese wijk, op de twaalfde etage van een grijze torenflat die mismoedig ten hemel leek te willen stijgen, zonder daarin te slagen. We belden aan, maar er werd niet gereageerd.

Vanuit een telefooncel tegenover de flat belden we Millet, maar ook daar geen reactie. We liepen daarna wat door de stad, richting noorden. De schemering was ingevallen; de zon ging langzaam onder in de voorjaarsnevel. Het matte licht tekende een gamma van schakeringen op de monumenten en natuurstenen woongebouwen.

We kwamen, blijkbaar door een onbewuste logica gedreven, in het zesde arrondissement – *Satan, de lokkende diepte* –, en naderden zwijgend de buurt waar Millet woonde. Toen we vlak bij zijn huis waren, overlegden we even.

'Nu we hier toch zijn, waarom zouden we dan niet bij hem langsgaan?' zei ik.

'Nu? Lijkt het je niet een beetje laat?' antwoordde mijn vader.

'Nee, hij heeft ons gevraagd langs te komen, en misschien kan hij buiten de universiteit wat meer vrijuit spreken. Ik geloof dat hij vertrouwen in ons heeft.'

'In jou, bedoel je, en ik vraag me af waarom. Maar goed... ik weet niet of hij ons wijzer kan maken, maar ik maak me ongerust over hem. Ik weet zeker dat hij ergens bang voor is.'

'De enige manier om hem te beschermen is misschien wel door hem zover te krijgen alles te vertellen...'

Mijn vader aarzelde even, en zei toen: 'Goed, we gaan.'

We belden aan bij de intercom, maar net als bij Pierre Michel kwam er geen reactie. We gingen naar de verdieping waar hij woonde. De deur van zijn flat stond op een kier. We gingen naar binnen, mijn vader voorop.

Wat we toen zagen joeg ons voor de rest van ons leven de schrik op het lijf. Er gaat geen dag, geen nacht voorbij zonder dat ik wakker schrik, denkend aan wat ik die avond heb gezien. En ik heb nog lang daarna gebeden om verlost te worden van de barbaarse visioenen die mijn nachtrust verstoren en mijn dagen ongewis maken. Nooit zal ik de verschrikking van de slechtheid van de mens kunnen vergeten. Geen duivel, geen demon zou de mens ooit in zijn demonie kunnen evenaren.

Daarom kreeg ik genoeg van het leven en alles stond me tegen; want alles is zinloos onder de zon.

Voor ons zagen we Millet, half overeind, de armen uitgestrekt, het hoofd naar links hangend. Hij was zo goed als naakt. Het vaalbleke lichaam had zijn welgedane rondheid verloren en was week, papperig, gebroken. Zijn gezicht was tot een klaaglijke, intens smartelijke uitdrukking verstrakt. Zijn ogen waren verstard; hun smeekbede aan het hiernamaals, van pijn, angst en onbegrip, zich uitstrekkend tot in de dood als een verlossing, als het enig mogelijke en uiteindelijk ook wenselijke einde, de dood als doeleinde en enige hoop, was ten slotte verhoord, maar was nog zichtbaar als een langdurige, van gedoofd vuur vervulde blik. Zijn grijze haar plakte aan zijn hoofd door het zweet van inspanning en lijden, als van een oude man die in de brandende zon zijn weg zoekt, die zich radeloos afvraagt of hij die ooit zal vinden en beseft dat het door de voortschrijdende tijd komt, die zijn geestvermogens een voor een aanknaagt en zijn lichaam verslindt, in een tergend langzaam ontbindingsproces. Uit zijn halfopen mond sijpelde een gelig vocht, kwijl vermengd met uitgebraakte gal. Op zijn slapen, handen en voeten, overdekt met dikke bloedklonters, waren de bruine sporen te zien van fijne straaltjes opgedroogd bloed, dat nog warm leek op zijn koude lichaam; de laatste restjes vermoord leven. Zijn handen waren samengebald, dichtgeknepen om de wonden, alsof ze als verband wilden dienen. Zijn voeten hingen, in elkaar gehaakt, bleek en knokig omlaag.

In een gewrongen zittende houding, met de linkerbil op een dwarsplankje halverwege, was hij aan een groot houten kruis geslagen, een geknot Lotharings kruis. Zijn polsen waren aan de kruisbalk genageld, zijn voeten aan de staander vastgepend. Zijn lichaam was verwrongen, zijdelings geknakt; de sedula, het zittinkje, verhinderde het afglijden en het scheuren van de spieren. Hij was vastgeslagen met grote spijkers, die stinkende wonden maakten.

Ze hadden hem gekruisigd.

We stonden perplex en konden onze ogen niet van dat macabere schouwspel afhouden. We waren Cohens en de wet verbood ons lijken aan te raken, want we moesten rein blijven, verschoond van elk contact met de dood.

Want hij zal tevergeefs gekomen zijn en in duisternis zijn heengegaan, en zijn naam zal in het duister gehuld zijn.

Maar die dode voor ons was morbide, en zijn dood was als een krachtige roepstem, die de toeschouwers ervan aantrok. Daarom heeft de dood ook iets wezenlijk onreins, omdat hij de levenskrachten naar zich toe trekt en naar de fatale oneindigheid toe zuigt, om ze zich daarin te laten verliezen; en wie naar de dood kijkt is als iemand die in de diepte kijkt en weet dat hij maar één pas hoeft te zetten en alles is afgelopen. En dat is een opwindende gedachte. De dood is onrein omdat het een verschrikkelijke verleider is, het is een bitterzoete bedwelmende wijn. Je moet hecht in het leven verankerd zijn om daar niet door aangetrokken te worden, of er met kluisters aan vastzitten, want wilskracht alleen is niet voldoende. Die kan niets uitrichten tegen het verlangen dat de dood inboezemt, dat de kracht heeft van het volkomene, want de dood is het einddoel van het bestaan, het enige voorgevoel van de eeuwigheid ervan. Maar die eeuwigheid is niets dan een ontkenning van het leven.

En de mens is een morbide wezen; we konden dat beeld van onrecht niet meer vergeten en dat verdriet niet meer van ons afzetten.

We gingen naar buiten en werden verblind door het nachtelijk duister, zo donker was de nacht in ons hart.

Je kunt beter naar een begrafenis gaan dan naar een feest. Want het leven eindigt voor iedereen met de begrafenis; het is goed je dat bewust te zijn. Je kunt beter huilen dan lachen, want bij verdriet spreekt het hart. Een wijs man denkt na over de dood, maar een dwaas denkt alleen aan feesten.

Mijn vader voelde zich wanhopig verantwoordelijk voor wat Millet overkomen was. Volgens hem waren onze naspeuringen niets dan één lange lijdensweg, een kruisweg. Opnieuw zei hij dat deze opdracht niets voor ons was. Die man was misschien wel door onze schuld gestorven. Er moest wel een verband bestaan met de kruisiging van Almond en de dood van Matti. Het leek nu wel duidelijk dat iemand ons volgde en ons wilde beletten ons onderzoek voort te zetten, door de laatste bewijzen die we konden vinden te vernietigen. Het was ons niet geoorloofd met bloed in aanraking te komen, maar we mochten het ook zeker niet laten vloeien. Sjimon had het mis als hij dacht dat wij het wel zouden klaren, of misschien had hij de tragische consequenties van zo'n onderzoek niet onderkend. Het volgende signaal zou geen waarschuwing meer zijn. Er was geen twijfel meer mogelijk: we vochten hier tegen de Romeinen, tegen de nietsontziende barbaren.

'Ik geloof dat we maar beter naar huis kunnen gaan, naar Israël,' zei hij ten slotte.

'We kunnen het toch niet zomaar opgeven?' zei ik.

'Het heeft geen zin om de dingen te willen verklaren en helder en inzichtelijk te maken. Geheimen moet je in hun waas laten. Schijn bedriegt, hoe duidelijk alles ook lijkt. Wat zich achter de dingen verbergt is onvoorstelbaar, en wat we ontdekken is soms zo vreselijk dat we er maar beter van af kunnen blijven. Je weet dat je God onmogelijk recht kunt aanzien, en dat het een vergrijp is om daarnaar te streven. God moet verborgen blijven. Wie hem tracht te ontsluieren, roept onheil over zich af.'

'Waar heb je het over? Weet je soms meer van die moorden af? En over wie heb je het?' riep ik onthutst uit. 'Over God, over Jezus? Wat is dat voor argument, jij die niet in God gelooft, die geen sabbat houdt en de tien geboden niet eens onderhoudt? Waar heb je het over?'

'Ik weet niet of God bestaat, maar ik wil niet tegen zijn wil ingaan of tegen de tekenen die hij geeft.'

Ondanks de tragische situatie kon ik een glimlach niet onderdrukken. De rollen waren omgedraaid. Ik dacht de gelovige te zijn, en opeens was ik de atheïst en rationalist. Ik dacht dat mijn vader min of meer goddeloos was, en nu bleek hij religieuzer dan ik.

'Je vergist je als je die tekenen denkt te zien, of God vergist zich door ze te geven,' zei ik kalm. 'We kunnen niet alles opgeven. We moeten dat handschrift vinden. Er is iemand die het in zijn bezit heeft en achterhoudt. Wie is dat? Ik weet het niet. Misschien is het ook geen persoon, maar een groepering, een instelling die het zich eeuwen geleden heeft toegeëigend. Hoe het ook zij, we moeten doorgaan. We mogen onze opdracht niet weigeren, zoals Jona, toen God hem gebood om de inwoners van Nineve tot inkeer te brengen; anders worden we nog door een walvis opgeslokt.'

Ik vond inderdaad dat we moesten doorzetten en dat we, als de barbaren oorlog wilden, de uitdaging moesten aannemen. Ik was niet bang. Ik waande ons onsterfelijk, mijzelf en degenen die ik liefhad. Wij waren het leven, wij waren de kinderen van het licht en zij waren de kinderen der duisternis. En stond er niet geschreven dat na afloop van die strijd de Messias zou komen?

De volgende dag gingen we opnieuw naar het huis van Pierre Michel. Weer was er niemand. Daarop haalde ik een sleutel uit mijn zak. Het was een loper die Sjimon had gestuurd, samen met het pistool dat ik altijd bij me droeg, een tweede 'afscheidscadeau', dat nu wel een voorteken leek. Zachtjes opende ik de deur. Het was een heel kleine, sombere flat. De luiken waren gesloten; we liepen zwijgend door een smalle gang en kwamen in de woonkamer.

Daar zagen we een vrouw gehurkt zitten voor een la vol paperassen, die ze eruit haalde en las. Alsof ze onze aanwezigheid had gevoeld, draaide ze zich plotseling om en slaakte een kreet van verbazing.

'Wie bent u?' vroeg ze in het Engels.

'Maakt u zich niet ongerust,' antwoordde mijn vader, eveneens in het Engels. 'We zijn alleen maar archeologen. We willen Pierre Michel spreken.'

De vrouw hervond haar kalmte. Ze was kennelijk erg geschrokken.

'Pierre Michel is vertrokken, en als u daaropuit bent, het handschrift dat hij bezat is hier niet. Ik zoek het ook,' zei ze.

'Waarom? Wie bent u?' vroeg ik.

'Ik ben journalist van de *Biblical Archeological Review*, ik werk voor Bartélemy Donnars. We willen alle handschriften publiceren, ook deze tekst, die ze zich door bedrog toegeëigend hebben.'

'Ja,' antwoordde ik ietwat argwanend, 'iedereen weet dat uw blad een goede boterham verdient aan die handschriften.'

'Die handschriften zijn historisch en religieus van kapitaal belang. Het schandaal is eerder het feit dat ze verdwenen zijn dan dat ze moeten worden opgespoord om ze te publiceren,' zei ze, zonder haar kalmte te verliezen.

'Hoe bent u hier binnengekomen?' vroeg mijn vader.

'Door de deur, net als u. En op dezelfde manier als u, denk ik. Ik dacht wel dat Pierre Michel er niet zou zijn; sinds hij zijn monastieke roeping heeft opgegeven is hij een paar keer met de dood bedreigd, om het handschrift af te geven. Hij zal wel gevlucht zijn. Ik heb er met moeite achter kunnen komen waar hij was, maar toen ik hem eindelijk te spreken kreeg, viel het niet mee om hem ervan te overtuigen dat hij zich moest laten interviewen; ik heb hem uitgelegd dat het de beste manier was om hem te redden.'

'Hoezo?'

'Ik bedoel: om zijn leven te redden.'

'Bent u op de hoogte van de moorden?' vroeg ik.

'Wie is dat niet? De kranten staan er vol van.'

'Maar wie heeft het op zijn leven gemunt?' vroeg mijn vader.

'Hij zei dat hij dat niet wist. Hij dacht dat het Johnson was. Die had het handschrift aan Pierre Michel gegeven, met wie hij van het begin af aan had samengewerkt. Maar hij wist niet dat diens twijfel groeide en dat hij een afvallige was geworden. Toen Michel op het congres van 1987 iets van de inhoud ervan onthulde, was Johnson ziedend. Daarna is Pierre Michel met rol en al verdwenen. En nu dit,' zei ze, terwijl ze met treurige blik de kamer rondkeek, 'geen spoor meer van hem te bekennen.'

Het was een jonge vrouw met lang, blond haar en een bleek gezicht vol sproeten. Ze heette Jane Rogers. Ze zei dat ze de dochter van een dominee was en dat haar werk voor de BAR en haar naspeuringen ingegeven waren door een waarheidsliefde die voor haar gelijkstond aan liefde tot God.

'Kijk, ' zei ze, terwijl ze zich tot mij richtte, met een waardigheid die ik daarna nog vaak bij haar zou opmerken, 'ik wil dat vermiste handschrift omwille van het christendom publiceren.'

Ik had haar gekwetst en had daar meteen al hevige spijt van. *Let op je woorden en zeg niet alles wat bij je opkomt. Want God woont in de hemel en de mens maar op aarde.*

'Het spijt me,' zei ik. 'Ik heb u onheus behandeld.'

Meteen straalde haar gezicht met een kinderlijke glimlach.

'Dat geeft niets,' zei ze. 'Ik ben eraan gewend dat...'

Opeens verstomde ze, met angst in haar ogen. Ik draaide me om en zag twee dreigende figuren. Mijn vader liep op ze toe, alsof hij ons wilde beschermen. Ze grepen hem vast en gaven hem een klap met een knuppel op zijn hoofd. Hij zakte in elkaar. Even stond ik perplex, als aan de grond genageld. Toen schreeuwde de stem van het bloed van mijn vader, die daar geslagen neerlag, naar me op en deed me trillen van woede. In een onweerstaanbare opwelling van moordlust stortte ik me op de aanvallers. Een van de twee mannen gaf ik uit alle macht een stomp in zijn maag, maar de andere, die gewapend was, maakte daar gebruik van door met de kolf van zijn pistool een klap op mijn hoofd te geven. Een paar minuten was ik verdoofd, wat genoeg voor ze was om er snel vandoor te gaan en het roerloze lichaam van mijn vader mee te nemen.

Ik wilde de achtervolging inzetten, maar een verschrikkelijke hoofdpijn bracht me aan het wankelen. Als uit de verte hoorde ik nog de stem van Jane Rogers: 'Nee! Ga niet achter ze niet aan, anders stellen ze hem terecht, zoals Millet, Almond en de anderen.'

Ik verloor het bewustzijn.

Toen ik weer bijkwam, zag ik in een dof waas een gouden engel over me heen gebogen, die met een zachte, koude doek over mijn gekneusde voorhoofd streek. Ik deed mijn ogen even dicht en toen weer open; nee, het was geen godsaanschouwing, maar het zorgzame gezicht van Jane Rogers, en ik voelde de zachte druk van haar handen op het verband dat op mijn bloedende wond was aangebracht.

'Voelt u zich beter?' vroeg ze. 'Zal ik een ambulance bellen?'

'Het gaat wel... Ze hebben mijn vader ontvoerd! Waarom? Waar kennen ze hem van?' bracht ik uit, met ontzetting terugdenkend aan wat er zojuist gebeurd was.

'Ze wisten blijkbaar dat u naar die handschriften op zoek was... of ze moeten gedacht hebben dat hij Pierre Michel was. Bent u een chassid, of hebt u zich zo vermomd?' vroeg ze, terwijl ze met belangstelling mijn wanhopige pogingen bekeek om het zwartzijden keppeltje, dat ze had afgedaan om me te verzorgen, weer op te zetten.

'Ik woon in Mea Sjearim.'

'Ah, juist ja... Misschien zijn ze gewoon op zoek naar de schat.'

'Welke schat?' vroeg ik.

'De bedoeïenen wisten er, denk ik, van door mondelinge overlevering. Een van die teksten spreekt van een schat aan goud en edelstenen.'

'Ja, de *Koperen rol*. Het gaat om de tempelschat. Maar hoe weet u dat allemaal?'

'Ik houd me bij de BAR met dit soort dingen bezig, en we hebben de beschikking over de meest recente oudheidkundige gegevens. Maar daar hebben we het later wel over. Kom, we moeten hier weg. Wie weet wat er nog kan gebeuren.'

De frisse lucht deed me goed. We liepen wat over straat en gingen daarna elk naar ons hotel, na het uitwisselen van onze telefoonnummers.

Die avond lag ik op bed zonder in slaap te kunnen komen. Ik had nog steeds een barstende hoofdpijn en moest aan mijn vader denken. Ik had geen idee hoe ik hem terug kon vinden. Als ze hun vergissing inzagen, of erachter kwamen dat hij er niet meer vanaf wist dan zijzelf, zouden ze hem misschien wel vermoorden. Ik dacht met afgrijzen terug aan het gekruisigde lijk van Millet en werd door dat beeld gepijnigd. En door wie was Millet vermoord? Door christenfanaten, of juist door christenhaters? Door joden, islamieten, christenen? Door bloeddorstige gekken, dat was wel zeker. Maar wat had die rituele voltrekking van Christus' kruisdood te betekenen?

Ik sloot geen enkele mogelijkheid uit. Waren ze soms door God gezonden om een vrome te komen halen en voor de hemelse troon te geleiden? Of waarschijnlijker: waren het afgezanten van Satan, die hem kwamen pijnigen en beproeven? In dat geval zou hij met duivelse plannen terugkomen.

Het konden ook gewone misdadigers zijn, die op zoek waren naar de Esseense schat en dachten dat mijn vader de sleutel daartoe bezat. Of fanatieke christenen, die zich zorgen maakten over de vondst van de handschriften en dan zeker ook de scherprechters van Almond en Millet waren geweest.

Er werd me langzaam één ding duidelijk: al die hypothesen hadden gemeen dat het motief van de ontvoering op de een of andere manier met de handschriften te maken had. De enige manier om mijn vader te redden, als het nog niet te laat was, was dus om de aandacht op die handschriften te vestigen en zo zijn ontvoerders te lokken.

Na veel gepieker pakte ik om vijf uur 's morgens de telefoon en draaide het nummer van Jane Rogers.

'Met Ary Cohen. Neem me niet kwalijk dat ik u wakker maak,' zei ik.

'Geen probleem. Ik kan ook niet slapen. Hoe is het met uw wond?' vroeg ze.

'Wat beter. Moet u horen, ik moet absoluut mijn vader terugvinden. Ik weet niet waar hij is en door wie hij is ontvoerd, en waarom. Maar volgens mij gaat het ze om de handschriften.'

'Wist hij daar meer van?'

'Nee, niet meer dan ik.'

'Waar bent u eigenlijk naar op zoek?'

'Naar de rol die Pierre Michel in zijn bezit had.'

'Die ene rol van het congres?'

'Ja.'

'Daarvoor hebben ze mij hier ook naar toe gestuurd. Weet u wel zeker dat uw vader niet iets gevaarlijks heeft ontdekt, waar hij u niet over heeft gesproken om u te beschermen?'

'Ik geloof het niet.'

'Als hij niets weet, zullen ze hem misschien ook niet vermoorden; het is nog niet te laat om hem terug te vinden.'

'Nee, maar ik ben bang dat zijn ontvoerders zullen verdwijnen. Er moet iets gedaan worden om ze te lokken, door net te doen alsof we weten of hebben wat ze zoeken.'

'Waar denkt u aan?'

'Zou uw blad niet een symposium over die handschriften kunnen organiseren, iets wat aanslaat en waar de kranten over zullen schrijven?'

'Daar zijn we al mee bezig,' zei ze. 'Over drie weken vindt er een groot symposium van de BAR plaats over de Qumran-handschriften, en alle onderzoekers zijn uitgenodigd. Wat bent u van plan?'

'Ze laten geloven dat we het laatste handschrift opgespoord hebben.'

'Dat is inderdaad een eerste vereiste, als we willen dat onze qumranologen komen opdagen. Op het laatste symposium waren er maar heel weinig.'

'Als het maar niet te laat is.'

'Zet dat even uit uw hoofd,' zei ze, 'en probeert u te slapen. Morgen maken we een plan de campagne.'

'Ik moet ze te pakken krijgen, met alle middelen,' antwoordde ik.

Ze leek even van haar stuk gebracht.

'Met alles wat ik kan bedenken, bedoel ik.'

De volgende dag liep ik als een bezetene half Parijs af. Ik ging terug naar de flat van Pierre Michel, op zoek naar aanwijzingen. Ik belde Sjimon op, niet om hem te laten weten wat er gebeurd was, want daarmee vreesde ik het leven van mijn vader in gevaar te brengen, maar om uit te vissen of hij op de hoogte was. Hij leek van niets te weten.

Zonder speciale reden, misschien wel omdat ik gewoon van slag was, ging ik naar de Israëlische ambassade. Ik had zin om ze alles te vertellen, maar op het laatste moment bedacht ik me.

De dag daarop arriveerde er in mijn hotel een pakje voor me, uit New York. Ik maakte het met bonzend hart en trillende handen open. Er zat een vermolmd houten kruis in, met een Hebreeuwse inscriptie van vier letters die me kippenvel bezorgde: INRI – Jezus van Nazareth, koning der joden –, het opschrift op het kruis van Christus. Het leed geen twijfel dat het van de ontvoerders afkomstig was, die ermee te kennen gaven dat ze het doel van onze naspeuringen kenden en dat mijn vader gekruisigd dreigde te worden.

Ik was ten einde raad. Wat wilden ze eigenlijk? Waren het fanatiekelingen die iedereen kruisigden die naspeuringen deed naar de Dode-Zeerollen? Wat stond er in godsnaam in die boekrollen dat die afschuwelijke moorden kon verklaren?

Het symposium was nog mijn enige hoop om antwoord op die vragen te krijgen. Ik besloot met Jane Rogers mee naar New York te gaan.

II

De volgende dag vertrokken we. Jane had me ervan overtuigd dat het geen zin had om nog langer in Parijs te blijven, omdat mijn vader daar vast niet meer was. In Israël zou ik niet geweten hebben wat ik moest doen, en mijn moeder en de autoriteiten moesten erbuiten gehouden worden, om het leven van mijn vader niet in gevaar te brengen. Gezien de herkomst van het pakje bestond de kans dat ze hem verdoofd hadden en naar de Verenigde Staten hadden overgebracht, waar ik me hoe dan ook nuttig kon maken door aan de voorbereidingen voor het symposium mee te werken.

In New York nam ik mijn intrek in een klein hotel in de buurt van het kantoor van de *Biblical Archeological Review*.

Bijna drie weken lang leefde ik in angst. Ik wist niet of mijn vader dood of levend was en voelde me zelf meer dood dan levend. Een paar keer belde ik mijn moeder met zogenaamd goed nieuws, en legde haar uit dat mijn vader het te druk had om haar te spreken. Wanneer ik de hoorn neerlegde, barstte ik in tranen uit. *Ik ben moe geschreeuwd, mijn keel doet pijn; mijn ogen branden, zo gespannen zie ik uit naar u, mijn God.*

Toen drong het tot me door dat ik niet onkwetsbaar was. Voor het eerst wankelde de wereld om mij heen. Zoals een van onze leermeesters zegt: 'De wereld is een smalle brug, en het gaat erom niet bang te zijn.' De smalheid van die brug had me nooit eerder zo gevaarlijk geleken, ik die altijd met vaste tred was voortgegaan, aan de hand van de talmoed en de kabbala, vast overtuigd van de waarde daarvan en van mijn volk, het uitverkoren volk, waarbinnen ik, jong student aan de jesjiwa, uitverkoren was, een uitverkorene onder de uitverkorenen. Opeens ontwaarde ik nu de leegte; ik hing aan een zijden draadje en dreigde te vallen. Voor het eerst werd ik door twijfel bekropen en werd mijn tred onvast. *Ik zak weg in de modder, ik kan niet meer staan! Het water wordt steeds dieper, de stroom sleurt me nog mee.*

Het was een eerste, maar onherstelbare bres. Sinds die dag dat ik me van mijn zwakheid bewust werd, heeft die me nooit meer verlaten. Ik ging voorgoed over van de categorie van de zorgelozen naar die van de metafysici, van die van de dwazen naar die van de wijzen, die zich voortdurend vragen stellen over de zin van de dingen en van het leven, die van alles het wezen willen doorgronden en altijd en eeuwig onvoldaan zijn, want ze zijn geobsedeerd door de dood, alsof de wereld een sterfhuis is.

Soms worden ze door het leven gegrepen en willen ze dat, net als de dood, met hun onverzadigbare vraatzucht verslinden, in een poging om zich van hun vreselijke angsten te ontdoen en de wereld te vervullen van hun opperste bangheid en van al wat hun ongedurige geest gewrocht heeft om ze gerust te stellen. Nooit vinden ze rust en steeds zoeken ze nieuwe horizonten, want hun ziel smacht naar God, de God van hun leven. Hun ziel is niet gedachtig en nostalgisch, zoals die welke dromen van hun geboortegrond en van de zuster die ze daar kenden, maar is als een lege schelp, weerspannig, belust op wat ze niet heeft en wat ze niet weet. De anderen, de dwazen, leven op de vertrouwde plaatsen waar mensen net als zij wonen, alsof het volkomen normaal is dat ze daar zijn, op deze planeet die we Aarde noemen, waar de zon opkomt, waar de dauw een wit waas over het land legt, waar de dageraad, de bakermat van de dag, zich loom uitrekt en elke ochtend vroeg opnieuw met een geeuw begint, enzovoort tot het einde der dagen, tot aan het onwaarschijnlijke einde der tijden; alsof het volstrekt natuurlijk is dat deze wereld begin noch einde heeft, dat de aarde, een nietig pluisje in de oneindige ruimte, daarin voortdurend zijn vaste ronde maakt, en dat er maar één is, voor zover we althans weten. Die eindeloze baan, verder dan de verste verten, die aanhoudende, kunstige en minutieuze beweging, ziet spottend neer op het eindige wezen, een stofje in de tijd, een microbe in de microkosmos. Maar dat is allemaal doodnormaal voor de zorgelozen, die alles horen maar niets zien, die zich over niets ter wereld verbazen, over de baby die het levenslicht ziet, vol bloed en lichaamssappen, noch over het kind dat opgroeit en leert praten, noch over de volwassene die oud wordt en sterft, vol bloed en lichaamssappen. Ze zien de globe als een bol waar je overheen loopt, een ambachtelijk en geen kunstzinnig werkstuk, een artefact als ieder ander. Hoogtevrees kennen ze niet. Ze buigen niet al te diep voorover om langdurig in de afgrond aan weerszijden van de brug te kijken. Die keuren ze geen blik waardig, om met vaste tred hun weg te gaan, recht vooruit. Ze zijn onbekwaam om het stof in de mens en de zinloosheid van zijn daden te onderkennen, de gelukzaligen, niet beroerd door de onreinheid van de dood, verstandig en bedreven om het werkelijke in zijn concreetheid te vatten. *Maar ze steken geen hand uit en kwijnen vanzelf weg.*

Dit moment, en niet mijn diensttijd, was dan ook de afsluiting van mijn kinderjaren. De kindertijd was een soort onbewustzijn, waarin de gebeurtenissen elkaar opvolgden, zonder verleden of toekomst. Het leger was nog steeds een strak kader van feiten van buitenaf, waarop je bijna werktuiglijk kon reageren, als op stroomstoten. Binnen de regels was je geborgen. Alles is zo simpel als je zelf niet beslist en alleen maar gehoorzaamt.

Nu werd ik voor het eerst met de anarchie van het leven geconfronteerd. En dat maakte me bang. Geen wetten meer, geen regels: alles was geoorloofd, ontvoeren en stelen, in stukken snijden en kruisigen. Zo bezien werd de horizon, de oneindigheid van mogelijkheden, wel buitengewoon ingeperkt als je de dood als enig perspectief zag. Wie waren het? Waar waren ze? Wat waren hun motieven? *Dag en nacht roep ik, maar u, mijn God, antwoordt niet.*

Mijn vader had het gevaar voorvoeld en me deelgenoot van zijn intuïtie gemaakt; hij had er zelfs helemaal mee willen ophouden en naar Israël willen teruggaan. Ik had er ontzettend spijt van dat ik hem had overgehaald om door te gaan. Ik vreesde het ergste, soms meer nog het lijden dan de dood. Ik kon het niet opbrengen om de bijbel te bestuderen; mijn hoofd stond er niet naar. Ik had behoefte aan een vriend en miste Jehuda; hij had altijd een oplossing voor alle problemen die ik hem voorlegde, zelfs al leken ze onoplosbaar. Misschien had hij me in een geval als dit via een subtiele pilpoel kunnen zeggen waar mijn vader zich bevond. Hij zou om te beginnen de gegevens overzichtelijk hebben samengevat: 'Ten eerste: je vader en jij zoeken een handschrift dat afkomstig is uit een grot in Qumran, en dat door een onbekende ontvreemd is. Ten tweede: jullie ontmoeten daarbij drie personen, die allemaal een gewelddadige dood sterven. Ten derde: je vader verdwijnt, ontvoerd door onbekenden. Dus,' zou Jehuda gezegd hebben, 'is het duidelijk dat je vader zich bevindt… in het Sint-Catharinaklooster in Ankara.'

'Hoezo?' zou ik verbluft hebben geantwoord.

'Heel eenvoudig,' zou hij hebben gezegd, tevreden over het effect van zijn woorden.

En hij zou zich hebben overgegeven aan een talmoedisch betoog waarin de bijbel, de ontvoerders, de rabbijnen en anderen die er niets mee uitstaande hadden, werden opgevoerd. Zo ging dat met de hersenspinsels van Jehuda. Maar ik wist best dat het hier niet om een pitpoel ging, en dat mijn vader door louter redenering niet terug te vinden was.

Ik dacht terug aan de wandelingen die ik met Jehuda in de witte Negev-woestijn had gemaakt, als we behoefte hadden om na te denken. We trokken ons dan een paar dagen terug in de absolute eenzaamheid. We kenden de steilten waar het reliëf zo scherp afgetekend is dat het wel een decor van papier-maché lijkt. Urenlang konden we naar zo'n filmdoek kijken, voor we verder liepen.

Wat miste ik mijn geboortegrond, nu ik me zwak en alleen voelde in deze diaspora. Die grond is als een vader. Het is bekend terrein, om je op te verlaten als je het gevoel hebt dat je geen houvast meer hebt en alles wankelt. Wat was deze ballingschap zwaar en lang. *Wist ik God maar te vinden en zijn woning te bereiken. Ik zou mijn zaak uiteenzetten en al mijn argumenten aan hem voorleggen.*

Dan zou ik horen wat hij te zeggen heeft en zijn antwoord kennen. Zou God mij met alle geweld willen vervolgen? Nee, hij kan me immers niets ten laste leggen. Kon ik maar rechtstreeks een discussie met hem aangaan, dan zou ik mijn vonnis voorgoed ontlopen. Maar ga ik naar het oosten, hij is er niet; ga ik naar het westen, ik vind hem niet; is hij in het noorden, hij is spoorloos; keert hij zich naar het zuiden, hij blijft onvindbaar. Hij kent immers mijn doen en laten, zijn test doorsta ik glansrijk.

Durf ik het te bekennen? Zal ik het zeggen? Ik dacht veel over Jezus na, maar ik vertelde niemand over die verboden gedachten, ook Jehuda niet. Ik mijmerde over Jezus zoals mensen die lijden, die misère en onrecht moeten verduren. Ik vond er vertroosting in. Op een dag kwam ik in Manhattan langs een kerk, een barok bouwsel midden tussen de wolkenkrabbers. In een opwelling ging ik naar binnen. Het is ons natuurlijk streng verboden een kerk binnen te gaan, en zeker om daar te doen wat ik deed.

Ik ging op een bank zitten, tegenover een crypte met een beeld van Jezus. Voor het eerst bezag ik die figuur niet als een voorwerp van heidense aanbidding, als verboden uitbeelding van een ondenkbare god, maar bekeek ik hem aandachtig en dacht ik intens aan die gekruisigde man, die vrome. Ik dacht niet aan hem zoals je aan God denkt, maar als aan een bijbelse figuur. En het gaf me troost. Hij was er tenminste, in eigen persoon, en zodra je in zijn bestaan geloofde, vloeide alles daar wonderbaarlijkerwijs uit voort: de toekomstige wereld, de zin van het leven, de schepping, het geluk, de opstanding van de doden.

Ja, mijn vader zou terugkeren, zo niet in deze wereld, dan wel in die erna. Hoe groter en onverdiender zijn lijden zou zijn, des te meer zou hij in Christus' vrede rusten. Maar wat viel er dan nog te doen? Dan was het helemaal niet nodig om hem te zoeken en te vinden, want God zou hem redden. En als Jezus niet bestond, als er geen God was, of alleen de verborgen God van de joden, abstract, afwezig, ver van de wereld, die niet tussenbeide komt, in de grootste barbaarsheden noch misschien ook na dit leven? Dan was alles geoorloofd. De deugd zou nooit beloond worden, misdaad zou altijd onbestraft blijven. Alles zou door mensenhand kunnen geschieden, alles zou absurd zijn. Ja, wat viel er dan nog te doen?

En toch – er moest iets gedaan worden, ook zonder theoretische of theologische rechtvaardiging. Misschien wel uit noodzaak. Misschien omdat niets doen nog absurder was.

Om mijn zinnen te verzetten, die ik gevaarlijk zag afglijden, hielp ik Jane met de voorbereiding van het symposium. Ze leek helemaal in de organisatie ervan op te gaan. Ze belde de halve wereld af, lunchte met journalisten, schreef artikelen. Ze wilde zoveel mogelijk prominente persoonlijkheden laten komen.

Het blad had op haar voorspraak als thema gekozen: 'Heeft Jezus bestaan? De ongelooflijke onthullingen van Qumran.'

De pers had gretig ruchtbaarheid gegeven aan het sensatieverhaal dat door de BAR door tussenkomst van Jane de wereld in was gestuurd: dat voor het eerst alle handschriften verenigd zouden zijn, en dat eindelijk de hele waarheid omtrent Qumran aan het licht zou komen. Niemand kende die natuurlijk, maar de bedoeling was om alle betrokken partijen te lokken.

Kort na het verschijnen van een artikel van haar hand in de *Times* kreeg Jane op de redactie van het blad een telefoontje uit New York. Het was Pierre Michel. Hij legde uit dat hij halsoverkop uit Parijs had moeten vertrekken om aan zijn achtervolgers te ontkomen. Hij was eindelijk bereid de rol die hij in zijn bezit had openbaar te maken, omdat dat de enige manier was om zijn leven te redden. Hij zou dus ook op het symposium komen.

'Hopelijk helpt dat ons te weten te komen waar mijn vader is,' zei ik tegen Jane.

'Dat zou kunnen, als we eindelijk de hand op het laatste handschrift kunnen leggen. Dat was een uitstekend idee van je. De BAR wordt overspoeld door aanvragen voor een uitnodiging. Het is deze week ongeveer even goed verkocht als *Vanity Fair*! Zo'n record heeft een archeologisch tijdschrift nog nooit gehaald!'

'Dat handschrift zegt me niets meer, als ik hem nooit meer terug zou zien. Het is geen mensenleven waard.'

'Geef de moed niet op, Ary. Ik weet zeker dat we je vader terugvinden.'

'Dat zou dan dankzij jou zijn. Waarom doe je dit eigenlijk allemaal voor me?'

'Ten eerste doe ik het ook voor mezelf. Ik heb veel opgestoken dat me nog wel eens van pas zal komen. Ik ben veranderd, Ary, meer dan je denkt.'

Ze zweeg even, sloeg de ogen neer en zei toen weifelend: 'Eh... om je vraag volledig te beantwoorden... misschien ook wel omdat ik op je gesteld ben, meer dan wel zou moeten.'

Bij die woorden kreeg ze een vuurrode blos en sloeg mijn hart een slag over.

In het leger had ik wel meisjes gekend, jonge vrouwen die me weinig zeiden, in wie ik nooit echt geïnteresseerd was geweest. Wel maakten mijn vrienden allerlei grappen over de aantrekkingskracht die ik op ze uitoefende. Met mij erbij hadden ze geen schijn van kans om ze te verleiden, zeiden ze. Of ze vroegen me juist dringend om mee te gaan als ze 's avonds uitgingen, om ze als een magneet aan te trekken, zodat zij ervan konden profiteren om avances te maken. Ik had ook een bepaalde invloed op de mannen, die luisterden als ik sprak en mijn gezelschap zochten.

Met de vrouwen was het anders. Ze staarden me op een vreemde, troebele manier aan, wat me vreselijk hinderde. Ik wist zeker dat ze me nakeken als ik langskwam, en mijn naam fluisterden. Volgens mijn vrienden was het mijn blik die ze betoverde, behekste. Mijn ogen leken wel toverballen, zeiden ze lachend. Ze waren net zo blauw als die van mijn moeder, maar tegelijk, zoals die van mijn vader, twee brandende braambossen waarvan het vuur nooit uitdoofde.

Volgens anderen werden de vrouwen aangetrokken door mijn onverschilligheid en steevaste afwijzing. Het is waar dat ik geen sjoege gaf en andere dingen aan mijn hoofd had. Met Jane was het anders. We waren een soort wapenbroeders, want we streden aan hetzelfde front, en tegelijk bestond er een echte geestverwantschap tussen ons. Maar ik had nooit aan haar gedacht als aan een vrouw – als aan mijn vrouw, bedoel ik.

In het begin had ik ervoor gezorgd haar niet aan te kijken als ze sprak, zoals ik sinds mijn studie aan de jesjiwa bij alle vrouwen deed. Maar langzamerhand was ze een chawera geworden, een studiegenote om samen problemen mee op te lossen, plannen te smeden, naar de beste ideeën te zoeken en scenario's op te stellen. Met haar werd mijn creativiteit als bij toverslag vertienvoudigd; duizend invallen had ik, om voor de neteligste problemen een oplossing te vinden. Ze was een geweldige gesprekspartner, die zowel kon luisteren als antwoorden. Ze had verbeeldingskracht maar ook werkelijkheidszin, was wel zo onberekenbaar om de meest avontuurlijke wegen in te slaan, maar ook zo rigoureus om geen onnodige risico's te nemen.

En als mijn blik soms de hare kruiste, haar donkerbruine, wilskrachtige ogen, dan sloeg ik de ogen neer, beschaamd omdat ik betrapt was terwijl ik naar een vrouw keek.

Ik had er het recht niet toe. Niet dat liefde op zichzelf iets slechts was, of iets wat de godsdienst verbood, maar ze was niet joods. Ze was christen, protestant en dochter van een dominee.

Ja, als ik nu een ander was geweest of als ik er het recht toe had gehad, als zij joods was geweest of als ik geen Cohen of chassid was geweest, of als ik goj, protestant of katholiek was geweest, als we allebei atheïstisch waren geweest, of als ik agnost en zij protestant was geweest, als ik niet praktiserend was geweest, als ik net als mijn ouders was gebleven, ja, dan zou ik, denk ik, van haar gehouden hebben.

Ze was zo anders dan de jonge vrouwen aan wie we uitgehuwelijkt werden. Ze was niet bedeesd en gereserveerd, zoals zij, niet onopvallend en onderworpen. Ze was niet voorbestemd om de brave huisvrouw en moeder te spelen, ze was nergens voor voorbestemd. Ze was een onafhankelijke, werkende vrouw. Ze was schijnbaar nergens bang voor, zeker niet voor de waarheid, die ze als een onversaagde ridder najaagde. Ze was zo vastberaden dat ze me de weg wees als ik aarzelde en me tot daden aanzette als ik de moed verloor.

We voerden langdurige theologische discussies, over Jezus, haar godsdienst en de mijne. Onze standpunten strookten niet en vaak begrepen we elkaar ook niet, maar we respecteerden elkaar. Hoe meer we onze ideeën tegenover elkaar stelden, hoe sterker we het gevoel kregen dat het jodendom en het christendom in niets op elkaar leken en dat een reusachtige kloof ons vaak scheidde. Onze gesprekken vormden de neerslag van wat we van onze leermeesters en onze boeken hadden geleerd: de kennis van eeuwen van onwetendheid, vergissingen en misvattingen omtrent die kwesties, en wat dat betreft althans zouden de verdere gebeurtenissen ons de ogen openen. Maar om ons gerust te stellen, of misschien wel om nader tot elkaar te komen, mochten we de tegenstrijdigheden graag uitdiepen en de problemen in hun volle omvang zichtbaar maken. Na uren en uren geredekavel gingen we soms doodop uit elkaar, te moe om boos te zijn. Want een dialoog vereent, al is het nog zo'n fel en verbeten gevecht.

Toen ik me eens verbaasd toonde over haar belangstelling voor en kennis van het jodendom, zei ze: 'Dat komt door de shoah. Ik begreep niet waarom ze het joodse volk zo hebben vervolgd. Ik wilde weten wat die terreur al die eeuwen veroorzaakt had. Daarna begreep ik dat er niets te begrijpen viel aan die haat, maar dat kennis van het jodendom en van de joden wel een heilige plicht voor een christen is.'

Soms werden onze discussies onderbroken door langdurige stiltes, die niet pijnlijk waren, maar waar een gevoelsovereenstemming uit sprak die steeds dieper werd en die ik al gauw kon thuisbrengen: het was die van het besef van het mysterie. Het was als in de woestijn, wanneer ons gezicht en onze geest in de stilte daarvan alle ballast afleggen – de futiele gedachten – om tot de volkomen naaktheid van de ware daad en het ware woord te komen, die van het eerste begin. Voor het eerst had ik het gevoel dat het woord ondergeschikt was aan het zwijgen, als je daaronder 'intuïtie' verstond. Toegegeven, het was een stap in haar richting, die van het christendom en zijn heel eigen mysticisme. Maar daar lag wel de bron van het mysterie: niet in de vraag waarom er iets is in plaats van niets, want in de woestijn is er niets. En op ons zwijgende gezicht was er een leegte die misschien wel het enige echt bestaande was. Waartoe dan de taal en de dingen? Waartoe al onze geschriften en woorden, onze wetten en geboden? Waar kwam hun merkwaardige adequaatheid vandaan, hun vermogen om aan te duiden? Waren woorden wereldscheppers, of waren ze zelf geschapen en bewerkt?

'Van God,' zei ze. 'Hij maakt de taal, en de geest, en de overeenstemming tussen woorden en dingen. En het zien, en alles wat er is. Jou en mij.'

Als hij er was – en ik wist dat hij bestond –, dan was hij zeker onder ons. Dankzij haar – vreemd was dat, want de hare had een naam en de mijne was abstract – voelde ik me oneindig dicht bij hem. Want als denkbeelden zonder intuïtie niet werkzaam zijn, dan had ik inderdaad behoefte aan haar om te zien, aan haar 'geloof', zoals ze het noemde, dat me nader tot God bracht, tot de God van de waarheid.

Ze was niet koket. Ze had geen make-up op haar uiterst bleke gezicht, en haar lange blonde haar viel los langs haar schouders. Ze ging sober gekleed, in eenvoudige, ruimvallende kleren; soms droeg ze een broek of jeans.

Of misschien dwong ik mezelf wel om haar zo te zien, als een soort engel, zonder vrouwelijke kenmerken, om mezelf ervan te overtuigen dat ze niet de charmes had van een van de joodse Janes die de rabbi voor me in petto had.

Sinds Jane haar gevoelens voor mij had uitgesproken, bevond ik me in een hevige crisis. Als om mezelf te beschermen, om barrières tussen haar en mij op te werpen, ging ik vaak naar de chassidische wijk van New York. Haar liefde dreef me erheen, als een krachtig boemerangeffect, een overlevingsinstinct. Ik werd een trouwe bezoeker van een kleine synagoge in Williamsburg, waar ik al gauw iedereen kende.

Zo gebeurde het dat ik de rabbi die ons ontvangen had weer terugzag. Ik vertelde hem van de ontvoering van mijn vader en van mijn ontreddering. Ik sprak met geen woord over Almond en Millet en de kruisigingen.

'Ik heb je gewaarschuwd voor de gevaren,' zei hij. 'Maar je moet de moed niet verliezen, je moet afwachten en de devékoet beoefenen.'

'De devékoet? Waarom?' vroeg ik.

'Om te weten door wie jullie gevolgd werden.'

Ik begreep niet waar hij op doelde. Misschien had hij wel gevaar voorvoeld doordat hij gezien had dat iemand ons volgde. Wie was dat? En waarom de devékoet? Maar als chassid was ik er allang aan gewend me te houden aan wat rabbijnen zeiden, zonder me af te vragen wat de zin ervan was. Met wat andere leerlingen probeerde ik dan ook de devékoet te bereiken, zoals de rabbi me had aangeraden.

Ik zou die extase graag onder woorden brengen, maar ben bang dat dat onmogelijk is. Hoe moet ik het zeggen? Eerst dronken we gewoon wat wijn, om in een vrolijke stemming te komen. Daarna begonnen we te zingen. Een muzikant begeleidde ons; met behulp van een synthesizer bracht hij de nodige bezwerende trommel-, klarinet- en gitaarklanken voort om onze geest naar hoger sferen te vervoeren.

Vóór mijn tesjoewa luisterde ik naar popmuziek, de soort met het meeslepende ritme dat lichamen doet deinen en met een onweerstaanbare dynamiek die ze opzweept en opwindt; en met het image dat je erbij cultiveert, die zogenaamd opstandige protesthouding, een soms haatdragende, soms afgunstige manier om je tegen deze harde wereld af te zetten. Ik had in techno-nachtclubs in Tel Aviv hallucinerende raves bijgewoond, waarbij de jongeren als in een hoogmis de hele nacht door met eindeloos herhaalde, geritualiseerde bewegingen het einde der tijden aanriepen. In trance, gezamenlijk maar niet in communie, bewogen de jeugdige robots werktuiglijk hun hoofd en schouders op het ruige ritme, soms opgesierd door een melodische figuur die door de wijs heen brak, als een verre, onwezenlijke droom.

De chassidische liederen geven je daarentegen vreugde in het hart, dat is het betoverende ervan, en ik ken geen enkele andere muziek die zo'n geluk in zich draagt en bedroefde harten zo opmontert. Het begint zachtjes en drukt met een goed gedoseerd crescendo, *Oi va voi*, een waar ongeduld uit, een opmaat, *Mashiah, Mashiah*, naar de gezamenlijke vervulling en het hoogtepunt aan het slot. *Ik geloof, ja ik geloof heilig in de komst van de Messias*. Het is een vrolijke troep die het leger in de eindstrijd bezieling geeft, die de geesten rijp maakt om de ene overwinnaar daarvan te onthalen.

Ze gaven ons een wee drankje, dat ik niet kende. Na de wijn en het wilde dansen dronken we er te veel van. Er kwam al gauw een vreemde versuftheid over me, en deinend op het strakke ritme van de muziek liet ik me leiden door een onweerstaanbare aandrang om alle beheersing over mezelf te verliezen. Terwijl een zekere geestkracht in me nog weerstand bood en zich wilde verzetten tegen de extatische gevoelens die me overmanden, zei een andere, diepere stem dat ik me mocht en moest laten gaan.

Met mijn ogen dicht concentreerde ik me intens om de nodige inblazing te krijgen, door vanuit diep in mijn buik adem te halen. Ik ging op de grond liggen, met zware ledematen en het hoofd in nevelen gehuld, en geleidelijk werd ik naar andere horizonten vervoerd.

Hier en nergens, nu en altijd. Een minuut of twintig was mijn bewustzijn oneindig veel ruimer. Een gloeiende lava stroomde uit me en nam me in opperste vervoering mee, met een volkomen, haarscherp geheugen, zoals je dat soms in oneindig kleine doses kunt smaken als in wakende toestand opeens een volmaakte, gave herinnering aan een geur, een geluid of een kleur bovenkomt. De devékoet bood dat wonder in veelvoud: herinneringen flitsten overal door me heen, ik was dronken van hun snelheid, verblind door hun onzichtbare licht, gevangen in een maalstroom van energie, die ze door elkaar mengde en haarfijn onderzocht; ik rook ongekende kleuren, zag hemelse melodieën en verheven smaken. Het deed me tollen, steeds sneller, steeds hoger, almaar ronddraaiend. Een onbedwingbare kracht stuwde me de ruimte in, terwijl een andere me in het binnenste van de aarde deed wortelen. Tussen die twee heen en weer geslingerd, zakte ik ineen en stuiterde dan weer op.

Even, in een stadium van stijgende vervoering, had ik wonderbaarlijke intuïties: bladzijden van de talmoed waar ik uren op gezwoegd had werden glashelder, filosofische en theologische vraagstukken werden op slag opgelost.

Daarna drong zich een beeld op dat me volkomen beheerste: dat van de chassidische zitting die mijn vader en ik hadden bijgewoond. Ik doorleefde het hele schouwspel opnieuw; elk woord, het minste gebaar zag ik weer scherp voor me, tot op het moment dat we het huis van de rabbi uit gingen en de muziek achter ons hoorden.

Toen zag ik het. Ik had met een zekere weemoed omgekeken naar die plek, steeds verder verwijderd, waar dat onstuimig aanzwellende gezang vandaan kwam en de geesten in vervoering raakten. Ik kon me weer duidelijk de blik herinneren die ik toen geworpen had: het eerste moment sloop er iemand het huis uit. Het tweede moment was de frêle gestalte nog steeds in mijn blikveld, dichterbij nu. Ik probeerde me sterker te concentreren om het gezicht te zien, maar mijn extatische toestand leek mijn blikveld andere richtingen op te sturen. Ik deed een wanhopige poging. Opeens lichtte een hevige huivering mijn hele lichaam op, als om het hemelwaarts te trekken. Een paar minuten lang, die me wel uren toeleken, was ik in trance. Op het hoogtepunt van die hemelse gewaarwording zag ik het gezicht waar ik naar zocht. Ik sloeg achterover van verbazing. Ik kon een heftige snik niet onderdrukken, van gefnuikt verlangen en ingehouden woede: *het was het gezicht van Jane.*

Hoelang nog, Heer, zult u mij vergeten? Hoelang nog houdt u zich voor mij verborgen? Hoelang nog moet ik naar een uitweg zoeken met de angst in mijn hart, dag in dag uit? Hoelang nog zullen mijn vijanden sterker zijn?

De dagen daarop waren verschrikkelijk. Ik verdacht Jane van de ergste dingen, van van alles en nog wat. Ik wantrouwde haar te zeer om haar te laten weten wat ik ontdekt had en haar rekenschap te vragen. Als zij nu eens achter de ontvoering zat? Als zij eens iets met de kruisigingen te maken had? Was ze nu protestant of katholiek? Was ze verbonden aan de Congregatie voor de Geloofsleer? Ze had ons vanaf New York gevolgd, dat leed geen twijfel, en misschien zelfs wel eerder. Ze had me er trouwens ook van willen weerhouden achter de aanvallers aan te gaan om mijn vader te bevrijden. Misschien wist ze wel waar hij was en hield ze me alleen maar aan het lijntje om te beletten dat ik naar hem op zoek ging. Als dat zo was, was ze gevaarlijk. Als ze erach-

ter kwam wat ik wist, dreigde ze me hetzelfde lot als mijn vader te laten ondergaan, of erger.

En toch kon ik niet geloven dat ze zo dubbelhartig was. Ik ging na of ik kwaad, verdorvenheid en huichelarij op haar gezicht kon lezen, maar slaagde daar niet in. Ik zag een eerlijke, plichtsgetrouwe vrouw, die bovendien van me scheen te houden. Ik kon me niet voorstellen dat er achter die serene trekken een kwaadwillig, wreed personage schuilging.

En als dat allemaal nu eens alleen maar gespeeld was? Ik monsterde haar nog eens, en zag haar opeens in een ander licht. Soms werd haar blik troebel en kreeg iets wezenloos. Soms verstrakte hij tot een woeste schittering. Op een dag kwam ik haar toevallig op straat tegen; ze was opzichtig opgemaakt, haar blonde haar viel niet over haar schouders maar vormde grote krullen rond haar opvallend roze wangen, ze droeg een heel kort rokje dat haar knieën onbedekt liet en ze liep op hoge hakken. Ik had niet zo naar haar moeten kijken, maar was verrast dat zij het was. Waarom ging ze zo gekleed? Wie was ze? De maagd of de prostituee?

Waarom had ze ons gevolgd? In wat voor val waren we gelopen? Was het opzet geweest, toen we haar schijnbaar onaangenaam hadden verrast in de flat van Pierre Michel? Als dat zo was, wat waren dan haar motieven?

Soms dacht ik haar te haten. Ze verraadde me. Misschien was ook die liefde van haar wel toneelspel. En die gevoelens, die ik afgewezen had en nog steeds weigerde, daar ging ik nu een oneindige waarde aan toekennen, zoals aan dingen die je niet hebt – of niet meer hebt. Voor het eerst vroeg ik me af wat mijn gevoelens voor haar waren. Sinds haar liefdesverklaring had ik me op de vlakte gehouden, zoals de wet me voorschreef, en de aard van onze relatie niet eerlijk onder ogen willen zien, omdat ik ernstige zaken aan mijn hoofd had, maar zeker ook omdat ik bang was te moeten constateren dat ik me in de netten van een vrouw had laten verstrikken. En wat voor een vrouw... een goje, zoals mijn rabbi zou zeggen. Een sjikse.

Had ik me laten strikken? Had ze me te pakken? Was dat soms liefde? vroeg ik me nijdig af, en dat terwijl ik haar ervan verdacht mijn vader te hebben ontvoerd? Maar dan was liefde zoiets als oorlog. Zoals ik tegen een onzichtbare vijand vocht, om redenen die me ontgingen, zo koesterde ik jegens Jane onbestemde gevoelens waarover ik de beheersing verloor en waartegen ik, dat voelde ik, een verwoed gevecht zou moeten voeren. Het was een gevecht met mezelf, om te zorgen dat ik me niet door een geduchte vijand liet overrompelen. Een loopgravenoorlog, waarbij ik 's nachts soms diep in mijn bed weggekropen lag met de telefoon binnen handbereik, en mezelf dwong om hem niet van de hoorn te nemen en me te verklaren, me gewonnen te geven jegens dat gluiperige beest dat zijn prooi niet laat schieten en uitsluitend leeft bij de gratie van de hoop die het levend houdt.

Ik probeerde vaak tevergeefs om het gemis te ontlopen. Het kon elk moment opkomen, bij het zien van iets wat me aan haar deed denken, bij de herinnering aan een houding die ze had aangenomen of iets wat ze had gezegd, en waar ik al lezend, of via een zin of een gedachte weer op stuitte. Het ergste was wel dat het ook opkwam als ze erbij was; dat was dan bij de gedachte haar te moeten verlaten, of zelfs al, moet ik toegeven, bij de indruk dat ze er wel was, maar niet voor mij, dat haar aandacht enigszins afdwaalde, dat ze elders was met haar gedachten, bezig om machiavellistische plannen te smeden om mij te vernietigen. Die frustratie was geloof ik nog erger dan de andere. Het gemis van haar als ze er niet was, was weliswaar ondraaglijker, een en al verdriet en doffe ellende, maar ik kon haar dan wel in gedachten weerzien, haar dromen zoals ik haar graag zag en bij wijze van spreken alleen met haar opgaan in haar gedachten. Ik beleefde opnieuw momenten die we samen hadden gekend, woorden of gebaren die me aangenaam hadden getroffen; en ik weet niet waarom, maar elke keer zag ik dezelfde beelden en werd ik bij het oproepen daarvan door eenzelfde onbehagen bevangen. Dan probeerde ik ze te verjagen, om andere op te roepen en nog weer andere, die ik niet kende of die diep in mijn geheugen waren weggestopt; en als ze dan bovenkwamen waren het soms weer andere onaangename herinneringen aan moeilijke momenten, die lieten zien dat ze niet was wie ik dacht, maar een ander, de boosaardige Jane die mij volgde en die haar eigen plan volgde, en ik mocht dan graag met die gedachten spelen, nadenken over de treurigheid en de walging die ze me ingaven, die me soms, in m'n eentje, als een toneelspeler op een verlaten toneel, als een dol geworden ledenpop, een gebaar of een antwoord deed herhalen, waar ik bang voor was en onder leed.

Maar het gemis als ze er wel was, was nog erger, want dat viel niet te verhelpen door middel van verbeelding, het redmiddel van alle onbeminden, en de pijn die het gaf was geen voorproefje van het subtiele plezier van de herinnering; het was alsof je hele wezen zich vernauwde. In haar tegenwoordigheid leek alles opeens onecht, leeg en absurd: onze ontmoeting, mijn aanwezigheid, mijn verlangens. Dan voelde ik me een belachelijke speurder, een min personage, gedoemd om te verliezen, om in al mijn pogingen te stranden. Dan zei ik bij mezelf: waar dient het voor? Ik heb alles verloren. Ik heb het gevecht verloren, ik heb me vernederd. Ze heeft mijn vader van me afgenomen; laat ik het maar over me heen laten komen.

Gelukkig had ik nog mijn gevoel van eigenwaarde, mijn sterkste wapen. Dat deed me wakker schrikken, mezelf weer beheersen als ik me voelde verzwakken. Dat maakte elk loos gebaar of woord, elke onberaden daad tot iets absurds. Maar ze had het toch maar gedaan, ze had me toch haar liefde verklaard? Dan kwam prompt het antwoord van de eigenliefde jegens de liefde, onverbiddelijk, genadeloos en direct: dat was om me te bedotten, om mijn waakzaamheid te ondermijnen, dat paste in haar plannen om me te gronde te richten. Als ik net als zij mijn liefde verklaarde, dan zou ik me gewonnen geven. Zo schoot mijn gevoel van eigenwaarde me telkens te hulp; het was een gewiekste intrigant, een koele rekenaar, een regelrechte dwarsdrijver, een ware rebel, in de mooist denkbare revolte, de beslissende strijd, als het op een revanche aankwam. Het gevoel van eigenwaarde was mijn vriend, mijn trouwste bondgenoot. Zondigde ik tegen de wet? Ik hoefde die alleen maar na te leven, en dan kon er van deze verhouding geen sprake zijn. Ik wilde Jane niet meer; ik wilde haar met mijn trots verslaan, ik wilde meer van mezelf houden dan van haar, om mijn houvast niet te verliezen, ik wilde niet eens evenveel van haar houden als van mezelf, want dat zou al te gevaarlijk zijn: ik wilde niet van haar houden zoals van mezelf.

En toen ontdekte ik iets wat bitterder is dan de dood. Ik ontdekte dat de vrouw een valstrik is. Haar hart is een net en haar handen zijn boeien. Alleen wie op goede voet met God staat, kan aan haar ontsnappen, maar anders raak je verstrikt.

'Hou je eigenlijk van me?' vroeg ze ten slotte, toen mijn antwoord uitbleef.

Het was een sombere, regenachtige dag, en we wandelden al een tijdje naast elkaar in Central Park. Ik wist niet meer wat ik moest doen; ik wilde me niet blootgeven, maar het zo aanleggen dat zij ermee voor den dag kwam, om eindelijk haar gevaarlijke spelletje te kunnen doorzien.

'Ik weet het niet; ik geloof dat ik nu te veel aan mijn hoofd heb om aan iets anders dan mijn vader te denken. En ik ben ook bang,' antwoordde ik.

'Ben je bang omdat de wet het verbiedt?'

'Dat is het niet.'

'Maar die wet,' ging ze verder, 'die leg je jezelf vrijwillig op; jij en niemand anders beslist om die na te leven op de manier zoals jij het wilt. En die manier van jou is heel veeleisend, hè?'

'Ja, inderdaad.'

'Maar je moeder denkt er bijvoorbeeld anders over dan jij, of niet soms?'

Ze keek me recht in de ogen terwijl ze dat zei. Ik probeerde met veel moeite die blik te verdragen. Op dat moment leek ze me oprecht, waarom wist ik niet.

'Ja,' gaf ik toe, 'ze komt uit de Sovjet-Unie. Ze heeft gebroken met een bepaald idee van het orthodoxe jodendom dat ze erop na houdt. Ze is atheïstisch; ze draagt de stempel van het communisme en is daarnaast doordrongen van haar eigen ideeën.'

'Niets bijzonders. Er zijn er duizenden als zij, die niet haar achtergrond hebben. De meeste joden zijn net als zij. Alle joden die ik voor jou gekend heb waren zo.'

'Natuurlijk, het is normaal dat je nooit iemand zoals ik ontmoet hebt,' gaf ik toe. 'Mensen zoals ik leven onder elkaar en ontmoeten maar zelden mensen zoals jij.'

'Dat waren normale mensen, Ary, normale mensen. Jullie verstoppen je omdat jullie bang zijn voor de buitenwereld, jullie zijn bang om je kwetsbaar op te stellen en klampen je liever aan jullie zekerheden vast.'

'Ik ben niet normaal, dat is waar. Vroeger wel, volgens jouw maatstaven.'

'Belet jouw wet ons dan om van elkaar te houden? De mijne wil je met open armen ontvangen. Waarom is de God van Israël zo jaloers? Waarom is jouw godsdienst, die zo gastvrij voor vreemdelingen was, die nooit een inquisitie, heksenjacht, deportaties of vernietigingskampen heeft geschapen, zo onverdraagzaam ten opzichte van ons? Waarom willen jullie me niet?'

'Gemengde huwelijken zijn verboden.'

'Ben jij zo iemand die gelooft dat gemengde huwelijken veroorzaken wat Hitler niet heeft gedaan?'

'Ik geloof dat gemengde huwelijken de doodgravers van onze geschiedenis zijn.'

'Maar wat is een gemengd huwelijk nu? Niets is ooit zuiver, alles is altijd een mengvorm, een huwelijk is altijd een verbintenis, een vereniging van twee verschillende wezens.'

'Ik wil dat je blijft zoals je bent. Ik zou niet meer van je houden als je anders zou worden...'

Ik zweeg en wilde mijn tong wel afbijten. Ik had me laten meeslepen en mijn mond voorbijgepraat. Was ik dan opnieuw in haar val gelopen? Haar gezicht klaarde op.

'Dus je houdt van me? Als ik net als jij zou worden... Waarom ben je niet als je moeder? Dan zou alles zo simpel zijn. Als je genoeg van me houdt – genoeg om je ervan, van jezelf, los te maken, bedoel ik –, dan zou ik geloof ik alles, ja alles voor je willen doen. Maar ik geloof niet dat daar echt sprake van is. Ik geloof dat je eigenlijk een roeping hebt, zoals christenen het noemen. Je bent een joodse monnik, Ary. Je bent een *kloosterling*.'

III

Het was waar. Ik was een kloosterling geworden. Op een bijzondere manier, die ik nooit eerder had beleefd, kwam ik nader tot God. Ik was van liefde vervuld. Als chassid geloofde ik dat deze wereld een opstapje was naar Hem die ik liefhad. Ik probeerde me ervan te onthechten, om me tot Hem te verheffen, mijn steun en toeverlaat, altijd daar als redding in de nood. Als de aarde beefde, als de onderzeese bergen instortten, was hij mijn troost, mijn burcht; een boom aan het water, waarvan de bladeren nooit verdorden. Ik stelde me hem voor in zijn gewaad van mirre, aloë en kaneel, kostelijker dan fijn goud, smakelijker dan verse honing. Hij kwam me te hulp bij het krieken van de dag en zalfde me met een zalige olie als ik midden in mijn slapeloze nachten door doodsangst overvallen werd, als ik beefde van schrik en over mijn hele lichaam trilde, als mijn hart ineenkromp. Dan riep ik zijn naam aan in vurige gebeden en wist dat hij mijn nood zou lenigen, dat hij de volken zou onderwerpen en degenen die op mij loeren zou tuchtigen.

In zulke nachten vroeg ik hem om me even vleugels als een duif te geven, om naar de woestijn te vliegen en daar een veilig heenkomen te zoeken en eindelijk mijn nachtrust te vinden, om snel een schuilplaats tegen de storm en de wind te zoeken. Ver van hier, van het geweld en de tweedracht in de stad, van de nachtelijke vagebonden, van wanbedrijf en misdaad, van bruutheid en bedrog, waar geen straat vrij van was.

Want ze loeren op mij,
Ze jagen op mij,
De hele dag door,
Ze drijven mij in het nauw.
Ik vereer u, mijn God,
Om wat u beloofd hebt.
Als ik op u vertrouw,
Ken ik geen angst meer.
Wat zouden ze mij kunnen doen,
Die nietige mensen?
Ze beledigen mij,
De hele dag door;
Ze hebben het op mij voorzien.
Ze beloeren en bespieden mij,
Geen stap kan ik zetten,
Zij staan mij naar het leven.

In mijn nood dorstte mijn ziel naar hem, smachtte mijn lichaam naar hem; ik bevond me in verdroogde aarde, uitgeput, zonder water. Hij was een onuitputtelijke bron, een heiligdom van macht en glorie; hij was het vet en de olie waaraan ik me verzadigde als ik zwak en verwilderd, door honger en uitputting getekend, zijn naam spelde. *Als ik op mijn bed aan u denk, bid ik urenlang tot u.* Hij was mijn steun, waar ik me met hart en ziel aan vastklampte, tegen die vrouw die me in de weg stond. Ik zou het mezelf kwalijk nemen me daarmee te verenigen, een wezen van vlees en bloed wier hart misschien wel door Satan was verdorven, wier slinkse ziel de duivel toebehoorde, die vrouw die me volgde, die misschien wel gedood had, verminkt, gekruisigd... Ik dacht aan mijn vader, en weer liepen de rillingen me over de rug.

Op een ochtend bespiedde ik haar ongemerkt. Ik wachtte tot ze de deur uitging en volgde haar op de voet. Ze ging naar de BAR en daar betrok ik ruim twee uur lang geduldig de wacht. Ten slotte kwam ze naar buiten en stapte in een taxi. Ik nam er ook een, meteen na haar, en volgde haar nog eens tien minuten, tot ze uitstapte. Ze ging een café binnen, waar ze blijkbaar op iemand wachtte. Ik hield haar onopvallend vanachter het raam in de gaten. Toen kwam er een man aan, die tegenover haar ging zitten, met de rug naar me toe. Ik kon hem niet zien, maar wist dat hij vrij oud was, want hij had grijs haar, en zijn ietwat gedrongen gestalte kwam me bekend voor.

Ze kenden elkaar blijkbaar goed; meer dan een uur waren ze druk in gesprek. Ten slotte gaf hij haar een envelop, die ze openmaakte; er zaten bankbiljetten in. Hij stond op, trok zijn jas aan en vertrok, na een korte groet. Hij liep mijn kant op, en nu kon ik zijn gezicht zien. *Het was Paul Johnson.*

Verslagen ging ik naar mijn hotel terug. Nu wist ik zeker dat ze een spionne was. Ze was mooi en sterk, slecht en wreed, machiavellistisch en slinks, als Delila. Ik zat in de val, bedrogen, vernederd. Ze was een stuk venijn. Ik had ervan geproefd. Ik was vergiftigd. Ik zou mijn ouders, mijn familie, mijn vaderland verloochenen. Ik zou mijn vrienden verliezen en alles vergeten, met inbegrip van de opdracht die ik te volvoeren had. Ik zou mijn naam vergeten. Ze zou me mijn laatste krachten, mijn laatste sprankje hoop ontnemen. Wie was ze? Wat wilde ze? Wat was ze van plan? Door wie was ze gestuurd? Door Johnson en het Vaticaan, of werden die zelf ook door haar gemanipuleerd?

Het was een verraadster, die zich in het kamp van de vijand ophield; om die beter in het oog te houden had ze hem op haar terrein laten komen. Mijn vader was vast en zeker aan het andere eind van de wereld, en ik was hier, zonder iets te doen, en liet me beduvelen. Als hem eens wat overkomen was... Net als Simson zou ik in de gevangenis de molen draaien. De duivel huisde in deze vrouw; de demon, driemaal gesmaad, had haar verleid en drong via haar de mensen binnen. Of misschien was het wel omgekeerd en had zij zich zelf in de duivel genesteld en manipuleerde zij hem; want machtiger dan zij kon hij niet zijn, dat was niemand. Arme stervelingen; we konden niets uitrichten tegen de ongenaakbare macht van de vrouw, die verraadster die er zo schoon uitzag, die zo mooi kon praten en zo sluw te werk kon gaan. En sterk was ze vooral, driewerf sterk! Ze kon kinderen baren, mannen, maar vooral ook vrouwen. Wat een opeenvolging, een aaneenschakeling: de vrouw die een vrouw voortbrengt! Een duivels complot! Wie kon er beter dan zij dood en verderf zaaien, zij die het leven gaf? Ze had zich over de sponde van Holofernes gebogen, die als een kind sliep, door haar toedoen beschonken, hij die haar bij zich onthaald had, zij die als zwakke vrouw de wijk bij hem had genomen. Ze had zijn kromzwaard gepakt, hem bij het haar gegrepen en tweemaal met alle kracht van haar zwakke armen in zijn nek toegeslagen. Het bloederige hoofd had ze in haar spijszak meegenomen. Sandalen, armbanden, ringen, opschik, gerstemeel en koeken; honingzoete woorden, veelbetekende glimlachjes, liefdesverklaringen, liefkozingen en de liefdesdaad: de wapenen van de vrouw. Ze had hem met melk in slaap laten vallen; ze had hem met een tentpin aan de grond gespietst; zij die hem ontvangen had, onthaald, geherbergd, haar gast die door haar toedoen ingeslapen was. Jaël, Judith, Delila, Jane, met haar prachtige blonde haar dat op haar ronde schouders valt; ik raakte de kluts kwijt. Blanke handen, uitlopend in slanke vingers of in pinnen, sabels, houwdegens en tongen des doods? Wat een heerlijke verschrikking om ze aan den lijve te voelen, rond mijn nek, in mijn open en al bloedende hart geplant en gewrikt. In 's hemelsnaam, een laatste wilsinspanning.

Die nacht kon ik niet in slaap komen. Ik pakte het eerste het beste boek, een Qumran-handschrift. Het was de *Orderegel*. Ik bladerde er afwezig in en stuitte op een passage getiteld 'Over de berisping': *Ze moeten elkaar terechtwijzen in oprechtheid, nederigheid en hartelijke vriendelijkheid. Men dient zijn broeder niet aan te spreken in boosheid of morrend, of in weerspannigheid of met ongeduld of op godslasterlijke wijze. En men dient niet met verdorven hart haatdragend jegens hem te zijn, want men dient hem op de dag zelf terecht te wijzen, en niet wegens hem schuld op zich te laden.*

Ik moest er het mijne van weten, besloot ik. Gebeure wat er gebeuren moest; ik lag al op de pijnbank. Als ze iets te maken had met de moorden of de ontvoering, dan kon ik, door haar uit haar tent te lokken, op z'n minst mijn vader misschien op het spoor komen. Ik was bereid mijn leven daarvoor te riskeren. Ik besloot met Jane in een café af te spreken en een verklaring van haar te eisen.

'Zo is het wel genoeg, dat toneelspel van je. Ik weet alles,' zei ik haar. 'Van het begin af aan heb je tegen me gelogen; ik weet niet wat je bij de BAR doet, maar ik weet wel dat het alleen maar een dekmantel voor je is. Ik weet ook niet voor wie je werkt, maar wel dat we elkaar in Parijs niet zomaar zijn tegengekomen. Je hebt ons vanaf New York gevolgd.'

Ze zette grote ogen op en vroeg zich ongetwijfeld verbaasd af hoe ik dat allemaal wist. Na een korte aarzeling zei ze: 'Het is waar, ik heb jullie vanaf New York gevolgd. Ik heb hetzelfde vliegtuig genomen als jullie en jullie daarna niet uit het oog verloren. Maar in één ding vergis je je. Onze ontmoeting was wel degelijk toevallig. Ik volgde ook het spoor van Pierre Michel, en ik had niet gedacht dat jullie dat zo gauw zouden vinden.'

Ze keek me ernstig, bijna smekend aan.

'Sinds wanneer volg je ons en voor wie werk je?'

'Ik volg jullie sinds jullie Paul Johnson hebben bezocht. Ik heb bij hem gestudeerd en ben bij hem gepromoveerd. Hij heeft me gevraagd jullie te volgen.'

'Waarom?'

'Ik moest jullie niet uit het oog verliezen; ik moest proberen jullie op de voet te volgen en alles over te brengen wat jullie aan de weet kwamen. Hij zei dat jullie gevaarlijk waren, dat jullie het christelijk dogma op losse schroeven wilden zetten; dat jullie daar per se van weerhouden moesten worden.'

'Met alle middelen?' vroeg ik.

'Nee, dat zeker niet. Ik weet niet wie je vader heeft ontvoerd, ik zweer het je. Toen die mannen bij Pierre Michel opdoken, was ik even verbaasd als jij.'

'Maar als Johnson ons heeft laten volgen, kan hij hem ook best hebben laten ontvoeren.'

'Dat heb ik me ook meteen afgevraagd, en ik heb het hem gevraagd, maar het antwoord luidt ontkennend. Hij heeft het niet gedaan, geloof me,' zei ze met klem. 'Het is geen kwaaie; hij maakt zich alleen zorgen over zijn geloof.'

'Moet ik je soms geloven, na al die leugens? Waarom heb je me dat niet verteld toen...'

'Ik wilde je vertrouwen niet verliezen,' zei ze met gesmoorde stem. 'Ik was bang... met jouw onbuigzaamheid, bang om je te verliezen. Maar ik heb er alles aan gedaan om mijn fout goed te maken. Dat symposium komt er, dat is zeker, en ik zal alles doen om de moordenaar en je vader te vinden. Geloof me, Ary...,' zei ze op smekende toon.

Ze maakte een oprechte indruk. Ze had meteen alles bekend, alsof ze opgelucht was dat ze eindelijk de waarheid kon vertellen. Maar ze had gelogen. Het was een gevaarlijke vrouw, die tot alles in staat was, mensen op straat en in het vliegtuig volgen, zich vermommen om op plaatsen te komen waar ze niet thuishoorde. 'Je hebt zijn geld aangenomen,' zei ik. 'Je hebt me verkocht. Je hebt jezelf verkocht!'

Maar terwijl ik in woede uitbarstte, besefte ik dat ik eerder verongelijkt was dan echt kwaad. Haar gezicht had zich verstrakt, haar vochtige ogen waren neergeslagen en ik zag haar edele trekken verwrongen van schaamte en verdriet.

'Hoe zou ik je kwaad kunnen doen?'

Hebben we niet dezelfde vader?

Jane vertelde me nu uitvoerig over haar tijd als wetenschappelijk medewerkster aan de theologische faculteit en haar contacten met Paul Johnson. In het begin was ze onder de indruk geweest van zijn kennis en zijn kennelijke openheid tegenover andere godsdiensten, met name jegens het jodendom. Maar ze had gemerkt dat er achter dat humanisme een onbuigzaamheid school die aan fanatisme grensde. Maar ja, ze had voor haar carrière veel aan hem te danken, en hij had haar toegezegd dat zij hem zou opvolgen als hij met emeritaat ging. Hij waardeerde haar discretie en had bij zijn onderzoekswerk veel nut van haar kennis van oude talen. Kortom, toen hij haar die merkwaardige opdracht gaf, kon ze niet weigeren. Maar ze had diepe spijt van wat ze gedaan had. Ze smeekte me om vergiffenis.

Een paar dagen voor het symposium waren we een stuk dichter tot elkaar gekomen.

We hervatten na een dag werken de langdurige gesprekken die ons 's avonds wakker hielden. Ik vertelde haar over het chassidisme en de kabbala. Ik gaf haar een paar van onze geheimen prijs. Ik onthulde haar het mysterie van de letters van het alfabet, dat alleen aan wijzen bekend is, degenen die tot in het diepst van de ultieme kennis doordringen. Ik leerde haar de א, de *alef*, symbool van het universum, waarvan de stok bemiddelt tussen de bovenste omhaal, die de bovenwereld uitbeeldt, en de onderste omhaal, die de benedenwereld is. Ik leerde haar de ב, *bet*, de letter van de schepping, die bij wijze van huis onthaalt, beschut en beschermt; de ג, *gimel*, omgeven door ontelbare rijen engelen, die hem met hun opalen vleugels bedekken; de ו, *wav*, fier rechtop, zoals een vroom man met zijn stramme houding, waaruit zijn veeleisendheid, rechtschapenheid en eerbied voor waarden spreekt; de י, *jod*, de heilige punt; ז, *zajin*, de letter van de bevrijding en verlossing, die tot taak heeft alles te openen wat gesloten is, de schoot van de onvruchtbare vrouw, het graf van begraven mensen, de poort van de hel; ה, *he*, de goddelijke letter, die tweemaal voorkomt in de Naam, het woord aller woorden, het absolute teken, gevormd door vier medeklinkers, zonder menselijke klinkers, voor eeuwig open in hun volkomenheid om het onuitspreekbare, onnoembare tetragram te belichamen, onze God, JHWH.

Ik leerde haar de merktekens van het gelaat, die niet aangeboren zijn, maar wisselen al naar gelang iemands gesteldheid. Want de tweeëntwintig letters van het alfabet zijn in ieders ziel ingeprent, en die drukt zich weer uit in het lichaam dat hij bezielt. Als iemand in goede gesteldheid verkeert, zijn de letters regelmatig op het gelaat geplaatst; zo niet, dan ondergaan ze een verschikking, die een zichtbaar spoor nalaat.

Ik vertelde haar van degene die het pad van de waarheid bewandelt, voor een kabbalist gemakkelijk te herkennen aan het horizontale adertje dat hij op de slapen draagt en dat aan het uiteinde twee andere ribbeltjes vormt, die door een derde verticaal gekruist worden. Die vier merktekens getuigen van zijn deugdzaamheid, want ze vormen de mystieke letters ו en ה. Anders is het gesteld met degene die volkomen van het goede pad is afgedwaald, want de heilige geest verlaat zo iemand, om plaats te maken voor de onreine geest. Zo iemand heeft drie rode vlekjes op de rechterwang, en evenveel op de linker. Daaronder lopen fijne rode adertjes, die de letters ר en ח vormen, zoals geschreven staat: *de onbeschaamdheid van hun gezicht getuigt tegen hen.*

Ik vertelde haar van de verdoolde die, na het verkeerde pad te zijn opgegaan, bij zijn Meester terugkomt en zich schaamt als de mensen hem recht aankijken, omdat hij denkt dat iedereen zijn verleden kent. Zijn gezicht is afwisselend geel en bleek van kleur. Drie adertjes tekenen hem: een loopt er van de rechterslaap naar de wang; een ander, boven de neus, gaat over in de twee merktekens aan de linkerkant; en het derde vormt de verbinding tussen die twee. Dat teken verdwijnt echter als hij zich volledig heeft aangewend de deugd te betrachten en de ondeugd geheel heeft afgelegd. De letter ז staat op zijn voorhoofd geschreven.

Ik lichtte haar in over iemand die ten tweeden male in deze wereld komt om de fouten te herstellen die hij in zijn vorige leven op aarde heeft begaan; die heeft een rimpel op de rechterwang, die verticaal langs de mond loopt, en links twee diepe groeven die net zo lopen. De ogen van zo iemand blinken nooit, ook niet als hij vreugde beleeft.

'En ik, wat voor type ben ik?' vroeg ze.

Er liepen een paar heel fijne rimpeltjes over haar gezicht, dat ik wel kon uittekenen. Ze vormden enkele prachtige letters: *alef, he, bet* en *he*: אהבה.

Elke dag zag ik haar, en elke avond bad ik vurig, want de strijd tegen het kwaad vindt eerst en vooral in het gebed plaats. Ik wilde een andere richting geven aan de roes, de vervoering die zich van me meester maakte als ik bevlogen pratend, in devotie, met Jane samen was; ik wilde de aardse liefde overstijgen in de goddelijke liefde, de bron van alles. Ik bad tot God de schepper om me de macht te geven de verleiding te weerstaan; maar ik wist dat hij ons sinds zijn tsimtsoem vrij wilde laten, zelf verantwoordelijk voor het kwaad dat in ons was.

Het was een vreselijke tweestrijd. Ik wilde een onnozele ziel nabij de Allerhoogste zijn, maar mijn hart werd bezoedeld door aardse verlokkingen. Ik wilde strijdbaar zijn en trouw aan de Eeuwige der Heerscharen, maar mijn ziel was gekweld, brandde van ongerustheid en kwijnde zo weg dat hij bijna in het niets opging. Ik wilde droog zijn, onbewogen, als een stuk hout, maar was vochtig van begeerte. Ik bewoog bij het bidden zo driftig van voren naar achteren dat ik soms mijn hoofd tegen de muur stootte. Ik had mezelf wel willen geselen, tuchtigen, krachtig kastijden, om boete te doen.

Ondanks al mijn inspanningen, al mijn goede wil ten spijt, werd ik bekoord, en mijn aanvechtingen werden steeds sterker. De chassidim zeggen dat je God ook daarmee moet dienen; dat je hem met beide instincten moet liefhebben; dat vergrijpen een vereiste zijn om zijn Naam ten volle te dienen. Want de Heilige Geest hangt over het aangezicht van de zonde, en verblijft daarin. Ik zocht mijn heil buiten de vergeving om, die me onbereikbaar leek, in de verzoening van de werkelijkheid daar in den hoge met die hier op aarde. Ik opende in monistische dromen het Heilige der Heiligen, de gewijde plaats in de Tempel; ik zag er teder verstrengelde cherubijnen. Was het denkbaar dat lichamelijke krachten theürgische vermogens hadden? Nee, dat kon niet. Ik was bang. Ik ging liever het gevecht aan. Ik wilde rein zijn. Ik dacht sterk te zijn.

Nooit heb ik smartelijker naar de tikoen uitgezien, de laatste, Messiaanse ademtocht van de wereld. Dat leek me de enig mogelijke verlossing, want mijn verlangens waren zo vurig dat er een kosmisch ingrijpen voor nodig was om ze tot zwijgen te brengen. Maar wilde de Verlossing van de eindtijd komen, zo wist ik, dan moest ieder eerst zijn eigen Messias worden en zich openstellen voor de persoonlijke band met God, via de devékoet. Er waren momenten – durf ik het te bekennen, zal ik het zeggen? – dat de uitwerking daarvan ontoereikend was tegenover de kracht van de bekoring. Was dat soms een teken van de aanwezigheid van God? vroeg ik me af. Want juist nu ik op het punt stond hem te verloochenen en zijn geboden te schenden, voelde ik overal zijn immanente aanwezigheid. *Er is geen plaats zonder hem*. Juist nu ik nader tot zijn schoot was gekomen, zo na als ik nog nooit geweest was, werd ik bekoord. Net als Job was ik van alles verstoken: mijn rabbijn, mijn geboortegrond, mijn vader; net als Job in zijn kwetsbaarheid werd me iemand gestuurd in de gedaante van een vrouw, om een vreselijke strik te spannen voor mijn menselijke zwakheid. En wat voor vrouw! Zo bekoorlijk, met haar soms zachtpaars aangezette mond, haar nauwsluitende broek, haar rok met een split vanachteren, haar hoge hakken.

Ik bad vurig, maar in de letters die ik las was haar naam. Want door het verlangen worden klinkers gevormd en gaan krachten tot daden over. Ik spelde nadrukkelijk de medeklinkers, maar die vulden zich met klinkers en deden mijn hart opnieuw opvlammen. Ze liepen schaamteloos vol, klaar om in mijn mond de meest dubieuze wendingen te nemen. Ik zag ze op mijn lippen opgaan in een diabolische dans, als meisjes van plezier, me betoverende blikken toewerpen, me verleiden om ze van mijn klanken, mijn zinnen, mijn zaad te vervullen. Loom en wellustig wachtten ze op het bewegen van mijn lippen, tot ik ze welwillend leven inblies. Ze gleden over mijn tong. Dit was niet kaddisj, maar kedoesja. De heilige en de prostituee. Het meest gewijde en het meest profane vermengden zich en stonden elkaar na, want in het kwaad kun je God tarten, hem aanzeggen zich te vertonen, om te zien hoe ver hij je laat gaan en of hij wel bestaat.

Ik probeerde de gedachten die in me opkwamen te onderdrukken. Het was verleidelijk om te zeggen dat de duivel me ze had ingegeven, maar ik had de indruk dat ze wel degelijk van mezelf waren, al had ik moeite om dat toe te geven, zo onnoemelijk slecht, zo onzegbaar waren ze. Hoe kan ik ze opschrijven? Moet ik ze boekstaven, ze vrijgeven en als dolzinnige, betoverde letters laten dansen, of moet ik ze voorgoed het zwijgen opleggen, ze in het diepst van mijn ziel begraven, naast de daden die bij het laatste oordeel gevoeglijk op Gods schaal gewogen zullen worden? Woorden raken hier aan de grens van het zegbare. Maar ik kan ze niet inhouden, zoals ik ook mijn gewaarwordingen niet heb kunnen tegenhouden. Ik kan ze niet verzwijgen; ik wil tot de uiterste grens van de bekentenis, van de belijdenis gaan. Schrijven is geen uitweg voor me, maar mijn manier om me te reinigen; mijn doop, mijn verlossing. Ik wil getuigen om de geslachten te laten weten wat ik gewild en doorleefd heb, en mijn daden net als het kwaad in de wereldruimte te laten weerklinken. *Wij hebben voor uw aangezicht verkeerd gedaan. Wij smeken om uw barmhartigheid.*

Verkeerd doen. Dat haar mond kussen op mij drukte, met haar adem in de mijne – dat was waar tussen de letters op werd aangestuurd. Kiddoesjin, zegening, maar ook huwelijk, een van de hoogtepunten van de mens, waar de nabijheid van de Naam het duidelijkst is. Het Heilige in zijn hoogste verhevenheid, op zijn hoogtepunt geweld aandoen. De heilige waarden door middel van het heilige met voeten treden. Hem treffen, Hem, de Onnoembare, hem uiteindelijk door de zonde bereiken, op de uiterste grens. Bij de chassidim had ik eerbaarheid geleerd. Echtgenoten sliepen gescheiden en hadden gemeenschap in donkere kamers, de man op de vrouw, met het gezicht naar elkaar toe. Mijn rabbijn zei dat je zo weinig mogelijk uit moest trekken, of verkeer moest hebben via een laken met een gat erin. Bij Poolse chassidim was het haar van de vrouw kortgeknipt, en bij de Hongaren en de Galiciërs was het hoofd zelfs kaalgeschoren.

Maar waarom had God ons dan in vlees gehuld, verstevigd met botten en zenuwen? Waartoe diende die huid, die gloeide als ik bij haar was? Waartoe dat vlees, dat zijn wanhoop uitschreeuwde als ik met mijn verdwaasde ogen, rood van schaamte om mijn begeerte, steels een glimp van haar smetteloos blanke huid zag? Waartoe die botten en die zenuwen, als die niet eveneens Gods evenbeeld waren, als slechts de ziel het wezen van de mens vormde? Waartoe dat vervloekte stoffelijke omhulsel, als het alleen maar als kleding was, die je 's avonds aflegde? Zelfs al is het lichaam maar bijzaak, zou er achter de gedaante ervan niet een ander beginsel schuilgaan? Mijn voorhoofd, mijn handen, mijn voeten, mijn hele lichaam droeg de stigma's van het verlangen.

Haar rozerode konen, haar amandelbruine ogen, haar boezem die zich onder haar kleren aftekende, haar soms omgorde middel, haar hele lichaam noodde tot mijn steelse, onbeholpen en vluchtige blikken. Haar rokken en jurken lieten zekere rondingen zien die me deden zwijmelen van geluk. Ik liet mijn blik er heimelijk over weiden. Een oorlel met bloemen of paarlen erin, een pols gespikkeld met dauwdruppeltjes, een enkel met een goudbruin waas erop, het deed mijn hart opspringen. Ik had het gevoel dat de schellen me van de ogen vielen, dat ik voor het eerst zag, dat ik nooit eerder gezien had. Ik die niet naar vrouwen omkeek, ik die gewoon was mijn ogen neer te slaan als ik er een op straat tegenkwam, ik die me achter mijn streimel verschool op plaatsen waar ze hun onzedige lichaam tentoonspreidden, ik liet mijn blik nu ondanks mezelf op verboden plaatsen rusten, ondoorgrondelijke plaatsen die chassidim nooit zagen maar die ik ongezien kende.

Maar als de zinnen zich aan de huid meedelen en die verlagen dan wel verheffen, dan kon het lichaam niet geheel en al zondig zijn. Waarom voelde ik zo'n schaamte? Ik was de lering van onze meesters en die van de thora niet meer waardig. Verbeten ging ik mijn boeken begraven op een boekenbegraafplaats, zoals de gewoonte het wil; want het is verboden ze zomaar weg te gooien. De volgende dag groef ik ze weer op en vroeg om vergeving.

Ik raakte het spoor bijster. Er heerste anarchie in me; ik werd meegesleept door een woeste, ontembare, irrationele kracht. Het verlangen voedde de belemmering, want het belang van beletselen schuilt in het verlangen dat ze opwekken. Het verlustigt zich erin en bestaat bij de gratie ervan, waardoor ze zich als in een alchemistisch proces tot de oorzaak omvormen. Terwijl de verdwijning van mijn vader een ondraaglijke kwelling voor me was, verlangde ik naar haar. Terwijl ik een chassid was met streimel en slaaplokken, verlangde ik naar haar. Voor het gebed en na de studie verlangde ik naar haar. Onder het eten en in mijn slaap riep ik haar naam aan. Ik stond ermee op en ging ermee naar bed, kwam ermee thuis en ging ermee weg. Terwijl om ons heen de doden vielen, wat ons diep in de ziel kwetste, verlangde ik naar haar. Als dit het einde van de wereld was geweest, zou ik nog naar haar verlangd hebben. *Je hebt me betoverd met één blik van je ogen.*

Mijn zielsvriendin was ze, mijn milde bron, die me aantrok zoals ze wilde. Ik rende als een hert. Wat was ze zoet, de liefde die zij me toedroeg; haar woorden en attente gebaren waren heerlijker dan honing, suiker en al wat smaakt. Met haar schoonheid, haar bevalligheid, haar glorieuze verschijning liet zij zich in al haar pracht aan me zien en vervulde me van eeuwige vreugde. Ze liep over van bekoorlijkheid; wat liet ze me smachten! *Verhoor het toch en wijs me niet af.* Ik wilde dat zij haar vredesvlag uitstalde, voor mij uitvouwde; dat zij de hele aarde met haar glorie opluisterde; dat mijn vreugde en mijn geluk in haar waren. *Haast uw liefde, want de tijd dringt, en schenk ons uw genade als in de dagen van eeuwigheid.*

Niets van de uitstalling ontging me. De serene blankheid van haar opalen gezicht was met heel lichtbruine stipjes gespikkeld; haar hoogrode lippen waren een oase van aardbeien en frambozen midden in de woestijn; haar ivoorachtige hals had de vale bleekheid van de Negev. Haar huid was een wit kiezelstrand aan de zoutzee, fijnkorrelig, smeuïg als room en fraai gepolijst; een glad, zijdeachtig bekleedsel, verfijnd, soepel en wit als papier, het resultaat van eeuwen zorgvuldig bijschaven, de jongste loot van een schoon geslacht. Over zo'n effenheid vloeide de inkt vanzelf, niet opgezogen, maar opdrogend na er luchtig kringelend als een naaktdanseres overheen gegleden te zijn.

Dit was geen vel om te doorsteken, maar om lichtjes met tekens te beroeren. Op deze bladzijde stonden alle letters gedrukt, die bezweringsformules vormden; tweeëntwintig gekromde, fijn getekende lijntjes, waar ik woorden van maakte, die ik als een nauwgezette boekrolschrijver regel voor regel optekende, de leidraad van mijn verbeelding volgend, door heilige inspiratie gestuurd. Ik prepareerde, glansde, grifte, bewerkte het zachte, satijnachtige dons met duizend letters, geput uit de oudste tradities. Elk daarvan lag nog lang na te trillen, ingeblazen door Gods adem; elk ervan was een medeklinker met een klinker eraan, die tegen een andere medeklinker leunde, vervuld van een andere klinker, die weer tegen een andere schurkte, en zo eindeloos door. Gefilterde herinneringen, epifanie, eerbiedige profanatie, oneindige lezing, duiding van dit kostbare perkament, het waardevolste van allemaal, een kloppend hart onder de poreuze bladen, dood maar weer tot leven gewekt door zorgvuldige, verantwoorde exegese. Ik schreef het boek van een nieuwe geschiedenis, die bestond in subtiele pilpoels, oorden van verlangen, van melodieuze klanken en van geloof, hoop en ongestilde verwachting. Want het was maar al te welkom, het einde! Het was het einde der tijden, de parousie, de komst van de nieuwe wereld, de verlossende tikoen, zo lang verbeid, sinds duizenden jaren verhoopt.

Soms droomde ik klaarwakker. Haar mond was als zoete nectar, haar lichaam een fijn parfum. Zij was mijn duifje in haar schuilhoek in een kloof in de bergwand, ze liet me haar gezicht zien en haar stem horen; en haar stem was zoet en haar gezicht bekoorlijk, haar ogen waren net duiven, haar haar als een kudde geiten, haar lippen als een scharlaken lint. *Wat een genot is jouw liefde, mijn bruid, mijn zuster, hoeveel zoeter dan wijn, je geurt naar de heerlijkste oliën, heerlijker dan alle kruiden.*

Hier en nergens, nu en altijd. Ik werd gegrepen, helemaal doorstroomd door golven van licht; ik was dronken van hun beweging, verblind door hun onzichtbare schittering; ik rook ongekende kleuren, zag hemelse melodieën en verheven smaken. Het deed me tollen, steeds sneller, steeds hoger, almaar ronddraaiend. Een onbedwingbare kracht stuwde me het heelal in, terwijl een andere me in het binnenste van de aarde deed wortelen.

Haar gezicht was van een oneindige reinheid. Ze opende de ogen voor de stilte.

Tot mijn diepe ongeluk, maar ironisch genoeg ook tot mijn geluk, riep de gedachte aan mijn vader me hardhandig tot de orde. Er waren dagen dat ik de halve stad afliep, overal waar maar Israëliërs waren, overal waar er archeologen te vinden waren. Soms dacht ik hem te zien, en dan bonsde mijn hart in mijn keel. Nachtmerries benamen me de nachtrust, ze maakten me murw en deden me overdag wezenloos uit mijn ogen kijken. Soms vroeg ik me af of ik wel de juiste gedragslijn gekozen had, of ik niet alles had moeten doen om achter die mensen aan te gaan die hem voor mijn ogen ontvoerd hadden; dan werd ik door wroeging overmand. Wat deed ik hier, als hij nog in Frankrijk was? Maar wat moest ik in Frankrijk als ze hem hierheen hadden gebracht?

Op een avond dat we in de hal van mijn hotel zaten te praten, voelde ik me onwel. Ze bracht me naar mijn kamer, waar ik ging liggen. Machteloos lag ik een uur lang als een grafbeeld op mijn bed, de armen gekruist. Jane ging op een stoel zitten en bleef geduldig bij me. Toen ze zich over me heen boog om te zien of ik alweer tot mezelf kwam, beroerde ze me met haar lange zachte haar. Ik rook een kamfergeur die als balsem voor mijn roerloze lichaam was, dat weer tot leven kwam. Ik stond op. Ze keek me met haar bruine ogen indringend aan; daarna vertrok ze en liet haar geur achter.

Vijfde rol

DE ROL VAN HET DISPUUT

Opmars en eeuwige zege van het licht
De kinderen der gerechtigheid zullen alle einden der aarde verlichten
Met een gaandeweg aangroeiend licht, tot alle tijden der duisternis een einde gevonden hebben.
En op de tijd van God zal zijn verheven grootheid schijnen
Gedurende alle [eeuwige] tijden tot vrede en zegen,
Glorie, vreugde en lengte van dagen
Voor al de kinderen des lichts.

Maar op de dag dat de Kittieten vallen,
Zullen er strijd en een verschrikkelijk bloedbad zijn voor het aangezicht van de God van Israël,
Want dat is de dag die Hij van overlang voor zich heeft vastgelegd
Voor de vernietigingsoorlog tegen de kinderen der duisternis.
Op die dag zullen de gemeente van de hemelingen en de vergadering der mensen
Tegen elkaar komen te staan tot een groot bloedbad.
De kinderen des lichts en het erfdeel der duisternis
Zullen met elkaar strijden om de sterkte van God
Met lawaai van een grote menigte
En krijgsgeroep van hemelingen en mensen
op deze rampdag.
Dat is de tijd van de benauwdheid voor het hele volk dat door God gered wordt.
Bij al hun benauwdheden zal geen daaraan gelijk zijn

Die zich zo haast tot haar voltooiing,
Om eeuwige verlossing teweeg te brengen.
Op de dag van hun strijd tegen de Kittieten
Zullen zij beproefd worden tijdens het bloedbad.
In de oorlog zullen de kinderen des lichts
Driemaal de sterksten zijn om de goddeloosheid neer te slaan,
Maar ook driemaal zal het leger van Belial zich aangorden
Om het erfdeel van [het licht] te doen terugwijken.
De bataljons van de infanterie zullen er zijn om het hart te doen smelten,
Maar Gods sterkte zal het hart van de kinderen des lichts kracht schenken.
En de zevende maal zal de grote hand van God
Op de knieën dwingen [Belial en al] de engelen van zijn heerschappij,
Benevens alle mannen [van zijn erfdeel]

Rol van de oorlog
De regel van de oorlog
'De oorlog van de kinderen van het licht en de kinderen der duisternis'

I

Na gezondigd te hebben hoorden de man en de vrouw tegen de avond de stem van God in de tuin weerklinken. Ze verborgen zich, en God riep de mens, en deze antwoordde dat hij zich verborg omdat hij naakt was. En God vroeg wie hem had verteld dat hij naakt was; was het soms de boom met de verboden vruchten? De man bekende dat hij ervan gegeten had, maar dat het de schuld was van de vrouw die God hem gegeven had. Maar de vrouw zei dat ze door de slang bedrogen was. Zoals zij zich tegenover God moesten verantwoorden, zo zal eenieder eens rekenschap moeten afleggen en bekennen wat hij heeft gedaan en boeten voor zijn misdaden. Maar waarom schuift iedereen, uit lafheid of slechtheid, de verantwoordelijkheid op een ander, niet in staat voor de wandaden die hij heeft begaan uit te komen en berouw te tonen?

De langverwachte dag van de confrontatie was eindelijk aangebroken. De BAR had voor het symposium een enorm amfitheater afgehuurd, waarvan de gelambriseerde wanden aan een rechtszaal deden denken. We waren een van de eersten; terwijl Jane druk in de weer was, keek ik naar de mensen die binnenkwamen, alleen of in groepjes. Journalisten, hoogleraren, onderzoekers, geestelijken en rabbijnen uit allerlei landen stroomden toe, met een bezorgde of nieuwsgierige blik in de ogen. Bij sommigen lag een glimlach op de lippen bevroren: atheïsten, of misschien ook mensen die dachten dat de waarheid eindelijk aan het licht zou komen, dat het laatste oordeel geveld zou worden.

Anderen zagen er gekweld uit. Verschillende televisiestations zonden het evenement rechtstreeks uit. Ik kon me niet goed indenken hoeveel luisteraars en kijkers de gang van zaken zouden volgen, maar ik bad in stilte dat er onder hen, voor het scherm of in de zaal, iemand zou zijn die me kon helpen mijn vader op het spoor te komen.

Als ik me had kunnen indenken wat hem juist nu, tegelijk met het symposium, overkwam, als ik geweten had hoe ver ik van de waarheid af was, hoezeer ik me op het verkeerde been had laten zetten en hoe ver ik op dit moment van hem verwijderd was... ik denk dat ik dan gek zou zijn geworden.

⋆ ⋆ ⋆

Na de ontvoering in de flat van Pierre Michel waren ze eerst de stad met hem uit gegaan, zo'n twee uur per auto buiten Parijs. Zijn ogen waren geblinddoekt en zijn handen gebonden. In de auto werd geen woord gesproken.

In een huis op het platteland sloten ze hem in een kamer op. Daar kon hij zich vrij bewegen, maar hij bleef opgesloten. De ontvoerders lieten hem daar een paar dagen, die hem wel een eeuwigheid leken. Wat hij ook zei, wat hij ook vroeg, in het Hebreeuws, Arabisch en andere talen die hij sprak, ze weigerden hem antwoord te geven als ze hem eten kwamen brengen. Hij wist niet waarom hij vastgehouden werd en wat ze van hem wilden; net als ik vroeg hij zich af of ze hem hadden willen ontvoeren of dat ze hem voor Pierre Michel hadden aangezien. Hij moest ook aan de kruisigingen denken en maakte zich voortdurend zorgen over zijn zoon. In zijn isolement, met niemand om tegen te praten en niets omhanden, maakte een diepe moedeloosheid zich van hem meester. Zijn lichaam werd stram van het nietsdoen, en zijn hoofd deed pijn van het liggen.

Op een dag begonnen ze hem te ondervragen, in het Engels. Ze wilden inlichtingen over de handschriften; ze wilden weten wie deze hadden en wie ze zochten. Mijn vader vertelde ze wat we ervan wisten, dat wil zeggen niet bijster veel.

Daarna namen ze hem mee naar buiten, waarna ze een klein

vliegtuig namen en zo'n zes uur in de lucht waren. Toen ze aankwamen, midden in de woestijn, zag mijn vader een landschap dat hij goed kende: het was monotoon en rotsachtig en ging in de verte in een golvend reliëf over. Het was zonsondergang, en hij zag tegen de paarsige achtergrond van de heuvels drommen mensen en dieren op de weg, gehaast nu de dag erop zat. Het was de vlakte van Mesopotamië.

★ ★ ★

De toeloop was enorm; iedereen wilde erbij zijn. De talrijke wetenschappelijke onderzoekers zaten met pen en papier in de aanslag, klaar om op te tekenen wat er gezegd werd. De journalisten waren met elkaar in levendige gesprekken gewikkeld. Sommigen van hen namen alvast wat foto's. Anderen waren in kranten verdiept. Een daarvan had als kop: *Heeft Jezus bestaan? Onthullingen over de grootste oudheidkundige ontdekking aller tijden.* Het artikel ging in op het belang van de vondsten in Qumran en weidde uit over de geheimzinnigheid waarin het onderzoek gehuld was.

Geleidelijk hadden zich gespreksgroepjes gevormd. Rabbijnen en priesters zochten elkaar van lieverlee op, alsof ze voelden dat het uur van de confrontatie geslagen had, misschien zelfs wel het uur van de allerlaatste botsing. Ze wisten dat na deze bijeenkomst de laatste twijfel weggenomen zou worden en er niets meer weg te moffelen viel. Wangeloof zou dan plaats moeten maken voor het ware geloof of voor apostasie. De waarheid zou aan het licht komen, en aan eeuwen van ideologie en obscurantisme, van onwetendheid en verzinsel, zou een eind komen.

De beleefde gedachtewisselingen en hoogst oecumenische intenties moesten soms wijken voor heftige woordenwisselingen. Nu en dan waren er flarden van geanimeerde gesprekken op te vangen: 'Jezus was geen Esseen', of: 'Dat Johannes de Doper heeft bestaan staat vast, maar Jezus als historische figuur, nee...' Sommigen schermden, als waren het wapens, met woorden als 'blasfemie', 'leugen', 'hel'.

Ten slotte was het amfitheater bomvol, en de woorden van al die mensen vermengden zich tot een enorm geroezemoes.

Jane kwam naar me toe met een kleine gezette man, die aan de grootste opwinding ten prooi leek. Ze stelde hem aan me voor; het bleek Pierre Michel te zijn, de man naar wie we zo gezocht hadden. We namen gedrieën op de eerste rij plaats.

Pierre Michel las koortsachtig de papieren door die hij voor zijn voordracht voorbereid had. Voortdurend keek hij vorsend om zich heen. Een man van de derde categorie, dacht ik terwijl ik hem gadesloeg; hij is in deze wereld weergekeerd om de fouten die hij in zijn vorige leven begaan heeft goed te maken. Een verticaal litteken liep over zijn hele rechterwang en zijn gezicht was diep doorgroefd, wat hem een vermoeid voorkomen gaf. Maar het meest vielen zijn ogen op: die misten elke glans en waren bijna uitdrukkingsloos, zo star als die van poppen of knuffeldieren.

'Voor wie bent u bang?' fluisterde ik hem toe.

Hij keek verbaasd op.

'Voor de inquisiteurs,' zei hij. 'De mensen van de Congregatie voor de Geloofsleer. De mensen bij wie ik vertrokken ben en die me dat nooit vergeven hebben. Als u het mij vraagt: volgens mij zitten zij achter al die moorden. Ze nemen wraak voor wat Jezus is aangedaan. Ziet u niet dat ze als maniakken steeds dezelfde rituele handeling herhalen? Nu sta ik ook op hun lijst, omdat ik te veel weet, omdat ik ze verraden heb door op het Qumran-congres van 1987 iets te onthullen van wat ik wist. Daarna zijn de bedreigingen begonnen, zo hevig dat ik me met rollen en al uit de voeten moest maken. Ik vreesde voor mijn leven, begrijpt u? Sindsdien heb ik geen rust meer. Ik ben ondergedoken, als de dood dat ze me vinden. Ik verzeker u, *ik ben hun volgende slachtoffer*.'

De eerste sprekers namen op de sprekerstribune plaats. Er waren historici, filologen, filosofen. Jane stelde me een paar vooraanstaande academici voor die zich in qumraniaanse kringen bewogen. Er was Michelle Bronfield van de universiteit van Sydney, die de stelling verdedigd had dat Johannes de Doper de bewuste Leraar der Gerechtigheid was, en Jezus de goddeloze priester. Er was Peter Frost, een van de eersten die in 1948 het belang van de boekrollen van Hosea had onderkend, en Emory Scott, een doopsgezinde hoogleraar, die zich sinds zijn emeritaat bezighield met het samenstellen van een complete catalogus van alle boeken, artikelen en andere publicaties die aan de boekrollen gewijd waren.

Een forsgebouwde man van normaal postuur kwam naast ons zitten. Hij had grote donkere bakkebaarden aan weerszijden van zijn gezicht, als slaaplokken. Jane stelde me haar chef voor, Barthélemy Donnars, hoofdredacteur van de BAR. Hij maakte een opgetogen indruk.

'Aangenaam,' zei hij, 'Jane heeft me vaak over u verteld. Fijn dat u er bent op deze grote dag! Ik heb hier zo lang naar uitgezien. Ze hebben me zo lang belachelijk gemaakt als ik om een deadline voor de publicaties vroeg, en me in mijn gezicht uitgelachen. En het departement van Oudheden in Jeruzalem, dat nooit iets heeft gedaan om die vermiste rol terug te vinden... Ik begrijp het niet. Maar het wordt tijd dat iedereen die handschriften kan inzien. Ik heb Johnson er afgelopen november op de conferentie van Princeton ook rechtstreeks op aangesproken. Ik heb hem om inzage in die rol gevraagd, al was het maar in de vorm van foto's. Hij heeft natuurlijk geweigerd. Bovendien probeerde hij zijn collega's tegen me op te zetten. Hij heeft in een lezing gezegd dat hij niets meer over de niet-gepubliceerde handschriften zou zeggen, omdat dat was alsof je een menukaart las zonder de gerechten te kunnen bestellen. Hij heeft me in de media onder sarcastische opmerkingen bedolven. In *Good Morning America* heeft hij over ons gezegd: "Het lijkt wel een stel vliegen die als enige bezigheid hebben om om ons heen te draaien." Maar weet u wat ik voor hem in petto heb?'

Hij deed een greep in zijn tas en haalde er trots een ontwerp-omslag van zijn tijdschrift uit.

'Dit is het omslag van het volgende nummer van de BAR,' zei hij. Het was een weinig flatteuze portretfoto van Paul Johnson, slecht geschoren, met vettig haar, een norse blik en een in een lelijke grimas vertrokken mondhoek. Boven dat portret was de uitspraak van Johnson over de vliegen vet afgedrukt, in het kader van een televisiescherm, geïllustreerd door een tekening van een hele zwerm eminente geleerden, die boosaardig om Johnson en zijn internationale team leken te zoemen. Ik kon een glimlach niet onderdrukken en moest vaststellen dat Johnson zich blijkbaar bij veel mensen gehaat had gemaakt.

De voorzitter van de bijeenkomst, professor Donald Smith, opende de zitting met een verhandeling over het plagiaat onder onderzoekers sinds de vondst van de rollen; hij gaf een groot aantal voorbeelden, met name een passage in een boek die vrijwel letterlijk overeenkwam met een bladzijde in een ander werk, met inbegrip van de vertaalfouten. Hij besloot met een krachtige veroordeling van dergelijke praktijken.

Daarna was het woord aan een hoogleraar die verbonden was aan het Centrum voor Oude Handschriften in New York; hij protesteerde tegen wat hij noemde de 'bezitsdrang' van de onderzoekers, die al zo lang zwoegden zonder dat er het minste resultaat te zien was.

'Het is een werk van lange adem, en we hebben nog zo veel andere taken te vervullen dat we moeizaam opschieten,' antwoordde een van de onderzoekers op het podium.

'Dat is een smoes waar niemand in trapt. Laten we het liever intellectuele censuur noemen,' antwoordde hij. 'Iedereen is bang voor censuur of oefent die zelf uit. Voor mij zijn die boekrollen van cruciaal belang. Ik betreur het dat ik er geen inzage in heb, om zo mijn hypothese te toetsen.'

Hij zette uiteen dat de Dode-Zeerollen het onverhoopte bewijs leverden van de frauduleuze veranderingen die de heilige geschriften in de loop van de eeuwen hadden ondergaan, want ze waren, in tegenstelling tot die laatste, niet aan censuur onderhevig geweest. Zijn stelling luidde dat het christendom en het jodendom beide verbleekte ideologieën waren, voortgekomen uit een dieper Messiaans geloof waarvan ze ten langen leste maar een flauwe afspiegeling waren. Volgens hem had het judaïsme zich tot messianisme ontwikkeld via het essenisme, dat ten slotte de christelijke godsdienst had opgeleverd.

De meeste academici op de tribune verwierpen die stelling en gingen een debat aan over de censuur en de aanpassingen van de heilige geschriften door de Kerk in de loop van de eeuwen.

Ten slotte kreeg Paul Johnson het woord. Pierre Michel schoof steeds zenuwachtiger op zijn stoel. Hij boog zich naar ons toe:

'Dat is de man die mijn ondergang wil. Hij is het die me laat achtervolgen sinds ik uitgetreden ben. Johnson is de naam die hij heeft aangenomen sinds hij naar de Verenigde Staten is geëmigreerd, maar hij heet eigenlijk Misickzy. Toen we in de scrollery in het Oudheidkundig Museum in Israël werkten, gaf hij ons allemaal inzage in het handschrift, en Lirnov is toen begonnen het te ontcijferen. Maar wat hij ontdekte was te veel voor hem, en hij heeft zelfmoord gepleegd, na eerst de rol aan Millet te hebben gegeven. Die is hem toen gaan bestuderen, maar toen hij erachter kwam wat erin stond, heeft hij Johnson erover verteld, die besloot dat hij moest verdwijnen. Ik weet nog dat we, op de dag dat Matti kwam om hem te ontcijferen en niets aantrof, in ons vuistje gelachen hebben, want we wisten allemaal wie hem had. Toen heeft Johnson hem aan mij ter bestudering gegeven, zonder er met iemand over te praten. Toen ik iets onthulde van de inhoud van de rol, wilde hij hem terughebben, en toen ik uiteindelijk weigerde, heeft hij me bedreigd en daarna mensen op me afgestuurd om hem af te pakken. Die man is tot alles in staat, dat verzeker ik u, zelfs tot...'

Op dat moment kruiste Johnsons blik de zijne. Hij leek verrast, staarde hem even aan en begon toen zijn voordracht.

'De Dode-Zeehandschriften bevatten geen enkele nieuwe onthulling over Jezus,' zei hij.

Er ging een luid geroezemoes door de zaal, als een huivering over iemands rug.

* * *

Het geronk van een motor vulde de stilte van de woestijn met een geluidsgolf. Een auto kwam ze ophalen en bracht ze naar een afgelegen dorp, bewoond door Samaritanen. Ze lieten hem een huis binnengaan dat uitkeek op de Arabische stad Nabloes, het oude bijbelse Sichem.

Mijn vader was goed bekend met de oude Samaritanen, een volk dat alleen de Pentateuch en het boek Jozua als heilige boeken erkende en alle andere bijbelse geschriften verwierp. Ze meenden dat op hun berg de ware tempel stond, het huis van God, en dat de afgodendienaar Salomo een valse tempel had laten bouwen. Ze hadden met de Essenen gemeen dat ze als schrijvers de Pentateuch kopieerden. Ze werkten vijf tot zes uur per dag aan het kalligraferen van een boekrol van vijfentwintig meter. Elke zeven maanden hadden ze er een klaar. Ook deden ze aan astrologie en wichelarij, een gebruik dat ze hadden geërfd van een sekte die Mozes met zijn volk van het hof van de farao had meegenomen en waarvan de formules te vinden waren in een boek dat sinds de tijd van Aäron bewaard was gebleven.

In het huis waar hij werd vastgehouden kon mijn vader even uitblazen. Maar na een paar dagen pakten de Samaritanen hun boeltje weer in, namen hun levensmiddelen mee en verhuisden naar een ander onderkomen, boven op een heuvel, de berg Gerizim. Een eindje verder stroomde een bron, vlak bij een olijfbos. Nog verder weg lag Nabloes tegen de hellingen van de heuvel, die met bosjes waren bezaaid. Mijn vader begreep nu dat het om een pelgrimage ging: het was het begin van de paastijd, ter herdenking van de uittocht uit Egypte.

Hij werd weer in een huis opgesloten, het priesterverblijf waar het oudste boek sinds de schepping bewaard werd, de bekende thora van Abisua, die drieduizend zeshonderd jaar oud is. Er waren drie sleutels nodig om het tabernakel te openen waarin het kostbare handschrift bewaard werd, en elke was aan een andere priester toevertrouwd.

Mijn vader woonde een van de plechtigheden bij. De drie officianten verdwenen achter een kleine fluwelen tent die het tabernakel afschermde. Daarna verschenen ze weer, in een gebedsmantel gehuld. Een van hen droeg de eeuwenoude thora, gewikkeld in met gouddraad bestikte zijde. Hij legde hem op een houten zetel neer.

De priesters ontdeden hem nu plechtig van zijn kostbare omhulsel en legden voorzichtig de handen op de twee zilveren knoppen, om het deksel om te klappen. De rol sloeg open in drie delen en de oude geitenhuid werd zichtbaar, blank, naakt, bekrast met oude letters. Daarna haalden ze de rituele voorwerpen uit de kast, met goud en edelstenen ingelegde kiddoesjglazen, cherubijnen, en de plaat met twaalf stenen die de hogepriester op Jom Kippoer, de Grote Verzoendag, naar de tempel bracht. Al die voorwerpen overhandigden ze aan de mysterieuze ontvoerders.

Toen herinnerde mijn vader zich de Samaritaanse legende: hun heiligdom op de berg Gerizim was verwoest door de joodse priester-koning Johannes Hyrkanus, tussen 135 en 104 voor de huidige jaartelling, en ze zeiden dat ze de schat daarvan bezaten, een deel van die van de tempel, en dat ze die pas te voorschijn zouden halen als de Messias kwam. Ook schoot hem een zin uit de *Koperen rol* te binnen:

Op de berg Gerizim,
Onder de boveningang,
Een koffer en de inhoud daarvan,
En zestig talenten zilver.

Zijn ontvoerders waren hier dus om de schat van de Samaritanen te incasseren. Maar waarom gaven dezen die zo gemakkelijk prijs? Was het tegen betaling of een andere tegenprestatie? En waarom lieten ze hem bij die overdracht aanwezig zijn?

De plechtigheid ging voort. De sjochet, de offeraar, verscheen met lange spitse messen. Iedereen ging de synagoge uit. Vrouwen, kinderen, oude mensen en jonge mannen, met tarboesjen op en tot op de enkels vallende gestreepte gewaden aan, waren druk bezig met de voorbereidingen voor het paasoffer. De jongeren zetten de omheining neer, groeven kuilen als stookplaatsen, droegen hout aan, legden stro en leem klaar, zetten kommen water neer en scherpten lange spiesen. Anderen gingen hysop en bittere kruiden plukken, die het stollen van bloed tegengaan; de Samaritanen gebruiken die om lamsbloed te bewaren, voor ze er traditiegetrouw de bovendorpels van de deuren mee insmeren.

Mijn vader vroeg zich af waarom ze hem bij dat feest noodden, terwijl hij de rest van de tijd in zijn kamer zat opgesloten. Hij stond onder nauw toezicht van twee Samaritanen, waardoor vluchten uitgesloten was. Alles was klaar voor het offer: het altaar, de offeraar, het mes en het lam. Maar er waren twee altaren:

een groot en daarnaast een kleiner. Het grote was natuurlijk voor lammeren, maar het kleine... voor wat voor dier? Alles was er inderdaad: het altaar, het mes, de offeraar, maar het offer ontbrak.

Of hij moest het zelf zijn.

⋆ ⋆ ⋆

Pierre Michel wiebelde op zijn stoel, zichtbaar ontevreden, terwijl Paul Johnson zijn betoog vervolgde.

'Het enige dat de Dode-Zeerollen ons kunnen leren,' zei Johnson, 'is de wijze waarop Jezus geleefd zal hebben en het klimaat waarin het christendom is opgekomen. Ik wil die context waarin de handschriften geschreven zijn hier vanuit een historisch oogpunt belichten. Het gaat hier natuurlijk om het jodendom, en ik wil u daarom eerst vanuit een zuiver historisch oogpunt vertellen wat er gaande was voor en tijdens de periode waarin de Esseense sekte die boekrollen schreef.'

Er volgde een lange uiteenzetting over van alles en nog wat, waarin hij angstvallig vermeed de kwestie van de handschriften aan te roeren. Af en toe kruiste zijn blik die van Pierre Michel. Deze nam hem vol haat, gemengd met vrees op; meermalen sloeg hij de ogen ten hemel, alsof hij verontwaardigd wilde zeggen: de hemel is getuige van mijn verbijstering. Hij leek zich steeds meer te ergeren.

Opeens stond hij op. Hij beklom de tribune, met een gezicht alsof hij het niet langer kon aanzien. Hij legde wat papieren voor zich neer en keek even op naar het publiek, als om een vijand te monsteren. Johnson wierp hem beurtelings dreigende en bezorgde blikken toe. Hij zweeg, net als de overigen op de tribune, die niet durfden te protesteren. Het gehoor wist dat Pierre Michel hoogst belangrijke stukken bezat en leek de adem in te houden, en er viel dan ook een diepe stilte toen zich, alosof een nieuwe profeet zonder hoop of mededogen zich aandiende, zijn galmende stem verhief.

'Ik kan niet toestaan dat een dergelijke hypocrisie de kroon zet op eeuwen van leugens,' zei hij, elk woord benadrukkend met een klap met zijn vuist op de tafel, alsof hij de trom sloeg voor de laatste aanval. 'Waarom zeggen we elkaar niet eerlijk de waarheid, joden en christenen? Waarom liegen we tegen elkaar en zijn we zo bang?' zei hij, terwijl hij zich tot Johnson richtte. 'We zijn verdoolde schapen, die hun weg zoeken en steeds maar weer op dezelfde weg uitkomen als toen ze verdwaalden.

Wilt u weten hoe oud die rollen zijn? Wilt u weten of ze iets over Jezus zeggen of hem helemaal niet noemen? Wilt u weten of Jezus heeft bestaan of alleen maar een mythe is? En of hij, als hij bestaan heeft, Esseen of Farizeeër was, tot wat voor sekte hij behoorde? En als hij bestaan heeft, door wie hij dan gedood is en waarom? Of hebt u liever dat ze u als kleine kinderen blijven behandelen?

U, gelovigen, u zwelgt in het obscurantisme, u aanbidt de afgoden waar ze uw geloofsgrond van willen maken, en u haat ze niet, die mensen die het onmogelijk vinden om de waarheid onder ogen te zien. U blijft liever onwetend. U, atheïsten, u wilt niets meer van doen hebben met een christendom dat toch de wereld waarin u leeft gestalte geeft. U lacht om de gelovigen en hun achterlijke geloof, maar weet u wel dat u ze in wezen vanwege uw grotere veeleisendheid veracht? U, niet-gelovigen, u gelooft dat u niet gelooft, maar u gelooft nog sterker dan anderen maar hebt de moed niet om de consequenties uit uw onvrede te trekken.

Maar goed, ik zal u eens zeggen wat zich werkelijk in Qumran heeft voorgedaan. En u zult zien dat ik voor sommigen het doopsel breng, de wedergeboorte die u zal reinigen van alle droesem van eeuwen onwetendheid. Maar anderen zullen er schande van spreken.'

'De teksten van Qumran zijn middeleeuws,' onderbrak iemand in de zaal hem.

'Dan zouden ze dus in geen enkel verband staan met de oorsprong van het christendom; is dat waar u heen wilt?' antwoordde Pierre Michel.

'Nee! Ze zijn van de tweede of derde eeuw na Christus,' zei een ander.

'Dan zou het verband, als dat bestaat, dus niet noemenswaardig zijn... Maar als ze nu eens,' vervolgde Pierre Michel met verheffing van zijn stem, die in de microfoon oversloeg, 'als ze nu eens geschreven zijn in de eeuwen die *onmiddellijk* voorafgingen aan de christelijke jaartelling, dan zijn ze van kapitaal belang voor christendom én jodendom. Nu is het zo dat de in die rollen beschreven gemeenschap een zekere Leraar der Gerechtigheid vereert, die de marteldood zou zijn gestorven. De datering van die stukken is daarom essentieel. U weet wat er op het spel staat: de oorsprong van het christendom. En de kernvraag luidt: behoorden de eerste christenen tot de Esseense gemeenschap?

Ook voor gelovigen moet een historische vraag een historisch antwoord krijgen. Sinds tweeduizend jaar is het antwoord van de Kerk op de oorsprong en betekenis van het christendom duidelijk: Jezus is de Messias die de Schrift is komen vervullen, niet van de joden alleen, maar van alle volken. Hij is door God gezonden in de persoon van een jood, maar zijn leer is heel anders dan die van het jodendom. Maar als de boekrollen nu tegen die zienswijze ingaan, als ze ons dwingen te erkennen dat Jezus en de eerste christenen uit een joodse sekte afkomstig waren, waarvan de sacramenten en de organisatie vrijwel identiek waren aan die van het vroegste christendom, dan worden eeuwen van geloof naar de prullenmand verwezen, dan wordt onherroepelijk afgerekend met eeuwen van onwetendheid en onverdraagzaamheid. Dan zullen we de consequenties uit die historische feiten moeten trekken en moeten toegeven dat het christendom niet door een bovenzinnelijke tussenkomst ontstaan is, maar het resultaat is van een natuurlijke sociale en religieuze ontwikkeling.

Wat onthullen de rollen ons? Ik zal u zeggen waar het op staat. Tussen de Essenen, de gnostici en de christianoi was er in de drie eeuwen na Christus een geweldig ideologisch conflict. De rollen leren ons dat het christendom helemaal geen door heiligen in Judea verbreid geloof is, maar een van de vertakkingen van het jodendom. En die tak was het essenisme, heeft zich op andere godsdiensten in de niet-joodse wereld geënt en is ten slotte een zelfstandige geloofsleer geworden – het christendom. De andere richting in het jodendom, het farizeïsme, hangt de thora aan, huldigt de rabbijnse traditie en de talmoed als openbaringstekst, die nog boven de bijbel staat, en heeft zich, in mindere mate door de heidense wereld beïnvloed, tot het jodendom ontwikkeld zoals we dat heden ten dage kennen – met uitzondering van de joodse fundamentalisten, die ik eerder in de lijn van het essenisme zou plaatsen dan in die van het farizeïsme.'

'Die rollen zijn vervalst,' interrumpeerde iemand, die meteen door de voorzitter tot de orde werd geroepen, wat een ander niet verhinderde er het zijne aan toe te voegen: 'Ze zijn Karaïtisch; ze dateren uit de tiende eeuw.'

Kalm antwoordde Pierre Michel: 'De Karaïeten zijn een joodse sekte die zich in de achtste eeuw na Christus behalve in Palestina in heel Babylonië, Perzië, Syrië en Egypte verbreidde. In de elfde eeuw liep de aanhang in die gebieden terug, maar groeide sterk in Europa. Ook al is hun voornaamste kenmerk een letterlijke interpretatie van de bijbel inzake de als zodanig beschouwde vroomheidsvoorschriften, uit archeologische en paleografische vondsten blijkt geen enkel verband tussen hen en Qumran.

Maar ik begrijp best dat de datering van die rollen u angst inboezemt. Er zijn dan ook verbluffende overeenkomsten. Onder de door de kerkvaders niet erkende geschriften bevinden zich apocriefen van het Oude en het Nieuwe Testament en de pseudepigrafen. Dat is natuurlijk geen toeval. U weet allemaal wat apocrief betekent: 'verborgen'. Ik denk dat die geschriften verwijderd zijn omdat ze wilden dat de strekking ervan verborgen bleef voor het gelovige volk en alleen aan enkele ingewijden bekend was. We moeten niet vergeten dat er aan het begin van de christelijke jaartelling tal van esoterische geschriften bestonden, die van groot belang zijn om het vroege christendom te begrijpen. Wat ik beweer is dat ze ons in staat stellen de Dode-Zeerollen te interpreteren, die van hun kant weer licht op die geschriften werpen, want er zijn verbluffende overeenkomsten...'

Pierre Michel zweeg even en nam een slok water. Daarna haalde hij langzaam een pakje uit zijn tas, in wittige doeken gewikkeld, die hij voorzichtig openvouwde; er kwam een boekrol te voorschijn. Ik zag meteen dat het een Dode-Zeerol was. Hij hield hem boven zijn hoofd om hem aan de aanwezigen te laten zien, die ademloos toekeken. Het was een antiek perkament, heel fijn, lichtbruin van kleur, met donkere vlekjes bespikkeld, aangevreten door de tijd, insecten en vocht. Het was aan weerszijden opgerold, als twee armen die, geschrokken van hun eigen overmoed, schuchter aanstalten maakten om zich te openen en hun naaktheid te openbaren – onbeschaamd de naakte waarheid. Het zag er zo verschrompeld uit, zo broos en teer, alsof het voor onze ogen tot stof uiteen zou vallen of in duizend stukjes zou verkruimelen en voorgoed verdwenen zou zijn, zonder dat iemand het kende. Het was zo oud en had zoveel eeuwen, ja duizenden jaren voorbij zien gaan, dat het was alsof het eindelijk zijn lange, al te lange lijdensweg wilde beëindigen en wilde zeggen wat het te zeggen had alvorens de laatste adem uit te blazen, het laatste stof te doen opwaaien en niet meer dit document, dit bewijsstuk te zijn voor de vergeetachtige mens, maar een herinnering, een idee, een deel van de geschiedenis, een spoor van zijn spoor, onzegbaar en ongrijpbaar, een gebed, een naam die genoemd zou worden door ouders en kinderen, en door de kinderen van hun kinderen. Weldra zou het gelaten wijken voor de woorden waarvan het alleen maar de drager was. Het aarzelde al tussen het materiële en het immateriële, tussen het reële en het imaginaire, de geest, de loutere herinnering aan die woorden, voor altijd geboekstaafd, voor altijd verloren, voor altijd hervonden. Het had zich zo geweerd, het had zo gestreden en sinds kort ook zoveel gereisd, dat het moe leek, aan het eind van zijn krachten. Maar het was er nog, tastbaar en wel, open en bloot, want het had zijn taak nog niet volbracht en sloot iets in zich wat eindelijk gezegd moest worden.

Met luide stem hernam Pierre Michel: 'Wilt u weten of Jezus bestaan heeft en wie hij was? Dit handschrift bevat het antwoord, en ik geef het u. Ja, Jezus heeft bestaan. Dit handschrift spreekt van hem. Nee, hij is niet wie u denkt.'

Er ontstond een luid tumult in de zaal. Alle ogen waren op de rol gericht, die Pierre Michel nog steeds boven zijn hoofd hield. Hij liet zijn armen zakken, legde hem behoedzaam op de tafel neer en zei: 'Iedereen weet dat er verbluffende gelijkenissen bestaan tussen de Essenen en de eerste christengemeenschappen, gelijkenissen die niet op toeval kunnen berusten. Beide gemeenschappen kenden gemeenschappelijk bezit, dat in een soort algemeen fonds werd bewaard, die de kas vormde. Een kassier verstrekte wat nodig was voor de aankopen van de gemeenschap. Als Jezus tegen een rijk man zegt dat hij alles wat hij bezit aan de "armen" moet geven, dan doelt hij daarbij duidelijk op zijn broeders, de Essenen: "armen" was namelijk een van de termen waarmee de Essenen de leden van hun gemeenschap aanduidden. Bemiddelde mensen die zich bij de Esseense sekte aansloten moesten hun rijkdom afstaan en in de gemeentekas storten. Als Jezus nu die rijke man aanmoedigt, zegt hij ook: "Kom terug en volg mij"; hij spoort hem aan om zich bij de Esseense gemeenschap aan te sluiten, *waar hij zelf toe behoorde*.'

Opnieuw werd het publiek rumoerig, maar Pierre Michel ging onverstoorbaar verder.

'De overeenkomsten tussen de Esseense leefregels en die van de eerste christenen gaan nog verder. Financiële fraude tegenover de gemeenschap werd bij beide zwaar gestraft, hoewel de christenen waarschijnlijk nog het strengst waren. Volgens de *Orderegel* van de Essenen moet iemand die de sekte bestolen heeft een bepaalde som betalen of zestig dagen lang bestraft worden. In de Handelingen van de Apostelen zegt Petrus tegen Ananias, als hij diens bedrog ontdekt heeft, dat hij tegen God gezondigd heeft, en van schrik valt Ananias ter plekke dood neer.

Maar bovenal hadden de Essenen en de eerste christenen eenzelfde leefwijze. De Essenen meden de steden en gingen liever in dorpen wonen. Ze verwierpen dierenoffers. Hun leer berustte op vroomheid, rechtvaardigheid, heiligheid en liefde voor God, de deugd en de mens. Daarom werden de Essenen ook door veel joden bewonderd; dit ten koste van de tempelpriesters, die met de goddeloze bezetter heulden.

Bovendien hadden de twee gemeenschappen eenzelfde wereldbeeld: ze voorzagen allebei een grote ommekeer aan het eind der tijden en geloofden in het koninkrijk Gods, ingeluid door de Messias. Beide beschouwden ze zich als Gods uitverkoren volk, in conflict met de kinderen van de leugen. Ze geloofden dat ze de kinderen van het licht waren, die de kinderen der duisternis moesten bevechten. Essenen en christenen geloofden beiden dat ze zich midden in een kosmisch conflict bevonden.

Om die lotsbestemming te vervullen kwamen ze tot eenzelfde messianisme, eenzelfde organisatie van hun gemeenschap tot religieuze beweging, en eenzelfde ideeënwereld. Een vergelijking van de *Orderegel* en het Nieuwe Testament spreekt boekdelen. Alles stemt overeen, *want het gaat om dezelfde gemeenschap*. Ik zeg u: de Essenen en de christenen vormden een en dezelfde sekte. Voor de Kerk werd gesticht was het christendom dus een organisch deel van het jodendom.'

Er was een steeds luider geroezemoes onder het publiek hoorbaar. Pierre Michel verhief zijn stem om het te overstemmen: 'Er moet maar eens een eind komen aan het eeuwenlange achterhouden van teksten. Neem het *Testament van de twaalf patriarchen*, waarvan men lange tijd gedacht heeft dat het door een christen geschreven was, omdat daarin van de Messias sprake was. Sindsdien heeft men ontdekt dat dat niet zo was, dat het van de hand van een jood was. En dat is maar één voorbeeld van vele!

Dan begrijpen we ook het mysterie van het evangelie van Johannes, dat zo verschilt van de andere evangeliën en er nauwelijks mee te rijmen valt. Bij Johannes is Jezus een soort rabbijn. Zijn openbare leven duurt er langer: drie jaar, in plaats van enkele maanden of een jaar. Zijn leven speelt zich volledig in Judea af, en niet in Galilea. Hij is van het begin af aan de Messias.

Nu heb ik ontdekt dat het evangelie van Johannes bijna letterlijk bepaalde zinnen citeert uit het Qumran-handschrift dat ik bestudeerd heb; het is dus heel vroeg geschreven, in Palestina, daar waar het christelijke en het hellenistische gedachtegoed elkaar ontmoet hebben – dat wil zeggen in Qumran. Ik heb alle reden om aan te nemen dat het evangelie van Johannes door een lid van de Esseense sekte geredigeerd is.

Ziet u hoe dicht de Jezus-figuur zoals die door Johannes beschreven wordt bij de Esseense Leraar der Gerechtigheid staat, de geëxalteerde priester die de marteldood gestorven is en als Messias zal terugkeren? De auteur van het evangelie van Johannes heeft het levensverhaal van Jezus dus geredigeerd in overeenstemming met de leer van de Leraar der Gerechtigheid: *Ik ben de weg, de waarheid en het leven. Iemand kan alleen naar de Vader gaan via mij. Vrede laat ik bij jullie achter*, haalt Johannes aan. Dankzij de lezing van dit handschrift heb ik het mysterie van het evangelie van Johannes kunnen ontraadselen: het is een theologische verhandeling in de vorm van een biografie van Jezus, met de leerstellingen die door de Leraar der Gerechtigheid gepredikt werden.

Ik ga nog verder. Iedereen weet, al wil niemand het toegeven, dat Johannes de Doper een Esseen was. Hij predikte de doop, bij de Essenen een belangrijke rite, kwam uit de woestijn, zoals de Essenen, en kondigde net als zij de komst van het hemelse Koninkrijk aan. Maar wat wil het dan zeggen dat Jezus door Johannes gedoopt is? Het is niet zeker dat de eigen leer die Jezus verbreidde werkelijk afweek van die van Johannes.

Ook de discipelen van Jezus waren ongetwijfeld Essenen; hoe valt anders te verklaren dat ze meteen hun werkzaamheden neerleggen als Jezus vraagt of ze hem willen volgen? Jezus zegt zijn metgezellen te gaan prediken, twee aan twee, zonder brood of geld mee te nemen. Waar moesten ze dan van leven? Waar sliepen ze? Ofwel er woonden in Galilea gastvrije mensen, ofwel de discipelen van Jezus waren buitengewoon goed van vrienden en relaties voorzien. Maar misschien verwachtten ze wel dat ze onderdak zouden vinden bij de in de steden en dorpen gevestigde Esseense sekteleden, zoals beschreven door Flavius Josephus. Want als ze zelf Essenen waren, waarborgde hun heilige sekteregel ze een gastvrij onthaal.

Goed, Johannes en de discipelen waren Essenen, maar hoe stond het nu met Jezus? U weet: toen hij twaalf jaar was, ging hij in discussie met de schriftgeleerden in de Tempel. Op dat moment, als kind nog, wordt hij volgens Esseens gebruik ingewijd. Dan leert hij de canonieke geschriften, evenals de geschriften van de Essenen zelf. Dat verklaart waarom hij de schriften zo goed kende, want hij moet ze wel ergens geleerd hebben. In die tijd had iedereen leermeesters. *Het is uitgesloten dat Jezus niet door anderen is ingewijd en dat hij tot geen enkele sekte heeft behoord.*'

Pierre Michel zweeg even om nog een slok water te nemen en zijn gedachten te verzamelen. Zweetdruppeltjes parelden op zijn voorhoofd. Johnson wierp hem grimmige blikken toe. Als hij hem het woord had kunnen ontnemen, had hij dat gedaan, dat was wel duidelijk. Het publiek toonde zich eerst gereserveerd en daarna verrast, maar leek hoe langer hoe meer voor de woorden van de kleine man gewonnen. Sommigen glimlachten stralend, blij om te horen waar ze al zo lang op wachtten. Anderen keken bezorgd en leken oprecht geschokt.

Beroering verwekte Pierre Michel, en schandaal. Hij was nu op dreef en ging onverbiddelijk door met zijn sloopwerk, waar niets of niemand, geen tijdperk of zekerheid zonder kleerscheuren af leek te komen. Hij leek wel door een hogere macht bezeten. Hij tartte aloude leerstellingen en dogma's, misvattingen die zich in dagen, maanden en jaren geduldig geworteld hadden, diep in de zielen zonder weerwoord, overtuigd door de Kerk en haar geloof, die grijze eminentie die hem raadde om ze blijvend monddood te maken. Maar als ze verder dan de Kerk keken, vonden ze Jezus terug, alleen en op eigen benen, Jezus zoals hij was in zijn uitspraken en zijn geloof; en dat wisten ze, en daarom luisterden ze.

'Hoe is anders te verklaren dat Jezus veertig dagen in de woestijn doorbracht?' vervolgde Pierre Michel. 'Zonder onderkomen kon hij het niet redden. Welnu, het klooster van Qumran bevond zich in de woestijn van Judea; Jezus kan dus in de grotten van Qumran geleefd hebben, zoals andere Essenen.

En waar moest Jezus anders naar de synagoge? De synagogen waren de plaatsen van samenkomst. Jezus ging natuurlijk niet naar die van de Farizeeën, die hij fel kritiseerde, maar naar die van de Essenen, naar de bijeenkomsten van de "Velen", zoals ze het noemden.

En hoe valt anders te verklaren dat Jezus "de Nazareeër" genoemd werd, in een tijd dat er geen stad bestond die Nazareth heette?'

Er waren wat uitroepen van verbazing in de zaal te horen.

'Nazareth wordt nergens genoemd, niet in het Oude Testament, noch in de talmoed, noch door Flavius Josephus. En dat terwijl de laatste, die opperbevelhebber was van de joden tijdens de opstand tegen de Romeinen in Galilea, alles wat hij zag altijd optekende. Als Nazareth een stad van enig belang in Galilea was geweest, hoe kan het dan dat Flavius Josephus, die vocht in die provincie – die hij overigens uitvoerig beschrijft – er niet eens melding van maakt? Dat komt doordat Nazareth niet de naam van een stad is, maar die van een sekte. Mattheüs was zo gespitst op een letterlijke vervulling van de profetieën, dat hij schreef dat Jezus zich in Nazareth vestigde. "Zo ging in vervulling wat door de profeten gezegd is: men zal hem een Nazareeër noemen." Hij verwijst daarbij naar Jesaja 11:1, die zegt dat er een loot – *netzer* in het Hebreeuws – van Isaï zou zijn, vervuld van de geest van Jahwe. En de Essenen noemden zich ook "nazareeërs", dat wil zeggen "zij die in de Messias geloven"... ofwel "christianos".'

Johnson was des duivels, met strak vertrokken gezicht en zijn vuisten op de knieën gebald. Nu eens keek hij overal om zich heen, alsof hij de aanwezigen wilde tellen die de woorden van Pierre Michel aanhoorden; dan zat hij weer verslagen met het hoofd in de handen, alsof hij niets meer wilde zien en horen van wat er om hem heen gebeurde.

★ ★ ★

Volkomen verbijsterd, verpletterd door wat hij meer en meer zag aankomen, sprakeloos van angst keek mijn vader naar de toebereidselen, zonder het te kunnen geloven. Sommigen kookten de bittere kruiden en wikkelden ze in ongedesemd deeg; anderen stookten vuur in hoge cilindrische ovens, waaruit de vlammen van de brandende takken en houtblokken oplaaiden. Jonge Samaritanen liepen ongeduldig in hun feestkledij rond en deden alsof ze druk in de weer waren rond de dampende kookpotten. De kinderen vermaakten zich met de lammeren.

Langzamerhand gingen alle Samaritanen zich thuis in hun traditionele offergewaad omkleden en hun rituele wassing verrichten. De oudsten trokken fijngestreepte tunieken aan en sloegen een wit gebedskleed om de schouders. Daarna kwamen ze bij elkaar en vormden een stoet, met de hogepriester voorop, gevolgd door de oudsten van de priesterklasse, daarachter de ouderen en tenslotte de jongsten van de gemeenschap.

De hogepriester ging voor een steenblok staan, met het gezicht naar de top van de Gerizim en de rug naar de ondergaande zon. Twaalf andere priesters gingen rond het offeraltaar staan. Ze hieven smartelijke gebeden aan, klaagzangen waarvan de refreinen door de omstanders in koor herhaald werden. De hogepriester ging op het steenblok staan en begon te psalmodiëren. Precies op het moment dat de laatste zonnestraal achter de heuvels verdween, op een moment van stilte en emotie, sprak de honderdzesenveertigste nazaat van Aäron driemaal met luide stem het bijbelse gebod uit: 'De hele verzamelde gemeenschap van Israël moet ze in de avond slachten.'

De offeraars beproefden het scherp van hun mes met het puntje van hun tong, grepen met vaste hand de dieren vast, die zich uit alle macht verzetten, aan doodsangst ten prooi, en sneden ze in één keer de keel af. Er ging een geweldig geschreeuw op, een rauwe kreet die de hemel verscheurde. Meteen gutste het bloed uit de gehavende kelen.

Het brandoffer werd met een uitbarsting van vreugde begroet. Binnen een minuut werden achtentwintig lammeren geofferd. De twaalf priesters liepen nu naar het offeraltaar toe, nog steeds de Exodus reciterend. Bij het uitspreken van Gods gebod om de dorpels van de deuren met bloed te bestrijken, staken de vaders hun wijsvinger in de nog bloederige kelen en gaven hun kinderen het merkteken op het voorhoofd en de neus.

Daarna kwam iedereen eer bewijzen aan de hogepriester. Ze brachten hem dampende schotels, kusten hem de handen. Overal werd omhelsd, gezoend, vreugde betuigd. De jongeren ontfermden zich over de offerdieren en gooiden ze in kokend water, om ze gemakkelijker van hun vacht te kunnen ontdoen. Ze werden gevild, aan palen opgehangen, van hun onreine delen ontdaan en aan stukken gesneden. Daarna werden ze gezouten, om ze van hun bloed te zuiveren. De priesters hadden tot taak om de dieren te kiezen die geschikt voor consumptie waren en na te gaan of ze geen onvolkomenheden vertoonden. De dieren die niet volmaakt in orde waren werden meteen in het vuur gegooid, samen met de wol, de ingewanden en de poten van de andere dieren.

Op dat moment dacht mijn vader dat hij zich vergist had en dat het kleine, smetteloos gebleven altaar niet voor hem bestemd was. Een jeugdig enthousiasme had zich van iedereen meester gemaakt, jong en oud, ten prooi aan een bevlogen blijdschap. Onvermoeibaar dreunden de priesters de Exodus op, terwijl ze tussen de gelovigen door liepen.

Mijn vader zei bij zichzelf dat ze hem misschien vergeten waren. Ze gingen hun offer brengen, en daarna gingen ze misschien gewoon naar huis. De dieren waren aan het spit geregen, klaar om op het grote altaar verbrand te worden. Bij alle dieren stonden jongeren te wachten, tot de tekst van Exodus het sein gaf om ze allemaal tegelijk in de vlammen te gooien.

* * *

'Denk aan de passage in Exodus,' zei Pierre Michel, 'waarin Mozes zijn mensen met het bloed van de brandoffers besprenkelt en zegt: "Door dit bloed wordt het verbond bekrachtigd dat de Heer met jullie sloot, toen hij al deze geboden gaf." Doet dat u niet ergens aan denken? Dat is wel degelijk de oorsprong van de eucharistie, als Jezus de wijn met zijn bloed gelijkstelt en zo het Mozaïsch verbond hernieuwt. Maar het doet ook aan de Esseense rite denken waarbij het bloed en het vlees van de Messias gesymboliseerd werden door het brood en de wijn die tijdens de gemeenschapelijke maaltijd geconsacreerd werden.'

Hij zweeg even en leek zijn woorden te wegen; toen zei hij: 'De Essenen geloofden dat de man die Jezus de Nazareeër genoemd werd, Jezus de Esseen, hun Messias was, hun Leraar der Gerechtigheid.'

'Wat wilt u daarmee zeggen?' riep Johnson, die zijn woede niet meer kon bedwingen. 'Dat de Messias van de christenen niemand anders was dan de Leraar der Gerechtigheid over wie de Essenen spraken? Weet u dan niet dat de christenen één Messias verwachtten, terwijl de Essenen van twee Messiassen spreken?'

'Het is mogelijk dat die twee één zijn geworden, en het is ook mogelijk dat de christenen achteraf een synthese hebben gemaakt,' antwoordde Pierre Michel rustig. 'Beide gemeenschappen geloofden dat ze het volk van het "nieuwe verbond" waren, wat hetzelfde betekent als het "Nieuwe Testament". Voor de eerste christenen ging het daarbij, net als voor de Essenen, om de wet van Mozes. Paulus heeft later afstand van die wet genomen, om de bekeringen en de groei van de Kerk van de niet-joden te vergemakkelijken.'

'Nee,' onderbrak Johnson hem bruusk. 'De grondslagen van het Nieuwe Testament kunnen niet langs historische weg gelegd worden. Dat is een kwestie van theologische aard.'

'Dat zegt u nu wel, maar u weet best dat u geen genoegen neemt met de Christus in wie men u alleen op basis van het geloof wil laten geloven. U wilt meer weten van die enigmatische figuur. U wilt de historische Jezus kennen. Het is een cirkelredenering: u wilt een theologie opstellen die als rechter van de geschiedenis dient, en u wilt de historische problemen op de bijbel baseren. Als het verhaal van het Nieuwe Testament niet feitelijk is, hoe kun je dan in de hoofdpersoon daarvan geloven? Hoe kun je het zo aanleggen dat geloof en realiteit niet gescheiden zijn?'

'Maar de geschiedenis van de mensheid is voor een groot deel aan twijfel onderhevig. In de meeste gevallen is er geloof nodig om zin aan de geschiedenis te geven.'

'Dat standpunt is niet houdbaar voor een op de bijbel gebaseerde theologie. Je kunt de oorsprong van het christendom niet gronden op iets wat niet gebeurd kan zijn, enkel en alleen omdat je wilt dat het zo is. Je kunt zo wel een denkbeeldige wereld construeren, en daarin kun je denken, bespiegelen en via symbolen God vereren, maar dan bevind je je buiten de echte wereld. Ik ben religieus, maar ik kan me niet losmaken van een zekere historische zin; ik wil in contact met de werkelijkheid blijven. En ik geloof niet dat het geloof in de huidige theologie voldoende is om de gebeurtenissen uit het verleden op hun waarde te kunnen schatten.

Het fascinerende van de boekrollen van Qumran is nu juist dat ze een tastbare werkelijkheid vormen. Ze zijn er, ze bestaan. Kan de theologie ze laten verdwijnen? Ook de strekking van die rollen is iets substantieels. Kan de theologie de consequenties en implicaties daarvan tenietdoen? Er is trouwens meer dan die handschriften; er zijn ook grotten, kloosterruïnes, doopbassins, scriptoria. Zo komt dankzij Qumran de geschiedenis weer tot leven.'

Pierre Michel was van het podium afgestapt. Hij sprak nu tegen iedereen en tegen ieder afzonderlijk. Hij maakte armgebaren alsof hij predikte, of liever alsof hij zegende. Af en toe bleef hij staan kijken bij gelukzalige gezichten. Zelf was hij ook in een transcendente staat, gedragen door zijn woorden, alsof een aura hem omgaf, alsof de genade over hem gekomen was. Hij sprak op zachte en warme, maar gloedvolle toon. Dit was zijn dag, de dag waar deze gepassioneerde man zo lang op had gewacht.

'De rollen bestaan,' vervolgde hij, 'en daarmee bestaat er ook iets anders, wat hun betekenis overstijgt. Ze worden tot tekenen, tot bladwijzers in de geschiedenisboeken. Via die rollen spreken de Essenen, al zijn ze dood. En wat ze zeggen geeft nieuwe antwoorden op oude vragen, antwoorden waaruit weer andere antwoorden kunnen voortvloeien, nog groter in aantal, om zo tezamen een getrouw overzicht van de geschiedenis van het christendom te vormen.

Zo is bijvoorbeeld de figuur van Johannes de Doper in de woestijn niet die van iemand die plots van de Heilige Geest vervuld is, maar die van een lid van de Esseense gemeenschap, iemand die een sober leven leidt en net als zijn broeders naar reinheid streeft door het gebruiken van rituele baden.'

'Dan gaat u voorbij aan het grote verschil dat er bestaat tussen Johannes de Doper en de Essenen,' onderbrak Johnson hem. 'Wat heeft het ingekeerde, zwijgzame leven van de Essenen gemeen met de profetische ijver van Johannes, die in de geest van een Elia of een Amos het ophanden zijnde oordeel van God aankondigt en de hofschandalen aan de kaak stelt?'

'En het eschatologische verlangen in de *Orderegel* dan?' antwoordde Pierre Michel. 'Onder leiding van de Leraar der Gerechtigheid had de opkomende gemeenschap al de overtuiging dat het einde der dagen nabij was. Dat blijkt ook uit de *Oorlogsrol*:

Belial luchtte zijn woede jegens de boetelingen van Israël en het uur des oordeels had bijna geslagen. Ook de commentator van de *Habakuk-rol* stelt vast dat de tijd langer duurt dan verwacht, en leidt daaruit af dat het Oordeel jegens de overtreders van het Verbond des te verschrikkelijker zal zijn. De *Oorlogsrol* is het werk van de extremistische vleugel, die zich bij de zeloten zal scharen in de strijd tegen Rome, en beschrijft in realistische en tegelijk apocalytische bewoordingen de heilige oorlog van de zonen van het licht en de zonen der duisternis. De Esseense gemeenschap werd volledig beheerst door het denken aan de eindtijd, waardoor de figuur van Johannes de Doper juist beter te situeren en te begrijpen valt.'

'U beweert dat Johannes de Doper een Esseen was. Dat is onjuist, maar laten we er eens even van uitgaan. Ik daag u uit te bewijzen dat hij in contact met Qumran stond. U weet dat er verschillende vormen van essenisme bestonden. En die paar mensen in Qumran zijn maar een handvol vergeleken met de vele families waaruit de Esseense orde bestond. Volgens Filo en Flavius Josephus leefden de meeste Essenen in de buurt van steden en dorpen.'

'Johannes de Doper had wel degelijk contacten met de sekte van Qumran. De geografische nabijheid van het klooster van Qumran en de plaats waar hij zo veel mensen op de been bracht is niet toevallig. Ik wil zelfs nog verder gaan: niet alleen Johannes de Doper was een Esseen, maar ook Lucas, die het over de woestijn heeft waarin hij is grootgebracht; we weten inmiddels dat alleen de Essenen kinderen in de woestijn onderbrachten om ze in hun leer te onderwijzen.'

'Johannes de Doper was geen Esseen. Zijn vader, Zacharias, was een trouwe Tempelpriester in Jeruzalem, terwijl de Essenen het gezag van de toenmalige opperpriester aanvochten!'

'Johannes de Doper leidde een ascetisch leven, net zoals de leden van de sekte van Qumran, en leefde strikt de sekteregels na.'

'Flavius Josephus heeft het over de gewijde maaltijden die de Essenen gezamenlijk gebruikten; die kwamen overeen met de maaltijden van de Sadduceeën in de Tempel, waarbij ze in reine staat en op rituele wijze de aan God gebrachte offers nuttigden.

Johannes voedt zich daarentegen uitsluitend met natuurlijke voortbrengselen van de woestijn, gierst en sprinkhanen.'

'Bepaalde sekteleden onderhielden de vasten. Maar het voornaamste is de strekking van het optreden van Johannes de Doper in de woestijn: hij wilde de profetische voorspellingen weer opvatten. U weet wat voor spirituele en religieuze betekenis de woestijn heeft. De profeet Hosea verkondigde dat God zijn volk daarheen zou leiden, als een trouweloze vrouw, om het opnieuw voor zich te winnen. Ezechiël sprak van de woestijn van vreemde volken waar God zijn volk zou oordelen. Jesaja beschreef de nieuwe Exodus in de woestijn als een paradijs, en riep zijn landgenoten op om daar een weg voor God te banen. Die tekst wordt tweemaal in de *Orderegel* aangehaald om de afscheiding van de Esseense groepering en het inruilen van de Tempel voor de woestijn te rechtvaardigen. De woestijn is steeds weer de laatste voorbereidingsfase voor de grote dag.

Bovendien deelde Johannes de Doper bepaalde ideeën van tijdgenoten, met name de auteurs van apocalyptische geschriften, maar onderscheidde hij zich van hen door zijn radicalisme. Met dat radicalisme staat hij dicht bij de Essenen van Qumran, die tegenover het verdorven Israël hun kleine gemeenschap stellen, die overeenkomstig de profetie van Jesaja *een kostbare hoeksteen, onwrikbaar gegrondvest* wil zijn. Hij staat dicht bij de Essenen van Qumran als hij de mensen voor Gods toorn waarschuwt en de kinderen van Israël voorzegt dat ze daar zonder een radicale bekering niet aan zullen kunnen ontkomen.'

'Johannes was een rondtrekkende prediker die niet bang was om zich onder de mensen te begeven. Die Essenen van u waren heel strikt op het punt van de reinheid en hielden zich verre van zondaars.'

'Hij wilde die mensen door de doop reinigen, wat een Esseens gebruik was. De Essenen hechtten het grootste belang aan de "reiniging der Velen" door rituele baden.'

'Maar Johannes had de leiding bij de doop van anderen, terwijl de leden van de gemeenschap van Qumran individueel hun reinigingsbad namen, zonder enige tussenkomst. In tegenstelling tot het fundamentalistische radicalisme dat zich aan de oevers van de Dode Zee ontwikkelde, verkondigde Johannes de nieuwe geest van het evangelie door zondaars met open armen te ontvangen. Zijn nederige houding tegenover Jezus, die hij als veel machtiger beschouwt dan hijzelf, maakt hem tot een groot christen, en de traditie ziet in hem dan ook met recht de voorloper van Jezus, onze Heer...'

'Over Jezus wilde ik het nu nét hebben.'

* * *

Ze waren hem niet vergeten. Toen ze klaar waren met hun bezigheden, kwamen ze naar mijn vader toe. Langzaam knevelden ze hem, waarna ze hem met een grof touw aan het altaar vastbonden.

Tranen stroomden uit zijn ogen en hij schokte hevig over zijn hele lichaam, maar zijn beulen waren vastbesloten hem te offeren en bleven onbewogen onder die stille smeekbeden. Dat was nog maar het begin van zijn lijdensweg; de Samaritanen gingen naar huis om zich aan stille overpeinzing over te geven en in de familiekring de geschiedenis van het Hebreeuwse volk in de Sinai verder te lezen.

Vastgebonden en gekneveld gaf mijn vader het uitkijken naàr hulp op. Elke minuut, elke seconde van doodsangst zag de volgende als laatste aankomen, of, wat nog ondraaglijker was, zag ondanks alles nog steeds een sprankje hoop gloren, die bleef en hem deed leven, hem aan het leven vastklampte, het heilige leven dat hem nog steeds influisterde dat God hem niet in de steek zou laten. Hij walgde van die hoop, die zo onlosmakelijk met het leven verbonden was, die vervloekte hoop waardoor hij nog op een laatste redmiddel wachtte, natuurlijk, menselijk of bovennatuurlijk; wat hem ook maar uit zijn hopeloze situatie zou verlossen. Op het punt een gewelddadige dood te sterven verwachtte hij nog iets; daar was hij een mens voor.

Zijn polsen zagen blauw en zijn huid was geschaafd van het knellende touw. Hij lag op het altaar met zijn rug tegen de steen, de armen vastgebonden aan de twee hoge opstaande randen in de hoeken van de tafel, de benen naar links geslagen en de enkels samen aan een derde rand gebonden. Zijn lichaam was zo verwrongen dat zijn bloedsomloop erdoor belemmerd werd; zijn benen werden steeds pijnlijker en hij kon niet normaal meer ademhalen.

Hij verzonk in gebed. Als om hem te begeleiden weerklonk het geschal van de sjofar, net als op Jom Kippoer, als hij het einde van de vasten aankondigt, de grote bevrijding en het hemelse gerecht dat zich bij ieders lotsbestel over de goede en slechte daden zal uitspreken. Maar het was vandaag niet Jom Kippoer, de hernieuwing van het gereinigde leven. Dit was een mensenoffer. Waar was God in godsnaam? Zou die hem in de steek laten? Weer welden er tranen in zijn ogen toen hij hem om vergeving vroeg, hem in een laatste opwelling van vurig geloof uit de grond van zijn hart aanriep en hem nog één keer, nog een laatste keer, één keertje maar smeekte hem te redden en niet in de steek te laten.

De familiehoofden kwamen een voor een naar buiten, met een stok in de hand, het gebedskleedje onder de arm en een omslag over de schouders. De hogepriester kwam nu terug, gevolgd door de hele gemeenschap. Ze vormden een kring om het altaar waarop mijn vader vastgebonden lag en hieven psalmen aan. Toen liep de hogepriester langzaam op hem toe, met een mes in de hand. Mijn vader deed zijn ogen dicht. Hij voelde het scherpe lemmet op zijn toegeknepen keel.

★ ★ ★

'Nee!'

Die uitroep weergalmde in de zaal. Pierre Michel stapte met vastberaden pas het podium weer op.

'U kunt me niet beletten te spreken, Johnson, en iedereen te vertellen wat u en ik heel goed weten: dat de Leraar der Gerechtigheid en Jezus een en dezelfde persoon zijn. De "Kittim", de zonen der duisternis, de vreselijke beulen waar de *Rol van de Leraar der Gerechtigheid* van spreekt, degenen die hem zullen doorboren en kruisigen, zijn de Romeinen en niemand anders.'

'Welnee! Met dat woord werden de Latijnse en Griekse bewoners van de eilanden in de Middellandse Zee bedoeld. "Kittim" kan ook heel goed op de Seleuciden slaan, die Grieken waren. En als het in de *Rol van de Leraar der Gerechtigheid* over Grieken wordt gesproken, dan dateert die rol uit de tweede eeuw voor Christus.

De identiteit van de Leraar der Gerechtigheid en die van de "goddeloze priester" waar de rol het over heeft is nog niet opgehelderd, want in beide gevallen komen er heel wat historische figuren in aanmerking. Die goddeloze priester zou heel goed Onias III kunnen zijn, de door Antiochus Epifanes verbannen hogepriester, of Menelaüs, de slechte priester die hem vervolgd heeft. Of Juda de Esseen, die tegen Aristobulus I opkwam.

Bovendien was de Leraar der Gerechtigheid een priester, misschien zelfs wel een opperpriester van de tempel. Hij verbond zich aan een religieuze orde, waarvan hij de leden in de zin van de Schrift onderwees, aangevuld met zijn eigen lering en profetieën. Hij werd vervolgd en ter dood gebracht en is voorgoed de martelaar-profeet van de Esseense orde gebleven, die hem vereerde en aanbad en in Messiaanse tijden zijn wederkomst verwachtte. Maar die Leraar der Gerechtigheid leefde in de eerste of tweede eeuw voor Christus!'

'Dat beweert u nu wel, maar u en ik weten er heel wat meer van, sinds we de laatste rol ontcijferd hebben, die de sleutel tot de geheimen vormt, die hier is, in mijn bezit, ondanks al jouw pogingen om hem van mij af te pakken,' zei hij, met een beschuldigende vinger naar Johnson wijzend.

De aanwezigen waren perplex. Er speelde iets tussen die twee, een oude rivaliteit, misschien wel ouder dan zijzelf, maar zeker ook een persoonlijk conflict tussen twee oude vrienden, al speelde dat conflict nu geen enkele rol meer – ze verhulden in ieder geval niet meer dat ze elkaar goed kenden.

'Jezus heeft inderdaad bestaan,' hernam Pierre Michel, 'maar hij was een ander dan men gelooft. De tijd is gekomen om te zeggen wat die rol onthult. Dit handschrift leert ons niet alleen wie Jezus was, maar ook door wie hij nu eigenlijk is gedood, en waarom.

En daar ben je bang voor, Misickzy, jij die je achter je aangenomen naam "Johnson" verschuilt, dat kun je niet verdragen. Maar nu krijg je het te horen, en iedereen zal het weten – *alles*. Ik zal iedereen onthullen wat er zich heeft afgespeeld op die bewuste paasavond toen Jezus de dood vond.'

Ziedend van woede schreeuwde Johnson: 'Je bent een verrader; je hebt onze handschriften gestolen om ons te beschadigen. Ik zal iedereen ook eens onthullen wat jij hebt gedaan en wat je drijfveren zijn. Deze man is niet alleen van zijn geloof afgevallen,' zei hij terwijl hij zich tot het gehoor richtte, 'maar deze man... deze man heeft zich tot het jodendom bekeerd!'

Johnson gaf vrije loop aan zijn haat, die zijn mond verwrong, zijn gezicht vertrok en de aderen op zijn paarse slapen deed zwellen.

'Je hebt je bekeerd tot het volk dat verantwoordelijk is voor de dood van Jezus, want uitsluitend en alleen Israël is schuldig,' vervolgde Johnson. 'Je hebt je bekeerd tot die folkloristische, achterhaalde religie van godsmoordenaars.'

'Het verbaast me niet van je dat je in die anti-semitische leugens gelooft waaraan de Kerk zich sinds haar verheidening schuldig heeft gemaakt, in die laster die direct ten grondslag ligt aan al die onnoemelijke kwellingen en vervolgingen die de joden in de loop van de eeuwen hebben moeten verduren. De katholieke Kerk is maar half en veel te laat teruggekomen van die beschuldiging dat de joden god hebben vermoord. Het is beschamend, dat optreden van de Kerk, van jullie.

Ik ken je drijfveren en die van de Congregatie voor de Geloofsleer: zelfbehoud, het nationaal en geestelijk voortbestaan van jullie schatrijke aristocraten. De waarheid die je niet wilt erkennen is dat de priesters die Jezus hebben veroordeeld niet de steun van het joodse volk genoten, want ze hadden zich in dienst van de heidense bezetter gesteld om hun overigens precaire positie tegenover het Romeinse gezag veilig te stellen.

Onder die priesters bevonden zich ook wat integere mensen, een dissidente minderheid van vooral Farizeeën, die de Sadduceeën wilde intomen. De Essenen waren zulke dissidente priesters. De gemeenschap van Qumran werd na de opstand van de

Makkabeeën gesticht, bij wijze van protest tegen de afbreuk die de overwegend Sadduceese tempelautoriteiten aan de joodse godsdienst deden. De Esseense priesters waren ervan overtuigd dat God het joodse volk niet zou redden als dat zijn Wet niet naleefde. De Essenen leefden de voorschriften van de thora strikt na en rekenden op Gods rechtvaardigheid om de profetieën in vervulling te doen gaan. Ze geloofden dat geen politiek gezag of militaire macht Israël van het juk van de onderdrukker zou kunnen bevrijden, en dat alleen een bovennatuurlijk ingrijpen, dat van de Messias, een nieuwe orde zou kunnen vestigen. De Essenen van Qumran richtten zich op het verleden en herlazen de heilige geschriften van Israël om de lotsbestemming van de Hebreeën en het volk Israëls te doorgronden. Die teksten wierpen een nieuw licht op de contemporaine gebeurtenissen. Die door God gegeven geschiedenis moest op perkament opgetekend worden, om gelezen en herlezen te worden. De schrijvers van de sekte boekstaafden daartoe niet alleen de kopieën van de heilige boeken die de joden eerbiedigden, maar ook eigen geschriften van de sekte.

Maar wat voor rol heeft Jezus nu in dat alles gespeeld?'

Het gehoor hing in gespannen verwachting aan zijn lippen. Op opvallend zachte toon zei hij: 'Hij was geen eenvoudige timmerman of zachtmoedige herder, die in gelijkenissen liefde en vergeving predikte, en ook geen mensgeworden God, gekomen om vergeving te schenken en zich op te offeren voor de zonden van de mens. Nee, de Messias van Israël was een zegevierende krijger en een rechter, een priester en een bezonnen wijze. Zijn Messiaanse ijver had niets metaforisch. De Essenen van Qumran geloofden stellig dat de Romeinen en hun Judese handlangers de machten van de duisternis belichaamden. Ze geloofden dat de verdelging van de slechtheid en de Boze alleen mogelijk was via een bloedige godsdienstoorlog. Dan pas zou er een tijdperk van vernieuwing, vrede en eendracht komen. Het volk Israëls moest een rol spelen in zijn eigen verlossing. Onder leiding van hun Messias zouden de Essenen de wereld verbeteren. Maar het liep allemaal niet zoals voorzien. En degenen die de moord op Jezus hadden beraamd, de moordenaars, zijn...'

'Hou je mond!' schreeuwde Johnson, die zich niet meer kon beheersen. 'Je hebt geen recht van spreken meer. Het christendom heeft de joodse godsdienst verdrongen. Het enige juiste antwoord van de joden op het christendom is de bekering. Jullie zijn een archaïsme, jullie godsdienst is achterhaald, uit de tijd. De bezetting van Jeruzalem berust op een enorme leugen. Het is onmogelijk om de hele joodse bevolking van Israël te deporteren; maar één kan er alvast uit de weg geruimd worden...'

★ ★ ★

Toen hem het mes op de keel werd gezet, bezwijmde hij bijna, met uitpuilende ogen. Daarna spartelde hij tegen en slaakte een hartverscheurende wanhoopskreet. Het vuur was gereed; de moordende gloed maakte zich op om aan het gekwetste vlees te likken en de lucht ervan naar God op te zenden, ter inwilliging van de smeekbede.

★ ★ ★

De knal van een schot weerklonk, daarna nog een, en nog een, onmiddellijk gevolgd door een luid geschreeuw van schrik en paniek.

★ ★ ★

Het was een jong dier zonder gebreken, broos en smetteloos. Geschrokken van het vuur verzette het zich uit alle macht. Het angstzweet en het bange gehijg konden de man niet vermurwen; het zou als brandoffer aan God gewijd worden. De priester nam zijn scherpe mes en sneed het met één beweging de keel af. Er was een laatste, nauwelijks hoorbare schreeuw, als een snik, en het lam blies de laatste adem uit. Het bloed vloeide nog toen ze het vuur opstookten.

★ ★ ★

Pierre Michel zeeg op de grond neer.

★ ★ ★

Het was een heel jong dier uit de kudde, dat nog niet eens gespeend was. Op het laatste moment voor ze mijn vader zouden offeren hadden ze hem losgemaakt en het dier in zijn plaats op het kleine altaar geofferd. Toen begreep hij wat er gebeurd was: ze hadden de scène van het offer van Isaak nagespeeld, waarbij Abraham zijn zoon eerst vastbindt, maar daarna op Gods bevel weer losmaakt en in zijn plaats een lam doodt. Toen dat tot hem doordrong, begaven zijn zenuwen het en verloor hij het bewustzijn.

★ ★ ★

Overal verdrongen de mensen zich. Sommigen wilden de zaal verlaten, anderen spoedden zich naar de plaats des onheils, en iedereen wilde weten wat er gebeurde.

Wat er gebeurde was heel eenvoudig: Paul Johnson had Pierre Michel neergeschoten en meteen daarna zijn wapen laten vallen. Op dit moment was hij, omringd door leden van de ordedienst die vanuit de coulissen waren toegesneld, volkomen de kluts kwijt, verbijsterd door wat hij had aangericht.

★ ★ ★

Ik dacht bij mezelf: *God wil de mensen alleen maar laten beseffen dat ze eigenlijk niet meer dan dieren zijn. Want de mensen overkomt hetzelfde als de dieren: beiden sterven ze. Ze ademen dezelfde lucht in; de mens heeft niets voor op het dier, want alles is toch zinloos. Zij worden beiden begraven in het stof waaruit ze zijn gemaakt en beiden vergaan ten slotte weer tot stof. Wie weet eigenlijk of de levensadem van de mens tot God terugkeert en die van het dier niet?*

★ ★ ★

Jane en ik probeerden de tribune op te komen, maar het veiligheidskordon hield iedereen tegen. Een paar minuten later kwamen er ziekenbroeders om het lijk op een brancard af te voeren. De versperring viel even weg en Jane dook meteen de bres in. Maar erg ver kwam ze kennelijk niet, en ze kwam al gauw weer bij me staan. We zagen het levenloze lichaam van Pierre Michel, die op slag dood was, en daarna Johnson met handboeien om voorbijkomen, geëscorteerd dor politiemensen. Om ons heen in de zaal heerste een ongekende paniek.

We gingen weg, ontroostbaar bij de gedachte dat we Pierre Michel verloren hadden, en ook terneergeslagen, want we hadden het gevoel dat we ongewild min of meer de oorzaak van zijn dood waren geweest. Ik werd door zwaarmoedigheid overmand, die me dagenlang niet losliet. Ik had de indruk dat ik door mijn gedoe niets was opgeschoten met mijn naspeuringen en bovendien verantwoordelijk was voor het heengaan van een rechtvaardige. *Ik zag iets vreselijks: iemand spaarde al zijn geld op, maar dat werd zijn ongeluk. Door tegenslag raakte hij alles kwijt; hij kon zijn zoon niets nalaten. Zo naakt als hij werd geboren, zo berooid werd hij begraven. Niets kon hij nalaten. Kwalijk is dat toch: juist zoals hij gekomen was, moest hij weer gaan. Wat heeft hij dan bereikt?*

Ik had een val willen zetten, met Pierre Michel als voornaamste lokaas. Ik zat in het nauw, en alles verliep alsof ik de wereld afreisde om het *slechte* nieuws te verkondigen, alsof ik een goddeloze priester was. Overal waar ik kwam zaaide ik onrust, ellende en verschrikking. Alle mensen die ik ontmoette en die me de weg wezen of me alleen maar spraken, al was het maar even, verdwenen, gruwelijk vermoord. Ik begon me af te vragen of dat alles niet met mij verband hield. Of misschien had Johnson wel gelijk en straalden de boekrollen onheil uit, wierpen ze een vloek op ieder die zich ermee inliet.

Ik moest hem opzoeken, om het mijne te weten van de verborgen of rationele redenen van wat hij gedaan had.

II

Johnson had ten overstaan van duizenden getuigen een moord gepleegd. Dat was de enige aanklacht die tegen hem werd ingediend, al werd hij er ook van verdacht Hosea, Almond en Millet te hebben gekruisigd en Matti te hebben gedood, wiens afschuwelijk verminkte lijk uiteindelijk gevonden was. Johnson ontkende dat hij de dader van de andere moorden was en bekende alleen die op Pierre Michel. Jane geloofde dat hij de waarheid sprak.

'Hij zou nooit een moord in koelen bloede plegen,' zei ze.

'Deze was anders wel degelijk beraamd. Hij bedreigde Pierre Michel al lang, en hij is gewapend naar het symposium gekomen.'

'We moeten hem spreken.'

We gingen naar de gevangenis waar hij werd vastgehouden. Toen ik hem zag, herkende ik niet meer de man die ik samen met mijn vader had ontmoet, arrogant en zelfbewust. Hij was verzwakt en leek volkomen van zijn stuk te zijn gebracht. De rimpels, die tot over zijn slapen liepen, waren nog dieper geworden en trilden van de zenuwen. We gingen om de tafel van de door ramen verlichte spreekkamer zitten, waar ze ons alleen hadden gelaten. Jane legde hem op zachte, kalme toon uit waarom we gekomen waren en vroeg wat hem tot zijn daad had gebracht.

'Ik heb Pierre Michel gedood omdat hij ons verraden heeft en omdat hij het christelijk geloof verloochend heeft,' zei hij.

'Hebt u hem bedreigd?' vroeg ze.

'Hij had die rol gestolen. Ik heb hem opgespoord en een paar keer bedreigd. Die rol was van mij, begrijpt u? Hij had het recht niet die van mij te stelen.'

'U hebt hem van ons gestolen,' wierp ik tegen. 'Hij was van Matti.'

'En wie heeft hem geholpen om hem te krijgen? Ik heb de onderhandelingen met Hosea gevoerd. Ik stond voortdurend met hem in contact.'

'U hebt Matti gebruikt om de rol te kopen, omdat u zelf niet over de nodige middelen beschikte, en daarna hebt u hem de rol ontfutseld.'

'Ja, want die rol kwam mij toe. Ondanks alles wat ik voor hem had gedaan, wilde Hosea de rol niet aan mij overdoen; hij vroeg er te veel geld voor, hij was inhalig geworden. Toen heb ik Matti gebruikt om hem in mijn bezit te krijgen. Maar toen ik hem uit het museum meenam, maakte ik een enorme fout. Ik heb hem aan Pierre Michel gegeven om hem te bestuderen en te vertalen. Ik heb hem aan hem gegeven omdat hij de beste was en ik hem volkomen vertrouwde. Maar ik koesterde een adder aan mijn borst. Hij heeft me bedrogen.'

'Wat staat er nu eigenlijk in die rol, dat u er iemand voor hebt vermoord?'

Hij gaf geen antwoord. Ik herhaalde mijn vraag, maar kreeg nog steeds geen antwoord. Toen vroeg ik: 'Weet u iets van de verdwijning van mijn vader af?'

'Nee. Ik wist niet dat hij verdwenen was.'

'Hij is ontvoerd,' zei ik, met een van woede overslaande stem. 'Dus als u ook maar iets over die rollen weet, kunt u het maar beter zeggen.'

Hij antwoordde niet op mijn vraag. Hij keek me ironisch aan, met dezelfde arrogante blik als bij onze eerste ontmoeting. Ik verloor mijn zelfbeheersing, boog me over de tafel en greep hem bij de kraag.

'Ary!' zei Jane. 'Wat doe je nou?'

'Ik waarschuw u,' zei ik, terwijl ik hem recht in de ogen keek, 'als u ook maar iets met die zaak te maken hebt, zet ik het u eigenhandig betaald.'

'Ary!' zei Jane nogmaals.

'U doet zich voor als een christen,' ging ik verder, 'maar u bent een oplichter en een moordenaar. Eerst hebt u de rol gestolen, die van ons was, en daarna Pierre Michel het leven zuur gemaakt en vermoord; en dat alles vanwege uw anti-semitisme.'

'Ary!' riep Jane.

'En Hosea, Almond en Millet? En Matti? Geef antwoord!' schreeuwde ik, hoe langer hoe meer buiten mezelf.

'Ary! Laat hem los!'

'Daar heb ik niets mee te maken,' bracht hij uit, terwijl ik mijn greep liet verslappen. 'Matti kende ik nauwelijks. Ik weet niet wie het gedaan heeft en ook niet wie uw vader ontvoerd heeft. Ik heb Pierre Michel gedood, maar niet die anderen. Almond was geen christen, en zijn uitspraken lieten me koud. Trouwens, hij had niet het belangrijkste handschrift. Ik heb Pierre Michel vermoord omdat hij een vriend van me was en me bedrogen heeft, en omdat hij de inhoud van die rol wilde onthullen. Als het moest, zou ik het weer doen.'

'Kom, we gaan,' zei Jane, terwijl ze me bij de arm nam en naar de deur meetroonde. 'We krijgen toch niets meer uit hem los.'

Eigenlijk geloofde ik niet dat Johnson de andere moorden had gepleegd. Maar als hij niets van de ontvoering van mijn vader af wist, dan werd het steeds duidelijker dat die verband hield met de andere misdrijven.

'Ary, wat bezielde je?' zei Jane toen we de gevangenis uit waren.

'Ik dacht dat hij dingen wist die hij ons niet wil zeggen.'

'Maar wat een geweld!'

Ze leek stomverbaasd.

'Mijn naam – Ary –, weet je wat die betekent?' vroeg ik.

'Nee.'

'Die betekent "leeuw"... Luister, ik kan hier niet blijven. Ik moet naar Israël. Ik weet zeker dat daar de oplossing te vinden is.'

'Dan ga ik met je mee.'

'Nee. Waar ik heen ga kun jij niet komen. Je moet hier blijven. In New York – en ver uit mijn buurt – loop je minder gevaar.'

De volgende dag, daags voor mijn vertrek, gingen we uit eten in een koosjer restaurant in Manhattan. Het was een pizzeria in de diamantairswijk, stampvol met chassidim, de mannen in het pak en met hoed, de vrouwen vaak heel elegant gekleed en met pruiken in allerlei soorten, met kort of lang haar, van blond en steil tot donker en gekruld.

'Weet je zeker, Ary, dat je niet wilt dat ik met je meega?' vroeg Jane.

'Ja.'

'Weet je, ik ben behoorlijk ondersteboven van de onthullingen van Pierre Michel, en van zijn dood. Ik zou er graag meer van weten. Ik wil je graag helpen. Dat is belangrijk voor me – laten we zeggen voor mijn christelijk geloof.'

'Je hebt al zoveel gedaan...'

'...maar je moet gaan,' ging ze verder, 'dat weet ik; je bent nog maar kort bij me...'

Na het eten bracht ik naar naar huis. Voor de deur bleven we een tijdje zwijgend staan.

'Als we dan uit elkaar moeten,' zei ze ten slotte, 'laat me je dan iets geven.'

Ze haalde iets langwerpigs uit haar tas, netjes in witte doeken gewikkeld, die ze voorzichtig uitvouwde, en gaf het aan me. Ik kon een uitroep van verrassing niet onderdrukken. Het was een oude boekrol, een kreukelig antiek perkament, volgekrast met een zwart priegelschrift.

'Ik heb de tribune op weten te glippen, achter de ziekenbroeders aan. Ik heb hem van de tafel gepakt. In de verwarring heeft niemand er iets van gemerkt.'

In al die commotie had ik helemaal niet meer aan de rol gedacht en ging ik er vanuit dat de politie die wel zou hebben. Maar ik kreeg de kans niet om mijn verrassing te uiten. Er dook een man achter ons op, die Jane bij de arm greep en haar dwong de rol los te laten. Hij gaf haar een rake klap waardoor ze op de grond viel, met haar hoofd tegen het wegdek. Terwijl hij zich bukte om het handschrift op te rapen, wist ik hem bij zijn arm te pakken. Hij draaide zich om en trok een mes. We begonnen te vechten en rolden over het trottoir. Ik werd geplet onder een robuuste massa en voelde zijn adem over mijn gezicht strijken. Ik was minder sterk dan hij en mijn ruim vallende chassidimpak maakte het er niet gemakkelijker op, maar ik gaf hem een paar stompen op zijn maag en zijn borst. Ik weerde me met alle krachten die ik sinds mijn diensttijd niet meer had gebruikt, maar die ik voor de gelegenheid in een uiterste krachtsinspanning verzamelde. Ik haalde zijn vel open, greep, brak tanden. Ik gaf hem een keiharde elleboogstoot tegen zijn kaak. Maar ineens voelde ik het lemmet mijn heup binnendringen. Door de stekende pijn verslapte mijn greep. Hij stompte erop los om zich vrij te maken. Ik voelde mijn botten kraken, alsof ze op verschillende plaatsen gebroken waren, en mijn maag ineenkrimpen onder de kracht van zijn slagen. Ik bedacht dat mijn enige kans nog het pistool van Sjimon was. Ik stak mijn hand in mijn zak, maar haalde er alleen maar het flesje balsemolie uit. Mijn tegenstander greep het en sloeg het op mijn hoofd kapot. Een stinkende, stroperige rode vloeistof droop in mijn haar en over mijn gezicht. Toen kreeg ik mijn wapen te pakken en stak het tussen zijn ribben. Het gevecht was meteen voorbij.

Jane was intussen bijgekomen. Ik hielp haar overeind. Ze stond nog wankel op haar benen, raapte het perkament op en stopte het in haar tas. Daarna deed ze met haar ene hand de deur van haar flat open, terwijl ze de andere op haar pijnlijke voorhoofd hield. Ik gebaarde de man dat hij voor me uit moest lopen.

Eeuwige! Verdedig mij, want ik word beschuldigd; neem het voor mij op, want ik word aangevallen. Wapen u, pak uw schild, kom mij toch te hulp. Hef uw lans, houd mijn achtervolgers tegen, zeg dat u mij zult bevrijden.

Ik vroeg Jane het pistool even vast te houden en bond onze gevangene met gordijnkoorden aan een radiator vast. Met het wapen binnen handbereik verzorgden we om beurten haastig onze verwondingen. Jane maakte haar geschaafde knieën schoon en legde ijsblokjes tegen de snee in haar voorhoofd. Ik legde een verband aan om mijn bebloede heup en hield mijn hoofd onder de kraan om de stroperige, stinkende vloeistof af te wassen, die op mijn huid en in mijn haar kleefde. Ik keek in de spiegel; mijn opgezwollen gezicht was bont en blauw.

Mijn tegenstander was er niet beter aan toe, maar zag er iets fitter uit, hoewel hij al een jaar of vijftig was. Zijn grijze krulhaar moest ooit ravenzwart zijn geweest en zijn huid was gebronsd. Zijn bruine ogen hadden een levendige uitdrukking. Ik vroeg hem in het Engels wie hij was. Hij antwoordde me in het Hebreeuws dat hij Kaïr heette. Kaïr Benyaïr.

Eindelijk, zei ik bij mezelf, hadden we iemand aan de haak geslagen, al was het dan onze ergste vijand. De val die we met het symposium hadden gezet was misschien niet vergeefs geweest.

'Waarom wil je die rol?' vroeg ik.

'Om dezelfde reden als jij.'

'Wat voor reden?' hield ik vol.

'Omdat hij aangeeft waar de schat van de Essenen verborgen is.'

'Hoe weet je dat dan? Heb je die rol ontcijferd?'

'Nee, ik heb hem niet gelezen. Ik heb het van Hosea. Dankzij de perkamenten had hij al een deel van de tempelschat bemachtigd; een enorm fortuin. Alles is nog bij hem, in zijn appartement.'

Ik herinnerde me weer de honderden waardevolle voorwerpen, het vaatwerk en de antiquiteiten die ik daar had gezien. Nu wist ik waar dat allemaal vandaan kwam.

'Maar het ontbrak hem nog,' vervolgde Kaïr, 'aan de laatste schuilplaats van de schat, volgens hem de belangrijkste.'

'Weet je waar mijn vader is? Weet je door wie hij is ontvoerd?'

'Nee. Ik ken je vader niet.'

'En weet je door wie Hosea vermoord is?'

'Ik heb ze gezien, ja. Ik was in de kamer ernaast toen ze kwamen. Zo te zien kende Hosea ze. Ze hadden een knallende ruzie over de schat. Ze zeiden tegen Hosea dat hij hem nooit zou vinden. Hij antwoordde dat niets hem dat kon beletten. Wat er daarna gebeurde was afschuwelijk. Ik ben gevlucht. Maar ik ben bang. Ze weten dat ik voor Hosea werkte, en ik weet zeker dat ze naar me op zoek zijn. Daarom ben ik ook uit Israël gevlucht.'

Ik kwam tot de overtuiging dat ik, om mijn vader op het spoor te komen, de schat moest opsporen en dus uiteindelijk achter de inhoud van de rol moest komen.

Dus pakte ik de rol, maakte hem voorzichtig open en begon hem met bevende handen uit te vouwen. Ik voelde het gebarsten vel als bij toverslag soepel worden. De tekst werd zichtbaar, fijn en kriebelig. Het was inderdaad het vermiste handschrift: zoals Matti had gezegd, waren de letters in tegenstelling tot het normale Hebreeuws van links naar rechts geschreven, waardoor ze niet vlot leesbaar waren; dat was althans bijzonder lastig.

Maar wat iedereen een soort bovennatuurlijke doem had toegeleken, viel heel eenvoudig te verklaren. Ik constateerde namelijk dat het document heel strak ineen was gerold, en dat de tekst door de vochtigheid was overgedrukt op de rug van de kolom die eromheen was gerold, waardoor de oorspronkelijke kolom blanco was geworden. Het schrift was dus niet opzettelijk omgekeerd aangebracht; dat was toevallig zo gekomen. Hoe het ook zij, om het te lezen hoefde je het alleen maar in een spiegel te bekijken, wat ik meteen deed. De Aramese letters verschenen nu in hun normale volgorde, zoals ze door een schrijvershand opgetekend waren.

Helaas! Had ik maar beter opgelet toen mijn vader me dat oude schrift leerde. Was ik maar wijzer geweest, in plaats van mijn tijd met loze bezigheden te verdoen! Waarom werd ik zo gestraft? Zo dicht bij je doel zijn en het toch niet kunnen bereiken! Twee uur later wist ik nog even weinig als een paar maanden geleden. *Als een dwaas ben ik, en ik dacht wijs te zijn. Ben ik soms als een zeemonster, dat u me de mond hebt gesnoerd?*

Maar een paar specialisten konden de kriebelige elliptische teksten van de schrijvers van Qumran ontcijferen. Zonder hulp van mijn vader kon ik dit onmogelijk vertalen, want de helft van de letters was weggevallen en het lezen ervan was een noest werk van interpretatie, van gissing bijna. Ik las en herlas, tot de letters in een helse rondedans mijn ogen begoochelden en me deden duizelen. Maar wat ik las begreep ik niet. Ik kon alleen maar naar dat oude, gehavende, zo felbegeerde perkament turen, als een onwetende, als een dwaas die de wijsheid ontbeert. *Men kan beter wijs zijn dan wapens bezitten. Maar altijd weer blijkt: één fout bederft veel goeds.*

Ik wist niet wat ik moest doen. De hulp van andere experts inroepen was natuurlijk uitgesloten. Ik kende wel mensen die de tekst zouden kunnen vertalen, maar vertrouwde niemand meer. Wel was duidelijk dat ik naar Israël terug moest, waar de schat zich bevond en misschien ook wel mijn vader. Ik wilde Kaïr niet loslaten, uit angst dat hij medeplichtigen zou waarschuwen, maar zelf leek hij ook niet weg te willen. Hij stelde ons een deal voor: omdat we beiden achter de inhoud van de rol wilden komen, waarom zouden we dan niet samenwerken?

We hadden er inderdaad belang bij Kaïr bij ons te hebben.

'Nu kun je niet meer buiten me; wie moet hem anders in de gaten houden?' zei Jane.

'Dat kan ik alleen wel af. En ik geloof ook niet dat hij ervandoor zal gaan. Hij is te bang, en hij heeft er geen belang bij, want hij wordt door de politie gezocht. Hij heeft ons nodig om hem over de grens te krijgen en te verbergen.'

'Je kunt toch niet het risico nemen dat je hem kwijtraakt? En je kunt niet bij hem blijven en tegelijk je vader opsporen.'

'Ik red me wel,' antwoordde ik kortaf.

'Best. Als je er zo over denkt, breng ik grof geschut in stelling. Als je me niet mee wilt nemen naar Israël, maak ik alles openbaar, vertel ik alles aan mijn baas, Barth Donnars, die tussen haakjes ook hard op zoek is naar het verdwenen handschrift. Reken maar dat hij in een artikel gehakt van je maakt.'

'Dat zou je nooit doen,' zei ik verbluft.

'Nee, dat zal ik niet doen. Maar ik kan je wel achternagaan, of je dat nu wilt of niet. Ik heb tenslotte jouw toestemming niet nodig om naar Israël te gaan. En dat handschrift is ook een beetje van mij.'

Je tegenwerken, dat was wat vrouwen deden. Ik wist dat ik eigenlijk voet bij stuk moest houden; door met haar te blijven samenwerken dreigde ik me nog sterker aan haar te hechten. Maar ze was zo vastbesloten dat ik haar haar zin gaf.

Zo ging dit merkwaardige gezelschap op weg naar Israël, waar volgens mijn voorgevoelens de oplossing van alle problemen te vinden was.

Duizend herinneringen kwamen in het vliegtuig in me boven naarmate we onze bestemming naderden: Jeruzalem in de ondergaande nazomerzon, in een koele bries, bijna ijzig soms, op sommige avonden dat je de winter voelt naderen; het gouden licht dat op dat schone schemeruur de witte muren van de oude binnenstad met een okergeel behangsel bedekt en de Olijfberg in een saffranen waas hult, en waarvan je niet weet of het van de zon, de maan, het firmament, de sterren, het weerlicht, de rozen of de luchters komt, of van allemaal tegelijk.

Ik dacht aan een van de oudste wijken buiten de muren van de oude binnenstad, Nachalat Sjiva, die de moderne wereld probeert in te lijven. Bij een van de poorten daarvan was een kleine synagoge, Kahl Chassidim, een van de oudste van de stad, waar ik weleens heen ging. De muren ervan hingen vol plaquettes ter nagedachtenis aan levens die allang tot stof waren vergaan. In de nauwe straatjes liepen de voetgangers naast het trottoir en stapten gauw naar links of naar rechts als er een auto aankwam, of de auto's reden over de stoep om ze niet te overrijden. Sommige steegjes waren zo smal dat je er alleen in ganzenpas kon lopen, achter elkaar. Ik bedacht dat de hedendaagse wereld en de moderne tijd een aanslag deden op de oude aders. De vestingmuren en erebogen, nauwelijks verlicht door het daglicht en nauwelijks beroerd door de maneschijn, leken ieder ogenblik in vlammen te zullen opgaan.

Sion, sta op, ga het licht tegemoet. De Heer komt in al zijn majesteit, als het aanbrekende ochtendlicht. De aarde is in het donker gehuld, dichte duisternis bedekt de volken. Maar voor u zal de zon opgaan: de Heer verschijnt in al zijn majesteit.

III

Wat heerlijk om mijn geboortegrond weer te zien. In het vliegtuig had ik mijn ongeduld nauwelijks kunnen bedwingen, alsof er bij onze aankomst iets wonderbaarlijks zou gebeuren, een nieuw feit, een totale verandering. En dat gebeurde inderdaad. Toen we het land naderden, keek ik vanuit de hoogte neer op het langgerekte strand van Tel Aviv, met zijn vruchtbare zee en zijn grote gebouwen. Het was als een terugkeer, een alyah. Ik had het gevoel dat nieuw aangekomen immigranten hebben, het gevoel een sinds eeuwen verloren plek terug te vinden, als dat verre, nooit eerder geziene of gekende oord je thuis blijkt te zijn. Ik hervond mijn identiteit. In de diaspora, waar ik wanhopig andere, geestverwante joden zocht, was ik niemand. Hier hervond ik mezelf, werd ik weer mezelf. Ik hoefde niet meer zo nodig mijn bestaan te rechtvaardigen. Ik zocht geen aansluiting meer bij een gemeenschap. Hier vond ik rust, hier sprak alles vanzelf. Eeuwenlang had ik de diaspora gekend. Nu kwam ik terug. De wandelende jood streek neer.

De zoele lucht die ons bij het uitstappen aangenaam tegemoet kwam deed weldadig aan. In de taxi die ons naar Jeruzalem bracht kwam er meteen een immens gevoel van vredigheid over me. Nergens was dat gevoel van welzijn, van er zijn zo sterk. Er deed zich iets buitengewoons voor, een unieke ervaring waar ik deel aan had; hier had alles een andere zin en hoefde ik niet voor mijn leven te vechten.

De weg maakte zijn eerste bocht, ten teken dat we heuvelopwaarts naar Jeruzalem gingen. Die weg, die ik wel duizendmaal genomen had, leek nu een ware hunkering in me op te wekken, en niet alleen die van de thuiskomst, of van de lokkende woning, rust en maaltijd na een heel lange reis. Naarmate we omhoogreden besefte ik dat ik naar de aankomst daar boven uitzag als naar een betere wereld. Ik zag de eerste stadsmuren voor me opdoemen, steeds minder vaag, tot ze heel tastbaar werden; mijn hart sprong op van blijdschap, en hoe hoger we kwamen, hoe meer mijn geest zich verhief. Ik voelde iets goddelijks in me varen en was in opperste vervoering. Ik zou het weldra vinden, zei ik bij mezelf. Ik herkende nu het gevoel dat over me kwam: het was een eschatologisch verlangen. Ik werd door een goddelijk gevoel bezeten, dat me deed huiveren. Ik was in de war.

Er schoot me een psalm te binnen, die zei dat als ik wankelde, God me in zijn goedertierenheid voor altijd zou redden, dat als ik struikelde, Gods gerechtigheid me voor altijd zou rechtvaardigen, dat hij me in geval van tegenslag uit de groeve zou redden; hij zou mij met vaste tred mijn weg doen gaan. In zijn waarachtige rechtvaardigheid had hij mij geoordeeld, heette het, in zijn overvloedige goedheid waren al mijn ongerechtigheden verzoend, door zijn rechtvaardigheid zou hij mij van de schandvlek van de mens en van de zonden van de mensenkinderen zuiveren, opdat Gods gerechtigheid en de heerlijkheid van de Allerhoogste geprezen zouden worden.

Ik prijs u, Heer,
Omdat Gij mij niet verlaten hebt,
Toen ik verbleef onder een vreemd volk
En mij niet naar mijn schuld hebt berecht.
Gij hebt mij niet overgelaten aan de overleggingen van mijn gezindheid,
Maar mijn leven van de Groeve gered.
Gij hebt gegeven [...] temidden van leeuwen,
Die voor schuldigen bestemd zijn,
Leeuwen die het gebeente van sterken breken
En het bloed van helden drinken.
Gij hebt mij doen wonen bij vele vissers,

Die hun net op het wateroppervlak uitspreiden,
En bij jagers behorend tot de onrechtvaardigen.
Daar hebt Gij mij tot een oordeel gesteld
En het fundament der waarheid in mijn hart sterk gemaakt;
Van toen af is het verbond voor degenen die het zoeken.
Gij hebt de muil van de jonge leeuwen gesloten,
Wier tanden als een zwaard
En wier hoektanden als een scherpe spies zijn.
Drakengift zijn al hun overleggingen,
Om te vangen liggen zij op de loer.
Maar niet hebben zij hun muil tegen mij opengesperd,
Want Gij, mijn God, hebt mij voor de mensen verborgen
En uw wet in mij verborgen,
Tot de tijd waarin uw redding mij geopenbaard werd.

Een godsaanschouwing deed me met hart en ziel, onweerstaanbaar opgaan in de eenwording met de Schepper. Door Zijn naam riep ik die van mijn vader aan, alsof hij er was, alsof hij in mij was en ik in hem, alsof het God zelf was die me liet weten dat hij niet dood was, maar levend en wel, dat hij door middel van mij en hem leefde en ik hem spoedig weer zou zien, zodat we allen verenigd zouden zijn. En dat was vertroostend. De rede gebood me niet te verzaken en fluisterde me via mij welbekende teksten in dat de kortstondigheid van bovennatuurlijke aanschouwingen alleen maar geestelijke luiheid was, het tegenovergestelde van een in de verbeelding gevangen rationalisme. Maar de rede was vergeefs, de feiten waren onverklaarbaar; ik was in vervoering.

Het was geen erg grote stad, en belangrijk kon hij ook niet genoemd worden, in de moderne zin van het woord. Eigenlijk had hij er niet eens moeten zijn. Net als Ur in Chaldea en het oude Babylon had hij allang in een puinhoop veranderd moeten zijn, waar nog slechts runderen graasden. Waarom werd zijn naam veranderd, zo niet uitgewist? Maar het rijk waaronder dat gebeurde ging zelf ten onder, en uit het stof en de as van de ruïnes werd Jeruzalem weer opgebouwd en zo leefde het voort. In al die duizenden jaren hebben de Byzantijnen, noch de Perzen, noch de

Abbasiden, noch de Bagdadi's, noch de Fatimiden, noch de Mammelukken, noch de Egyptenaren, noch de Ottomanen, noch de Engelsen het in der eeuwigheid kunnen overheersen.

De eeuwigheid, dat is Jeruzalem. Dat zijn de stenen trappen van de hooggeroemde wallen die om de stad lopen zoals de bruid om de bruidegom, zevenmaal, zoals de zeven poorten van de stad, zoals de zeven kaarsen van de kandelaar en zoals de zeven dagen van de week, en de zevende voor de eerste, de muur met het gouden licht, de bedekte hoofden, de gebeden en de fluisterstemmen, en daarboven de Tempelberg, waar de eerste vader de Eeuwige trotseerde, die ze vervloekte, de verblijven van de mensen, uitgebraakt door de aarde. Dat zijn de steile flanken van de heuvels, achter de Mestpoort, waar de stad van de koning-veroveraar, gevlijd tegen de helling die over het Kidrondal uitkijkt, zich laafde aan de enige oorsprong van de nooit opdrogende bron, en daarboven de beboste berg, het aloude domein van de grote geesten, en achter in het dal het graf van de opstandige zoon en de piramide van de boze profeet, de zuilen voor de hemel en de voor de aarde uitgehouwen bas-reliëfs. Dat is het graf van de krijger-koning, omgevormd tot een moskee met zijn gewelfde, in flakkerend kaarslicht gehulde plafonds en de aangrenzende zaal, het vertrek van de ontwijde rollen, de verketteringen, verbrande geschriften en verguisde woorden. Dat is de smartelijke weg, martelgang van de vertrapten, krachtproef en Messiaans kruis, en de statiën en het eindpunt van die lijdensweg, nageslacht der mensen, van God verlaten. Dat is de Omar-moskee, met zijn zuilen waaraan de schaal zal worden gehangen om bij het laatste oordeel de zielen te wegen. Dat zijn de Romeinse cijfers en de geheimzinnige inscripties op de muren, op de grond en in de openingen in de grond, de golvende daklijsten, de witte huizen, de nieuwe stenen en de roepstem van de heilige berg, van de getto's Sanz, Mattersdorf, Ger en Bez, van de mellahs en de kashba's, daar waar Ezra en Nehemia na hun verbanning terugkwamen en de stad weer wisten te ontcijferen en op de onherkenbare muren, onder het stof en de stinkende vliegen, konden lezen: dit is mijn land; nooit zal ik dat vergeten.

Als de zon boven de heuvels van Judea staat, ligt de oude binnenstad in de schaduw. Maar verder in het Kidron-dal, in het oosten, ligt een berg die het geringste zonnestraaltje opvangt. Op de hellingen daarvan ligt de oudste joodse begraafplaats ter wereld, en aan de voet ervan herinneren de olijven en cipressen aan de plaats die vroeger Gethsemane heette, een duidelijk getuigenis van wat lang geleden gebeurd is, wat sinds het ontstaan van de wereld verborgen bleef: hier kon iemand, vol verlangen het verleden te bewaren, alle schijn laten varen. Als het licht op de heuvel zwakker wordt, valt het gemakkelijk om het noodlot van teleurstelling en ontgoocheling te bezweren. Dit is de plaats waar Jezus van hield, waar hij rust vond, waar hij in afzondering bad. Hier zocht hij een onderkomen voor de nacht. Hier werd hij ook verraden, naar men zegt.

Verder achter de heuvels wordt de woestijn teruggedrongen. Achter de vestingwallen ligt de stad die zo ontzaglijk onbekommerd de oudheid torst. In het centrum daarvan de muur, en daarbinnen het onzichtbare centrum, de tot tweemaal toe verwoeste Tempel, het Heilige der Heiligen, midden in het oude paleis van goud en ceder, het huis waar God misschien nog steeds woont. Niemand mocht daar binnengaan, behalve de hogepriester, op de Verzoendag. Men zegt dat een Romeins generaal op de dag dat de tempel verwoest werd zich erheen spoedde om de plaats te zien die de joden voor God vrijhielden. Hij wilde het geheim doorgronden. Maar toen hij de voorhang van de heilige plaats oplichtte, zag hij niets. Daar – het middelpunt der middelpunten, de Plaats bij uitstek, het brandend hart van Jeruzalem, het verbrande hart van de Tempel – daar was gewoon een lege plek, een leegte. *IJdelheid der ijdelheden, alles is ijdelheid.*

We namen onze intrek in een klein hotel buiten de wallen, niet zo ver van de oude stad. Ik meed mijn ouderlijk huis in de nieuwe stad, in de betere buurt van de buitenwijk Rehavia, om mijn moeder niet te hoeven vertellen dat mijn vader verdwenen was. Wel wilde ik Mea Sjearim terugzien en aan Jane laten zien. Kaïr bleef in het hotel; hij wilde niet uitgaan, om geen onnodige risico's te nemen. Hij wist dat hij door de politie gezocht werd, en ongetwijfeld ook door de mysterieuze kruisiger.

We namen de bus naar de nieuwe stad en kwamen in de Profetenstraat in Mea Sjearim. Jane was zedig gekleed. Ze droeg een wijde rok en een blouse met lange mouwen. Maar in deze wijk zag je maar zelden een man als ik, een chassid, naast een jonge ongetrouwde vrouw lopen. We deden haastig de ronde en ik liet haar de plaatsen zien waar ik vaak kwam: de synagoge, bepaalde jesjiwoth, huizen waar vrienden woonden. Op de hoek van een straat zag ik Jehuda, mijn studiemakker. Ik riep hem, en hij kwam aanhollen.

'Waar heb je al die tijd toch uitgehangen?' vroeg hij. 'Je had weleens iets van je mogen laten horen.'

'De reis heeft wat langer geduurd dan voorzien,' antwoordde ik. 'Mag ik voorstellen aan Jane?'

Ze gaf hem geen hand; ze had geleerd dat chassidim nooit vrouwen aanraken, behalve hun eigen vrouw.

'Zeg, laten we even bijpraten,' zei hij. 'Ik moet je iets belangrijks vertellen.'

We gingen naar een café, een van de weinige in de wijk, gedreven door een chassid. Jehuda zei dat hij in de kollel inwoonde, een jesjiwa voor getrouwde mannen die hun leven aan de talmoedstudie wijden. Hij kreeg wat geld van de jesjiwa, en zijn vrouw werkte op een kleuterschool.

'En, heb je het grote nieuws al gehoord?' hernam hij, op trotse en tegelijk geheimzinnige toon.

'Nee.'

'Heb je er daar niets over gehoord, in de Verenigde Staten?'

'Nee. Wat is er aan de hand?'

'De rabbi heeft zich over de Messias uitgesproken. Hij heeft zich eindelijk gemanifesteerd.'

'Wat heeft hij dan gezegd?'

'Hij heeft zich geopenbaard.'

'Wie?' vroeg ik verbluft.

'Nou, de rabbi! Hij heeft gezegd dat hij de Messias is en dat het einde der tijden nabij is.'

Dat nieuws maakte me sprakeloos. Wat had de rabbi er op zijn tweeëntachtigste toe bewogen met zo'n openbaring te komen? En waarom op dit moment?

'En jij, geloof jij dat hij echt de Messias is?' vroeg ik.

'Tja, toen ik nog niet met hem omging, had ik evenveel twijfel als jij, dat geef ik toe, Ary. Maar sinds ik zijn schoonzoon en leerling ben, ken ik hem beter. Volgens mij is hij echt een heilig mens. En nog veel meer dan dat. Ik geloof inderdaad dat de rabbi ons allemaal zal verlossen.'

Ik begreep wat hij bedoelde. Bij mijn vertrek was Jehuda nog een jonge man, pasgetrouwd, kersvers van de jesjiwa; nu verkeerde hij in de naaste omgeving van de rabbi en vervulde daar ongetwijfeld ook een officiële functie. Hij behoorde tot de weinige, door iedereen benijde uitverkorenen die in nauw contact met de rabbi stonden en hem dagelijks terzijde stonden.

'Zie je dan niet,' zei hij, 'hoe slecht de wereld eraan toe is? Oorlog, misère, onrecht, het wordt allemaal hoe langer hoe erger. Iedereen dacht dat de gruwelen van de Tweede Wereldoorlog zich nooit meer zouden herhalen, maar nee. De Golfoorlog, de etnische zuiveringen in het voormalige Joegoslavië, de genocide in Rwanda – overal kraakt de wereld in z'n voegen van het kwaad. En op onze bodem, in ons eigen land, de strijd die we leveren sinds de stichting van de staat Israël, die van Gog en Magog! Kijk eens naar Jeruzalem! Eindelijk mogen we nu in een heel nabije toekomst op een betere wereld hopen. We verwachten binnenkort de openbaring. Die is ophanden. Voel je het niet? God heeft eindelijk onze gebeden gehoord en zal ons verhoren. Hij heeft de rabbi uitverkoren en op aarde gezonden om ons te redden. Ary,' zei hij met zijn ietwat hese stem, terwijl hij zich net als vroeger naar me toe boog en een hand op mijn schouder legde, 'over een jaar zijn we in het jaar 2000.'

'Het jaar 2000 zijn we allang voorbij. We zijn het om precies te zijn al drieduizendzevenhonderdnegenenvijftig jaar voorbij. We zijn geen christenen. Voor ons heeft dat weinig te betekenen.'

Hij liet de armem zakken en schudde het hoofd.

'Je beseft niet wat we binnenkort mogen beleven... Als je niet tot inkeer komt, word je niet gered en heb je geen deel...'

'... Aan het Koninkrijk der hemelen,' zei ik bijna werktuiglijk.

Opeens herinnerde ik me de droom die ik gehad had voor ik naar de Verenigde Staten vertrok, de droom waarin ik met Jehuda in een auto zat die achter een autobus reed en naar de hemel opsteeg. Die bus vertegenwoordigde de buitenwereld, de christelijke wereld, die al door Jezus gered was, en onze kleine auto vertegenwoordigde onze eigen wereld.

Maar ik was wakker geschrokken, 'Niet nu!' roepend. Ik was er niet zo zeker van of ik wel wilde dat de Messias al zo gauw kwam. Wat stond ons in die andere wereld eigenlijk te wachten?

'Weet je, morgen is het grote feest van Lag Baomer,' zei Jehuda. 'De chassidim richten er zoals gewoonlijk ook een stand in. Dit jaar ben ik daarmee belast. We gaan de mensen het nieuws bekendmaken. Wil je me er niet bij helpen?'

Ik sprak met hem af voor de volgende dag. Niet dat ik ondersteboven was van het nieuws, maar er rijpte een plan in me, in de lijn van de gedachtegang van Jehuda; wat, hetgeen, zoals ik later zou zien, niet louter op toeval berustte.

Toen we afscheid van Jehuda genomen hadden, hoorde Jane me uit over hem en mij. Ik vertelde haar hoe hij aan de vrouw was geraakt en zijn huwelijk gearrangeerd was.

'Ga jij het ook zo doen?' vroeg ze.

'Ik kan alleen bij een speciale huwelijksmakelaar terecht, want mijn ouders zijn niet godsdienstig.'

'Zijn er dan ook koppelaars voor mensen zoals jij?'

'Er zijn er die zich met de wat moeilijker gevallen bezighouden, mensen die niet helemaal aan de maatschappij zijn aangepast, mensen die te veel of te luid bidden, of die te veel vasten, zenuwinzinkingen of psychische problemen hebben. Je ziet, aan iedereen wordt gedacht.'

De avond viel. Haar gezicht nam de gouden weerschijn van de stad aan. Haar oogopslag was helder maar triest.

'Ze houden zich ook bezig met mensen uit gemengde huwelijken – tussen sefardim en asjkenazim, bedoel ik –, en ook met sefardim die op de jesjiwa gestudeerd hebben en "zwart" geworden zijn; die gaan niet alleen in het zwart gekleed, maar willen ook met een asjkenazisch meisje trouwen. De koppelaars zoeken dan naar meisjes die een lichamelijke handicap hebben, of problemen met de erfenis.'

'En als een sefardisch meisje een man zoekt?'

'Dan is de kans groot dat ze niemand vindt, want de cliënten, of het nu asjkenazim of sefardim zijn, willen geen sefardim.'

'En vrouwen met psychische problemen, vinden die iemand?'

'Over het algemeen hebben vrouwen voor het huwelijk geen psychische problemen. Nou ja,' zei ik, toen ik haar verbaasd zag kijken, 'de mensen weten er niet van. De familie praat er niet over, omdat ze anders misschien geen man vindt. Bij de jongens ligt het anders; daar valt het niet te verbergen. Die zijn elke dag in de synagoge, op de jesjiwa of op straat te vinden, terwijl je de meisjes maar één keer per jaar ziet, in de synagoge.'

'Wat gebeurt er als de zaak beklonken is?'

'O, de aanstaanden ontmoeten elkaar voor het eerst waar de ouders bij zijn. Nadat iedereen aan elkaar is voorgesteld, wordt er over ditjes en datjes gepraat. Na een paar minuten gaan de ouders naar een andere kamer, zodat de aanstaanden bij elkaar kunnen zijn. De deur blijft op een kier, om ze niet helemaal alleen te laten, want dat is verboden voor een ongetrouwd stel.'

'En waar hebben ze het dan over?'

'Over hun studie, algemene dingen. Soms zeggen ze niets. Het meisje is meestal heel ingetogen. Daarna nemen ze afscheid; ze zien elkaar pas weer terug op de trouwdag.'

'Kan het meisje of de jongen ook weigeren?'

'Nee. Ze gaan ervan uit dat hun ouders gedaan hebben wat ze konden en vertrouwen volkomen op hun keus.'

'Hoeveel van die huwelijken worden er zo in Mea Sjearim gearrangeerd?'

'Vrijwel allemaal, denk ik. Ook als ouders elkaar kennen en denken dat hun kinderen goed bij elkaar zouden passen, gaan ze toch liever naar een koppelaar. Op die manier wordt de zaak door een neutrale buitenstaander geregeld.'

'En daarna?'

'Na het huwelijk werken de vrouwen tot aan de geboorte van hun eerste kind; ze geven les of vinden werk binnen de gemeenschap.'

'Is zij de kostwinster van het stel?'

'Ja, want hij studeert. Maar het huwelijkscontract bezorgt ze wel een woning. Ondanks hun schamele inkomsten kunnen ze zich redden met behulp van hun familie, vrienden en leningen bij de bank.'

'En als je een gojse vrouw wil trouwen?'

Ik verschoot van kleur. Ze kende het antwoord op die vraag. Ik begreep dat ze me provoceerde. Het was niet tot me doorgedrongen dat ik haar, door over het huwelijk te praten, aan de onmogelijkheid van een verbintenis tussen ons herinnerde, en dat ik haar daarmee kwetste.

Op de terugweg naar ons hotel kwamen we langs de westmuur. Het was vijf uur 's middags; de avond begon te vallen. Vanaf de trappen met hun smalle treden boven het plein kon je de mensen bij de muur zien bidden, en wat verderop zag je de mensen die na de laatste gebeden de Omar-moskee uit kwamen. De late middagzon gaf de muur een koperkleurige glans, die, als een onvoltooide compositie, door het ontbreken ervan herinnerde aan de volmaakte Tempel en het ideale Jeruzalem, met zijn grote eenvormige witte steenblokken en de rechthoekige muur eromheen. Deze heilige lege plek, deze plaats van gruwelen, opstanden, inbreuken op de rechten van het nageslacht van Sadok, door Antiochus Epifanes opgerichte afgodsbeelden, verwoest en weer opgebouwd, verwoest en keer op keer herbouwd, was nog niet aan het eind van zijn veelbewogen geschiedenis, teloorgegaan en weer opgevat, gedroomd alvorens beleefd te worden, verwezenlijkt en daarna uitgebeeld, sinds mensenheugenis, sinds Babylon, bij de ballingen aan de rivier de Kebar, toen de profeten in extase de hemel zagen opengaan, toen er een storm in het noorden opstak en de mensen door een lichtgloed verblind werden. In hun profetieën zagen ze het grote vierkante platform weer waarin Gods heiligdom was, en in heel precieze visioenen riepen ze de poorten op, de voorhallen, de vertrekken en het Heilige der Heiligen; in trance zagen ze alles voor zich alsof het er echt was, de ligging en de precieze afmetingen van elke muur, elke poort en elk venster, want dat was voor hen de geheime code van de heiligheid, en in hun vervoering zagen ze de symmetrieën, de spiegelbeelden en de heilige ruimten voor zich. Maar het was niet meer dan een utopie, en toen de ballingen uit Babylon terugkwamen en op de berg Moria hun Tempel oprichtten, raakten de priesters, de pelgrims en de boetelingen verdeeld in plaats van zich rond de volmaakte plannen voor het ideale Jeruzalem te verenigen. En Herodes maakte de gruwel compleet toen hij, als door Rome aangesteld despoot, de grootscheepse wederopbouw van de Tempel op de berg Moria ter hand nam en op een van de mooiste bouwwerken van het Romeinse rijk het zegel van de rijksadelaar aanbracht, de gouden adelaar als zinnebeeld van Rome, de goddeloze priesteres. In de tijd dat de handschriften van de Dode Zee geschreven werden, was de Tempel een en al onreinheid; de offers werden elke ochtend opgedragen aan het welzijn van de keizer, en het godshuis raakte elke dag wat meer vervreemd van zijn God, de beeldenstormer.

Tweeduizend jaar later werd er nu naar de resten ervan gezocht, niet onder de Omar-moskee, waar tot op heden de Tempel van Herodes gesitueerd werd, maar wat verderop, waar opgravingen werden verricht die delen van de Tempel hadden blootgelegd. Ik probeerde me de gereconstrueerde Tempel voor te stellen, als dat graafwerk inderdaad de ware plaats ervan aan het licht bracht.

In mijn gedachten was hij niet door muren omgeven, maar opengewerkt, met alleen maar dorpels en poorten die een soort enorme ronde brug vormden, waarlangs je zo via voorpleinen binnen kon komen. Hij werd doorsneden door brede alleeën en overkappingen en bestond uit zalen die allemaal op het binnenplein uitkwamen. Vanaf het binnenplein kon je elk vertrek zien, en vanuit elk vertrek kon je het binnenplein zien, en alle vertrekken stonden met elkaar in verbinding en allemaal kwamen ze op het binnenplein uit. En allemaal waren ze anders van vorm en afmetingen. Het ene was een rechthoek van twaalf bij acht meter, het andere een driehoek met een basis van tien meter en zijden van vijftien meter, weer een ander een gelijkzijdige driehoek met zijden van twaalf meter, of volkomen vierkant met zijden van drieëntwintig meter, of volkomen rond met een straal van acht meter, of een ronde zaal met een straal van tweeëndertig meter, of een zeshoek met zijden van respectievelijk acht en twaalf meter, of een ovaal vertrek van tweeënvijftig meter omtrek, of een ellips met een as van negen meter, of van onbestemde, deels vierkante, deels ronde vorm, of van een onbenoemde langwerpige vorm, sommige met heel hoge en andere met heel lage plafonds, sommige met een plavuizen vloer en andere met een glanzend parket, sommige met een zacht vloerkleed en andere met een oosters tapijt, sommige met een grote luchter en andere met een eenvoudige lamp, sommige met blinden en andere met gordijnen, sommige met schuiframen en andere met openslaande ramen, sommige in levendige kleuren geschilderd en andere helemaal van hout. Maar ze liepen allemaal in elkaar over en vormden één geheel onder de brug.

Op de voorpleinen stonden vier tafels, die voor de erediensten bestemd waren en waar de thorarollen uitgerold waren. En aan de ene kant van een van de buitenpoorten, waar treden omhooggingen, bij de ingang van de poort op het noorden, stonden nog twee tafels. En aan de andere kant, tegenover die poort, stonden nog eens twee tafels, al met al dus acht tafels voor de eredienst, allemaal uit steen gehouwen, anderhalf meter lang, een meter breed en een meter hoog. Elke tafel had zijn eigen officiant, elk van hen in gebed verzonken, en er was er een voor de Sadduceese priester, een voor de Esseense monnik en een voor de Farizeese rabbijn, allemaal herrezen. En een andere was voor de orthodoxe rabbijn, en een andere voor de vrijzinnige rabbijn, en een andere voor de reformrabbijn, een vrouw. En weer een andere voor wie maar wilde, en weer een andere voor wie niet wilde. Van de door vensters verlichte vertrekken waren sommige voor de zangers bestemd, uitziend op de binnenpleinen, en andere, die op de buitenpleinen uitkeken, voor de rabbijnen die de zorg voor het huis hadden, die bij het vervullen van hun dienst de Eeuwige nabijkwamen, want ze stamden van Levi af.

In het midden was een voorportaal waar je via een paar trappen kwam. Deze gaf toegang tot de geheime zaal van de Tempel, die zeventig meter lang en veertigeneenhalve meter breed was.

De buitenkant ervan bestond uit palen, vensters en met hout beklede vertrekken, van de vloer tot aan de vensters. En in dat houtwerk waren cherubijnen en palmen uitgesneden, en elke cherubijn had twee gezichten, en al die gezichten waren verschillend. Overal eromheen was houtsnijwerk, van de vloer tot boven de vensteropeningen, van cherubijnen en palmen. *Mensenkind, hier is de plaats waar mijn troon staat, de plek waar ik mijn voeten zet. Hier, bij de Israëlieten, wil ik voor altijd wonen. Zij en hun koningen zullen mijn heilige naam niet langer ontwijden. Zij zullen geen afgoderij meer bedrijven en hun koningen hier niet meer begraven.*

Dit was het Heilige der Heiligen, de woning van God, waar alleen de hogepriester mocht komen. En die liet zich Mensenkind noemen en vertoonde in die beelden van me de trekken van de rabbi. Was hij de Eenmaker, de koninklijke Messias, de Verlosser van heel Israël? Hogepriester, slechte priester, Mensenkind, zoon van het licht of zoon der duisternis... Wat was hij nu eigenlijk?

Ik schrok wakker uit mijn dromerij.

Er was niemand meer op het Tempelplein. We bleven er nog een tijdje en gingen pas in de loop van de avond naar ons hotel terug. Ik liep met onvaste, slepende tred, als een slaapwandelaar. Tot mijn grote verbazing – was het een droom, een visioen of een profetie, was het een trance of werkelijkheid? – was de Gouden Poort op de berg Moria, tegenover de Olijfberg, de muur die sinds 1530 dichtgemetseld was, die avond geopend. We gingen erdoorheen en kwamen terug in ons hotel, met de frisse bries van Jeruzalem in de rug.

Niemand mag hierdoor naar binnen, nu ik, de Heer, de God van Israël, langs deze weg binnengegaan ben. Daarom blijft hij gesloten. De vorst is de enige die in het poortgebouw de heilige offermaaltijd mag gebruiken. Via de grote hal mag hij naar binnen en langs dezelfde weg moet hij het poortgebouw weer verlaten.

De volgende ochtend legde ik Jane uit waarom ik besloten had het feest van Lag Baomer mee te vieren; dat herdacht de laatste kortstondige joodse onafhankelijkheidsstrijd van Bar-Kochba, in het jaar 135 van de huidige jaartelling. Bar-Kochba werd daarbij gesteund door rabbi Akiba, die geloofde dat hij de Messias was waarop aller hoop in nationalistische en mystieke kringen gevestigd was. Het feest trok dan ook vooral zeer vrome joden, waaronder ook de chassidim. Het bood iedereen, sefardim en asjkenazim, de gelegenheid eer te bewijzen aan bepaalde rabbijnen die hun stempel op de traditie hadden gedrukt, zoals rabbi Sjimon Bar-Yochai. Dat evenement was tegelijk een buitenkansje voor de bedoeïenen die er hun waren kwamen slijten. Ik wist dat de Taamireh, degenen die de boekrollen hadden ontdekt, er gewoonlijk ook kwamen.

Ik vroeg Jane dus om in het hotel te blijven en een oogje op Kaïr Benyaïr te houden, en nam de bus naar de berg Meron. Veertienhonderd bussen en evenveel auto's en vrachtauto's waren een verstopt Jeruzalem uit gereden en zorgden voor een ware mensenzee aan de voet van de heuvel in Galilea. Honderdduizend mensen zouden hem op de avond voor Lag Baomer beklimmen.

Sommigen zetten hun tent op de rotsachtige helling op, in de buurt van de graven van de rabbijnen. Zieken werden moeizaam op brancards de uitgesleten paden op gedragen. In djellaba geklede bedelaars en anderen, gekleed als chassidim, kozen positie bij de ingangen van het heiligdom. Ze ruzieden om hun schamele plunjezakken te beschermen en probeerden de aandacht te trekken door een muntje in hun gamel te laten rammelen. Overal hadden verkopers van devotionele voorwepen, drank, falafel en allerlei artikelen gammele kraampjes opgezet.

Ik stortte me in de mensenmassa om naar de stand van de chassidim uit te kijken. Uiteindelijk vond ik de beige tent bij de ingang van het graf van rabbi Sjimon. Ik boog voorover en wierp een blik naar binnen; ik zag wat schappen op schragen, met religieuze boeken en tefillins die overal door elkaar lagen. In de opening aan de andere kant zag ik Jehuda, die met een megafoon de voorbijgangers verkondigde: 'De Messias is er! Hij komt! We gaan het Messiaanse tijdperk in!'

Daarna klampte hij een jonge soldaat aan en vroeg hem of hij de gebedsriemen niet wilde omdoen. De ander wilde niet en hij ging met hem in discussie. In arren moede stemde de jonge man ten slotte in.

Jehuda draaide zich om en liep op me toe.

'Ary,' zei hij, 'ik ben blij dat je gekomen bent! Je komt goed van pas.'

'Ik loop eerst een rondje; ik ben zo terug.'

Vlak bij de tent van de chassidim legden oude waarzegsters de kaart, telkens drie naast elkaar op een plank: 'Kom kijken,' riep een van hen, 'kom kijken of Bar-Yochai met u is.'

Wat verderop vochten jonge mannen om het voorrecht enkele tientallen meters de thorarol te mogen dragen, die ze boven hun hoofd hielden, terwijl er in de stoet achter hen spontaan gedanst werd. Een stel chassidim liep achter ze aan, zwaaiend met spandoeken met de tekst: WE WANT MACHIAH NOW.

De thora kwam tot algemene geestdrift bij het graf van rabbi Sjimon aan. Iedereen vierde op zijn eigen manier de gedenkdag van zijn dood: overal was het een en al onstuimig gedans, blij weerzien, levendige discussies en overvloedige maaltijden in de grote tenten. Af en toe onderbraken ze de feestelijkheden even om op het graf van een rabbijn wat offerandes van kaarsen of wierook te deponeren en om het verhoren van hun gebeden te vragen.

Ten slotte zag ik de tent van de bedoeïenen. Ik liep erheen. Ze verkochten allerlei snuisterijen en met de hand vervaardigde voorwerpen. Ik kocht een schaaltje zonder af te dingen en knoopte een gesprek aan.

'Waar is de Taamireh-stam?' vroeg ik in het Arabisch.

'Wij zijn de Taamireh,' antwoordden ze.

Ik legde in het kort uit dat ik ze wilde spreken over de grotten en de handschriften die ze daar lang geleden in kruiken hadden gevonden. Ze wisten blijkbaar waar ik het over had. Ze haalden er een oude wijze bij, tegenover wie ik mijn verzoek herhaalde.

'U moet Yohi hebben,' zei hij na me te hebben aangehoord. Hij ging de tent weer in.

'Wie is Yohi?' vroeg ik de andere bedoeïenen.

'Yohi is bij ons weg.'

'Waarheen?'

'Hij is bewaker van het graf,' antwoordden ze.

Ik keerde dus op mijn schreden terug en ging naar het graf van rabbi Sjimon Bar-Yochai. Het was een stenen gebouwtje, waarin je via donkere gangen en binnenplaatsjes in het middenvertrek kwam, waar zich de grafkelder bevond. Binnen waren bedelaars, gehandicapten en arme drommels die zich geen tent konden veroorloven en die baden om een beter lot.

Ik had hem nooit eerder gezien, maar herkende hem meteen. Hij had een gebronsde, perkamenten huid, kleine donkere, doordringende ogen en grijs haar, dat deels onder een tulband schuilging. Hij zat op een oude stoel bij de ingang van het vertrek en leek in gepeins verzonken. Ik liep naar hem toe en vroeg: 'Ben jij Yohi?'

'Dat ben ik,' zei hij.

Hij verwachtte blijkbaar dat ik hem geld gaf, zoals iedereen die de grafkelder betrad. Ik legde een biljet in zijn schaaltje. Hij keek verbaasd op.

'Ben je uit de stam weggegaan?'

Hij knikte van ja.

'Wanneer?'

'Een tijdje geleden.'

'Waarom ben je weggegaan?'

Ik kreeg geen antwoord.

'Ik heb hem laten weggaan, Ary,' zei iemand achter me.

Ik schrok op. Die enigszins hese stem was me heel vertrouwd. Ik draaide me langzaam om. *Het was Jehuda.*

'Ik heb dit baantje voor hem gevonden en hem bij zijn stam laten weggaan. Wat wil je van hem?' vroeg hij op een toon die ik nooit eerder van hem gehoord had.

'En jij, wat wil jij van hem?' zei ik verbluft.

'Deze man kan ons van dienst zijn, want hij kent de plaats waar de handschriften van Qumran zijn.'

'De handschriften van Qumran! Wat heb jij daarmee te maken? Ben je door de rabbi gestuurd?'

'Ja. Hij zegt dat er in die handschriften over hem gesproken wordt. Hij wil ze hebben omdat ze over de Messias gaan en aankondigen dat zijn komst nabij is, in het jaar 5760.'

'Is dat waar?' vroeg ik de bedoeïen. 'Ken je die handschriften?'

Hij zweeg even en zei toen: 'De boekrollen van Qumran?'

'Ja.'

'Die heeft mijn vader gevonden.'

De nacht liep al ten einde en de ochtend begon te gloren toen Jehuda en ik afscheid namen van Yohi. Buiten hulden de chassidim zich in hun tallith en deden hun tefillins om, voor het ochtendgebed. Na het zingen en dansen van de vorige dag was het tijd voor vrome inkeer. In de vroege ochtend, doordrongen van de geur van nasmeulend vuur, bewogen alle chassidim met hun gezicht naar de westmuur energiek hun lichaam naar voren en naar achteren.

Een groepje chassidim was aan het mediteren, in een kring op de grond zittend, terwijl klarinetten een weemoedige melodie speelden, waarvan elke frase, zo te horen geïmproviseerd, met een zwaar gekreun werd aangezet, dat uit het diepst van de ziel leek te komen, alsof je hem hoorde ademen. Want als chassid moet je weten te zuchten. Het ademen van een chassid is een en al vreugde en droefenis, want hij verheugt zich in zijn vurige Messiaanse verwachting, maar treurt tegelijk om de onuitwisbare stigma's van de verwoesting van de Tempel.

Als je als chassid moet kunnen zuchten, dan was ik op deze vroege morgen onmiskenbaar een chassid. Zozeer leed ik, zozeer was mijn vreugde vervlogen. Zo erg was het. Zo erg voor Hem.

En ik was verstomd, en mijn arm was uit het lid en mijn voeten waren in de modder weggezakt. Mijn ogen zaten dicht om het slechte niet te zien, en mijn oren om de moordplannen niet te horen. Mijn hart was ontsteld wegens het zinnen op kwaad, want Belial is zichtbaar in de openbaring van hun gezindheid, en alle fundamenten van mijn bouwsel braken en mijn beenderen raakten ontwricht, en mijn ingewanden waren als een schip in een woedende wervelstorm. En mijn hart bonsde tot verdelgens toe, en een wind van duizeling deed me wankelen wegens het onheil van hun wandaden.

Zesde rol

DE ROL VAN DE GROTTEN

Ik heb in Mijn Geschriften alle zegeningen en beloningen genoemd die hun bestemd zijn, omdat zij blijk hebben gegeven de hemel te verkiezen boven hun leven op deze wereld, waar zij werden neergedrukt door slechte mensen, door hen met smaad en schande en met schimp overladen terwijl zij mij loofden. En nu zal Ik ze roepen, de geesten van de deugdzamen, geboren in de generatie van het licht [...], en hen aan wie de krachtens hun trouw verdiende eer niet aan den lijve is geworden. Ik zal in een schitterend licht hen doen gaan die Mijn heilige naam hebben liefgehad en elk van hen op zijn ereplaats doen zitten. Zij zullen stralen voor onnoembare tijden, want rechtvaardig is Gods oordeel: Hij schenkt zijn vertrouwen aan de getrouwen in de verblijfplaats waarheen de paden van de gerechtigheid leiden. Zij zullen in het duister zien storten hen die in het duister geboren zijn, terwijl de rechtvaardigen stralen. De zondaren zullen zuchten en hen zien stralen, en zij zullen daarheen gaan waar de dagen en tijden hun op schrift vastgesteld zijn [...]

En nu vertel ik u deze geheimenis: de zondaren herzien en herschrijven de woorden van de waarheid, de meeste veranderen zij, zij liegen en bedenken geweldige verdichtsels, zij tekenen op eigen naam Geschriften op. Schreven zij op eigen naam maar getrouw al mijn woorden op, zonder daar iets aan af te doen of aan te veranderen, getrouw de getuigenissen die ik hun doorgeef optekenend! Ik ken nog een tweede geheimenis: de rechtvaardigen, de heiligen en de wijzen zullen mijn boeken ontvangen om zich te verheugen over de waarheid [...]. Zij zullen daarin geloven en zich daarover verheugen, en alle *rechtvaardigen zullen zich* verheugen *daaruit alle wegen van de waarheid te leren.*

Boek Henoch

I

Toen God, na het begin, de man en de vrouw geschapen had en dezen gezondigd hadden, begon hij de schepsels die zich van hem vervreemd hadden te vervloeken. Tegen de vrouw zei hij dat zij met pijn kinderen ter wereld zou brengen en dat zij zou verlangen naar de man, die haar heerser zou zijn. De man voorzegde hij dat hij zich in het zweet zou moeten werken, dat hij zou terugkeren in de aarde waaruit hij genomen was, dat hij uit stof was gemaakt en weer stof zou worden. Daarna stelde hij aan de oostkant van de hof van Eden cherubs op, om met hun vlammend zwaard de weg naar de levensboom te bewaken. Maar waarom had God de vrije mens geschapen als die zijn vrijheid met zijn leven moest bekopen? Waarom eerst geven en dan weer terugnemen?

'Heeft je vader die handschriften gevonden?' had ik Yohi eerst gevraagd.

'Ja.'

'En waar is hij nu?'

'Hij is dood. Ze hebben hem vermoord,' had hij geantwoord.

'Kom op,' zei ik, 'vertel me wat er gebeurd is. Je hoeft voor mij niet bang te zijn. Ze hebben mijn vader ontvoerd. Ik wil hem terugvinden.'

Toen stak hij van wal. Er was nooit een verdwaald schaap geweest of een steen in een grot gegooid; zo waren de handschriften niet gevonden. Op een dag was er een man in het kamp van de Taamireh gekomen. Hij zag eruit als een bedoeïen, maar sprak een onbekende taal. Zoals alle vreemdelingen werd hij gewoontegetrouw met veel egards ontvangen: er werd een deken uitgespreid en hij kreeg mierzoete thee geserveerd, op het mooiste dienblad dat de stam bezat. Daarna zetten ze koffie voor hem, die in fraai gedecoreerde bekers werd geserveerd.

Het tentenkamp was die dag zoals gewoonlijk in een lange rij opgesteld, met het front naar het zuidwesten. Alles was doodkalm. Iedereen ging zijn gangetje. De zomerse warmte nodigde alleen maar uit om zonder iets uit te voeren in de zon te gaan liggen, of, als die halverwege de dag of 's middags op z'n hoogst stond, in de schaduw van de tent te gaan zitten en tijdens de smoorhete uren leunend op de ellebogen het eten te laten zakken.

Ik kende de typische levenswijze van de bedoeïenen wel een beetje. Mijn vader had in zijn jonge jaren vrienden onder hen gehad en had me over ze verteld. Als je een van hun zwart-witte tenten binnenging, had hij gezegd, was het alsof je een toevluchtsoord vond midden in de barre woestenij. Buiten was er de dreigende leegte van de woestijn, waar het water schaars is, waar het overdag heet en 's nachts extreem koud is. Als hij bij ze in een tent sliep, zei hij, werd hij 's nachts wakker en rilde hij tot de volgende ochtend. Dan keek hij naar het landschap dat, even zwart-wit als de tenten, geleidelijk een fletse kleur aannam, tot het moment dat de zon opkwam, geboren uit de grond. Het werd dan steeds warmer, en een paar uur lang vertoonde de woestijn levendige kleuren. Die woestijnervaring had een diepe indruk op mijn vader gemaakt. Het luisteren naar de stilte ervan was beangstigend, zei hij, voor mensen die aan het stadsrumoer gewend waren, die nooit volstrekte eenzaamheid hadden gekend. In de woestijn kon je eindeloos de horizon afturen zonder ook maar één levend wezen te bespeuren. Overal was het kaal, alsof de kracht van de zon en het gebrek aan regen het gebied hadden willen wegvagen.

Soms gingen de bedoeïenen de hoge, woeste bergen in, of de zandduinen, die als reusachtige, aan weer en wind blootgestelde golven mysterieuze vormen aannamen. Alle bedoeïenen geloofden dat de woestijn door djinns bewoond werd. Ze zeiden dat het vreemde zingen van de duinen, het geluid van zandkorrels die onder de zachte streling van de wind verwaaiden, muziek was die door djinns gemaakt werd. Soms zongen en dansten leden van de stam op een vreemde manier. Ook daar zaten de djinns achter.

Toen de vreemdeling geïnstalleerd en verkwikt was, vroegen ze hem wat hij deed en waar hij heen ging. Maar ze verstonden zijn taal niet en haalden de vader van Yohi erbij, die zijn waren in Israëlische steden sleet. Hij sprak Hebreeuws en ook een beetje Engels. Zijn vader kon zonder veel moeite met de vreemdeling praten; diens taal had veel van Hebreeuws weg, zij het niet precies zoals hij dat gewoonlijk hoorde.

In de tent waarin hij ontvangen was zat de sjeik met nog wat vooraanstaande stamleden. Zijn vader diende als tolk. De vreemdeling zei dat hij zeer waardevolle dingen bij zich had, die hij in de stad wilde verkopen. Als de Taamireh daarvoor zorgden, zouden ze de winst kunnen delen. Uit een versleten valies haalde hij heel oude kruiken, waaruit hij uiterst voorzichtig heel oude perkamenten te voorschijn haalde. De bedoeïenen keken nieuwsgierig toe.

'Weet u zeker dat die huiden zo waardevol zijn?' vroeg de sjeik met enige twijfel in zijn stem.

Zijn vader herhaalde de vraag, en bij wijze van antwoord gaf de man een van de perkamenten aan het stamhoofd, om het van dichtbij te bekijken. Ze bekeken het aandachtig; de rol zag zwart van de lettertjes, in een tamelijk net en regelmatig handschrift. Ze konden niet lezen, maar de man was kennelijk zo verguld met zijn vondst dat het wel om iets belangrijks moest gaan. Ze overlegden dus even, waarna ze besloten om ze aan de vader van Yohi, Falipa genaamd, te geven, om ze op zijn volgende reis naar de stad aan de man te brengen.

De avond begon te vallen, en ze nodigden de man uit voor de traditionele rijstmaaltijd met rozijnen en uien, die ze bereid hadden. Daarna bleef hij slapen in de tent van de sjeik, en de volgende ochtend vroeg vertrok hij. Ze spraken af dat hij de Taamireh een maand later in hun volgende kampement weer zou opzoeken.

De week daarop ging Falipa naar Jeruzalem, waar hij in de soek de kruiken met hun handschriften uitstalde tussen de andere waren die hij verkocht. Een paar dagen keek niemand ernaar om. Op een ochtend toonde een man die in de soek langsliep zijn verbazing toen hij ze zag. Hij bekeek ze aandachtig.

'Waar heb je die vandaan?' vroeg hij ten slotte.

'Die hebben ze me gegeven,' antwoordde de bedoeïen.

'Hoeveel vraag je ervoor?'

Falipa werd door die vraag verrast. Hij had geen idee van de waarde van de handschriften, maar als je de man die ermee aangekomen was moest geloven, zouden ze weleens heel wat waard kunnen zijn; bovendien moest de winst gedeeld worden. Hij noemde zomaar een prijs, de tegenwaarde van zevenhonderd sjekel, in de veronderstelling dat de ander wel tot de helft zou afdingen.

Maar de ander ging akkoord, zei niets en betaalde. Hij ging terug naar het kamp, tevreden dat hij er zo'n bedrag voor had weten te krijgen. Toen de man volgens afspraak weer langskwam, nam hij het hem verschuldigde geld aan en bood ze nog meer kruiken aan, ook met handschriften erin. De bedoeïenen gingen daar grif op in, en zo begon het handeltje in de handschriften.

Na een paar maanden deed in de naburige bedoeïenenkampen het gerucht de ronde dat de Taamireh fortuin hadden gemaakt en dat ze een goed jaar hadden gehad; men zei dat hun kamelen vet waren, met bulten zo rond dat je niet meer kon zien of het kamelen waren of een andere diersoort, en dat er de afgelopen dagen zesendertig jongen geboren waren. En dat klopte. Dankzij de handschriften die de vader van Yohi nog steeds verkocht, steeds aan dezelfde persoon, was de stam in goeden doen. Dat wekte afgunst bij de andere stammen, en hun afgunst sloeg om in hebzucht.

De woestijn was toentertijd namelijk geen vredig oord. Overvallen over en weer waren aan de orde van de dag. Vijandige stammen belaagden en beroofden elkaar; soms vielen er ook doden. Die bedoeïenenoorlogen verliepen niet zomaar willekeurig, maar werden volgens strikte regels gevoerd; het niet-naleven daarvan zou blijk geven van een laagheid en minheid die de eer van een man of een stam te na was. Winnen volgens de regels strekte de betrokkenen en hun stam daarentegen tot roem en eer – de meest begeerde zaken in de bedoeïenenwereld. Hun erecode was gebaseerd op rechtvaardigheid. Je vocht alleen tegen mensen die zich konden verdedigen; van vrouwen en kinderen moest je afblijven, evenals van een gast in een tent of een jongen die een kudde hoedde. Bij zulke overvallen was een verrassingsaanval op een ander kamp denkbaar, hoewel de gevechten meestal pas uitbraken na een oorlogsverklaring, maar het zou schandelijk zijn om midden in de nacht of 's morgens vroeg aan te vallen, als iedereen sliep. Als iemand slaapt, gaat volgens de bedoeïenen zijn ziel via zijn neusgaten aan de wandel.

Op een ochtend werden ze aangevallen. Dat was volgens de regels: bij het opgaan van de zon kon je met fatsoen beginnen, omdat de belaagden dan de hele dag hadden om hun verloren kudden terug te vinden. De overvallers waren van de Revdatstam, vijanden van de Taamireh. Bij het kamp aangekomen splitsten ze zich in twee groepen; de ene moest de kudden opdrijven, de andere ging in hinderlaag liggen om de paarden van de vijand tegen te houden, als ze bij het verlaten van het kamp de achtervolging inzetten.

In een uur tijd was alles geplunderd. De kudden en de kamelen waren gestolen, het kamp was verwoest. Er was ook een dode gevallen: een bedoeïen had zijn kudde metterzwaard willen verdedigen en was door hun paarden onder de voet gelopen. De bedoeïenen hielden overigens niet van bloedvergieten bij de gevechten, al was hun bestaan zo hard dat ze nogal onverschillig tegenover lijden en dood stonden. Bloedgeld kende bij hen geen onderscheid naar klasse, rang of rijkdom, en hun erecode verbood het doden van vijanden die aan hen overgeleverd waren. Het doel van een overval was roof, en geen moord. De dood van de bedoeïen werd dan ook als een tamelijk ernstig feit beschouwd. Omdat de vrouwen en kinderen van verslagen vijanden niet zonder middelen achter mochten blijven, lieten ze elke Taamireh-vrouw een kameel, zodat ze naar hun naaste verwanten in andere kampen konden gaan. De anderen hadden verder niets en waren troosteloos. Ze overlegden om uit te maken wat ze te doen stond; soms konden edelmoedige overvallers ertoe bewogen worden de gestolen kamelen of de paarden aan de eigenaars terug te geven, als werd aangetoond dat de beroving niet eerlijk was, maar in dit geval ging het om genadeloze vijanden, die bovendien afgunstig waren op hun zojuist en zo gemakkelijk verworven rijkdom.

De Taamireh namen het de Revdat overigens volstrekt niet kwalijk, want ze vonden hun handelwijze heel normaal: na de hete, zware zomer plachten de bedoeïenen plannen te smeden voor een *ghazu*, een overval waarbij kudden kamelen en paarden van andere stammen werden buitgemaakt. Dat was geen diefstal voor ze, maar bijna een ruil. Handelden ze niet in naam van Allah? Zelf hadden ze ook vaak genoeg zulke krijgsplannen beraamd en uitgevoerd, in een sfeer van opgewondenheid en geheimzinnigheid. Hoe vaak hadden ze zelf niet het verrassingseffect benut? Alle mannen van het kamp konden daarvan meepraten, ook de jongens, die vanaf hun twaalfde onder de wapenen waren. Nee, over die roofoverval maakten ze zich niet zo druk. Ze hadden er wel andere meegemaakt, die zich soms heel ver uit de buurt afspeelden en maanden konden duren; waarbij ze te paard gingen in plaats van per kameel, en waarbij iedereen zijn eigen meel, dadels, water en vooral ook munitie bij zich had, om in geval van verspreiding van alles voorzien te zijn. Hun stamhoofd herinnerde ze daaraan, met zijn krachtige, gloedvolle en theatrale persoonlijkheid en al zijn welsprekendheid. Wat ze veel meer hinderde, was dat die mensen van hun rijkdom en de handschriften hadden gehoord, wat ook de reden was waarom ze hen waren komen plunderen. Ten overstaan van alle stamleden, die zich in het verwoeste kamp verzameld hadden, zei hij daarom het volgende: 'We hebben de toorn van Allah gewekt en het boze oog over ons afgeroepen. Dat komt door die handschriften, die ons rijk hebben gemaakt. Allah heeft gegeven en weer genomen; dat betekent dat hij niet wil dat we rijk zijn. We verkopen voortaan geen handschriften meer.'

De bedoeïenen hoorden die boodschap met opluchting aan; ze hadden nu een verklaring voor de toorn van Allah. Als ze de raad van hun stamhoofd opvolgden, konden ze ongetwijfeld erger voorkomen.

Het was in de nazomer en de mensen en dieren waren dorstig. Hun tenten stonden aan een watertje, maar er had droogte geheerst en het was zo goed als drooggevallen. Die laatste weken van augustus waren wel bijzonder zwaar, want het was nog heel warm. Al dagen keken ze bezorgd uit naar wolken aan de hemel.

Op een dag, kort na de verklaring van het stamhoofd, zagen ze in de verte bliksemschichten. Ze stuurden er meteen mensen op uit om te zien waar er regen gevallen was. Een paar dagen later kwamen ze terug en gaven de richting van Jordanië aan. De stam brak dus het kamp op en ging op weg.

Ze liepen naar de Jordaanse woestijn en zetten daar hun tenten weer op. De nacht dat ze aankwamen trok er een zware onweersbui over het in slaap gedompelde kamp; het werd opeens drukkend warm. Er stak een frisse wind op, er weerklonk een oorverdovende donderslag en een schicht wierp een witte lichtbundel die een fractie van een seconde de hele woestijn liet zien, alsof het klaarlichte dag was. De mannen haastten zich naar de kamelen die hun nog restten en de vrouwen naar de tenten, om hun kinderen te beschermen. Tien minuten lang bleef iedereen roerloos wachten op wat komen ging. Een dof, steeds dieper gerommel zwol langzaam aan. Ten slotte kwam de regen, eerst nog zacht en bij vlagen, daarna krachtiger en fris. En terwijl het terrein rond het kamp zich met water vulde, ging er een gejuich op en rolden de vreugdekreten als golven over het zand; toen de regen bedaarde renden de mannen, vrouwen en kinderen naar buiten om het water in bakken, potten en pannen en alles wat ze maar aan ronds en hols konden vinden op te vangen. Toen ze hun leren waterzakken tot de rand toe gevuld hadden, gingen ze in de regen zitten om die met hun gezicht omhoog in te drinken. De mannen porden de kamelen op en lieten ze liters water drinken in de koele bruine plas rond het kamp; iedereen was uitgelaten van vreugde. De zegen van boven was gekomen. Iedereen was ervan overtuigd dat het kwam door het stopzetten van de handel in handschriften. God was groot en had ze de les gelezen, ze gestraft en daarna beloond.

Bij het gloren van de ochtend verzamelden ze zich en zeiden dankgebeden. Elke tent was als een kleine ark op een grote koude waterplas. De zomer was ten einde. De regen had voor pasteltinten gezorgd, die de woestijn een opaalgroen aanzien gaven. Het leven hernam zijn loop. De berooide bedoeïenen trachtten zich zo goed mogelijk te behelpen. Ze hadden water, en dat was het voornaamste om weer opnieuw te beginnen.

Op een dag kwam de man uit de woestijn weer. Hij had nieuwe kruiken met handschriften bij zich, maar het stamhoofd gaf hem duidelijk te verstaan dat ze gezworen hadden zich er niet meer mee in te laten en vroeg hem met zijn handel te vertrekken.

De volgende dag woedde er een hevige zandstorm. Er werd een ware erwtensoep over de woestijn uitgegoten. Je kon geen hand voor ogen zien. In de tenten moesten ze de lampen aansteken en de etenswaren, de kookpotten, hun gezicht en hun kleren tegen het verwoestende stof beschermen. Ruim twee uur lang waagde niemand zich buiten; het zand stoof met zo'n woeste vaart dat je zware verwondingen riskeerde.

In zijn tent vroeg de sjeik zich af: 'Zou dat allemaal soms Gods werk zijn? Misschien is Allah wel boos omdat we gisteren die man gezien hebben. Misschien wreekt hij zich nu wel op die man.'

De man was inderdaad de vorige dag vertrokken en moest nog in de woestijn zijn, terwijl daar de zandstorm woedde. Het gebeurde vaak dat mensen bij zulke stormen de weg kwijtraakten. En als die, zoals nu, met een ziedende wind gepaard gingen, had iemand die door de woestijn trok niet bijster veel kans om het er levend af te brengen. Maar het kon ook zijn dat hij ervaren was en zijn kameel tijdig had laten stilhouden om hem te laten knielen en onder hem weg te kruipen.

Er gingen een paar dagen voorbij zonder dat er iets gebeurde. Toen brak er op een avond opnieuw paniek uit. De hemel schudde en de donder liet een vreemd gerommel horen; de tenten begonnen te klapperen. Sommigen gingen meteen bidden. Anderen klommen op een duintop bij het kampement om de horizon af te turen. Ze schrokken hevig van wat ze zagen: zo ver als het oog reikte stond de hele horizon in brand. Machtige, roetzwarte wolken strekten zich langs de hemel uit en verzwolgen de sterren. Het was een ring van vuur onder een asgrauwe kap: een dieppaarse tornado kwam met duizelingwekkende snelheid op ze af.

Haastig zochten ze hun toevlucht in hun tenten, om tot Allah te bidden en hem om erbarmen te smeken. Ze deden de tentdoeken omlaag en hielden de scheerlijnen vast, zoals altijd tijdens de hevigste zandstormen. Een frisse bries deed de ijzige wind nog aanzwellen. Sommigen wierpen een blik naar buiten. Het kwam dichterbij, maar het was geen vuur. De wind ging in een krachtige hagelbui over.

Toen begrepen ze het: het was een storm van steenrood zand. Wat op zwarte rook had geleken, daar hoog aan de hemel, en wat nu overal hing, was gewoon een dichte stofwolk. De grote vuurtongen, die oplaaiden en telkens weer neerdaalden, vormden een stel wervelende stofzuilen, die als door toverkracht van de grond kwamen. Elektrische ontladingen schoten uit de hemel, vergezeld van krakende geluiden en gevolgd door het zware gerommel van de donder, als voortekenen van het eind der tijden. In een paar seconden was het hele kamp met rood zand bedekt. Na een paar uur dreef het onweer over en maakte plaats voor een frisse wind.

Toen begonnen ze te zingen, *al-hamadu li'ilah*: 'Nooit hebben we zo'n openbaring gehad. We dachten dat Gods vuur ons zou verslinden en dat het einde van de wereld gekomen was.'

Maar hun vreugde was niet onverdeeld; het was vreselijk wat er gebeurd was. De rest van de dag gingen ze slapen. 's Avonds gebruikten ze een karig maal, dat nog onder het rode zand zat. De lucht werd al gauw weer helder, maar het hele landschap had een steenrode kleur aangenomen en op de grond lag nog een laagje fijn stof.

De volgende dag besloten ze het kamp op te breken. Ze gingen naar het noorden, waar ze minder barre weersomstandigheden en wat meer groen hoopten te vinden. Maar het leed was nog niet geleden; toen ze na een paar dagen trekken op een rustige, groene plek neerstreken, niet ver van de Jordaanse grens, tekende zich een golvend tapijt aan de horizon af. De zwerm kwam langzaam dichterbij; het was een dicht opeengedrongen wolk sprinkhanen, die alles wat ze op hun weg tegenkwamen afstroopten.

De geel-zwarte golf liet dan ook een spoor van vernieling achter. Drie dagen lang dromden zeer dichte wolken allemaal in dezelfde richting. De bedoeïenen probeerden er wat te vangen om ze op te eten; ze spanden dekens, kleden en alles wat ze maar vonden, bij wijze van val; de kamelen, honden en mensen lieten ze zich heerlijk smaken, een schrale troost om zich te wreken voor alles wat ze vernield hadden. Want ze verslonden alles wat ze vonden, levend struikgewas en mals gras, alles wat in een woestijngebied van levensbelang was.

Toen ze voorbij waren, zag het geboomte en andere gewas eruit alsof het door een bom verzengd was. Het terrein was kaal. Alleen de woestijn was over. Ook grote struiken waren helemaal verslonden. De dieren waren ten dode opgeschreven, want er was geen gras meer om ze te voeden. Voor de mensen zag het er al niet veel beter uit. De Taamireh dachten dat ze door de Boze achtervolgd werden.

Op een ochtend na hun vertrek, toen de opgaande zon het kamp langzaam maar zeker begon te verlichten, kwamen de mannen een voor een hun tent uit, de nog koude buitenlucht in, om gezamenlijk op het zand neer te knielen. De sjeik wilde de hele verzamelde stam toespreken. Hij liet ook de vrouwen komen, die in hun tent aan het bidden waren of het ontbijt klaarmaakten.

'De reden waarom ik jullie vanmorgen bijeen heb geroepen is de volgende,' zei hij. 'Allah heeft ons waarschuwende tekenen van zijn toorn gegeven, tekenen die zeggen dat wij gezondigd hebben. Eerst kregen we die rovers, die al onze beesten meegenomen hebben en een van ons gedood hebben; toen kregen we die vuurstorm, die het einde van de wereld aankondigde; toen hebben de sprinkhanen ons het weinige dat ons restte afgenomen. Dat alles gebeurt omdat Allah niet tevreden is, en hij is ontevreden wegens die handschriften. Die zijn vervloekt; hij wil er niet van weten!'

'Maar we hebben ze niet meer. We hebben die man weggestuurd, en misschien is hij nu wel dood,' wierp een bedoeïen tegen.

'We hebben hem weggestuurd, ja. Maar als de toorn van Allah op ons rust, dan is dat denk ik omdat een van ons die handschriften aangenomen heeft. En die moet ervoor uitkomen, nu meteen, om te zorgen dat we niet meer door de toorn van Allah geslagen worden. Hij moet die handschriften teruggeven en voorgoed uit onze ogen verdwijnen.'

Allen zwegen. Iedereen keek wantrouwend en ongerust naar zijn buurman. Opeens stond er iemand op. Het was Falipa, de vader van Yohi.

'Ik heb ze aangenomen,' zei hij. 'Ik had geen kwaad in de zin. Ik dacht niet tegen dat ik tegen de wil van Allah inging. Ik wilde alleen maar onze voorspoed herstellen.'

'Waar zijn ze nu?' vroeg het stamhoofd.

Falipa boog het hoofd.

'Ik heb ze al verkocht,' bekende hij.

De volgende dag werd hij dood in zijn tent gevonden.

Als er in de woestijn een moord wordt gepleegd, moet de dader doorgaans zijn toevlucht zoeken bij een familielid van een andere stam, zo ver weg als hij kan, om aan de wraak van de familie te ontkomen. Daarna probeert hij vanuit zijn toevluchtsoord over het bloedgeld te onderhandelen. Als er in de dagen na de moord geen represailles zijn gekomen, zal men het eens worden over een bedrag ter waarde van vijftig kamelen voor een stamgenoot, of zeven kamelen voor een lid van een andere stam.

In dit geval was er niemand naar een andere stam uitgeweken. Niemand had geld geboden. Het leek wel duidelijk dat de bedoeïenen onderling hadden afgesproken hem om het leven te brengen, omdat ze zo van de plaag verlost dachten te worden.

Yohi ging daarop bij de sjeik langs om wraak te eisen. Hij zei dat hij aan het hoofd van de stam stond, en dat hij dus iets moest doen. De sjeik riep een vergadering van wijze mannen bijeen, waar Yohi ook voor was uitgenodigd. Na langdurige beraadslagingen werd vastgesteld dat de vader van Yohi oneerlijk had gehandeld en de hele stam in groot gevaar had gebracht door Gods wraak erover af te roepen. Een van de wijze mannen ging zelfs zover de naam van zijn vader te beschimpen door te zeggen dat hij zeker wel in de hel zou zijn, en Yohi kon nog juist door de anderen weerhouden worden, anders had hij hem in elkaar geslagen

Voor bedoeïenen was het paradijs een land waar het voortdurend lente was, met altijdgroeiend welig gras, waar onuitputtelijk water stroomde, zonder begin of eind, in beekjes en riviertjes; het was een oord waar honger, dorst, verdorde velden en zieke dieren niet bestonden, waar de stammen samenleefden en niemand ouder werd. In de hel daarentegen vond je alles wat je in deze wereld verfoeide: een hete zomer, zonder regen of water, en voortdurend moest je water aandragen voor je dorstige kamelen.

Iemand toewensen dat zijn vader naar de hel ging was het ergste wat je een bedoeïen kon aandoen. Yohi kwam ontdaan en terneergeslagen uit de vergadering. De hele stam was tegen hem; hij kon niet gedaan krijgen dat zijn vader gewroken zou worden.

Toen had hij Jehuda ontmoet, op het feest van Lag Baomer. Deze had hem, in ruil voor bepaalde inlichtingen over de door zijn vader verkregen handschriften, de mogelijkheid geboden zijn stam te verlaten. Hij was er meteen op ingegaan.

'Wat is er gebeurd met de man die met die handschriften was aangekomen?' vroeg ik toen hij me zijn verhaal had gedaan.

'Die heeft de zandstorm overleefd. Eerst wilde hij doorlopen naar zijn kamp, maar na twee uur was hij de weg kwijt en stopte hij. Toen het weer opklaarde is hij verder gegaan.'

'Hoe weet je dat?'

'Omdat ik zijn zoon heb gesproken.'

'Wanneer heb je die gesproken?'

'Gisteren. Hij is me komen opzoeken.'

'Wat wilde hij weten?'

'Hetzelfde als Jehuda: of mijn vader nog handschriften bewaard had die hij niet verkocht had.'

'En?'

'Nee, alles wat hij had heeft hij verkocht.'

'Maar hoe heb jij van die handschriften gehoord?' vroeg ik Jehuda.

'De rabbi wilde dat ik ze ging zoeken. Sinds hij in de pers over die handschriften had gelezen, had hij de zaak uitgezocht en Hosea een paar keer opgezocht.'

Toen kreeg ik een inval. Ik stelde Yohi nog één vraag: 'Hoe heet die man wiens vader die handschriften gevonden heeft, de man die je gisteren hebt gesproken?'

'Die heet Kaïr. Kaïr Benyaïr.'

Toen ik in het hotel terugkwam trof ik Jane aan, samen met Kaïr.

'Moet je horen,' zei ik hem meteen, 'ik heb iemand van de Taamireh-stam gesproken, die Yohi heet. Zegt dat je iets?'

Hij gaf geen antwoord.

'Liegen heeft geen zin. Hij heeft me alles verteld,' ging ik verder.

'Ik ben ertussenuit geglipt om hem op te zoeken, daarna ben ik weer naar het hotel teruggegaan.'

'Waarom heb je hem opgezocht? Waar ken je hem van?'

Weer gaf hij geen antwoord.

'Waar kom je vandaan? Wie ben je?' riep ik uit. 'En waar heeft je vader die handschriften gevonden? En wat was je relatie met Hosea? Geef antwoord!'

Ik had hem bijna aangevlogen, maar Jane hield me tegen.

Op al mijn vragen antwoordde hij steevast dat hij niets wist. Ik wilde Sjimon niet inschakelen, maar eerst zelf proberen mijn vader terug te vinden, want ik was nog steeds bang dat ik het nog erger zou maken en voor complicaties zou zorgen die ik niet in de hand had.

'Goed dan,' zei ik, en greep naar de telefoon. 'Je wilt geen antwoord geven. Dan bel ik de politie.'

Hij hield me met een handgebaar tegen.

'Mijn vader heeft ze in een grot gevonden,' zei hij. 'Ik zal je laten zien waar het was. Ik zal je erheen brengen.'

'Zeg me eerst waar je vandaan komt en hoe je Hosea hebt ontmoet.'

'Toen mijn vader die handschriften gevonden had, was hij van plan ze te verkopen. Maar hij wist niet hoe hij dat moest aanpakken. Daarom heeft hij die bedoeïenen en Falipa ingeschakeld. Maar Falipa hebben ze daarna vermoord, en ze wilden er niets meer mee te maken hebben. Toen mijn vader overleden was, ben ik zelf naar de plaats gegaan waar Falipa altijd heen ging om ze te verkopen, de plaats zoals mijn vader die beschreven had. Zo heb ik Hosea ontmoet. Hij was degene aan wie Falipa ze verkocht.'

'Hoe heb je ze gevonden? Ben je een bedoeïen?'

'Nee, ik ben geen bedoeïen,' zei hij. 'Morgen zal ik je laten zien waar ik ze gevonden heb. Want er valt nog veel meer te halen dan wat ze er al vandaan gehaald hebben. Er ligt daar een schat. Hosea heeft er al een flink deel van gevonden, maar het meest kostbare ligt er nog. Alles staat precies in het handschrift beschreven. Misschien kunnen we hem vinden, en misschien je vader ook wel.'

Ik besloot voorlopig genoegen te nemen met die uitleg. Al begreep ik het hoe en waarom nog niet, hij kon me naar de verborgen grotten van Qumran brengen, en dat was al heel wat.

II

De volgende dag gingen we naar Qumran. We huurden een auto, en Jane reed. Kaïr leek nu een en al meegaandheid, door ons voor te gaan zonder dat we hem daartoe hoefde te dwingen. Hij hoopte de schat te vinden en zijn winstbejag maakte hem ongeduldig.

Ik zag het landschap van de Dode Zee terug met een vreemde mengeling van angst en triestheid. In de verte had het witte, korrelige, boom- en schaduwloze gebergte van Qumran als enige horizon de zoutzee, met zijn droge slib en zijn drijfzand, dat er dreigender dan ooit uitzag. Iele struiken groeiden moeizaam op deze dorre grond. De blaadjes gingen gebukt onder een laagje zout en bogen het hoofd. De wijde plas glinsterde niet; de verdorven steden die hij in zich sloot hadden hem mat gemaakt, en hij verzonk in steeds afgelegener diepten die geen levend wezen kunnen voeden. Uit de zandplaten zonder vogels, bomen of planten en uit het zware, bittere water dat door geen wind werd beroerd sprak al de misère van de wereld. De Dode Zee, zonder haven of zeil, zag eruit als een verlaten zee midden in de verlaten woestijn. Je ging er instinctief heen, als naar een levengevende bron, maar werd steevast onaangenaam verrast door het ontbreken van water, de onpeilbare leegte.

We kwamen in de woestijn. Tussen de dorre stranden langs de oever en de rotsen die Qumran herbergden werd de bodem zanderig en kiezelachtig. We waren de enigen in dit lege, ondoorgrondelijke oord. De wind begon steeds harder te waaien. De motorkap voelde je klapperen als een zeil, alsof een duivels wezen boven ons hoofd wild met een doek aan het zwaaien was. De zon klom en brandde met een meedogenloze witte gloed. Mica glinsterde naargeestig op de grond. Er was hier geen enkele plant meer, niets meer.

Zo kwamen we bij Ain Fesjka aan, de plaats waar de resten van de Esseense nederzetting zich bevonden. Als woonverblijven dienden tenten, hutten en grotten. Tussen Ain Fesjka en Qumran lag een ontgonnen vlakte van enkele kilometers lang, met landbouwvoorzieningen. Je hoefde hier maar te bukken en wat in de grond te wroeten en je vond overal dadelpitten; de Essenen woonden tussen de palmen. Rondom de ruïnes groeiden nog steeds wat schaarse en schriele planten, die hun water kregen van de bronnen die uit spleten in het rotsmassief ontsprongen en die er blijk van gaven dat deze plek, waar nog slechts tamarisken en riet te vinden waren, zo weer een plaats van weelderige plantengroei kon worden.

In de ruïnes waren de stevige fundamenten van de gebouwen nog te zien. Een lange muur van ongeveer een meter dik, die al het bevloeibare terrein omgaf, vormde een zeer forse fundering, ongetwijfeld bestemd om een hoge toren te dragen. Het was een ware omheining van baksteen op steen, die al de grenzen van een herbouwde stad aftekende. Precies in het midden van de lange zijde van de muur bevond zich een klein gebouw; het was een eenvoudig vierkant grondvlak, open aan de oostkant, temidden van de beplanting, met een binnenplaats en drie kamers, waarvan de muren, die half overeind stonden, de indruk gaven dat het huis nog in aanbouw was.

De hoofdbouwsels bevonden zich bij de Fesjka-bron, aan de zuidpunt van de vruchtbare grond, twee kilometer ten noorden van de andere punt, Ras Fesjka. Het was een grote, min of meer vierkante omheinde ruimte, met aan de noordkant een aan de binnenzijde open loods. Naast die ruimte stond een groot gebouw, dat op de beplanting uitkeek en bestond uit een binnenplaats met kamertjes eromheen. Een trap duidde erop dat een deel van het bouwsel een verdieping had gehad.

Helemaal aan de noordkant ten slotte vormden drie grote en

nog steeds bruikbare waterbassins, met elkaar verbonden door kanalen, in het gesteente uitgehouwen, het best bewaarde deel van de ruïne, alsof het reinigende doopwater, de eerste voorbode van de komende wereld, de bestaansvoorwaarde voor de nieuwe tijden, de zielen, hoofden of lichamen die de laatste vergeving zochten zo weer kon ontvangen.

Alles was er nog, als een horloge dat niet meer opgewonden was, maar waarvan het mechanisme in goede staat was en dat alleen maar omgedaan hoefde te worden. Er was gewoon wat water nodig, dat van de waterval van Wadi Qumran kwam en weer in het grote bezinkbekken stroomde. Dan liep het via de vertakkingen van het kanaal door de binnenplaatsen en de dienstvertrekken, kwam in het kleine bassin uit en vulde de grote ronde cisterne en de twee rechthoekige cisternen. Aan de westkant voorzag het dan de maalderij, die met haar stevig gemetselde muren en goed afgescheiden hokjes zoveel mogelijk meel moest opbrengen. Via een andere arm van het kanaal liep het ook naar de cisterne, maar ging het eerst door een aftakking die gelegenheid bood de gemeenschapszaal en het refectorium grondig schoon te maken. Via het hoofdkanaal stroomde het dan om het reservoir heen naar het kleine bassin, om in de grote cisterne te eindigen. Het werd ook gebruikt door de pottenbakker, die het uit het bad putte om de klei op de cementen vloer te kneden, die daarna te laten rijpen in de kneedkuil, dan te bewerken op zijn archaïsche, direct door zijn voeten aangedreven en in een stevig met stenen ommetseld gat bevestigde draaischijf, en zijn werkstukken, groot en klein, dan in de oven te bakken.

We bleven staan bij het scriptorium, waar de schrijvers bijbelse handschriften kopieerden en de werken van de sekte boekstaafden. Ook daar waren de mensen verdwenen, maar was hun werkwijze nog tot in bijzonderheden bewaard gebleven: de hoofdtafel van klei, hoog en lang, de overblijfselen van twee kleinere werktafels, en tussen de brokstukken van het vertrek de twee inktbakken, een van brons en een van terracotta, resten zonder functie of nut, maar hier nog steeds heer en meester. Ik kreeg opeens een brok in mijn keel van emotie, toen ik terugzag wat ik opgemerkt had toen ik hier met mijn vader was geweest: de opgedroogde inkt zat er nog in, alsof hij daar niet duizenden jaren, maar een paar weken geleden was achtergebleven. Verderop waren de grote zaal die als gemeenschappelijk refectorium dienst deed, de graansilo's, de keuken, de smidse, de werkplaatsen en de pottenbakkerij, met de twee ovens en het gepleisterde plateau.

In die voorwerpen en hun zo concrete functie kwam een hele wereld weer tot leven: een georganiseerd volk, waarvan de activiteiten voortdurend die ene levend hielden die ze boven alle andere plaatsten: het schrijven. Deze levende, opnieuw aanschouwde ruïnes waren als het braambos dat in brand stond, maar toch niet verbrandde. Hooguit twintig jaar, twintig of dertig jaar: het waren maar een paar tellen in de tijd, die zich ook van de levenden bediende. Het was geen ruïne, maar een eerste aanzet.

Voor het zilveren koord knapt, de gouden lamp stukvalt, de kruik breekt bij de bron en het scheprad kapotvalt in de put; en het stof in de aarde terugkeert, waar het vandaan komt, en de geest terugkeert tot God die hem gegeven heeft, zal God ten oordeel roepen alles wat men gedaan heeft, met alles wat verborgen is, hetzij goed, hetzij kwaad.

'Geloof je,' vroeg Jane, 'dat ze door de Romeinen afgeslacht zijn of dat ze hebben weten te ontkomen?'

'Ik weet het niet. Die woonverblijven zien er niet uit alsof ze verwoest zijn. Er zijn geen overblijfselen of andere sporen gevonden die wijzen op een bloedbad.'

'Maar als ze gevlucht zijn, waar zijn ze dan heen gegaan?' vroeg ze.

Mijn blik ging langs de grotten.

'Naar een plaats hier niet ver vandaan – een plaats die ze goed kenden, die hun af en toe een onderkomen bood en die zo nodig een prachtige schuilplaats was.'

Sinds we ter plaatse waren maakte Kaïr een nerveuze indruk. Maar hij leek de weg te weten, die langs allerlei steile hellingen en wat later door de bergen ging, waar je ongezien kon gaan. Zo kwamen we bij de grotten. Voor ons rees bijna verticaal de rotswand op die ze herbergde. We liepen zwijgend voort, langs de aloude weg die de bedoeïenen namen als ze naar hun kampen in de omgeving van Betlehem gingen. We hielden onze adem in, vanwege het gevaar en uit angst om niets te vinden. Naarmate we hoger kwamen, werd de lucht zoeler en aangenamer om in te ademen dan aan de oever van de Dode Zee; het zoete water dat hier stroomde zorgde voor een zekere verkoeling. Om ons heen waren steile kloven, die de zeer hoge kaap met de grotten van de rest van de wereld scheidden – een mooi verdedigingswerk.

Bij de ingang van de eerste spelonk bleef Kaïr staan en keek ons ernstig aan, alsof hij ons wilde vragen of we bereid waren het gevaar tegemoet te gaan. Een vreemd voorgevoel maakte dat ik tegen Jane zei: 'Ga jij maar niet mee.'

'Maar Ary... ik wil met je mee,' begon ze.

'Nee, protesteer niet,' zei ik op ferme toon. 'Je kunt misschien ons leven wel redden. Luister; ga terug naar Jeruzalem, en als we morgen nog niet terug zijn, sla dan alarm.'

'Ik zal doen wat je zegt,' zei ze berustend.

We wisselden een laatste blik, waarin we onze angst zoveel mogelijk probeerde te verbergen. Daarna verdween ik, zonder me nog om te draaien, met Kaïr in het binnenste van de rotsen.

Achter in de eerste grot zat een smalle spleet in de wand. We kropen erdoor. Het was er brokkelig langs de randen en af en toe vielen er links of rechts kluiten grond omlaag, alsof ze ons wilden begraven. Aan de andere kant van de spleet was een tweede grot, die er net zo uitzag als de eerste. Ik speurde overal met mijn zaklantaarn de wanden af, tot ik aan de rechterkant weer een spleet vond.

Na een paar uur kwamen we in een grot van indrukwekkende afmetingen. Het leek wel een zeer ruime, ronde zaal, alsof hij op regelmatige wijze door mensenhand uit de rotswand was gehouwen. Het was er koud; er hing een erg vochtige lucht, en hij was in duisternis gehuld. Ik zocht met mijn zaklantaarn de muren af. Ik verlichtte de zoldering; er hingen honderden vleermuizen, die prompt een angstaanjagend en macaber ballet om ons heen begonnen uit te voeren, ijselijk scherpe klanken uitstotend. We stopten onze oren dicht en bleven bij die luidruchtige bestorming stokstijf staan. Daarna kalmeerden de vleermuizen en zochten ze een voor een hun stille schuilhoekjes weer op. We gingen behoedzaam verder, en in een hoek van de grot viel de lichtbundel op een grote koperen kist. De schat van Qumran, dacht ik geroerd, die van de *Koperen rol.*

Kaïr stortte zich op de kist. Terwijl hij die met zijn mes probeerde open te maken, viel mijn oog op een enorme bruinleren zak bij de ingang van de grot, niet zo ver van de kist. Ik maakte hem open; hij zat vol mensenbotten, angstaanjagende skeletten. In een flits begreep ik nu wat ons te wachten stond.

Ik werd door de macht van de Eeuwige overweldigd. Zijn geest voerde mij mee en zette me neer in een dal waarvan de bodem bedekt was met botten. Hij liet mij eromheen lopen, het hele dal rond. De talloze botten lagen overal verspreid; ze waren helemaal uitgedroogd.

Maar toen ik me omdraaide om tegen Kaïr te zeggen dat hij de kist niet open moest maken, was het al te laat. Hij had hem geopend en er kwamen giftige gassen uit, die hem meteen vergiftigen. Het gas verspreidde zich in de grot. Ik ging naar de opening waardoor we binnengekomen waren, maar die was afgesloten. Ik begon het benauwd te krijgen, en terwijl ik zakdoekjes voor mijn gezicht hield deed ik het enige wat ik nog kon doen: ik ging verder de rots in. Helemaal achterin was een heel klein stenen deurtje. Ik wist het met moeite open te krijgen, zoveel mogelijk mijn adem inhoudend. Ik kwam nu in een kleinere, donkere ruimte en deed gauw de deur weer dicht. Ik herademde, maar toen mijn ogen enigszins aan de duisternis gewend waren, deinsde ik terug. Helemaal achter in de grot was een man. Hij kwam naar me toe.

Terwijl ik op het ergste voorbereid was, overkwam me het beste. Het was mijn vader.

Eeuwige! De koning verheugt zich over uw macht, hij juicht om uw overwinning. U vervulde zijn hartenwens en wees zijn verzoek niet af. Sela. U gaf hem voorspoed en welvaart en zette hem een gouden kroon op het hoofd. Leven vroeg hij van u en u hebt het hem gegeven, leven tot in lengte van dagen. U schenkt hem de overwinning, u omgeeft hem met pracht en praal, groot is zijn faam.

Ik kon mijn geluk niet op, luchtte al mijn angstgevoelens en huilde langdurig. Op dit gezegende ogenblik vergat ik even waar we waren en in wat voor situatie we ons bevonden; dat zojuist iemand de dood had gevonden, dat we in een labyrint van grotten zaten, dat ik uitgerekend hier mijn vader terugvond, en ik wist niet eens waarom. Eén enkele gedachte beheerste me, één gedachte waarin ik niet meer had durven geloven en die toch mijn liefste wens ter wereld was: hij was in leven. Wat was ik overgelukkig, wat was mijn wens verhoord! Hoewel mijn blijdschap maar even respijt bood in de nood, vond ik dat ik op dat moment dat geluk mocht smaken zonder aan iets anders te denken, zonder vooruit te denken. Ik had zo kunnen weggaan, zonder verder nog iets te verlangen, de boekrollen, noch wat voor opheldering ook. Hij was er. Wat kon ik nog meer wensen?

Ik vertelde hem enigszins verward wat er sinds zijn verdwijning gebeurd was en hoe we hier terecht waren gekomen.

'Maar daar hebben we het later nog wel over. Laten we eerst proberen hier weg te komen,' zei ik.

Ik duwde tegen het stenen deurtje waardoor we binnengekomen waren. Het was gesloten. Hoeveel kracht ik ook zette, het gaf niet mee. Ik draaide me om en las in de ogen van mijn vader dat het vergeefse moeite was, dat hij het zelf ook al uren en uren vruchteloos geprobeerd had. Ik begreep dat we opgesloten zaten. *We zaten gevangen in de rotsen.*

Onze ogen raakten langzaam aan de duisternis van de grot gewend. We gingen zitten, zonder te weten wat te doen, en mijn vader vertelde hoe het hem al die tijd vergaan was; dat hij na zijn ontvoering was opgesloten en daarna onder dwang naar Israël was overgebracht, bij de Samaritanen, dat hij gekneveld en bijna geofferd was, voordat hij op het laatste moment door een lam werd vervangen; dat hij had geloofd dat hij hetzelfde lot zou ondergaan en zich had voorbereid op dat afschuwelijke einde; dat de uren verstreken en ze hem nog steeds niet ter dood brachten, wat de foltering nog erger maakte; en dat hij op die momenten aan mijn moeder en mij gedacht had, wat hem alleen nog maar banger maakte, omdat hij niet wist waar ik was en of ik nog in leven was. Na die vreselijke beproeving kwamen zijn ontvoerders hem halen om hem ergens anders heen te brengen, zonder dat hij wist of dat een verandering ten goede of ten kwade was. Na een autorit brachten ze hem naar een heel donkere plaats, die hij meteen herkende. Hij was geblinddoekt, maar voelde de schrale warme wind van de woestijn van Juda, en daarna de karakteristieke vochtigheid en klamme lucht van het gesteente van de rotsen van Qumran.

'Toen wist ik wie ze waren,' ging hij verder. 'Het waren mensen die ik goed kende: het waren mijn broeders die ik achttien jaar geleden had verlaten.'

'Hoezo, *je broeders*?' vroeg ik verbluft.

'Mijn broeders de Essenen waren me komen terughalen,' zei hij.

Eerst begreep ik het niet. De Essenen bestonden al duizenden jaren niet meer; ik dacht dat hij gek was geworden.

Wat een dwaas ook onderneemt, hij gebruikt nooit zijn verstand; hij laat iedereen merken dat hij een dwaas is.

'Ze dachten dat ze verdwenen waren, afgeslacht of verzwolgen door een aardbeving na de Romeinse inval. Maar ze wisten in de grotten te ontkomen, waar ze al die eeuwen hebben geleefd en *waar ze nog altijd leven*. Ik heb het je nooit verteld, Ary, en niemand weet ervan, ook je moeder niet; want toen ik bij ze wegging, heb ik gezworen niets te onthullen. Maar de Essenen bestaan nog steeds, en tot aan de stichting van de staat Israël maakte ik deel uit van hun gemeenschap. Daarna heb ik, net als een aantal anderen, besloten om er weg te gaan, omdat ik met eigen ogen wilde zien waar we zo op gehoopt hadden, waarvoor we duizenden jaren gebeden hadden. Ik wilde ook andere joden ontmoeten, ik wilde weer op de bodem van Israël leven, in de openlucht, weg van de Dode Zee, voorbij de duinen van de woestijn van Juda, niet meer in die onderaardse grotten. Ik wilde Jeruzalem zien. Begrijp je me?'

Zijn stem trilde en tranen stroomden uit zijn ogen onder zijn gegroefde, gefronste voorhoofd, alsof hij ze wilde bedwingen.

'Ze wilden me uithoren,' zei hij, 'om te zien of ik ze verraden had, en omdat ze het handschrift zochten dat van ze gestolen was. Ze hielden me gevangen, maar durfden me niet te vermoorden, omdat ik een Cohen ben. Ik behoorde tot de opperpriesters en die moeten ze respecteren, want ze hechten erg aan de hiërarchie. En ze geloofden me ook. Ze wisten dat ik niets wist.'

'Hebben ze zich pas bekendgemaakt toen jullie hier aangekomen waren?'

'Ja, want ze wilden me zolang vasthouden. Ze wisten dat jij en ik samen waren, dat ik voor je leven vreesde en je overal zou gaan zoeken; anders zou ik met ze in discussie zijn gegaan en mijn gezag hebben laten gelden.'

En met zachtere stem voegde hij eraan toe: 'Zij zijn hier gebleven na de stichting van de staat Israël. Ze willen niet in het land wonen zolang de Messias niet is gekomen. Ze geloven dat de zaak in een stroomversnelling is geraakt. Ze hopen nu op Gods ingrijpen, dat volgens hen nabij is, en bidden de hele dag dat het zal gebeuren. Maar ja, door in hun onderaardse grotten te blijven terwijl er daarbuiten zoveel aan de hand was, zijn ze volgens mij gek geworden.'

'Hebben ze je iets gedaan?'

'Nee, helemaal niets.'

Dat was voor het eerst dat hij met mij over zijn jeugd praatte, en dan nog bij wijze van kleine uitweiding in zijn verhaal, bijna uit een hang naar wetenschappelijkheid, alsof alles duidelijk uiteengezet moest worden en ik het moest begrijpen. In andere omstandigheden zou ik om duizend toelichtingen hebben gevraagd. Het zou me dagen hebben gekost om het te verwerken, en keer op keer zou ik mijn gedachten erover hebben laten gaan. Maar hier leek het zo natuurlijk, zo duidelijk dat ik het dadelijk begreep. Opeens werd alles glashelder: zijn weerzin om de opdracht te volbrengen waarmee we belast waren, zijn angst om vreselijke dingen te ontdekken, zijn streven ook om de Essenen te hulp te komen, zijn broeders. Ook begreep ik nu die schijnbare bijgelovigheid die onwankelbaar in deze wetenschappelijke geest had standgehouden.

Maar al had ik er meer van willen weten, de omstandigheden lieten het niet toe. Terwijl hij zijn verhaal deed, verscheen er opeens iemand in de grot, die hem abrupt onderbrak. Hij was van normaal postuur en had het voorkomen en de kleding van een bedoeïen, maar niet hun getaande, gebronsde huid. Die leek in het licht gezien juist spierwit.

De man liep op me toe en keek me verbaasd aan.

'Dit is mijn zoon, Ary; doe hem geen kwaad,' zei mijn vader, die hem leek te kennen. 'Hij is me komen zoeken.'

'Als het je zoon is, is het een schrijver, de zoon van een schrijver,' antwoordde de ander. 'Dan moet hij hier blijven.'

De man gaf ons perkamenten, een inktpot en een veer, en zei in archaïsche taal, zo'n oud Aramees dat het zo van de stèles leek te komen die mijn vader bestudeerde: 'Jullie gaan het volgende doen. Jullie gaan je opdracht volbrengen. Schrijf op wat ik nu ga vertellen.'

En de man, die de leider van de Essenen was, de hogepriester, begon zijn verhaal. We luisterden zwijgend toe.

'Er was een tijd dat mijn dal één lang meer was, met rotswanden eronder, zo zegt men. Toen het waterpeil daalde, werden er door het gesteente waaraan geknaagd was grotten gevormd, en die overstroomde stad werd tot een bewoonbaar onderkomen voor de mens. Ze zijn vaak moeilijk te onderscheiden. Sommige spelonken zijn helemaal verhuld, en om erin te komen moet de ingang vrijgemaakt worden. Het zijn ook goede schuilplaatsen, voor mensen of voor schatten die de mensen willen verbergen. De onze is nooit ontdekt; hij is te goed afgeschermd, en zelf ken ik hem alleen door overlevering. Je moet een eind lopen en veel bukken om er te komen, want hij ligt helemaal achter in het dal. Toen David zich meer dan drieduizend jaar geleden in een van de grotten van Engedi verborg, ging koning Saul hem met duizenden mannen zoeken, maar in plaats van hem te vinden, viel hij in slaap in de spelonk waar de toekomstige koning zich verborgen hield, zonder iets van diens aanwezigheid te merken. De grot van de handschriften is ook niet door bedoeïenen ontdekt. Daar lag hij veel te afgelegen voor en hij had de mensen al tweeduizend jaar van zich af weten te houden, helemaal alleen, ergens ten noorden van Ain Fesjka in het barre gesteente. De ingang ervan was niet meer dan een minuscule opening in de rotswand; op de grond stonden aardewerken kruiken, gaaf en verzegeld, met handschriften erin. Maar we weten wel hoe ze die grotten gevonden hebben, en waarom. Wie gelooft er nu dat de bedoeïenen die daar al eeuwen kwamen ze toen pas ontdekt hebben, wegens een verdwaalde geit?

Tijdenlang woonden we met velen in die grotten, tot de joden naar hun land terugkeerden. We waren door de Romeinen verdreven, maar we hadden die handschriften in de grotten verstopt om te voorkomen dat ze vernietigd werden, en we besloten er zelf ook een heenkomen te zoeken, zonder dat iemand ervan wist. Eeuwen, ja duizenden jaren lang heeft onze gemeenschap daar geleefd, afgeschermd van de veranderingen in de wereld, de Wet en de riten nalevend, volgens haar roeping, maar met afschaffing van het celibaat, want we waren alleen in die grotten en moesten wel kinderen verwekken om voort te bestaan. We hielden Gods wet voor ogen, we droegen die mee op onze armen en ons voorhoofd en beroerden die bij de ingang van onze verblijven, met behulp van mezoeza's. We hebben de tijd doorgebracht met ons schrijfwerk en onze kalender, waarmee we de loop van de hemellichamen en de jaargetijden konden volgen.

Volgens Gods wil houden we het zonnejaar aan, teruggebracht tot driehonderdvierenzestig dagen en verdeeld in vier perioden van eenennegentig dagen. We beginnen elk daarvan op woensdag en houden telkens twee maanden van dertig en daarna een van eenendertig aan. We hebben heilige plaatsen, waar we liturgische bijeenkomsten houden en geschreven teksten lezen, en ook eten. Vanaf het gestoelte wordt Gods woord er in het Hebreeuws gelezen. We reciteren er psalmen, geestelijke liederen, lofzangen, zegenspreuken en vervloekingen. Dagelijks gebruiken we reinigingsbaden en gewijde maaltijden, om onbezoedeld bijeen te komen en het Messiaanse maal te nuttigen. Dagelijks komen we bij het opkomen en ondergaan van de zon bijeen om gezamenlijk te bidden, behalve de priesters, die als dienaren van het licht hun eigen dienst hebben. Op zondag gedenken we de schepping en de val van de mens, op woensdag het geven van de Wet aan Mozes, op vrijdag bidden we om vergeving van zonden, en de sabbat is een dag van lof.

Ons hele bestaan was volmaakt geordend, en duizenden jaren leefden we zonder dat iemand ervan wist in het binnenste van de rotsen. Maar toen de joden aan het begin van de eeuw begonnen terug te keren, bij de anderen die in de wereld waren blijven wonen, en toen er later nog meer kwamen en het uiteindelijk tot de definitieve terugkeer van het volk naar zijn grondgebied en de stichting van het land kwam, werd alles anders. We wisten ervan dankzij onze tochten naar de steden, waar we verkleed als bedoeïenen heen gingen. Sommigen van ons besloten toen dat eindelijk de tijd gekomen was om in de openbaarheid te treden en uit de grotten te komen, om de in de diaspora verloren broeders terug te zien. Volgens hen was de tijd van de boetedoening voorbij en gingen we een nieuw tijdperk in, een Messiaans tijdperk. Anderen waren het daar niet mee eens en geloofden dat we niet in de wereld moesten terugkeren zolang de Tempel niet herbouwd was. Er was ook een gouden koepel op het tempelterrein, die de herbouw ervan verhinderde. Volgens hen was de Messias nog niet gekomen en moesten ze verscholen in de grotten op hem blijven wachten, in de hoop dat hij ons zou verlossen, en niets zonder hem aanvangen.

Was het geen teken van God, die terugkomst van het volk na de grote rampen? Was er niet de strijd met Gog en Magog geweest, die tussen de zonen van het licht en de zonen der duisternis in het westen? Hadden onze broeders niet enorm geleden? Zo spraken de eersten. Zolang Gods hand zich niet door bemiddeling van de Messias heeft geopenbaard, moeten we niet te voorschijn komen, antwoordden de laatsten. Sommigen dachten dat de krijgsheer die Israël zou heroveren de door God gezonden Messias was. Anderen zeiden dat het maar een krijgsheer was en dat er, zolang er bloed vloeide, geen sprake van kon zijn om te voorschijn te komen.

Zo ontstond er tweespalt in de gemeenschap. De ene groep kwam uit de grotten te voorschijn om op Israëlische bodem te gaan wonen. De andere groep bleef in de grotten. Voor de breuk legden degenen die vertrokken een plechtige gelofte af dat ze nooit iemand zouden vertellen waar ze vandaan kwamen of zouden spreken over hun broeders die in de gemeenschap bleven, waar ze ook waren, wat ze ook deden, wie ze ook spraken, want het geheim van hun eenzame afzondering, waardoor ze hadden kunnen voortleven, moest bewaard blijven.

Maar er gebeurde iets waardoor alles niet normaal verliep: een van ons ging praten, uit geldbejag. Hij heeft onze handschriften aan bedoeïenen overgedaan, die ze vervolgens verkocht hebben. Omdat die man niet wilde dat bekend werd wat hij gedaan had, vertelden de bedoeïenen het verhaal van de geit die in de grotten verdwaald was. Die man heette Moshe Benyaïr. Bij het afsluiten van een koop liep hij Hosea tegen het lijf, ook een van de onzen, een afvallige die hogepriester bij de orthodoxen is geworden. Die twee schurken vonden elkaar en hebben samen ons geheim aan de grote klok gehangen. Ze zochten onze schat, vonden hem, verkochten hem en bezoedelden hem.

We hebben toen overlegd wat voor straf die verrader moest krijgen, die hebzuchtige, slechte man, die onze schat te gelde had gemaakt, en wie weet zou hij ook onszelf verkopen, onze schuilplaats en onze identiteit bekendmaken en ons verhinderen onze opdracht te volbrengen. Toen hebben we besloten Hosea terecht te stellen. Wat Moshe betreft: die is ontsnapt voor we hem konden grijpen, maar toen kwam zijn zoon opdagen en die heeft zijn eigen begerigheid met de dood moeten bekopen. Alle kostbaarheden die Hosea in zijn woonvertrekken had, de heilige voorwerpen van de Tempel, hebben we weer terug. Dankzij het geld dat we bij hem weggenomen hebben – en ook dankzij jou, David, want we hebben je bij hun plechtigheid als gijzelaar achtergelaten – hebben we de rest van de schat kunnen kopen, die in handen van de Samaritanen was, en zo hebben we alles weer bij elkaar. En dat alles zit daarin, in die kist. Alles wordt hier bewaard, in afwachting van de Messias.'

'Maar waarom dat kruisigen van mensen? Waarom die kruisiging? En waarom dat vermoorden van die anderen? Dat waren geen Essenen!' riep ik uit.

'Drie andere mensen hadden inzage in de handschriften gehad: Matti, de zoon van Eliakim Ferenkz, Thomas Almond en Jacques Millet. Die hebben we gekruisigd, volgens de rite die Jezus duizenden jaren geleden heeft ondergaan. De kruisiging is sinds Jezus onze rite. Zo hebben we verraders altijd terechtgesteld, en mensen die ons van ons verleden wilden beroven. *Oog om oog, tand om tand.*'

'Hoezo Jezus? Was hij ook een van de uwen?'

'Dat is ons geheim.'

'En de zaak-Shapira, aan het begin van de eeuw? De man die zelfmoord pleegde zonder dat de handschriften die hij had ontdekt ooit zijn teruggevonden? Was u daar ook verantwoordelijk voor?'

'Ja, dat waren wij ook, onze grootouders. Hij had handschriften van ons gevonden en stond op het punt achter ons bestaan te komen. Toen hebben ze hem in Holland om het leven gebracht en die rollen weer bemachtigd.'

'En vanwaar die kruisigingen aan die vreemde Lotharingse kruisen, en niet aan normale kruisen? Was dat om het lijden aan het kruis nog erger te maken door die gewrongen houding?' vroeg ik.

Hij leek mijn vraag niet te begrijpen. Ik vroeg het nog een keer, maar hij reageerde niet.

Mijn vader mengde zich erin.

'Dat is het enige kruis dat ze kennen, Ary,' zei hij, 'het echte Romeinse, waaraan mensen toen gekruisigd werden. Het kruis zoals wij het kennen, de staander met dwarsbalk, berust op een latere, verkeerde weergave. Het kruis van Jezus was een afgeknot Lotharings kruis.'

'Jij was van het begin af aan dus van alles op de hoogte?' zei ik.

'Ja... ik had mijn vermoedens.'

'Waarom heb je niets gezegd?'

'Wat moest ik zeggen? Ik mocht ze niet verraden. Daarom heb ik die opdracht ook aanvaard; ik dacht namelijk dat zij er wel eens achter konden zitten. Daar was ik in ieder geval bang voor. Bovendien wilde ik niet dat een ander uiteindelijk achter hun bestaan zou komen. Daarom wilde ik er ook mee ophouden bij al die afgrijselijke moorden. Ik begreep er niets meer van. Ik wilde ze niet meer helpen om hun geheim te bewaren.'

'Wat hebben jullie dan voor verleden? Wat hebben jullie voor afschuwelijks te verbergen?' riep ik uit.

'Dat is voor jou nog een vraag,' zei de man, de leider van de Essenen. 'Voorlopig,' zei hij, terwijl hij wegliep, 'hebben jullie je schrijfwerk te doen.'

Daarop verschenen er twee mannen, die ons onder bedreiging met antieke messen verder de grot in brachten.

We gingen een deur uit die op een souterrain uitkwam. Ze lieten ons steeds verder klauteren, door een ingewikkeld labyrint. Vaak waren de rotswanden te nauw en moesten we bukken of kruipen. Na bijna een halfuur lopen in de vochtigheid en de duisternis kwamen we weer bij een grot uit. Er was een deur in het gesteente uitgehouwen. We gingen naar binnen en werden daar opgesloten.

Dat was ons tijdelijk onderkomen; we bleven er veertig dagen en veertig nachten. De eerste drie dagen kregen we eten noch drinken. Ik zeeg krachteloos in een hoekje van de grot neer, terwijl mijn vader tevergeefs overeind probeerde te blijven, wankelend op zijn door de honger verzwakte benen. Ik had mijn laatste hoop nu op Jane gevestigd. Ze zou wel ongerust zijn geworden en op dit moment alles in het werk stellen om ons terug te vinden. Ze had vast begrepen dat we in een duivelse val waren gelopen en tot de kern van het geheim van Qumran waren doorgedrongen. Ze wist waar de ingang van de grot was, maar hoe moest ze die grafkamer hier vinden? Ook wist ik niet wie ze erbij zou halen – Sjimon misschien, over wie ik haar gesproken had, of Jehuda, die ze ontmoet had, of de Israëlische autoriteiten. Ik hoopte vurig dat ze ons uit dat oord zou komen verlossen, maar tegelijkertijd zei iets in mijn diepste wezen dat het geheim van Qumran niet prijsgegeven mocht worden, al was het me nog niet onthuld.

Door het vasten verloor ik geleidelijk mijn fysieke en psychische weerstand. Ik voelde mijn lichaam verzwakken. Mijn gedachten sloegen op hol, werden verdwaasd en kenden geen ruimte of tijd meer. Alles werd verward; alles botste in mijn hoofd steeds heftiger op elkaar naarmate de uitputting toesloeg.

En toen kwam, dankzij de door het vasten opgelegde zelfdiscipline, door een intens concentratievermogen en het vergeten van het lichaam en lichamelijk lijden, de devékoet over me. Ik zag onvergetelijke dingen, beelden van vroeger, uit de tijd van Qumran. Het was een verdorven wereld. Overal dreven ontucht en heiligschennis aanmatigend de spot met wat God geschapen had. Dat zo'n wereld verwoest werd sprak vanzelf. En dat die vernietiging ophanden was, dat kon nergens beter voorvoeld worden dan aan de oever van de Dode Zee, op zo'n driehonderd voet onder de zeespiegel, tussen een meer met bitter, doodlopend water en naargeestige, naakte, barre en dreigende kliffen. Daar waar de zon zo'n hitte aan den dag legde, waar de wind ook zulke kwalijke dampen verspreidde, waar levende wezens zich ternauwernood konden handhaven, waar weinig plaats was voor een wereld. In dat zwarte gat traden de grenzen van helse oorden aan de oppervlakte van het water en het land. Onder die verzengende zon kwam de hel boven. Ik was de oermens en zag het schouwspel van het allervreselijkste oordeel van God over de zonde van de mens.

Sodom en Gomorra waren daar, en het regende vuur boven het paradijs. Een gigantische ramp voltrok zich. Onder de ontketende hemel huilde de zee bittere tranen van zout. Overal ontploften grote olie- en gasreservoirs, in een mengeling van stalen platen en vuur. In het noorden volgde el-Gor via de Jordaan zijn troosteloze weg; het was een verhaal zonder eind. De aardkorst beefde van woede en uit zijn ingewanden steeg een dof gerommel op, dat uit de oertijd kwam en zich sinds lang vervlogen tijden in hevige aardschokken ontlaadde. Die spanden samen met de wereldbrand, waarbij duizenden tonnen aardolie uitgebraakt werden, bliksemontladingen de lucht vervulden en stromen doorsijpelende olie en pek de brand staken in het binnenste van de aardkorst, dat dichte zwaveldampen uitstootte. Hagel en vuur, met bloed vermengd, sloegen de aarde, die in brand vloog, evenals de laatste bomen en de fletse planten langs het water. En de zee veranderde in bloed, en al wat erin leefde ging te gronde, en de boten vergingen. Een enorm hemellichaam kwam gestaag uit de hemel vallen, die als een fakkel brandde.

Ook de rivieren en waterbronnen vlogen in brand. Toen werden ook de zon en de maan getroffen en verduisterd, en verloor de dag zijn licht en de nacht zijn schijnsel. De sterren vielen neer, wat met veel rook gepaard ging, als een oven. Sprinkhanen zwermden uit over de aarde en ze zagen eruit als schorpioenen, als strijdrossen. Op hun kop droegen ze een gouden kroon, en het leek wel of ze een menselijk gezicht hadden.

Toen liep een geweldige menigte, met mensen van alle rassen, stammen, volken en talen, voor de hemelse troon en het lam te hoop, in witte gewaden gehuld en met palmtakken in de hand. En iedereen riep luid: 'Het heil komt van onze God die op de troon is gezeten, en van het lam.' En alle engelen om hem heen vielen languit in aanbidding voor God neer.

In die hele grote ommekeer verdween de aarde. Er was een nieuwe hemel en een nieuwe aarde, want de hemel en aarde van vroeger waren vergaan en ook de zee was verdwenen. Ik zag het nieuwe Jeruzalem uit de hemel neerdalen, als een bruid die zich mooi heeft gemaakt voor de huwelijksnacht. Een stem die van de troon kwam zei dat de tijd drong, dat niets verzwegen moest worden en de woorden van de boeken niet geheimgehouden moesten worden. *Wie kwaad doet, moet nog meer kwaad doen, en wie vuil is, moet nog vuiler worden; maar wie goed doet, moet nog meer goed doen en wie heilig is, moet nog heiliger worden. Luister, ik kom gauw. Wat ik beloofd heb, heb ik bij me; ik zal iedereen loon naar werken geven. Ik ben de alfa en de omega, de eerste en de laatste, het begin en het einde. Ik heb u mijn engel gestuurd om hiervan te getuigen, ik ben de telg uit het geslacht van David; ik ben de stralende morgenster*, zei de stem.

Dit was de veroveringsoorlog van de zonen van het licht tegen de zonen der duisternis, tegen het leger van Belial, tegen de scharen van Edom en Moab en de zonen van Ammon, en de talloze zonen uit het oosten en Filistea. De zonen der duisternis maakten zware tijden door in de woestijn, en tegen hen zou de oorlog ontketend worden, want aan al hun scharen was de oorlog verklaard, want de ballingschap van de zonen van het licht was ten einde; want ze waren terug uit de woestijn waar de heidenen wonen, om voor eeuwig in die van Jeruzalem te bivakkeren.

Na die beslissende strijd kwamen de mensen uit de diaspora terug. En op zijn tijd kwam *Hij* dan eindelijk te voorschijn, ten prooi aan een hevige toorn, om de vorsten van het noorden te bevechten, en in zijn woede probeerde hij de vijand de hoorns in te drukken en te vernietigen. Het was de heilstijd voor het volk Gods; het was de volslagen ontreddering voor de zonen van Jafeth, en de overheersing van het kwaad verdween, en de goddeloosheid werd met wortel en tak uitgeroeid, zonder dat ook maar één van de zonen der duisternis ontkwam.

Toen zag ik de kampen van de Essenen in hun afgelegen oord, uit Judea verdreven, vervolgd door de hogepriester en gedwongen in ballingschap in het land van Sem te leven; en ik zag de deportatie, toen de joden ten tijde van Nebukadnezar naar Babylon werden verdreven. En ik zag het hele vervolg van de joodse geschiedenis, van verwoesting, onrecht, bloedbaden en rampen. Ik zag de terechtsteller, het slachtoffer en de getuige.

Toen zag ik de zonen van het licht de wereld tot in alle uithoeken verlichten, steeds verder, tot alle momenten van duisternis een voor een waren uitgewist. Daarna zag ik het moment dat Zijn majesteit voor altijd straalde, tot zegen en geluk, glorie en vreugde, en alle zonen van het licht leefden tot in lengte van dagen.

En ik zag een hevige veldslag, een eindeloos bloedbad, op een sombere, door Hem vooraf bepaalde dag. Op die dag traden de vergadering der goden en die der mensen elkaar voor de beslissende strijd tegemoet. En het was een angstige tijd voor het hele van zonden gezuiverde volk; en geen rampspoed ter wereld kon zich meten met wat er toen bij de Verlossing plaatsvond. Ditmaal waren de zonen van het licht sterker dan de zonen der duisternis.

Ze kwamen van de oevers van het asfaltmeer. Er was geen plaats op aarde waar de natuur en de geschiedenis zo hadden samengespannen om hun doel te bereiken en een nieuwe orde te laten komen. Na de rampzalige tijden, na de komst van de Messias en het gladstrijken van alle oneffenheden, zou iedereen zien dat God ze gered had, hier aan de troosteloze oevers van de Dode Zee. *Op de zandbanken, hier en elders, zullen bomen opschieten, en hun bladeren zullen niet verdorren, en de vruchten zullen niet verrotten, want de wateren zullen in overvloed uit het heiligdom komen.*

Ik raakte in trance. Koortsen jaagden mijn gedachten alle kanten op. En toen zag ik de waarheid, die ik niet had willen zien, van het begin af aan, sinds ik alles wist: mijn vader was een schrijver, een schriftgeleerde, en al mijn voorouders waren Essenen. Of ik wilde of niet, *ik was ook een Esseens schrijver.* Mijn hoofd ontplofte bijna bij die gedachte, en ik bonsde er krachtig mee tegen alle wanden van de rots.

Na drie dagen vonden ze dat we wel genoeg beproefd en geïntimideerd waren en kwamen ze ons eten en drinken brengen. Ze zeiden dat we aan het werk moesten en alles wat hun leider had gezegd moesten opschrijven. We konden de grot niet uit; de enige ingang was afgesloten, en de zoldering, die de bodem van het berggesteente vormde, was te hoog om naar buiten te klimmen. Helemaal bovenin kwam door een spleet een straal daglicht naar binnen. We hadden ons maar in hun wil te schikken. We aten en kwamen weer wat bij. Toen zetten we ons aan het werk.

Zo leefden we daar in de ingewanden van de aarde, in de schoot der aarde. We wisten niet waarom we daar waren en of we ons eruit zouden redden, maar dat maakte ons niet wanhopig. Ik geloof dat we ons daar veiliger voelden. *Wie weet of de levensadem van de mens in den hoge terugkeert en die van het dier in de aarde afdaalt? Ik heb begrepen dat de mens maar beter kan genieten van wat hij allemaal doet. Het is het enige wat hij heeft. Want wie laat hem genieten na zijn dood?*

Mijn vader was ervan overtuigd dat boven ons hoofd het einde van de wereld nabij was. Zijn mystieke bevlogenheid had hem weer in de greep, misschien wel doordat hij hier op zijn plaats van herkomst terug was en hij de herinnering daaraan nooit had kunnen uitbannen, omdat hij zijn leven eraan had gewijd. Hij beweerde dat we hierheen gezonden waren om bij de Apocalyps buiten gevaar te zijn, en dat het ons daarna gegeven zou zijn weer aan het oppervlak van de verwoeste aarde te komen om de Messias te volgen en een nieuwe wereld te stichten.

Zulke profetische woorden waren niets voor hem. Ik had hem nooit eerder horen praten over zijn hoop op de Messias. Maar de gebeden en lessen uit zijn kindertijd bij de Essenen kwamen weer in hem boven, en daarmee zijn geloof in de Verlossing dat de wetenschap hem ontnomen had. Met de grijze baard die hij in die paar dagen had gekregen en de bijbelteksten die hij onophoudelijk aanhaalde, en die hij afwisselde met zijn eigen interpretaties van het heden, leek hij wel een Hebreeuws profeet.

Ik wist heel goed – en hij had me er zelf vaak genoeg op gewezen – dat apocalyptische profetieën en Messiaanse voorspellingen alleen in tijden van crisis, in hopeloze situaties opduiken. Ik wist dat deze plaats zich leende voor het geloof in het einde van de wereld. Maar ik was er tegelijk van overtuigd dat, mocht er een Apocalyps komen, dat nooit in deze grot zijn, temidden van die oude perkamenten.

We schreven dus op, zoals de leider van ons had gevraagd, wat hij ons had verteld. En na ons schrijfwerk gingen we samen de oude boekrol ontcijferen die ik bij me droeg sinds Jane me die had gegeven, omdat ik bang was dat hij anders gestolen zou worden. Omdat de Hebreeuwse letters verkeerd om stonden en we geen spiegel hadden, schreven we ze eerst over, met de schrijfstift die ze ons gegeven hadden, op de achterkant van de ons gegeven rol.

Zo kwamen we achter de waarheid omtrent Qumran.

Zodra het ons gegeven was de waarheid te ontdekken, begrepen we dat we die moesten verzwijgen tot de dag dat de Messias kwam. We overzagen natuurlijk niet alle consequenties van die ontdekking, maar beseften wel dat wat we te weten gekomen waren niet gezegd moest worden, maar opgeschreven en bewaard. Ik kon het visioen dat ik in trancetoestand had gehad niet negeren. Dat had me gezegd op te schrijven wat ik wist. Was ik niet een schrijver, de zoon van een schrijver?

Op die plaats en dat moment, toen we niets anders konden doen dan hopen, studeren en praten, sprak mijn vader me eindelijk van de Essenen. Hij haalde herinneringen op, die bij flarden bovenkwamen, nu eens moeizaam, dan weer als een onstuitbare vloed, met eindeloze uitweidingen. Hij wist van geen ophouden meer, alsof hij alles wat hij zovele jaren had verzwegen moest inhalen.

Ze waren de elite van het uitverkoren volk. Voor hun tijdgenoten waren ze een kleine onbekende sekte, zonder macht of invloed en zonder historisch belang. Maar zo zagen ze zichzelf niet. Ze geloofden dat ze voorbestemd waren om een vooraanstaande rol te spelen in gebeurtenissen die de geschiedenis een nieuw aanzien zouden geven. De bestaande wereld liep ten einde en er zou een nieuw tijdperk ingaan, heel anders dan het toenmalige, en hun sekte zou een hoofdrol spelen in het grote werelddrama. Ze geloofden dat de joden Gods uitverkoren volk waren, dat hij met hen en met hen alleen een verbond had gesloten. Niet alle joden onderhielden dat echter. Velen van hen begrepen niet wat die belofte inhield en wat de consequenties ervan waren. Zij, de leden van een bijzondere sekte van een bijzonder volk, zouden door God gebruikt worden om de weg te bereiden naar een nieuwe orde, waar hij de wereld heen zou voeren via de 'Gezalfde', die aan het hoofd van Israël zou staan. En via Israël zou de Verlossing voor de hele mensheid komen.

Ze geloofden ook dat zij als enigen over de juiste interpretatie van de schriften beschikten. Ze hadden dan ook hun eigen bibliotheek, die bijgehouden en vermeerderd werd door de bijbelteksten steeds opnieuw te kopiëren en daar hun eigen boekrollen aan toe te voegen. Die laatste vormden een ware schat van de sekte. Ze duidden het verleden. Ze wierpen licht op de betekenis van de contemporaine gebeurtenissen. Ze profeteerden. Ze schreven precies voor hoe elk van hen moest leven.

De sekte had haar eigen opvatting van het nationale epos. Mythen beschouwden ze als letterlijke waarheden, legenden als feiten. En bovenal geloofden ze dat ze door de wet van Mozes het volk van het eerste verbond waren, dat door God uit alle volken was verkozen. De Sinaï was de plaats van een kosmisch ingrijpen, waarbij God een eeuwig verbond met de kinderen van Israël had gesloten. Maar die verbintenis was door de priesters en regeerders geschonden en door heel Israël met voeten getreden. Alleen zij volgden nog de rechte weg. Daarom had God met hen, de uitverkorenen der uitverkorenen, *een tweede verbond* gesloten.

God had nog wel zijn verbond met de regering van David, die ook een 'Gezalfde' was, bekrachtigd, en de overwinningen van David waren dan ook een voorproefje van de triomf van Israël; maar naast David was er Sadok, de grootste hogepriester van Israël. Zij waren de ware Sadokiden, die opkwamen tegen de valse Sadokiden, de Sadduceeën, die Gods altaren ontwijdden, die schaamteloos rijkdommen vergaarden, die roofoorlogen voerden om de vruchten van arbeid te stelen.

En bij dat tweede verbond had God de komst van een profeet aangekondigd, Elia, in de geest van de profeten Amos, Jesaja en Jeremia; en daarnaast, om dat verbond te bezegelen, de komst van de Leraar der Gerechtigheid, die het nieuwe tijdperk zou inluiden.

'Hoe is het de Essenen verder vergaan?' vroeg ik.

'De Romeinse bezetting van Judea verliep een tijdlang heel rustig. De Romeinse stadhouders waren wel inhalig, maar minder roofzuchtig dan de autochtone koningen. Antigonus, de laatste Makkabeeër, maakte in 37 voor Christus plaats voor Herodes de Grote, zoals hij werd genoemd. Deze liet prachtige bouwwerken oprichten en de haven van Caesarea aanleggen, en nam de wederopbouw van de Tempel ter hand, die pas in 64 na Christus voltooid werd, zes jaar voor hij opnieuw verwoest werd. Bij zijn dood werd hij door sommigen oprecht beweend. Na Herodes viel het koninkrijk uiteen. Antipas, die over Galilea regeerde, trouwde met de vrouw van zijn broer en liet Johannes de Doper, die hem bekritiseerde, terechtstellen. Toen hij werd verslagen door Aretas, de vader van zijn eerste vrouw die hij had verstoten, beschouwde het volk dat als een straf voor het onthoofden van

Johannes de Doper. Hij regeerde tot 34 na Christus. In Judea regeerde Archelaüs tien jaar lang, maar zijn bewind was zo rampzalig dat Augustus hem afzette en van Judea een Romeinse provincie maakte, bestuurd door onaanzienlijke stadhouders; een daarvan was Pontius Pilatus, die later teruggeroepen en naar Gallië verbannen werd.

De spanningen tussen de joden en de Romeinen liepen steeds hoger op. De Romeinen begrepen niets van dat volk, dat ze als een stel godsdienstfanatici beschouwden, en de joden konden hun voortdurende heiligschennis binnen de Tempel zelf niet verdragen. Pilatus was verbaasd maar ook geïrriteerd over de weerstand van de joden tegen de Romeinse militaire overheersing. Geen enkel ander volk had ooit geweigerd de Romeinse religie en afgodendienst over te nemen, waarom bood Judea dan weerstand? Caligula wilde dat er een standbeeld van hem in de tempel werd opgericht, maar hij werd vermoord. Daarna kwam heel Palestina onder Romeinse overheersing. Maar de joden bleven hen trotseren; omdat stadhouder Antonius Felix vaak tot kruisiging overging, pleegde een sekte, de Sicariërs, reeksen moorden op Romeinen. De situatie in Judea ging toen hollend achteruit; struikroverij vierde er hoogtij, en het bewind was niet op zijn taak berekend. Het was een en al opstandigheid, oproer en wapengekletter wat de klok sloeg. Om de crisis te bezweren vormden de joden een noodregering en belastten ze Flavius Josephus met de verdediging van Galilea. Hij vocht zonder succes en liep ten slotte naar de vijand over. De Farizeeën, die het vertrouwen genoten van het Romeinse bewind, probeerden tevergeefs een gematigde politiek te voeren en werden ten slotte van de macht ontheven. De zeloten namen verbitterd de regering over, en het was gedaan met de gematigdheid.

Als Israël verenigd en minder corrupt was geweest, had de opstand kunnen slagen, maar zoals de zaken ervoor stonden kon het alleen maar op een drama uitlopen. Jeruzalem was ten prooi aan rivaliserende facties, en de joden moordden elkaar uit; en die broederstrijd maakte de bloedbaden van de Romeinen alleen maar erger. In 70 na Christus werd aan het eind van de zomer de buitenste voorhof van de Tempel in brand gestoken. Er werd gevochten tot aan het geblakerde altaar. Zoals Jezus voorspeld had, werd de Tempel verwoest. Omdat ramp na ramp gebeurde, geloofden de priesters van Qumran dat de dag des oordeels eindelijk aangebroken was, en dat de Messias wiens opstanding ze verwachtten spoedig weer zou keren. De maan was weliswaar nog niet in bloed veranderd en de sterren waren nog niet uit de hemel gevallen, maar de verwoesting ging tot aan de goddelozen die Israël hadden bestuurd, en de tijd was gekomen dat God zijn hand tegen de Kittim ophief. Ze wachtten af. Ze wisten dat de Romeinen zouden komen. Toen hebben ze hun kostbare handschriften uit voorzorg in kruiken gestopt en naar de grotten gebracht. Op een dag, wanneer de strijd gestreden zou zijn, zouden ze die weer komen ophalen. En als ze ze kwamen ophalen, zouden de schriften nog steeds hun schat zijn en zou de Messias van Aäron en van Israël hun gewijde maaltijd voorzitten, op de dag des Heren, bij de komst van het Koninkrijk Gods.

In die tijd raakte de geschiedenis hun spoor bijster, geografisch en historisch, terwijl tegelijkertijd dat van de christelijke sekten zichtbaar werd. Toen ze de handschriften hadden verstopt, zochten ze namelijk hun toevlucht in Qumran, om zich eens te meer op de komst van de Messias voor te bereiden. En daar zijn ze gebleven, eeuwenlang, zonder dat iemand ervan wist.'

Zo vertelde mijn vader alle verdrongen verhalen van zijn verleden, en van het verleden van zijn verleden, uren en uren lang. En ik hoorde alles aan, om het te onthouden en later op te schrijven, zoals ik ook zou doen. Hij vertelde zijn leven en dat van de zijnen, zoals dat verliep toen hij een kind was, stipt volgens de kalender, de dagen, de feesten, de riten en het kloosterleven van zijn gemeenschap, in eenzame afzondering, die duizenden jaren dat ze hun verborgen bestaan leidden in de woestijn bij de Dode Zee. Maar ze waren zich bewust van de tijd die verstreek en wisten dat elders, ver van hun land, hun jodenbroeders zich tussen de volken verloren, terwijl zij over de rol bleven waken, want ze mochten de grotten van Qumran niet verlaten, behalve als ze, verkleed als bedoeïenen, driemaal per jaar op de markten nieuws kwamen vergaren, op de feestdagen van Rosj ha-Sjanah, Pesach en Sjawoeot, maar niemand wist dat ze daar nog leefden.

Na veertig dagen en veertig nachten waren er in de gang houweelslagen te horen. Er kwam iemand aan. Eerst dachten we dat het de Essenen waren, om ons dagelijks rantsoen te komen brengen en te zien of het werk opschoot. Maar het geluid kwam niet uit de hoek waar ze altijd binnenkwamen. Het kwam dichterbij en weergalmde even later in de holle ruimte, alsof het een paar meter van ons af was. Toen doken er uit het duister en de rotsen drie gedaanten op. We hielden onze adem in toen we Sjimon herkenden, met nog twee andere mannen.

Hij was door Jane gewaarschuwd en had op haar aanwijzingen wekenlang naspeuringen gedaan in de grotten, zonder ons te vinden, zozeer liepen ze in elkaar over in een onneembaar labyrint. Hij vertelde dat Jane, toen we niet kwamen opdagen, op mijn hotelkamer in mijn papieren had gesnuffeld om te kijken wie ze kon waarschuwen. Ze had het adres van Sjimon gevonden en hem meteen gebeld.

We vonden via de grotten onze weg naar buiten, waar het felle daglicht ons de eerste minuten verblindde. Even later zaten we uitgeput, alsof we de spanningen van al die zware maanden opeens op ons dak kregen, in de auto van Sjimon, op weg naar Jeruzalem.

'En?' vroeg Sjimon.

'En wat?' vroeg mijn vader.

'Hebben jullie het handschrift gevonden?'

Mijn vader schudde ontkennend het hoofd.

Sjimon zette ons af bij de flat van mijn ouders.

'Tot ziens,' zei hij. 'Rust eerst maar uit. Over een paar dagen kom ik jullie weer opzoeken alles uitgebreid te bespreken.'

'Bedankt,' zei mijn vader, en hij gaf hem een hand. 'Ik geloof dat we ons leven aan jou te danken hebben.'

'Nee,' zei Sjimon, 'ik heb jullie erop afgestuurd. Tot gauw.'

We bleven even wat verloren op het trottoir staan kijken, terwijl zijn auto wegreed. Het leek zo onwerkelijk; we konden het nauwelijks geloven. Alsof er niets was gebeurd waren we eindelijk terug, weer thuis, waar mijn moeder wel lang en met smart gewacht moest hebben. Maar het leed was nog niet geleden. We liepen langzaam naar de ingang. Daar bleven we stomverbaasd staan. In de hal van ons flatgebouw werden we door iemand opgewacht. *Het was Jehuda.*

'Jehuda!' riep ik uit. 'Wat doe jij hier? Hoe wist je dat we zouden aankomen?'

'Jane heeft me gisteren verteld dat jullie wel gauw gevonden zouden worden. Ik wacht hier sinds vanochtend op jullie,' zei hij met sombere stem.

'Jane? Waar is ze dan?'

Zijn gezicht kreeg opeens een andere uitdrukking.

'Luister, Ary, als je haar wilt terugzien... dan moet je nu met me meegaan.'

'Hoezo, nu?'

'Nu meteen, Ary. Ik meen het. Ze is in gevaar.'

Zonder een voet over onze drempel te hebben gezet werden we naar een kleine synagoge gebracht, die ik goed kende, omdat ik daar in de tijd dat ik in Mea Sjearim studeerde weleens kwam. De rabbi en zijn getrouwen kwamen er vaak bidden. De synagoge bevond zich op de tweede verdieping van een nogal vervallen gebouw, achter een binnenplaats in een lange smalle straat. Het was hier eigenlijk een waar bolwerk van orthodoxie, waar de rabbijnen, de geleerden en de 'zwartste' leerlingen van Mea Sjearim kwamen. Het waren allemaal eerbiedwaardige oudere heren met grijze slaaplokken, lange witte baarden, grote hoeden en de traditionele mantel, die alleen maar Jiddisch met elkaar praatten en hun leven aan de studie, de wet en de opvoeding van hun talrijke kroost hadden gewijd. Nu ze op leeftijd waren, waren ze tot wijzen van de gemeenschap geworden en hielden ze daar een soort rituele zitting, waar men zich voor allerlei problemen kon vervoegen. Ze werden als de ware bewaarders van de traditie beschouwd, de ware hoeders van de thorarollen. Ze waren met z'n twaalven.

Toen we aankwamen was het drie uur 's middags en was de synagoge verlaten. De gebeden begonnen pas over twee uur.

We werden er echter niet door Jane opgewacht, maar door de

rabbi. Hij zat zoals gewoonlijk op de verhoging, met een elleboog op de lessenaar leunend, waarop een thora lag waarvan de twee rollen opgerold waren. Hij had hem waarschijnlijk vluchtig doorgelezen om te zien of er geen schrijffouten in stonden, zoals hij regelmatig deed.

'En?' vroeg hij op zijn beurt. 'Hebben jullie het gevonden?'

'Waar hebt u het over?' vroeg ik.

'Hou je niet van de domme, Ary. Ik heb het over het perkament. De *Messias-rol*, die verdwenen was.'

'Nee,' zei ik, 'we weten niet waar die is.'

'Ik weet wel waar die is,' zei hij daarop.

Hij wees naar de enigszins bollende zak van het jasje van mijn vader, waar inderdaad de twee rollen in zaten, in elkaar gerold, het origineel en het door ons gemaakte afschrift, die hij had meegenomen toen we uit de grotten weggingen.

'Kom,' drong hij aan, 'geef hem aan mij.'

'Nee,' zei mijn vader. 'Hij is niet van u. Hij is van de Essenen.'

Toen barstte de rabbi tot mijn stomme verbazing in een onbedaarlijk lachen uit. Een luid, schel, bulderend, merkwaardig soort gelach, meer van droefheid dan van plezier, dat in de hele synagoge weerklonk.

'Weet je dat dan niet? Kom nou!' zei hij, zoals gewoonlijk als een leerling een onbenullige fout maakte in een talmoedische redenering. 'Jóuw volk is hetzelfde als míjn volk. Weet je dan niet dat de Essenen in de talmoedische literatuur *chassidim* worden genoemd? Weet je dan niet dat ik de Messias van de Essenen ben, en dat de tijd gekomen is dat ik bezit neem van de hele wereld? Mijn voorouders gaan terug op rabbi Juda ha-Hasid, die in de twaalfde eeuw zijn nichten verbood te trouwen en het celibaat instelde, want hij was een Esseen die naar Duitsland was geëmigreerd. Wij zijn Essenen die sinds vele generaties van vader op zoon onze opdracht doorgeven: de komst van de Messias voorbereiden, afwachten, het einde van de wereld bewerken. Ik heb geen zoon. Ik ben dus de laatste telg van het geslacht; dat wil zeggen, *ik ben de Messias*. Begrijp je? En geef me nu de rol,' zei hij op gebiedende toon tegen mijn vader.

En mijn vader gaf hem ontdaan het oude perkament.

'Nee!' riep ik, 'wat doe je nou?'

Hij keek me aan en mompelde met een uitdrukking van machteloosheid: 'Ik ben schrijver. Hij is opperpriester. Ik moet hem volgens de hiërarchie wel gehoorzamen.'

'Wat zeg je?' schreeuwde ik. 'Je bent geen schrijver! Je bent niets! Je bent bij ze weggegaan!'

De rabbi had het perkament aangepakt en hield het steeds dichter bij de vlam van de brandende lamp van de synagoge.

'Wat doet u nu?' riep ik, buiten mezelf. 'Wie denkt u te bedriegen met uw thora waarvan u de geboden niet eens naleeft? U bent een valse Messias, u neemt die rol ten onrechte. U zult kennismaken met het laatste oordeel waar u zo de mond van vol hebt! U zult er zelf het slachtoffer van worden.'

'*De slechte priester vervolgde de Leraar der Gerechtigheid en verslond hem in de hitte van zijn woede*,' zei de rabbi op gedragen toon, alsof met zijn woorden een profetie in vervulling ging.

'U bent het zelf, de priester wiens schande groter geworden is dan zijn eer.'

Voor ik het wist waren die woorden eruit. Ik wist dat het zeer ernstig was wat ik deed, dat het gelijkstond met godslastering, maar ik was des duivels en niet meer voor rede vatbaar.

De rabbi keek me met een vreemde blik aan.

'En jij, Ary?' zei hij. 'Wat heb je in de Verenigde Staten gedaan toen je vader ontvoerd was? Heb je aan hem gedacht of heb je met een sjikse gehoereerd? Ik zal je eens zeggen wat je gedaan hebt. Je bent de weg van de dronkenschap op gegaan om haar dorst te lessen. Je noemt je een jood, een chassid, maar de voorhuid van je hart is niet besneden. Je hebt je in de stad verfoeilijk gedragen. Je hebt Gods heiligdom bezoedeld, je hebt verboden plaatsen bezocht, je hebt verdovende middelen gebruikt, je bent in kerken geweest. Je hebt gezondigd.'

'Wie heeft u dat allemaal verteld? Bespioneert u me?'

'De rabbi van Williamsburg heeft me alles verteld... Hij heeft me gezegd op wat voor plaatsen van verderf je bent geweest. Ik heb je gewaarschuwd toen je vertrok. Toen heb ik je gezegd wat voor gevaren je liep en dat je bij elke ademhaling de inblazing van de Mashiah moest volgen. Maar je hebt mijn woorden niet geloofd; je hebt het verbond dat God met ons gesloten heeft geschonden, en nu heb je mijn heilige naam misbruikt. Je hebt het woord van het einde der dagen geschonden; je hebt gehoord wat de laatste generatie allemaal zal overkomen, Ary, maar je hebt het niet geloofd. Je hebt geen geloof gehecht aan de woorden uit mijn mond, die God in mijn huis heeft geplaatst, alle woorden die ik heb gesproken en waarin God heeft verteld wat zijn volk en de naties allemaal zal overkomen. Want ik ben het, Ary, de priester die het mysterie van het heilige woord bedient, ik ken alle geheimen van de openbaring, en niemand anders.'

'U bent de man van de leugen,' zei ik, nu vervuld van haat en schaamte, want ik wist dat ik in het nauw was gebracht. 'U spreekt in bedrieglijke orakelen, u schept beelden om vertrouwen te winnen, u maakt stomme afgoden. Maar de afgodsbeelden die u maakt zullen u op de dag des oordeels niet redden. De dag zal komen dat God allen die afgoden dienen en alle goddelozen op aarde zal vernietigen.'

'Die dag nadert, Ary.'

'Alle tijden van God komen ten einde.'

Bij die woorden ontstak de rabbi in hevige woede. Zijn lippen trilden en zijn ogen schoten vuur.

'Hoe durf je me tegen te spreken? Je bent een goddeloze, vermomd als baäl tesjoewa, je hebt de Naam van de waarheid aangenomen, maar je hart is niet veranderd; goddeloos was je en goddeloos zul je blijven. Je bent onze God afgevallen, je hebt al onze voorschriften geschonden, je hebt gezondigd met een vrouw, je hebt onze rol gestolen, je wilde je ermee verrijken, je bent tegen God opgestaan en je hebt je schandalig gedragen en je aan allerlei onreine bezoedeling overgegeven.'

'U bent het zelf,' riep ik uit, 'de priesters van Jeruzalem die rijkdom en gewin vergaren en de volken plunderen. *De leugenprofeet heeft de mensen misleid door op bloed en leugen zijn stad te bouwen.*'

'*En de beker van Gods toorn zal hem verslinden en schande over hem vermeerderen, en smart.*'

Terwijl hij dat zei, hield de rabbi de dubbele rol in de hoge vlam van de lamp.

'Nee!' riep ik. 'Niet doen!'

Ik wilde hem tegenhouden, maar het was te laat. Hij had de brandende rollen al op de grond gegooid; ze gloeiden wit op en werden bijna meteen door de vlammen verteerd. Ze verspreidden een sterke, scherpe geur, als van een verbrande mensenhuid, en dat was het ook: een dode, gespannen, getaande, getatoeëerde en nu in het niets opgaande huid. De rollen verbrandden in hun volle lengte, zonder uit te rollen, ondoorgrondelijk, voor eeuwig gesloten, door de vlammen gelikt en verslonden en even later verteerd. Ik zag verbijsterd hoe de zwarte lettertjes krom bogen, in de hitte smolten en toen helemaal verdwenen, om weer tot stof en kool te worden. Er ontwikkelde zich een dichte walm, die naar de zoldering opsteeg en daardoorheen naar de hemel leek te gaan. Op het altaar van de synagoge waren de gewijde rollen bekrachtigd en voorgoed uitgewist. De rol die zo lang de tijd getrotseerd had, was weer tot zijn gewone proporties teruggebracht, alsof er niets was gebeurd, alsof hij niet bewaard was gebleven, alsof hij niet tweeduizend jaar in de grotten van Qumran had gerust, alsof hij niet gestolen was, terechtgekomen en opnieuw ontvreemd, alsof niemand hem ooit had gezocht, nagejaagd, gelezen, of geschreven. *Allemaal zinloos.* Het onsterfelijke werd op het moment van de wraak in een handomdraai gedood.

Een onbedwingbare woede maakte zich van me meester. Was het de woede van Elia, toen hij eigenhandig op de berg Karmel de veertig valse profeten afmaakte, of die van de goddeloze, roofzuchtige en moorddadige priesters?

Ik pakte de thora met zijn massief zilveren ringen, getooid in zijn zware mantel van rood en goud fluweel en de met zilver beslagen zijkanten.

'Let op,' zei ik, 'de dag komt dat alle mensen die hoogmoedig zijn en onrecht doen, als kaf in een oven zullen verbranden. "Op die dag komen ze om in de vlammen," heeft de Eeuwige der Heerscharen gezegd: "Met wortel en tak worden ze uitgeroeid."

Uit alle macht, met alle kracht en woede die ik in me had, sloeg ik de rabbi ermee. Hij zakte in elkaar, geveld.

Ik weet niet wat er daarna gebeurd is. Ik viel in zwijm. Later heb ik gehoord dat mijn vader en Jehuda met elkaar overlegd hebben. Mijn vader wist hem ervan te overtuigen dat hij er niet over moest praten. Jehuda was totaal overstuur, maar geloofde dat het niets aan de zaken zou veranderen als ik gearresteerd werd, en dat de rabbi, als hij inderdaad de Messias was, wel gauw uit de dood zou opstaan. Bovendien voelde hij zich schuldig omdat hij me had aangegeven, en wilde hij niet dat mijn leven hierdoor verwoest werd; want hij had met de rabbi over Jane gesproken en haar in opdracht van hem opgesloten. Daarom was Jehuda bereid om rond te vertellen dat de rabbi een beroerte had gehad.

Ook werd er besloten dat ik een tijdje moest verdwijnen, naar een veilige plaats waar niemand me kon vinden. En zo bevond ik me, zonder Jeruzalem terug te hebben gezien, zonder mijn moeder te hebben omhelsd, hou en trouw, alsof ik me er niet van los kon maken, opnieuw in Qumran.

III

Toen ik de Essenen weer terugzag, ontvingen ze me alsof ze me al verwacht hadden. Ze dachten dat het om een terugkeer ging, een noviciaat. Ze dachten dat ik gewoon de fakkel kwam overnemen.

Een tijdlang zag ik geen bekenden. Ik was diep geschokt door wat ik gedaan had. Ik probeerde het te begrijpen, maar tevergeefs, alsof de achtergrond en de strekking ervan mijn persoon verre oversteeg. Ik schaamde me er ook voor een moordenaar te zijn. Daarna zag ik mijn vader terug; hij kwam me een paar keer in de grotten opzoeken. Ook mijn moeder, aan wie hij uiteindelijk alles verteld had, kwam een enkele keer mee.

Ik hield me bezig met schrijfwerk en leerde net als zij te leven, midden in de woestijn van Juda.

Wat me in het begin het meest trof was de stilte. Geen uitroep, geen onrust, geen lawaai verstoorde er de plechtstatigheid. Die stilte was, met de soberheid en de sereniteit, een ontzaglijk mysterie, het eigenlijke wezen van die barre, hete woestijn, die in het geheim een volk van boetelingen herbergde. Op een dag gingen we, verkleed als bedoeïenen, diep de woestijn in, naar een afgelegen plaats waar zich eenzelfde begraafplaats bevond als die welke in Chirbet Qumran gevonden was, met zuid-noord gelegen graven. Daar begroeven ze hun doden, op een plaats waar in de zoele, warme wind hetzelfde diepe, plechtige stilzwijgen heerste als in de grotten. Toen ik vroeg waarom ze zo gelegen waren, antwoordden ze dat het paradijs voor hen in het noorden lag; dat stond in het *Boek van Henoch*, waar ze ijverige lezers van waren: *Wachtend op de dag van de opstanding liggen de doden met het hoofd naar het zuiden en bezien in de droom van een kortstondige slaap hun toekomstige land. Als ze ontwaken zullen ze met het gezicht naar het noorden opstaan en rechtstreeks naar het paradijs lopen, de heilige berg van het hemelse Jeruzalem.* Toen dacht ik de zin van hun stilte te begrijpen: een diepe slaap, een sluimerend leven, serafijns dromend van het volgende.

Ik begreep nu dat de Essenen ware woestijnbewoners waren: ze waren niet sedentair, niet aan de aarde gebonden, maar alleen aan zichzelf en aan God. Ik leerde net als zij te leven in die uitgeklede wereld die me met mijn eigen naaktheid confronteerde. Ik begreep dat we ballingen waren op deze aarde, dat we niet thuis waren op deze vreemde aarde, zonder bouwwerken, zonder huis of stad en zonder vertrouwde voorwerpen. De woestijn was de wereld op de tweede dag van de schepping, toen God de aarde en de hemel schiep, zonder dat er nog struiken of weiden waren, omdat God nog geen regen had geschapen; ook waren er nog geen mensen om het land te bewerken.

Er zijn er die, zoals God, van de dorre aarde vruchtbaar land maken, die loof doen ontstaan en zaaddragende gewassen, die weer zaaddragende vruchten geven. Wij wilden juist in de woestenij zijn en deelhebben aan de chaos. Wij deden niet mee; wij wilden dat de machten van de dood zegevierden, dat de woestijn zijn verloren terrein herwon, dat hij door jakhalzen, hyena's, wilde katten en adders bewoond werd en door boze geesten bezocht werd. Wij waren de verstotenen. Onze woestenij was geen Eden, met vruchten en bloemen. Onze woestenij was een woestijn.

Ik leerde hem grondig kennen. Het was niet zomaar een woestijn; het waren hier niet de kraters van de Negev, waar de withete adem van de Volkomenheid doorheen joeg. Het was ook niet de woestenij van de tweede dag, zoals andere woestijnen, maar die van de derde dag van de schepping, met wat groen, hier en daar wat struiken, om eraan te herinneren hoe de aarde kan zijn; met een bittere zee, om te bedenken hoe de zee kan zijn, met rotsen waar de wind kunstige figuren in beeldhouwt, om te laten zien wat de mens vermag. De dungezaaide duinen hadden er spitse toppen, als kromzwaarden. De wind vormde er woeste baren met duidelijk afgetekende kammen en sikkels. De hemel viel soms op de aarde en liet er stervormige afdrukken op achter. Af en toe hoorden we 's nachts, als de wind ons de geruchten van de woestijn overbracht, de grote palmen met de kleintjes praten, hun kroost dat naast de stam ontsproot.

Liggend op de grond proefde ik de woestijn, met zijn bitterzoute stenen en mariene aroma's, en snoof ik zijn typische geur op, van zwavel uit de zouten van de Dode Zee. Ik at me ongans aan dadels in allerlei kleuren. Er waren wel duizend soorten. Het lekkerst vond ik de 'lichtvingers', geel van kleur, heel knapperig en bitter van smaak. Sommigen hadden ze het liefst goed rijp en wachtten tot de tijd en de zon ze gekonfijt hadden alvorens ze te plukken. Ik had ze liever jong. Ik proefde wel dat ze al rijpend nog aan zoetheid zouden winnen, als het vruchtvlees onder hun gerimpelde huid kostelijk sap bevatte, maar jong waren ze glad en goudglanzend, wrang en pittig voor het gehemelte. Robuust, dat waren ze.

In de grotten bevond zich een ware geheime stad, met zijn straten, wijken, woningen, winkels en een synagoge. Er waren niet zoveel Essenen meer; sinds 1948 waren er heel wat uit de grotten weggegaan. Er restten nog zo'n vijftig mensen, mannen vooral, en een paar vrouwen.

Ze leefden in het duister; niet het halfduister zoals we dat wel in de stad kennen, in een sombere flat waar weinig licht invalt. Hier was het de hele dag nacht. Fakkels wierpen lichtstralen in de donkere vertrekken; ze drongen door de duisternis heen en kwamen er versterkt weer uit. Soms verlangde ik zo terug naar het licht dat ik probeerde ze vast te pakken, maar mijn hand greep in het niets. Als we buiten kwamen, verblindde het licht onze door het donker getekende ogen. Het was als God. Het was het begin, toen het licht en de duisternis nog niet van elkaar gescheiden, maar met elkaar vermengd waren, innig en hecht met elkaar verbonden, toen in het hart van het kwaad het goede schitterde, voor het zich ervan losmaakte en zijn eigen weg ging. Hier bewoog het licht zich in het duister, ermiddenin, geweldloos, zonder wedijver of conflict.

Er was al wat nodig was voor het materiële bestaan in een geïsoleerd klooster in de woestijn, dat ver van het stadsleven in autarkie leefde, in eigen behoeften voorzag. Grote onderaardse holen waren in vertrekken ingedeeld, met silo's, bakkers- en pottenbakkersovens, grote molenstenen en ook keukens, waar het vaatwerk van de hele gemeenschap opgetast stond: honderden schotels, schalen, kommen en bekers.

Andere, kronkelender spelonken waren ingericht als wasserijen, werkplaatsen, cisternen en waterbekkens, voortdurend gevoed door een complex leidingnet. Een van de ruimten, lang en smal, was een groot refectorium, het hoofdvertrek waar alle leden van de gemeenschap elkaar tweemaal per dag troffen. Als novice mocht ik er pas bij zijn na twee jaar in hun gemeenschap te hebben doorgebracht. Maar ik zag ze er dagelijks, tweemaal per dag, zwijgend binnengaan, als in een gewijde ruimte; daarna deelde de bakker het brood rond volgens de hiërarchische rangorde in de sekte, en zette de kok iedereen een schotel voor, met één gerecht. De priester bad voor de maaltijd, en niemand mocht voor hem toetasten. Zo voerde hij elke dag symbolisch de slotscène op: in de plaats van de Messias van Israël, alvorens die zich persoonlijk, in levenden lijve openbaarde, hief hij de handen boven het brood, brak het en zegende de wijn. Als de Messias kwam, zeiden ze, zou hij de handen heffen boven brood en wijn, om ze te zegenen.

Na afloop trokken ze hun gewijde witlinnen gewaden, die ze voor de maaltijd hadden aangetrokken, weer uit en gingen ze aan het werk tot aan de avond, als er weer een offermaal wachtte.

Elk lid van de gemeenschap had zijn eigen taak. Iedereen stond heel vroeg op, voor zonsopgang, en hield pas ruim na zonsondergang weer op. De landbouwers werkten buiten de grotten, op een begroeide plek in de openlucht, verscholen tussen de rotsen en bevloeid door een ondergronds waterbekken. Ook de herders gingen daar met hun kudden heen. Sommigen hielden zich met bijenteelt bezig, anderen deden ambachtelijk werk en vervaardigden allerlei voorwerpen van aardewerk. Iedereen kreeg loon voor zijn werk, dat hij volledig afdroeg aan de uit hun midden gekozen beheerder. Voedsel en kleren waren gemeenschappelijk. Iedereen droeg hetzelfde: een stevige grijslinnen mantel in de winter en een wit met bruin gestreepte tuniek in de zomer. Alles was gemeenschappelijk bezit.

Tot 1948 leefden ze in familieverband tot aan het huwelijk, dat louter bestemd was voor de voortplanting van de sekte. Drie maanden lang, zo hoorde ik van ze, plachten ze de vrouw van hun keuze te observeren; driemaal moest ze gereinigd worden, als bewijs dat ze kinderen kon krijgen, dan pas trouwden ze met haar, enkel en alleen om zich voort te planten. Maar nu er bijna geen vrouwen meer waren, leidden ze een monnikenleven.

Waar hun hele leven om draaide, de kern van de Verlossing, was het reinigingsbad dat ze dagelijks namen. Die doop was de voornaamste en plechtigste rite, voorafgaand aan de gewijde maaltijd, die zelf weer een voorproefje was het Messiaanse tijdperk.

Gehuld in een linnen lendendoek gingen de mannen elke morgen kopje-onder in het ijskoude water van het bad, zoals westerlingen 's morgens hun douche nemen, maar dan zonder de gedachte dat ze zich dopen en voorbereiden op de komst van de Messias.

Dan kwamen ze het water uit, droogden zich af en trokken hun gewijde gewaad aan. Ze zeiden dat mensen die zich niet op die manier reinigden geen deel aan de komende wereld zouden hebben.

Op een dag namen ze me mee naar het scriptorium, een gewelfde ruimte, verlicht door tientallen toortsen, waarin een paar lange smalle tafels stonden, met stapels perkamenten en inktpotten van aardewerk en brons. Daar bracht ik voortaan, gebogen over de tafel, het grootste deel van de dag door met het dopen van mijn schrijfriet in de inktpot, met als metgezellen bij de arbeid de vochtigheid, de koelte, de typische geur van het poreuze gesteente en nog enkele nijvere schrijvers.

Ik had ook een kamer waar ik sliep, een kleine kloostercel met een in steen uitgehouwen bed, een tafel en een toorts aan de muur. In sommige gangen waren grotere woonverblijven, met wat opgehoogde bedden van balen stro. Maar ook die voormalige gezinsvertrekken waren uiterst sober. De Essenen beleden niet alleen de armoede, maar leefden ook volgens hun beginselen, in een waar ascetisme. Ze hadden niets van zichzelf, geen huis, geen akker, geen kudde of bezittingen; alles was gemeenschappelijk.

Zoals elke nieuweling moest ik twee jaar lang een proeftijd doorlopen, die overeenkwam met een geleidelijke reiniging van aardse goederen en de smetten van de buitenwereld, om zo toenadering te vinden tot de Velen en aan de gezamenlijke activiteiten te kunnen deelnemen. Tijdens dat noviciaat werd nog niets verteld van de geheime leer en van *alles wat voor Israël verborgen is gebleven, maar aan hem die gezocht heeft gebleken is*. Ik wist dat die afzondering in de woestijn bedoeld was om de weg voor God te banen, om in de steppe een pad voor hem te effenen, om de leer voor de slechten te verbergen en aan de goeden te onderwijzen.

Een van de priesters, Jacov genaamd, had tot taak mij in hun geheimen in te wijden. Hij leerde me van alles over de natuur van de mens, over de twee geesten die in elk van ons huizen, over Gods Bezoeking en zijn tegenwoordigheid in deze wereld sinds de schepping, over de alwetende God van wie al wat is en al wat zal zijn afkomstig is. Voordat de wezens er waren had hij hun lotsbestemming al bepaald, die ze slechts vervullen volgens Zijn glorieuze Plan, zonder er iets aan te veranderen.

Jacov bracht me inzicht bij. Hij leerde me de geest van de waarheid van de geest van verderf te onderscheiden. Als de geest van het goede het hart van de mens verlicht, zei hij, effent hij alle wegen van waarheid en gerechtigheid en Gods oordeel voor zich: nederigheid, lankmoedigheid, overvloedige barmhartigheid, eeuwige goedheid, verstand en inzicht en de alvermogende wijsheid die in alle werken van God gelooft en zich op zijn overvloedige genade verlaat. De geest van verderf daarentegen werkt hebzucht en verzaking van de rechtvaardigheid in de hand; hij heerst over godslastering en leugen, over hoogmoed en zelfverheffing, over valsheid en bedrog, over wreedheid en misdadigheid, over ongeduld, dwaasheid en onbeschaamde toorn, en over alle euveldaden die door de geest van ontucht en de wegen van bezoedeling begaan worden. Ook blindheid van de ogen, hardheid van het gehoor, starheid van de hals, vetheid van het hart en boze geslepenheid zijn er herkenningstekenen van.

Hij leerde me dat die twee geesten elkaar van geslacht op geslacht bevochten hebben, eeuw na eeuw en tijdperk na tijdperk. God heeft die twee geesten namelijk gelijkelijk verdeeld, tot in de eindtijd, en eeuwige haat in hun rangen gezaaid, en verdorven daden zijn een gruwel voor de waarheid, en alle wegen naar de waarheid zijn een gruwel voor de verdorvenheid. Nooit gaan die twee geesten dus samen, maar in ieders hart voeren ze een gevecht tussen wijsheid en dwaasheid. In gelijke mate heeft God ze verdeeld, tot de beslissende fase van de Vernieuwing, als ze loon naar werken krijgen, want hij heeft ze zo over de mensenkinderen verdeeld dat ze het Goede kennen maar ook weten wat slecht is. Maar bij zijn laatste bezoeking zal God, in zijn wijze geheimenissen en zijn glorieuze wijsheid, een eind maken aan het bestaan van verdorvenheid en die voor eeuwig uitroeien. Dan zal de waarheid in deze wereld komen. En God zal alle werken van iedereen reinigen, en hij zal eenieders bouwsel louteren, om al zijn leden van hun geest van trouweloosheid te ontdoen en door middel van de geest van heiligheid van alle goddeloze daden te reinigen. Dan zal de geest van de waarheid als reinigingswater over de mens komen. Er zal geen slechtheid meer bestaan en bedrieglijke werken zullen veracht worden.

Toen priester Jacov mij dat alles bijbracht, kwam het me bekend voor, vertrouwd in woord en daad. Nu begreep ik waarom de rabbi gezegd had dat de chassidim en de Essenen hetzelfde volk waren. Beiden waren ze zo bezeten van het goede, als een geestverschijning die je niet kunt afschudden, dat ze deze wereld ontvluchtten, zich van dit leven onthechtten en de rijkdommen ervan versmaadden. Beiden leefden ze op een afgelegen plaats, afgeschermd van de buitenwereld. Maar hun ontzegging was geen inperking. Te allen tijde en bij elke gelegenheid loofden ze God; ze zongen schone en vreemde melodieën, begeleid door lier, luit, harp en fluit; dat was hun manier van leven, in ascese, in plechtige en blije afwachting.

En wat verlangden ze naar het einde! *Mashiah*, zeiden ze in koor. Ze wachtten op de Messias van Aäron, de priesterlijke Messias, de Cohen die afstamde van de hogepriesters. Dagelijks brachten ze dat wachten gloedvol onder woorden: *Een ster komt op uit Jakob, een staf rijst op uit Israël, de slapen van Moab zal hij verbrijzelen, alle zonen van Seth zal hij vernietigen.* En dat klonk mij bepaald niet vreemd in de oren: ook de chassidim hoopten op het eind der tijden, de komst van Gods heerschappij en de verdelging van de goddelozen. *En de aarde zal schreeuwen wegens het verderf dat de wereld overkomt, en alle mensen zullen schreeuwen en alle bewoners zullen dol worden en wankelen wegens de grote ramp.*

Ik maakte regelmatig mijn opwachting bij de hogepriester van de nederzetting, die mijn vorderingen bezag en mijn inzicht en capaciteiten beoordeelde. Op een dag, toen er een jaar verstreken was, besloot hij dat ik gereed was om toe te treden tot het Verbond met God. Hoewel ik de zoon van een Esseen was en geen vreemdeling, moest ik me, omdat ik buiten de gemeenschap was opgegroeid, aan de gebruikelijke ceremonie onderwerpen.

Alle leden van de gemeenschap kwamen in de avondmaalszaal bijeen. De twaalf priesters zaten aan de grote tafel, met de hogepriester aan het hoofd. Ik stond tegenover ze, gehuld in het gewijde witlinnen gewaad, en legde plechtig de gelofte af mij tot de Wet van Mozes te bekeren, volgens alle voorschriften, zoals de Regel het wilde, en wel tot de Wet zoals die door de congregatie werd geïnterpreteerd.

'Ik verbind mij,' zei ik ten overstaan van de hele Vergadering van wijzen, 'te handelen in overeenstemming met wat God heeft geboden en mij niet van hem te keren wegens angst of schrik of enige beproeving.'

Daarop verhaalden de priesters de grote verrichtingen van God en zijn machtige werken, en zeiden alle dankgebeden voor Gods barmhartigheid jegens Israël. En de levieten hekelden de ongerechtigheden van de kinderen van Israël en al hun laakbare weerspannigheden, en de zonden die onder de heerschappij van Belial bedreven waren. Daarna was het mijn beurt om mijn belijdenis te doen en te zeggen: *Ik ben onrechtvaardig geweest; ik ben opstandig geweest, ik heb gezondigd, ik ben goddeloos geweest, ik en mijn vaderen voor mij zijn tegen de voorschriften van de waarheid ingegaan.*

'Gezegend zijn alle mensen,' zeiden de priesters, 'van Gods erfdeel, zij die op volmaakte wijze in zijn wegen wandelen.'

'Vervloekt zijn alle mensen,' zeiden de levieten, 'van het erfdeel van Belial.'

'Amen,' zei ik, terwijl ik voor hen boog.

Toen ging ik languit op de grond liggen en deed ik met gekruiste armen de gelofte om de waarheid lief te hebben en de leugenaar te vervolgen, om niets voor de leden van de sekte te verbergen, om niets aan buitenstaanders te onthullen, al werd er geweld tegen mij gebruikt, desnoods tot de dood erop volgt.

'Ik beloof,' zei ik volgens de geijkte formule, 'aan niemand de leer die mij is onderwezen of nog zal worden geleerd bekend te maken. Ik zweer de meest strikte naleving van de "regel van gehoorzaamheid", waardoor ik mij volledig onderwerp aan het gezag van de meerderheid van de leden van de gemeenschap, wat voor besluiten zij ook neemt, ook over mijn leven of dood. Want zij beslissen over al wat er gebeurt, of het nu de wet, de goederen of het recht betreft. Ik schenk de gemeenschap de voorhuid van slechte neigingen en weerspannigheid, om deel te hebben aan de zittingen en de uitspraken, die allen die de voorschriften schenden moeten veroordelen.'

Na de plechtige toetreding tot het Verbond mocht ik nog altijd niet deelnemen aan de rituele doop en aanzitten aan de gewijde maaltijden. Daar moest ik nog een jaar op wachten. Wel werd ik meer bij het gemeenschapsleven betrokken. Ik mocht ook één dag de grotten uit.

Zal ik het zeggen? Durf ik het te bekennen? In mijn gedachten was mijn eed naast een gelofte ook een verloochening: al die tijd had ik Jane niet kunnen vergeten. Toen ze door de rabbi was opgesloten om mij te laten komen, had ik haar niet gezien. Sinds ik voor het eerst de grotten in was gegaan had ik haar niet meer gezien. Mijn vader had me verteld dat Jehuda haar meteen na mijn vertrek had vrijgelaten. Daarna was ze naar de Verenigde Staten teruggegaan. Mijn vader hoorde af en toe nog wat van haar. Op een keer dat hij me in de grotten kwam opzoeken, zei hij dat ze naar Jeruzalem was gekomen en gezegd had dat ze me wilde zien.

Vaak moest ik aan haar denken, en dan kwamen onze gesprekken en de strijd die we samen hadden gevoerd weer boven.

Was ik zo zeker van mijn zaak, zo hecht verankerd in mijn overtuigingen dat ik geen liefde kon kennen? Had ik me verloren in die eeuwige rust die me het veilige gevoel gaf te weten wie ik was, mijn identiteit, mijn levensdoel te kennen en mijn tehuis, mijn gemeenschap te hebben gevonden? Ik had een broederschap, ik had beginselen waar ik op kon terugvallen. Dat waren de stille verwijten die ik me weleens maakte.

Ik besloot daarom mijn enige vrije dag te gebruiken om haar in Jeruzalem op te zoeken.

Op een dag in april zagen we elkaar 's morgens vroeg in een café in de voetgangersstraat Ben Jehuda weer terug. Toen ik haar zag, helemaal in het wit gekleed, met haar lange blonde haar dat tot op haar schouders viel, had ik dezelfde indruk als bij onze eerste ontmoeting: het was een engel. Misschien waakte die wel over mijn veiligheid, van verre of nabij, zoals ik over die van de engel waakte.

Voor het eerst sinds ze mij had leren kennen droeg ik niet mijn lange zwarte jas en mijn slaaplokken, al had ik nog wel mijn dunne baardje. Mijn kleren waren nog steeds donker, maar soberder nu, in de trant van de Essenen: een groflinnen tuniek met een eenvoudige lange broek eronder. Ze nam me aandachtig op.

'Gek is dat, het lijkt wel of je in die kleren niet helemaal jezelf meer bent. Tegenwoordig kleden sommige mensen zich ook zo. Zoals je nu bent, val je niet op. Alsof je alles opgegeven hebt en net als iedereen bent. Je bent antieker dan ooit, en tegelijk eigentijdser,' zei ze.

We wisselden een vluchtige blik, een beetje beschroomd; toen zei ze: 'En, blijf je vrijwillig in retraite in Qumran?'

'Ik heb kortgeleden de gelofte afgelegd; ik ben tot de gemeenschap toegetreden,' antwoordde ik.

'Wees er zeker van, Ary, dat ik nooit met iemand over jou of hen zal praten. Ik zal jullie geheim bewaren.'

'Dat weet ik.'

'Je bent daar gelukkig, hè?'

'Ja.'

'Weet je,' vervolgde ze, 'na de klap die je hem hebt gegeven was de rabbi niet op slag dood; hij heeft een paar dagen in coma gelegen voor hij bezweek. Al zijn leerlingen zijn toegesneld om bij hem te zijn en hebben links en rechts gebeld om een dokter te laten komen en de rabbi naar het ziekenhuis te laten brengen. De artsen zijn er nooit achter gekomen wat er gebeurd is. Ze dachten aan een beroerte en hebben gezien zijn hoge leeftijd niet verder gezocht.'

'Dat weet ik. Ik hoef me niet meer te verstoppen. Niemand zal me over die moord lastig vallen. Maar voor mezelf moet ik boete doen. Ik heb weleens het gevoel gehad dat ik ver in de oudheid terug ben, in het grijze verleden toen valse profeten en overspelige vrouwen gestenigd werden, en dat ik ongewild de Messias heb gedood.'

'En hoe is het nu? Wat zeggen de Essenen van die misdaad? En van hun eigen gruwelijke moorden? En jij? Hoe denk jij erover?'

'De Essenen praten niet meer over die verloren rol. Maar hun vreselijke geheim, waar nog zoveel andere gruwelijke sterfgevallen mee gemoeid zijn, bindt ze samen. Ze zijn broeders in de liefde en in de misdaad, voor altijd verenigd in de geheime verstandhouding van oude wapenbroeders. Ze zijn tegelijk de zonen van het licht en de zonen van de duisternis. Ze bewaren hun mysterie even angstvallig als ze in hun kluis hun teruggevonden schat bewaren. Ze hebben die eens ten overstaan van de hele gemeenschap geopend en alle kostbaarheden uitgestald, het gewijde vaatwerk, de edelstenen, de kronen van zuiver goud; tweeduizend jaar oude pracht, die de gelegenheid afwacht om weer openlijk te stralen, bij de komst van de Messias.'

Ze glimlachte weemoedig en zei: 'Ik wist wel dat je een joodse monnik was. Heb ik het je niet gezegd?'

Er viel weer een stilte. Ze leek opeens hevig geroerd, al liet ze er niets van blijken. Sinds New York en het symposium hadden we niet meer over ons tweeën gepraat, maar ik voelde dat ze ondanks de afstand na al die tijd nog steeds aan me gehecht was. Die zekerheid had me een geestelijke rust en een evenwicht gegeven die mijn neigingen voor haar wat gekalmeerd hadden. Ik had nooit het idee gehad dat we op een dag echt uit elkaar zouden zijn – voorgoed. Daar was ik totaal niet op voorbereid. Toen ik op haar had zitten wachten, aan een tafeltje in het café waar we hadden afgesproken, had ik ook het gevoel gehad dat het altijd zo zou zijn en dat ze over zou komen wanneer we maar wilden. Ik had doodgemoedereerd op haar zitten wachten, en toen ze was verschenen en tegenover me was gaan zitten, was het niet in me opgekomen dat dit de laatste keer was.

Plotseling gebeurde het. Mijn hart begon heftig te bonken, alsof er een gongslag in mijn borst weerklonk. Alsof er een afgrijselijke ramp op til was besefte ik wat ons te wachten stond. Ik probeerde zo goed en zo kwaad als ik kon de golf van emotie die me dreigde te overspoelen in te dammen. Ik bedacht hoezeer ik die vrouw had begeerd, hoeveel ik misschien wel van haar gehouden had, al had die liefde niet dezelfde naam als de echtelijke liefde, want die was me verboden en was voor mij een loos begrip. Een onuitsprekelijke ontroering, eerst nog ingehouden, zwol aan, brak met een onnoemelijke kracht los en ontlaadde zich in een overweldigende nostalgie, toen ze na ons gesprek opstond van de tafel waaraan we zaten en de straat op liep. Prompt werd ik in een lethargie, een doffe versuftheid gedompeld die me als dood achterliet, volkomen afwezig. Daar zat ik met een op niets uitgelopen, nietszeggende, niets voorstellende liefde, doodgeboren, zo heftig en zo krachteloos. Het was een stuwdam die plotseling doorbrak; alle schuiven gingen onder de druk zo onstuimig open dat het water alles op zijn weg verwoestte, jaren van berekening en beraadslaging, van minutieuze constructie, van noeste arbeid en degelijk materiaal. Opeens drong het tot me door. Ze ging weg; *ik zou haar nooit meer terugzien*. Ze zou uit mijn leven en uit mij verdwijnen, ik zou alleen achterblijven, helemaal alleen tegenover de anderen en tegenover de dood. Zo flitste het door mijn verdwaasde hoofd, het een na het ander: ze ging weg, ik was alleen. Het was alsof er opeens een stuk uit mijn lichaam werd gerukt. Het was onmogelijk.

Ik dacht dat ik flauw zou vallen, tot ik, met een uiterste wilsinspanning, de kracht vond om haar te roepen; het was een woordeloze schreeuw, uitgestoten in de stortvloed van emoties. Er was alleen maar een gezicht, het hare, en geen toekomst, geen huwelijk, geen kind, geen godsdienst, cultuur of volk, alleen maar dat ogenblik, dat soeverein zijn dwingende gebod uitvaardigde: je moest het aangrijpen, zonder nadenken te baat nemen, want het was de eeuwigheid. Ze keek om, aarzelde even en zette er toen de pas weer in. Naast de tafel, een arm half naar haar opgeheven, als in een vluchtig afscheids- of begroetingsgebaar, bleef ik als versteend staan, verwezen, minutenlang.

Ik heb nooit meer iets van haar gehoord, maar ik weet niet wat er gebeurd zou zijn als ze zich wel had omgedraaid en met haar lenige pas naar me terug was komen lopen. Ik wist dat op dat moment alleen zij voor me telde. Maar ik wist ook dat de rede daarna weer zijn onverbiddellijke loop zou hebben genomen en ik er wroeging en spijt van zou hebben gekregen, al wist ik dat het op dit moment zo pijnlijk was dat ik niet anders kon. Ook denk ik dat ze begrepen had wat mijn geroep betekende en in een onderdeel van een seconde de toekomst in eigen hand had genomen. Ik weet niet wat voor overweging haar tot die keus had gebracht, in plaats van een andere; wel weet ik dat er geen dag voorbijgaat zonder dat ik in gedachten haar tengere gestalte de straat uit zie lopen, als een beeldje dat uit een schatkist is ontsnapt en dapper elke roep weerstaat.

Wist ze diep in haar hart, daar waar mijn hoofd zich had kunnen vlijen, waar ik thuishoorde? Was dat haar enige rol geweest? Om me te helpen mijn eigen plaats terug te vinden: de stilte van de woestijn van Juda, met zijn rossige duinen, zijn overdag zo warme en 's nachts zo gure wind, zijn onbestemde landschap van klamme rotssteen en verlepte planten, gebleekt door de zon maar niet versagend. Om de dompige, zilte aroma's te ruiken, die onze grotten vanuit de Dode Zee tegemoet komen, de bittere uitwaseming van de brakke dampen, die op je huid slaat, op je tong en soms ook in je ogen. Om die toe te knijpen tegenover de glinsterende waterspiegel, de roze, roodbruine tint van de steile rotskust aan zijn blinkende oevers, de olijfkleurige uitlopers, als achtergrond van de waterkant, de purperen en zachtpaarse bergen van Moab en Edom; om ze dicht te knijpen tegenover de ravijnen en de schemerige wadi's, verknipt door de schaduwen, tegenover het hoge klif dat van noord naar zuid tot aan Ras Fesjka naar de zilte oever toe loopt, met aan de voet ervan de bron van Ain Fesjka en het terras met de ruïne van Chirbet Qumran, en de verstilde grotten als silhouetten in het halfduister. Om daar, verborgen, in de diepte, helemaal beneden, op het laagste punt van de wereld, in een droom tijdens een verkapte slaap de verwachting te weten die uitgaat naar het dagen van de Nieuwe Tijden.

Nog een jaar lang doorliep ik mijn inwijdingstijd. Toen gaf Jacov me op een dag een kleine rol die helemaal onder in de kist zat, een opgerold perkament dat zo dun was dat het wel een potlood leek, om het te lezen en te kopiëren.

'Hier,' zei hij. 'Deze hoort bij de rol die je uit het hoofd overschrijft, de rol die door de rabbi vernietigd is en die voortaan de *verloren rol* zal heten, waardoor je ons geheim hebt mogen leren kennen. Die is verleden tijd; en dit kleine handschrift, de *Messias-rol*, is de toekomst. En we willen dit tegen je zeggen: hij zal niet opstaan, de rabbi, de koninklijke Messias. Als je de *Messias-rol* leest, zul je begrijpen wat er gebeurd is en wat je hebt gedaan. Wat voor iemand je hebt gedood zul je al gauw te weten komen. Maar voor je dat te weten komt moet je je eerst reinigen. De tijd is gekomen, Ary, dat je recht hebt op je doop.'

Hij gaf me een lendendoek voor het bad, een wit gewaad en een klein houweel, dat van pas kwam bij het leven in de grotten. Dat was het teken dat ik voortaan aan alle activiteiten van de gemeenschap mocht deelnemen en ook een volwaardige plaats had aan de tafel van de Velen, en met hen het brood en de wijn mocht delen.

Die avond dekten ze de tafel voor de maaltijd. Ze zetten de wijn klaar om van te drinken en het brood om te breken en door te geven. Eerst legden we onze mantel af en hulden we ons in het rituele kleed om ons in het doopwater onder te dompelen. Toen trokken we onze mantel weer aan en gingen we aan tafel.

Maar het was die avond geen gewone avond. Gewoonlijk, zo wist ik, stak de hogepriester zijn hand uit en sprak hij de zegen uit over de eerstelingen van brood en wijn. Deze avond was anders dan andere. De wijn was ingeschonken, het brood lag klaar op tafel. Maar de priester begon niet zoals gewoonlijk onder eerbiedige stilte met de zegening. Hij hief niet de vergulde kelk met wijn om die ten overstaan van ons te zegenen. Hij nam niet het brood om het na de consecratie te breken. In plaats daarvan richtte hij zich tot mij.

Twee jaar had ik nu in hun gemeenschap doorgebracht, en ik was geen gevangene meer – als ik dat al ooit geweest was. Ik begreep dat voor mij het moment gekomen was om plechtig te verzoeken tot de Essenen te mogen toetreden, tegenover de hele gemeenschap; om publiekelijk de gelofte af te leggen die mij voorgoed aan hen bond, die mij tot de wet van Mozes bekeerde, volgens alles wat die had geopenbaard aan de zonen van Sadok, aan de priesters die het Verbond handhaven en aan de meeste deelgenoten van het Verbond, degenen die in gemeenschap toegedaan zijn aan Zijn waarheid en aan het wandelen in Zijn wil. Ik begreep dat voor mij het moment gekomen was om mij te binden door het Verbond, om afstand te nemen van alle verdorven mensen die op de goddeloze weg zijn, van iedereen buiten onze laura; om hun vragen over wet of voorschrift niet meer te beantwoorden, om niets meer van hun waren te eten en te drinken en niets uit hun handen aan te nemen. Ik begreep dat het moment gekomen was om aan Gods sacramenten deel te hebben en daar mijn leven aan te wijden.

Maar dat was niet wat de priester van mij verwachtte. Met een traag gebaar stak hij zijn arm uit.

> *Een loot ontspruit aan de stronk van Isaï, een scheut bloeit op uit zijn wortels. Hij is vervuld van de geest van de Heer, met de geest die wijsheid geeft en inzicht, kracht voor een goed bestuur, kennis van goed en kwaad, ontzag voor de Heer.*
>
> *Hij zal veertig dagen in het paleis verborgen blijven en zich aan niemand vertonen. Na veertig dagen zal een stem vanaf de troon de Messias roepen en hem uit het 'vogelnest' doen komen.*
>
> *Dan zal de koninklijke Messias de streek van de hof van Eden die 'vogelnest' genoemd wordt verlaten en zich in het land van Galilea openbaren. De wereld zal in beroering zijn en alle bewoners van de aarde zullen wegkruipen in grotten en holen. Dan zal de profetie van Jesaja in vervulling gaan: 'Ze vluchten weg in kloven en holen en de diepste spelonken van de aarde, uit angst voor de Heer, voor zijn indrukwekkende verschijning. Want zijn komst schokt het land.'*

Want het was die avond geen avond als andere. Het was paasavond, de herdenking van de uittocht uit Egypte; en de zo zorgvuldig toebereide tafel was voor de seider gedekt.

Want het was die avond geen avond als andere. En allen wisten ze het. En allen wachtten ze op het moment dat de hogepriester zijn arm langzaam uitstak en deed wat hij moest doen.

En dat deed hij.

Hij gaf mij het brood. Daarna reikte hij mij de wijn aan.

Zevende rol

DE VERLOREN ROL

I

In het begin was het woord.
Het was bij God
En het was God.
Door het woord is alles ontstaan
En zonder het woord is er niets ontstaan.
In het woord was leven,
En dat leven was het licht voor de mensen.
Het licht schijnt in de duisternis
En de duisternis heeft het niet kunnen doven.
Er kwam een man, een afgezant van God;
Zijn naam was Johannes.
Hij kwam als getuige:
Het was zijn taak te spreken over het licht;
Door hem moesten alle mensen tot geloof komen.
Maar zijn uitspraken werden verdraaid
En wat hij zei werd veranderd,
En het woord werd tot leugen
Om de waarheid te verhullen,
De ware geschiedenis van de Messias.
Die welke altijd in het duister gehuld moet blijven,
Nooit onthuld
Door de eeuwen, de schrijvers, de wetgeleerden.
Ziehier de naakte waarheid, vreselijker dan de dood.
Ziehier wie Jezus werkelijk was,
Ziehier zijn leven,

De geheime geschiedenis van zijn dood.

Eli, Eli, lama sabachtani?

Dat waren zijn laatste woorden,
Aan het einde van zijn lijdensweg,
Toen hij eindelijk inzag dat alles volbracht was.
Toen boog Jezus het hoofd en gaf hij de geest.

De avond daarvoor had Jezus zijn leerlingen verzameld,
Om met hen de maaltijd te delen
Ter herdenking van de bevrijding uit Egypte,
Maar die avond was niet als alle andere,
Want die avond
Was zijn uur gekomen,
Het uur van de Openbaring.
Dat wist hij,
En daarom had hij zijn leerlingen
Nog eenmaal om zich heen verzameld,
Vóór de grote dag.
Rondom de voor de seider gedekte tafel
Waren ze dertien in getal.
Rechts van Jezus, met het hoofd op zijn borst geleund,
Zat Johannes, zijn gastvriend,
De leerling die Jezus bijzonder liefhad.
Verder waren er Simon Petrus en Andreas,
Jakobus en Johannes,
Filippus en Bartolomeüs,
Tomas, Mattheüs,
Jakobus, de zoon van Alfeüs, Taddeüs, Simon,
En Judas Iskariot,
Want ook hem had Jezus lief
En ook hij was op zijn laatste avond genood.

Het was een ruim vertrek; de tafel was gedekt,
De dertien lagen aan.
Toen stond hij op, legde zijn mantel af

En bond zich een linnen schort voor.
Hij goot water in een bak,
Waste de voeten van zijn leerlingen
En droogde ze af met het schort dat hij voor had.
Toen het de beurt van Petrus was, riep deze uit:
'Heer, gaat u mijn voeten wassen? Nooit!'
'Als ik je voeten niet was, hoor je niet bij mij.'
'Dan niet alleen mijn voeten, maar ook mijn handen en mijn hoofd!'
'Wie een bad heeft genomen, hoeft zich niet meer te wassen, want hij is helemaal schoon; ook jullie zijn schoon,
Alleen niet allemaal...'

Want Judas was er,
En hij wist dat deze hem zou verraden.

Toen hij klaar was,
Trok hij zijn mantel aan en ging weer aan tafel zitten.
'Begrijpen jullie wat ik gedaan heb?
Jullie noemen mij meester en Heer,
En dat is juist, want dat ben ik.
Als ik, jullie Heer en meester
Je voeten heb gewassen,
Moeten jullie ook elkaars voeten wassen.
Want ik heb jullie een voorbeeld gegeven:
Wat ik voor jullie heb gedaan,
Moeten jullie net zo doen.
Ik verzeker jullie:
Een knecht staat niet boven zijn heer;
Een afgezant niet boven degene die hem gestuurd heeft.
Gelukkig ben je als je dat onthoudt en in praktijk brengt!
Ik doel nu niet op jullie allemaal.
Ik weet wie ik heb uitgekozen,
Maar in de Schrift staat:
Iemand die met mij het brood deelde,
Heeft zich tegen mij gekeerd.
Het moet nog in vervulling gaan,

Maar ik zeg het je nu vast;
Als het dan gebeurt,
Zullen jullie geloven dat ik ben die ik ben.
Ik verzeker jullie:
Wie iemand ontvangt die door mij is gezonden,
Ontvangt mij,
En wie mij ontvangt, ontvangt hem die mij gezonden heeft.'

Toen hij dat gezegd had, verklaarde hij:
'Een van jullie gaat mij verraden.'

Zij keken elkaar aan
En vroegen zich af wie hij bedoelde.
Simon Petrus gaf een wenk aan Johannes,
De leerling van wie Jezus bijzonder veel hield:
'Vraag eens wie hij bedoelt.'
De leerling leunde nog dichter tegen Jezus aan
En hij vroeg hem:
'Wie is het, Heer?'
En Jezus antwoordde:
'Het is de man aan wie ik het stuk brood zal geven dat ik in de schaal doop.'
Toen nam hij een stuk brood, doopte het in de schaal
En gaf het aan Judas Iskariot, de zoon van Simon,
Simon de zeloot.

'Doe nu maar gauw wat je van plan bent.'
Judas nam het stuk brood aan
En ging meteen naar buiten.
Het was nacht.

Toen hij weg was,
Zei Jezus tegen de andere leerlingen:
'De glorie van de Mensenzoon is nu openbaar geworden,
en door hem de glorie van God.
Mijn kinderen,
Ik zal niet lang meer bij jullie zijn.

Maar waar ik heen ga, kunnen jullie niet komen.
Ook jullie moet ik dat nu zeggen.
Voor ik ga
Geef ik jullie een nieuw gebod:
Heb elkaar lief.
Zoals ik jullie heb liefgehad,
Zo moeten ook jullie elkaar liefhebben.
Als er liefde onder jullie heerst,
Zal iedereen kunnen zien dat je mijn leerlingen bent.'

Toen hij zo gesproken had ging Jezus met zijn leerlingen naar buiten,
Naar de overkant van de beek de Kidron.
Daar was een boomgaard
Die hij met zijn leerlingen in ging.
Ook Judas, zijn verrader, kende die plek,
Want Jezus had ze er vaak mee naar toe genomen.
Hij ging aan het hoofd van een afdeling soldaten
En mensen van de tempelwacht,
Geleverd door de opperpriesters en de Farizeeën.
En ze kwamen bij de boomgaard,
Uitgerust met fakkels, lantaarns en wapens.
En Jezus, die wist wat hem allemaal te wachten stond,
Ging ze tegemoet en vroeg:
'Wie zoekt u?'
'We zoeken Jezus.'
'Dat ben ik,' antwoordde hij.
Judas, de verrader, stond er ook bij.

En ze deinsden terug
En ze beefden.
'Wie zoekt u?'
Vroeg Jezus nogmaals.
'Jezus van Nazareth,'
Antwoordden ze.
'Ik heb u al gezegd dat ik dat ben,' herhaalde hij.

Toen trok Simon Petrus zijn zwaard;
Hij trof de knecht van de hogepriester
En sloeg diens rechteroor eraf.
Daarop zei Jezus tegen Petrus:

'Steek je zwaard weer in de schede!
Wat denk je?
Dat ik de lijdensbeker zal weigeren
Die de Vader mij te drinken heeft gegeven?'

Want hij wist
Dat zijn doodvonnis een gebod was
Waar hij niet tegen in moest gaan.
De soldaten en joodse wachters arresteerden hem
En deden hem de boeien om.
Tot zover was alles volmaakt.
Alles was precies uitgevoerd
Volgens het opzet,
Zoals het voorzien was.

In het jaar 3760
Was een ster uit Jakob opgekomen,
Was een staf uit Israël opgerezen.
En de Heer zelf had een teken gegeven,
En de jonge maagd werd zwanger
En baarde een zoon.
Op de achtste dag na zijn geboorte
Werd hij besneden volgens de Wet,
En Jehosua genoemd,
God redt.
En Jozef en Maria
Gingen naar de tempel
Om God een offer te brengen
En om hem te verlossen,
Want hij was de eerstgeborene.

Hij had broers en zusters.
Zijn familie was talrijk
En arm.
Ook zijn stad was arm,
Vanwege de belastingen
En de hongersnood
En de oorlogen.
Hij leerde de geschreven Wet
En de mondeling overgeleverde Wet.
Hij was van wijsheid vervuld
En van intieme gedachten.
Hij sprak weinig,
Ook met degenen die hem na stonden.
En vaak was hij alleen, om na te denken,
Om antwoord te vinden in het gebed.
En soms raadpleegde hij zijn leraren
Als het moeilijke kwesties betrof.

En hij groeide op
En werd een jonge man.
Ze noemden hem rabbi,
Zoals de wetskenners
En de schriftgeleerden, die zeiden:
Wees een goed ambachtsman
En verfoei de rang van rabbi.
Want de schriftgeleerden wilden dat ieder kind
Een handwerk leerde,
Wat de meesten ook deden.
Is er hier, zo zeiden ze,
Geen timmerman of timmermanszoon,
Die deze kwestie kan rechtzetten?
Nu was Jezus een timmermanszoon,
En zelf was hij ook timmerman.
Maar hij hield niet van het vak
Dat zijn vader hem had geleerd.
En hij besloot bij hem weg te gaan.
En hij liet zijn familie in de steek

En voer tegen zijn eigen moeder uit.
'Wat hebben wij gemeen, vrouw?'

Want het einde der tijden was nabij.
En het was geen tijd voor familie,
Want *allen* waren de zijnen,
En wie bij hem wilde komen, zei hij,
Moest zijn vader en moeder, zijn vrouw, zijn kinderen en zijn broers haten.
Zo hadden ze het hem geleerd,
Dat hij van huis en haard weg moest gaan
Om zijn opdracht te volbrengen.
Bij zijn eerste ontmoeting met de Essenen
Wist hij dat hij zijn familie moest verlaten,
Wilde hij bij hen gaan horen
En naar de gemeenschap overgaan,
Ver van iedereen in de brandend hete woestijn;
Wilde hij dat in hem
En overal rond hem
De Geest neerkwam en daar bleef.

Zo geschiedde het
Toen hij twaalf jaar oud was.
Zijn ouders waren naar Jeruzalem gekomen
Voor het feest van de Soekkot.
Maria en het kind waren van de partij
En vergezelden Jozef op die lange tocht:
Vier dagen lang liepen ze
En 's nachts riepen ze de Messias aan, zoals Daniël,
En zagen in het nachtelijk visioen
Iemand verschijnen die omringd was door wolken
En het uiterlijk van een mens had.
Hij werd bij de oude man gebracht.
Toen kreeg hij koninklijke macht en aanzien.
Alle mensen, tot welk volk zij ook behoorden
En welke taal zij ook spraken
Dienden hem.

Ze kwamen in Jeruzalem aan,
En ze gingen naar de Tempel
En lieten de jongen het Huis zien,
De negentig marmeren torens,
De geweldige muren van het paleis van Herodes.
De stenen die de horizon aan het zicht onttrokken
En herinnerden aan de overheersing van de oude machten,
De tirannieke mogendheden.
De Kittim die bij elke pleisterplaats
Te vinden waren.
Die ook toezicht hielden
Bij de toegang tot de Heilige Stad.
Die waakten
Vanuit de burcht Antonia,
Die toezagen op het binnenste van de Tempel
En de heidense eredienst
Die ze daar ingesteld hadden.
En Herodes, knecht van de Kittim,
Die de hogepriester had afgezet.

En ze hielden halt op de Olijfberg,
Alvorens de Tempel in te gaan.
Ze zetten hun reiszak neer,
Gingen even zitten,
Zongen het Hallel,
En zeiden het gebed.
Toen gingen ze naar het Kidron-dal
Onder aan de Olijfberg.
Ze beklommen de helling van de berg Moria
Waar de Tempel was gebouwd
En kwamen het schone Jeruzalem binnen.
Ze gingen naar de vijvers van Bethesda
En namen daar het rituele bad,
Om rein te Tempel te betreden.
Daarna gingen ze naar de plechtigheid
Die geleid werd door de priester Zacharias,
De neef van Maria.

Elf priesters kwamen vanaf de noordzijde,
Ze droegen lange nauwe hemden
En op het hoofd een kroon.
Allen gingen blootsvoets.
Voor hen liep de offerpriester.
Hij begaf zich naar de noordzijde van de priesterhof,
Naar de offerplaats.
Het lam werd door een leviet vastgehouden,
En de offerpriester legde zijn hand op de kop van het dier
En vereenzelvigde de priester met het dier.
Toen slachtte de offeraar het dier met zijn mes
En liep naar het altaar.
En de levieten vingen het bloed van het lam in een schaal op
En de anderen vilden de huid.
Het bloed en het vlees werden naar de offeraar gebracht,
En hij goot een weinig bloed op het altaar
En verbrandde het vet
En verwijderde de ingewanden
En roosterde het vlees op het vuur van het altaar.
Hij begaf zich naar het Heilige der Heiligen,
Draaide tweemaal de sleutel om
En ging alleen naar binnen,
Terwijl alle gelovigen
Languit terneer knielden.
Geheel alleen in het heiligdom
Volbracht de priester het werk.
Hij goot het bloed in een bronzen kom,
Zwaaide met wierook
En zei een gebed
Omtrent het voor het altaar vergoten bloed,
Omtrent de ziel van de offeraar
En de gebreken van het lichaam
En die van de ziel.
Dat waren de offeraar, het altaar en het slachtoffer.

Toen kwam hij op het plein terug
En vroeg de priesters de verzamelde gelovigen te zegenen.

De levieten zeiden 'amen',
Een van de priesters las de heilige verzen,
En een andere nam de wierook.
De priesters hielden een fijnlinnen doek
Voor hem
En verhulden hem.
Toen trok hij zijn kleren uit,
Baadde zich,
En trok een gouddoorweven gewaad aan.
Hij stond op,
Trok zijn vergulde kleren uit
En baadde zich.
Hij trok witte kleren aan,
Waste zijn handen en zijn voeten
En baadde zich
Met de hand op het hoofd.
Hij beleed zijn zonden
En zei hardop een gebed.

En Jezus zag toe
En Jezus wist niet
Of hij de priester was of het lam.
De volgende dag, op de terugweg,
Liepen ze de nauwe straatjes van Jeruzalem af.
Jezus liep achter zijn ouders,
Hij volgde ze,
Maar bleef staan toen een oude man
Hem aansprak.
En Jozef en Maria liepen door
Zonder te bemerken dat de jongen was blijven staan.
Toen hij opkeek
Waren zij er niet meer.
Hij rende lange tijd om ze in te halen,
Maar zag ze nergens
En verdwaalde in de stad.

Een week later vonden ze hem.
Hij zat op de voorhof van de tempel.
Hij was veranderd,
Maar ze hadden er niets van gemerkt.
Hij zei niet wat hem overkomen was,
Want daar mocht hij niet over spreken.

Hij was achter iemand aan gegaan,
Een in het wit geklede man,
Die hem naar de Tempel meenam.
Daar waren vrienden van hem,
Net als hij gekleed.
Zij spraken
En Jezus hoorde toe.
Zij spraken over het komende hemelse Koninkrijk
En de aanstaande komst van de Messias.
Toen sprak hij
En hoorden de mannen toe.
Zij wachtten met smart op de Messias.

Zij leefden bij de Dode Zee,
Diep in de woestijn.
Zij hadden hun familie verlaten
En wijdden zich aan de studie,
Aan het wachten.
En zij namen hem mee naar een huis
En vertelden hem van het wachten op de *Leraar der Gerechtigheid.*
Die term viel ze in bij het zien van de jongen.
Zij hadden in hem hun verhoopte Leraar gevonden.
Zij zeiden hem zijn familie te verlaten
Om zich te voegen
Bij zijn broeders.
Zo verliet hij de zijnen,
Die hem voor gek versleten,
Die niet in hem geloofden zoals de Essenen,
Want zij hadden hem de weg gewezen.
Zijn moeder en zijn broers wilden bij hem komen,

Om hem te spreken,
Om hem te zeggen niet weg te gaan.
Maar hij antwoordde:
'Dat zijn mijn moeder en mijn broeders!
Want ieder die doet wat mijn Vader in de hemel wil,
Die is mijn broeder, mijn zuster en mijn moeder.
Ieder die zijn huis, vrouw, broers, ouders of kinderen verlaat
Om het Koninkrijk van God
Krijgt het in deze huidige wereld vele malen terug,
En in de toekomstige wereld ontvangt hij eeuwig leven.'

Zij leefden veelal in afzondering,
Maar zij geloofden dat het einde der tijden nabij was
En dat anderen tot inkeer moesten worden gemaand.
Dan zou het hemelse Koninkrijk komen,
Dat aangekondigd moest worden
Opdat iedereen gered werd.
Waartoe diende het in afzondering te leven
Bij de komst van de Messias?
Wat had het voor zin
Als enigen gered te worden?
Waartoe dient de waarheid
Zonder berouw en vergeving?
Een stem riep
In de woestijn:
Baan een weg voor de Heer
In de steppe,
Effen het pad voor onze God.
Verlaten moest het oord van de mensen van het Kwaad,
Om in de woestijn een weg te banen voor de Heer.

Nu was er een Esseen die Johannes heette,
De zoon van Zacharias en Elizabet,
En hij verliet de woestijn
En verkondigde aan iedereen de doop
Ter vergeving van de zonden van heel Israël.
Johannes de Doper werd hij genoemd.

En massa's mensen trok hij aan,
Die soms van verre kwamen om hem aan te horen.
Honderden mensen kwamen luisteren
Naar zijn boetpreek,
Daarna beleden zij hun zonden
En werden door hem in de Jordaan gedoopt,
Volgens de Esseense rite,
Want door die onderdompeling werden hun zonden vergeven
En zo ontkwamen zij aan de toorn van God.
Maar Johannes eiste dat zij eerst boete deden,
Hij wilde dat alle joden de deugd betrachtten,
Dat zij rechtvaardig jegens elkaar zouden zijn
En vroom jegens God.
Hij zei dat zijn onderdompelingen
Alleen de onreinheid van het lichaam reinigden.
Hij zei dat de zonde verbleef
In de onreinheid.
Hij zei dat er geen onderdompeling moest zijn
Zonder verloochening van het kwaad.
En dat alleen wie zijn ziel vernederde
Volgens Gods gebod
Vleselijk gereinigd zou worden
Als het water hem beroerde
En hij in het reinigingswater geheiligd zou worden.
Zo spraken de Essenen:
Het water kan het lichaam slechts reinigen
Als de ziel al gereinigd is door rechtvaardigheid.
En de ziel wordt gereinigd bij de boetedoening
Door de geest van heiligheid.

Bij het aanhoren van die woorden
Van liefde en rechtvaardigheid
Ontstaken de mensen in hevige ontroering.
De mannen en vrouwen beleden hun zonden,
Zij doken in het water,
Zij werden rein gemaakt
En smeekten de gave van de Heilige Geest af

Om hun ziel van de smet van het kwaad te ontdoen.

Jezus vertrok van huis,
Hij ging op weg naar de Essenen
In de woestijn.
Maar zij zeiden dat zijn plaats niet
In de woestijn was,
Maar bij Johannes,
In de openbaarheid.
Want Johannes kondigde de komst van een man aan,
De Mensenzoon,
Machtiger dan hijzelf.
Hij ging dus naar de Jordaan,
Daar waar Johannes was,
En hoorde hem aan.
Hij wist dat het jarenlange wachten
Ten einde liep.
De geest van de Heer,
De Eeuwige, was op hem,
Want de Eeuwige had hem gezalfd
Om goed nieuws te brengen aan de armen.
Hij had hem gezonden om te genezen
Hen wier hart gebroken is,
Om de onderdrukten vrij te laten
En gevangenen hun vrijheid aan te zeggen,
Om het jaar van de gunst van de Eeuwige af te kondigen.
Toen hij door Johannes gedoopt was
Ging de hemel open
En zag hij de Geest van God op hem neerkomen
Als een duif.
Zij hoorden een stem
Die op hen neerdaalde om te zeggen:
Hier is mijn dienaar, hem geef ik mijn steun;
Hij is mijn keuze,
Hij is mij lief.
Vervuld met mijn geest,
Verkondigt hij gerechtigheid aan de volken.

En Jezus begreep de woorden van de Essenen.
Hij was gekozen,
Hij was de zoon,
De dienaar,
De uitverkorene onder de uitverkorenen.
Maar zij zeiden hem
Dat de weg lang is
Voor hem die het goede nieuws brengt.
Dat de weg naar het licht lang is
Voor het volk dat in het duister wandelt.
Dat de weg lang is naar het enige ware licht,
Voor hen die in de schaduw van de dood wonen.
Op hem rustte de taak,
Op hem die *God redt* heette.

Hij ging naar Kafarnaüm,
In het gebied van Zebulon en Naftali,
Aan de weg naar zee,
Aan de overkant van de Jordaan,
In Galilea waar hij geboren was,
Waar heidenen overheersten
Onder de hoede van Antipas,
De zoon van hun vijand,
Koning Herodes.
Daar streden de zeloten met veel vuur
En vele wapenen.
Daarom moest niet onthuld worden
Wie hij was,
Want dan zouden zij hem gedood hebben
En had hij niet aan iedereen
Zijn boodschap kunnen brengen.
Daarom sprak hij in gelijkenissen,
Zodat de spionnen en verklikkers
Geen bewijs tegen hem konden inbrengen.

Aan het Meer van Tiberias
Lag Bethsaida,

De geboortegrond van Andreas en Petrus,
Aan het Meer van Tiberias
Woonden nog twee broers,
Vissers op het meer,
Johannes en Jakobus,
De zonen van de Donder,
De zonen van Zebedeüs.
En er was Simon, de Rots.
Zoals Elia Elisa riep,
Zo riep hij hen.
Twaalf mannen vormden de vergadering der wijzen
Die de Esseense broederschap bestuurde,
En twaalven zouden zij ook zijn
In deze vergadering van wijzen
Die het woord moesten verkondigen.
Hij zocht dus twaalf mannen
Die zijn broeders zouden zijn
En die zich
Bij gelofte
Zouden verbinden hem te volgen,
Hem te helpen.

Toen begon hij te profeteren
En te schimpen
In de steden
Die nog geen boete hadden gedaan.
Wacht maar, jij Chorazin,
Wacht maar, jij Bethsaida!
Als in Tyrus en Sidon de wonderen gedaan waren
Die bij jullie zijn gedaan,
Zouden hun inwoners allang
Het boetekleed hebben aangetrokken,
Zich met as hebben bestrooid.
Ja, op de dag van het oordeel
Zullen Tyrus en Sidon er beter af komen dan jullie!
En jij, Kafarnaüm, denk jij hemelhoog verheven te worden?
Je zult afdalen tot het dodenrijk!

Want als in Sodom de wonderen gedaan waren
Die bij jou gedaan zijn,
Zou het nu nog bestaan!
Maar ik geef je de verzekering
Dat op de dag van het oordeel
De bevolking van Sodom er beter af zal komen dan jij.
En met die woorden,
Met die ingegeven profetieën
Vervulde hij zijn opdracht
In het hele land,
En zette die voort.

En ze vertelden hem
Wie Johannes de Doper was.
Hij was de wegbereider,
De profeet van de Eindtijd,
De profeet Elia die aan de Messias zou voorafgaan.
Hij kondigde de Mensenzoon aan
Die voorgoed het oordeel zou vellen
Van Gods toorn.
Eén bede slechts had Johannes,
Eén bestaansreden slechts had Johannes,
Dat was de komst van de Messias.
Johannes was alleen:
Degenen die hij doopte
Gingen meteen weer weg,
Degenen die hij reinigde
Gingen terug naar huis.
Terug naar zijn werk
Zond hij iedereen.
Hij brandde van verlangen
Om te weten
Of zijn hoop verwezenlijkt was.
Toen zond hij twee boodschappers
Om hem te vragen
Of hij de Messias was,
De zoon der mensen.

Want Jezus zei:
Komt tot inkeer,
Het hemelse Koninkrijk is nabij.
Want Jezus onderwees
In de synagogen,
En Jezus genas
Alle ziekten en kwalen van de mensen.
Zo zou ze in vervulling gaan,
De profetie van Maleachi:
Ik stuur jullie de profeet Elia.

En de boodschappers van Johannes vroegen Jezus:
'Bent u de man die komen zou
Of is het een ander die we verwachten moeten?'
En Jezus antwoordde:
'Ga Johannes vertellen
Wat jullie horen
En wat jullie zien:
Blinden zien,
Verlamden lopen,
Doven horen,
Aan de armen wordt de blijde boodschap verkondigd.
Gelukkig wie niet aan mij twijfelt!
De geest van de Heer, de Eeuwige,
Is op mij,
Want de Eeuwige heeft mij gezalfd
Om goed nieuws te brengen
Aan de armen,
Hij heeft mij gezonden om te genezen
Hen wier hart gebroken is,
Om de onderdrukten vrij te laten
En gevangenen hun vrijheid aan te zeggen.

Ziekten zijn van de duivel,
En het hemelse Koninkrijk is nabij
Als Satan, de slechte raadgever,
De verleider, de slang,

Eindelijk overwonnen is,
En sprakeloos is,
Machteloos.'
En Jezus zag Satan uit de hemel vallen
Als een bliksem.
Wanneer hij genas,
Wanneer hij ze uitdreef,
De boze geesten,
Was hij de zegevierende veroveraar
Waar iedereen op wachtte,
De vijand van de boze door wie het hemelse Koninkrijk niet komt.
In het hele land
Deed hij weldaden.
Hij predikte voor de armen,
De geest van God de Heer was op hem,
Want met de Heilige Olie,
De balsemolie,
Had de Heer hem gezalfd.
En nu zegde hij
De geringen heil aan,
Verpleegde hij hun verwonde hart,
Zegde hij verdrukten de vrijheid
En gevangenen de Verlossing aan,
Voorzegde hij een jaar vol goedheid
Van de kant van de Heer,
En ook de dag van de wraak,
Om alle bedroefden te troosten.
Zo was hij,
De geest van de Heer was op hem
En de Essenen hadden hem gezalfd
Om de heilsboodschap te brengen aan de geringen,
Aan de armen.
Hij ging de woestijn in om hen op te zoeken,
Om ze van zijn omzwervingen te verhalen,
Om hun woorden aan te horen.
En als hij terugkwam

Vertelde hij zijn leerlingen
Wat zij hadden gezegd.

Hij wilde de Wet niet afschaffen,
Zij wilden hem vervullen.
Hij verachtte schijnheiligen,
Zij verfoeiden priesters en schriftgeleerden.
Hij kwam niet om niet-joden te bekeren,
Zij riepen tot zich de nederigen van geest,
De geringen, de verdwaalde schapen van Israël,
De zondaars en verdoolden.
Zij wijdden hem in hun wetenschap en toverij in.
Hij verrichtte wonderbaarlijke genezingen
Op de dag van de sabbat.
Niet om de sabbat te schenden,
Maar om die te vervullen.

De boodschappers namen afscheid van Jezus
En brachten dat alles aan Johannes de Doper over.
En Jezus sprak de mensen toe.
'Wat verwachtte u in de woestijn te zien?
Een rietstengel, door de wind heen en weer bewogen?
Wat kwam u zien?
Een man in verfijnde kleren?
Mensen die zo gekleed gaan
Wonen in paleizen!
Waarom bent u dan gekomen?
Om een profeet te zien?
Ja. Maar ik zeg u:
U zag meer dan een profeet.
Over hem zegt de Schrift:
Ik stuur mijn gezant uit
Om voor mij de weg te effenen.
Het is hier geen plaats voor de hovelingen van Herodes Antipas,
  gekleed in fijne kleren.
Voor mensen die in paleizen wonen,
En voor mensen die buigen

Als rietstengels, bewogen door de wind.
Riet weerstaat de storm
Omdat het kan meegeven met de wind,
Terwijl een krachtige boom
Die niet kan buigen
Bij hevig noodweer vaak ontworteld wordt.'
Hij zei dat Johannes een profeet was,
Elia, die eindelijk weergekeerd was,
Uit de dood opgestaan om zijn opdracht te vervullen.

Zo spraken de Essenen.
Johannes is groter
Dan wie ook van de mensenkinderen,
Maar de geringste in het Koninkrijk van God
Is groter dan hij.
Johannes had de bres geslagen
Waardoor het licht zou dringen.
Zij herinnerden hem aan de hemelse boodschap,
De stem van God die hij had gehoord,
Die hem bij zijn doop in de Jordaan
Zijn eigen opdracht had omschreven.
Zo spraken de Essenen.
'Je kunt geen leerling van Johannes worden,'
Zeiden zij hem.
'Jijzelf moet trekken
Door de dorpen langs de oevers van het meer
Om het hemelse Koninkrijk aan te kondigen.'

Johannes twijfelde nu niet meer.
Met hart en ziel,
Met inzet van al zijn krachten,
Predikte hij
En verkondigde dat de komst nabij was.
'Haast u!' zei hij,
'Haast uw pas,
Er is nog tijd,
Maar weldra zal het te laat zijn

En zult u er geen deel aan hebben.
Komt vlug! Komt tot inkeer!'

En zijn faam groeide
En hij ging door het land.
Koning Herodes was bang voor hem
En vreesde dat hij de Kittim aanklaagde.
Met zijn vrouw
Die niet van Johannes hield
Liet hij hem arresteren.
Hij sloot hem op in de vesting Machaerus
En liet hem terechtstellen.
Salome, die naar haar trouweloze moeder aardde,
Bracht zijn hoofd op een zilveren schaal binnen,
En danste de woeste, ontaarde
Overwinningsdans
Van de zonen der duisternis.

En de Essenen zeiden
Dat Elia al was gekomen,
Maar dat zij hem niet hadden herkend,
En met hem hadden gedaan wat ze wilden.
Toen begonnen zij hun plan te smeden:
Het einde was daar,
De strijd was daar,
De Mensenzoon moest lijden.

II

Zo begon de oorlog
Van de kinderen van het licht
En de kinderen der duisternis.
De kinderen der duisternis
Waren de schriftgeleerden,
De aanstichters van regels, voorschriften en geboden,
De geleerde uitleggers van de schriftelijke en mondelinge leer,

De afgezonderden, de preciezen,
De Farizeeën.
Ook zij geloofden in de onsterfelijkheid,
In het paradijs en de hel,
In de opstanding van de doden,
En in het Messiaanse koninkrijk.
De kinderen der duisternis waren
Onder de fiere standaard van het Huis der Makkabeeën,
De Farizeeën verfoeiend,
Voor het koningshuis opkomend,
Zegevierend in de burgeroorlogen,
Met de Farizeeën als tegenstanders,
Fier in de Tempel van Jeruzalem zetelend,
Om zo de regeerders van het land te kunnen beïnvloeden,
De Sadduceeën,
Die de mondelinge overlevering niet erkenden,
En lachten om het volksgeloof
En het eeuwige leven,
Die zeiden dat niets gezegd kon worden
En niets gekend kon worden,
En die als de Grieken in de vrije wil geloofden.

En de Leraar,
Waar de mensen niet onverschilllig voor bleven,
Moest hun streven ondermijnen,
Afschudden het juk van de geboden die zij zo naarstig opgesteld hadden,
Het maal gebruiken met tollenaars
En zondaars.
Dan zouden ze zich van hem willen ontdoen.
Dan zouden de kinderen der duisternis
Schriftgeleerden laten komen
Uit Jeruzalem,
Dan zouden zij iedereen zeggen
Dat hij van de duivel bezeten was.
Zo luidde het Plan:
Laten de geleerden van het volk

En de leiders van de overheid
Hem allemaal haten,
Laat de oorlog beginnen!
Want het einde der tijden is nabij.

En zij haatten de Farizeeën,
En noemden hen
Misleidende uitleggers,
Huichelaars met leugentongen,
Met valse lippen,
Die het hele volk wisten te verleiden.
'Houd je dus stipt,' zeiden zij,
'Aan alles wat zij zeggen,
Maar neem geen voorbeeld aan hun daden,
Want wat zij zeggen, brengen ze niet in praktijk.
Wacht maar,' zeiden zij,
'Schriftgeleerden en Farizeeën! Huichelaars!
Want u bouwt graftombes voor de profeten
En versiert de monumenten van de rechtvaardigen.
Als wij geleefd hadden in de tijd van onze voorouders,
Zegt u, hadden we niet met hen meegedaan
En de profeten niet gedood.
Zo verklaart u dus in uw eigen nadeel,
Dat u nakomelingen bent van hen die de profeten hebben gedood.
U bent de zonen der duisternis.'

En de Essenen
Verfoeiden de Sadduceeën,
Want die hadden hun Tempel verlaten
En hun schat meegenomen,
De schat van koning Salomo.
In de woestijn hadden zij
Een nieuwe Tempel gebouwd
Ter vervanging van de oude,
Als nieuw verbond tussen God en zijn volk,
Door een nieuwe uittocht

En een nieuwe verovering
Van de dorpen en de steden
Waar zij zich vestigden,
Met vrouw en kinderen,
In reinheid,
Ver van de oude Tempel,
Bezoedeld door onreinheid,
Waar de Sadduceeën de dienst uitmaakten
Met hun goddeloze priester.

Zij zeiden hem dat hij moest strijden,
Hij die nooit leiding had gegeven,
Die nooit macht had uitgeoefend,
Die alleen dorpelingen kende
En eenvoudigen van geest, geringe mensen, de zijnen,
Op het platteland van Galilea,
Met zijn bloemen en zijn bomen,
Zijn akkers en zijn boomgaarden.
Zij leerden hem
Om de linkerwang toe te keren
Als de rechter geslagen werd.
Om twee mijl af te leggen
Als de Kittim hem dwongen één mijl hun bepakking te dragen.
Om geen geweld te gebruiken,
Dat alleen maar afleidde van de weg
Die God had uitgestippeld,
Om zijn roep niet te richten
Tot andere volken,
Maar tot de verwaalde schapen van het volk Israëls.
'Bij alles,' zeiden zij,
'Moet je je naaste liefhebben,
Barmhartigheid jegens hem betrachten,
Want op die wijze
Doe je als God.
Want Gods rechtvaardigheid
Is zijn barmhartigheid
En God komt vooral op

Voor de armen en verdrukten,
En boven het vertrouwen in de kracht
En in de macht van de mens
Staat de vrees voor de Heer.'
Zij leerden hem over
De rechtvaardigen en de zondigen,
De kinderen van het licht en de kinderen der duisternis,
De rechtvaardigen enerzijds en de zondigen anderzijds.
Zij leerden hem
Dat een onheuse bejegening van zijn naaste
Pas wordt kwijtgescholden op de Verzoendag.
Om het met je naaste goed te maken
Moest je barmhartig zijn,
Zoals God barmhartig is.
Als je anderen hun fouten vergeeft,
Zal de hemelse Vader ook jou vergeven.
Maar vergeef je anderen niet,
Dan zal je Vader jou ook niet vergeven.
In een betere wereld zal een rechtvaardige
Naar de mate van zijn rechtvaardigheid gegeven worden,
En een zondaar naar de mate van zijn zonde.
Maar in deze wereld
Verdient alleen naastenliefde Gods gunst
En wekt haat jegens de naaste Gods toorn.

Oordeel niet en u zult niet geoordeeld worden,
Veroordeel niet en u zult niet veroordeeld worden,
Vergeef en u zult vergeven worden,
Geef en u zal gegeven worden.
Je moet je naaste liefhebben als jezelf.
Je moet God vrezen als Job,
Je moet God liefhebben als Abraham.
Liefde staat boven vrees.
Het dienen van God uit onvoorwaardelijke liefde
Is beter dan onderworpenheid uit vrees voor Gods straf.
Mijd het kwaad en wat daarop lijkt,
Volg de eenvoudige geboden,

Want die zijn even belangrijk als de grote.
Zoals de wijze Hillel zegt:
Heb God meer lief dan dat je hem vreest.'
Zo spraken de Essenen.

'Hoedt u voor de schandvlek van de geschiedenis
Die afgodendienst
En echtbreuk zijn,
Door het onderhouden van de wet
Die een bescherming en een versperring is,
Onderscheiding en afscheiding.
Is Noach niet in zijn ark gegaan
Om niet verdorven te worden?'
Zo spraken de Essenen.

Weest heilig,
Want dan zal God uw bondgenoot blijven.
Weest Gods Rest, teruggetrokken in de woestijn,
Die als enige het Verbond bewaart,
Weest de bij hun naam Geroepenen,
Tot inzicht gekomen door zalving met de Heilige Geest,
Zoals Mozes en Aäron,
De door God Gezalfden.
Israël en de Rest van de volken,
Wij zijn de Rest van Israël,
In het nieuwe verbond,
Verscholen tussen de Afgezonderden,
Bij de eeuwige genade Gods.
Wat sinds de schepping van de wereld verborgen is,
Is heden aan de Heiligen en Volmaakten geopenbaard.
Wij beleven hier en nu de vervulling
Van de profetie en de gerechte beschikkingen.
Ons hart is vernieuwd,
Onze geest, bevrijd van de duisternis van de materie,
Verenigt ons met de Heiligen in den Hoge en de engelen.
De hemelen zeggen de glorie van God
En elke dag zingen wij mee.

Het heden is al toekomst,
Het elders is vanaf nu hier.
De wil van God is geschied
Op de aarde die in de hemel is gekomen;
De Messias komt nu
Aan onze gemeenschappelijke tafel
Waaraan wij Gods woord delen,
Het eeuwige, onherroepelijke Verbond.
God is met ons.'
Zo spraken de Essenen.

Zij leerden hem armoede,
Want de ware kinderen van het licht
Zijn de door God uitverkoren armen.
Zo spraken de Essenen.

En zij geloofden dat de Messias
Een nieuwe orde zou vestigen.
Zij keken naar het verleden,
Lazen de heilige geschriften van Israël.
De machten van de duisternis waren de Kittim
En hun handlangers in Judea.
De uitroeiing van de slechtheid
Zou door een bloedige godsdienstoorlog plaatsvinden.
Daarna kwam er een periode van vernieuwing,
Van vrede
En eendracht.
De uiteindelijke overwinning,
De verdelging van het kwaad,
Zou door Gods voorbeschikking geschieden.
En zij gaven Jezus hun geheim door,
Het onfeilbare wapen van de overwinning.
Tijdens een lange nacht
Lazen zij:
Ik zal niemands kwaad vergelden,
Ik zal een mens slechts achtervervolgen,
Door te doen wat goed voor hem is,

Want God is rechter over al wat leeft,
Aan hem is het om ieders verdiende loon te geven.
De strijd met de mensen van het verderf
Zal ik pas op de dag van de wraak aangaan,
Maar mijn toorn
Zal ik niet van de slechte mensen afwenden
En ik zal pas rusten
Op de door hem vastgestelde dag van het oordeel.

De slechten overwinnen door goed te doen:
Dat was het geheime wapen,
Machtig in zijn uiterste zwakheid,
Dat zij aan Jezus doorgaven.

'Een goed mens ziet niet met lede ogen,
Hij is barmhartig jegens iedereen,
Ook waar zondaars zijn,
En ook als zij samenspannen om hem kwaad te doen.
Want zo,' zeggen zij, 'zal wie goed doet
Sterker zijn dan wie slecht is,
Omdat hij door het goede beschermd wordt.
Als je bedoeling goed is,
Zullen ook slechte mensen in vrede met je leven,
Zullen ontuchtigen je navolgen
En zich tot het goede bekeren,
Zullen gierigaards niet alleen hun geldzucht laten varen,
Maar ook het hunne teruggeven
Aan hen die zij afgezet hebben.
De goede bedoeling heeft geen dubbele tong
Om enerzijds te zegenen
En anderzijds te vervloeken,
Om te vernederen
En te eren,
Om te bedroeven
En te verheugen,
Om te kalmeren
En te verontrusten,

Voor huichelachtigheid
En waarheid,
Voor armoede
En rijkdom.
Ze heeft maar één
Rechtschapen houding jegens iedereen.
Ze heeft niet twee ziens- en verstaanswijzen,
Terwijl het werk van Belial dubbelhartig is,
En er bij hem geen eenvoud is.'
Zo spraken de Essenen.

En Jezus antwoordde:
'We hebben gehoord dat er gezegd is:
Oog om oog,
Tand om tand,
Hand om hand,
Voet om voet,
Verbranding om verbranding,
Kneuzing om kneuzing,
Wond om wond.
Maar ik,
Ik zal zeggen
Zich niet te verzetten tegen wie kwaad doet,
En als iemand op de rechterwang slaat
Ook de andere wang toe te keren,
En als iemand je hemd wil hebben
Hem ook je jas te geven,
En twee mijl zijn bepakking te dragen
Als hij er één van u verlangt.
En te geven
Als iemand je iets vraagt,
En te geven
Als iemand je iets afpakt
En het niet meer terug te vragen.'

En Jezus verkondigde hun woord.
Hij hekelde het gevaar van aardse goederen.

De eersten zullen de laatsten zijn,
De laatsten zullen de eersten zijn,
Zij die verdriet hebben zullen getroost worden.
Aan degenen wier geest gebroken is
Wordt eeuwige vreugde beloofd.
Gelukkig de nederigen,
De eenvoudigen van geest, de verdrietigen,
Zij hadden een vertrooster.
Hun bezit is het hemelse Koninkrijk.
Zoals Elisa een menigte mensen voedde,
Zo gaf hij de mensen te eten;
Zoals Jona de storm bedwong,
Toen God een krachtige wind op zee deed opsteken,
Zo stilde hij de storm.
En hij ging naar een synagoge in Galilea,
Op een heilige sabbatdag,
Ze gaven hem de boekrol van Jesaja,
Hij rolde hem open
En las:
'De geest van de Heer rust op mij,
Omdat hij mij heeft gezalfd.
Hij heeft mij gezonden
Om goed nieuws te brengen aan de armen,
Om de gevangenen vrijheid aan te zeggen.'
Na de voorlezing
Rolde hij de boekrol op en ging zitten.
Hij zei:
'Deze profetie is vandaag, toen u hem hoorde
In vervulling gegaan.'
Maar zij waren ongelovig:
Niemand is profeet in eigen land.
Hij haalde de aloude profeten aan
Die verworpen en vervolgd werden,
Elia en Elisa,
Beter onthaald door de heidenen
Dan in hun eigen land.
Iedereen ontstak in woede

En ze joegen hem de stad uit.
'God heeft tegen mijn Heer gezegd:
Neem plaats aan mijn rechterzijde,
Ik zal uw vijanden neerleggen
Als een bank voor uw voeten.'

En zij wezen als afgezanten
Twee van zijn naaste leerlingen aan,
Die in zijn naam door het land moesten gaan,
Want zij hadden nauwkeurige aanwijzingen van hem gekregen.
Zij moesten alleen joden aanspreken,
Geen niet-joden
En Samaritanen.
Zoals de Essenen
Namen zij geen reisgoed mee
En geen geld.
Als een huis of stad hen niet wilde ontvangen
Bleven zij er niet.

Maar niemand voelde zich aangesproken door de oproep tot inkeer.
Galilea, zijn eigen streek, zijn geboortegrond,
Weigerde zijn profeet.
Toen Jona,
De profeet van Galilea,
Verkondigde dat binnen veertig dagen
Nineve verwoest zou zijn,
Kwamen de mensen tot inkeer
En lieten hun goddeloosheid varen.
Als God zijn lijden aanvaardde,
Als zijn volk hem het oor maar leende,
Dan zou Jezus zijn leven geven.
Wij liepen verloren als schapen,
Ieder van ons ging zijn eigen weg.
Maar de Heer heeft hem gestraft,
Op hem kwam de schuld neer.
'Slangengebroed,' zei hij,

'Hoe kunt u die slecht bent,
Iets goeds zeggen?'
En hij had zijn woord klaar:
Wie de hand aan de ploeg slaat
En daarbij achteromkijkt,
Is niet geschikt voor het Koninkrijk van God.

En de slechte koning Herodes,
Tetrarch van Galilea en Perea,
Hield Jezus in het oog,
Toen hij hoorde dat een prediker
In Galilea de komst van het hemelse Koninkrijk verkondigde
En grote menigten trok,
Zoals eertijds Johannes,
Alsof Johannes was opgestaan.
Ook dat behoorde tot het Plan.

Maar bepaalde Farizeeën
Uit de school van Hillel,
Die Jezus' leven wilden redden
En wisten wat er beraamd werd,
Waarschuwden hem dat hij weg moest gaan
Omdat Herodes het op zijn leven gemunt had.
'Ga die oude vos zeggen,' zei hij:
'Vandaag en morgen
Drijf ik duivelse geesten uit
En genees ik zieken,
Maar op de derde dag voltooi ik mijn werk.
Ja, vandaag, morgen
En overmorgen
Moet ik mijn reis nog voortzetten.
Want een profeet behoort in Jeruzalem om het leven te komen.'
En ook dat behoorde tot het Plan.

En hij trok zich terug ten noorden van het Meer van Galilea,
In de omgeving van Caesarea,
En vroeg zijn leerlingen

Wat de mensen over hem zeiden.
'Sommigen zeggen dat u Johannes de Doper bent, of Elia of Jeremia.'
'En jullie, wat zeggen jullie?'
'U bent de Messias.'
'Je hebt het gezegd,'
Zei hij,
'Maar je moet het niet nog eens zeggen.
Ik zeg jullie allen
Het geheim te bewaren.
Want het is nog te vroeg om het te onthullen.
Mijn uur is nog niet gekomen.
Het moment zal komen dat ik moet gaan,
Dat ik naar Jeruzalem ga.'
Zo was de opzet.
En Jezus zei tegen Petrus:
'Je bent een gelukkig man, Simon, zoon van Jona,
Want mensen van vlees en bloed
Hebben je dat geheim niet onthuld,
Maar mijn Vader in de hemel.'
Want Petrus was anders,
Hij had een openbaring gehad
Buiten de Essenen om,
Hij was niet door hen beïnvloed;
Daarom kon hij ook gelukkig zijn
En anders.

En zij begonnen hem duidelijk te maken
Dat de Mensenzoon veel te lijden zou krijgen,
Dat hij verworpen zou worden door de familiehoofden,
Door de opperpriesters en de schriftgeleerden,
Door de Kittim,
Dat hij ter dood zou worden gebracht
En uit de dood zou opstaan.
Want in de Psalm stond geschreven:
Bescherm wat uw rechterhand heeft geplant,
En de zoon die u zich hebt gekozen!

Leg uw hand op de man aan uw zijde,
Op de Mensenzoon die u zich hebt gekozen!
God zou hem dus niet in de steek laten.

'Ik weet,' zei hij,
'Wie zich tegen mij zullen keren,
De familiehoofden, de opperpriesters, de schriftgeleerden
En de Kittim.
Maar bestrijden wil ik ze niet.
Ik wil,' zei hij, 'het met mijn tegenstander eens worden,
Zolang ik samen met hem
Op weg ben,
Anders zal hij mij in handen van de rechter geven,
En de rechter zal mij aan de cipier uitleveren,
En die zal mij in de gevangenis zetten.
Ik wil mij niet, zoals de zeloten,
Tegen de Kittim verzetten.
Door de Heilige Geest
Wil ik deze wereld verlossen van onderdrukking,
Tot zo lang zal ik wachten,
Tot hij zich aan ons openbaart.
Maar alleen ga ik niet,
Want mijn ziel dorst wel naar God,
maar naar de God van de levenden.'

En zij antwoordden hem:
'Wees niet bang!
Is je naam niet Jehosua?
God redt,
Want door de Heilige Geest
Zul je gered worden,
Zoals Isaäk
Zul je gekneveld worden
En zoals Isaäk
Zul je gered worden,
En op het allerlaatst
Zul je niet in de steek gelaten worden.

En dan zal iedereen weten
Wie je bent:
De Leraar der Gerechtigheid
Als een Mensenzoon.
Nee, geloof het,
God zal je niet in de steek laten.'

En hij geloofde het.
En hij ging
Naar het Tienstedengebied bij het Meer van Galilea,
Naar de streken van Gilead en Basan,
En in de richting van Libanon en Damaskus,
Daar waar de Rekabieten en de Kenieten wonen,
Naar de Galileeërs,
En de Essenen, die uit het land van Judea waren weggegaan
En naar het land van Damascus waren uitgeweken.
Zo wilden zij het Nieuwe Verbond sluiten
Waar de profeet Jeremia van sprak,
Door zich te verbinden om zich voor onrecht te hoeden,
Om geen armen, weduwen en wezen te bestelen,
Om rein van onrein te onderscheiden,
Om de sabbat te onderhouden
En de feesten en vastendagen,
Om hun broeders lief te hebben als zichzelf,
Om ongelukkigen, behoeftigen en vreemdelingen bij te staan.
Ze leerden hem
Dat de gemeenschap een boom was
Waarvan het groene loof
Voedsel was voor alle dieren van het woud,
Waarvan de takken alle vogels herbergden.
Maar hij werd overstegen
Door de bomen aan het water
Die de omringende slechte wereld vormden.
En de levensboom bleef voor ze verborgen,
Niet geacht,
Niet gekend.
God zelf behoedde

En verhulde zijn eigen mysterie,
Terwijl de vreemdeling zag zonder te kennen,
Terwijl hij overlegde zonder te geloven aan de levensbron.
Want het hemelse Koninkrijk was niet louter
Dat van Gods heerschappij die haar intrede doet,
Maar ook een door God verlangde beweging
Die zich over de aarde verbreidde,
Onder de mensen.
Het was niet louter een koningschap,
Maar een Koninkrijk van God,
Een domein dat zich uitstrekt
Tot aan de aarde en de mensen,
Waarvan het erfdeel
Aan groot en klein toekomt.
Daartoe had Jezus de Twaalf geroepen,
Om vissers van mensen te zijn,
Om te genezen,
Om het heil te verkondigen,
Voor armen, behoeftigen en vreemdelingen.

En Pilatus, de stadhouder van Judea,
Vond dat hij ter dood gebracht moest worden,
Want hij was bang
Voor het Nieuwe Verbond,
Voor de komst van het Koninkrijk van God
Dat een eind zou maken aan de Romeinse bezetting.
Hij wist hoevelen naar hem luisterden,
Hoevelen de Kittim haatten.
Sommige van zijn leerlingen waren zeloten
Die alom in het land onrust zaaiden,
Die in de alleenheerschappij van God geloofden,
Die vurig streefden naar een defintieve bevrijding
Van de bezetters.

En Jezus ging op weg naar Jeruzalem.
Hij ging weg uit Galilea,
Trok door Samaria,

Bezocht de berg Gerizim,
Waar de Samaritaan hem wachtte.
Hij gaf een deel van de kostbare schat van de Essenen,
De aloude schat
Van de Tempelpriesters,
De luisterrijke schat van Salomo,
Op deze plaats in bewaring,
Waar niemand hem zou zoeken,
Waar hij onder de hoede zou zijn
Van de Samaritaanse schrijvers,
Vrienden van de Esseense schrijvers.
Dan zou in de oorlog
Van de kinderen van het licht en de kinderen der duisternis
De schat niet gestolen worden.
Dan zouden zij hem in het Messiaanse tijdperk
Komen halen om de macht in handen te nemen.

En hij vervolgde zijn weg,
En onderweg
Verborg hij de rest
Van de schat.
Toen ging hij naar Jeruzalem,
De heilige stad waar Gods woning stond,
Het voorbestemde middelpunt van het Koninkrijk,
Vanwaar de Verlossing en de zegen zouden uitgaan
Naar alle volken.
Het in ongenade gevallen Jeruzalem,
Het Jeruzalem van de heidenen,
Verneederd door de Kittim.
Ontwijd, bezoedeld,
Door hen die voortdurend over de voorhof van de Tempel waakten.
Inkeer was geboden,
Want anders
Zou de stad, allen van groot tot klein,
Smartelijk omkomen.
Hij ging naar Jeruzalem

Voor het paasfeest.
Hij kwam door Betanië,
Waar hij door Marta en haar zuster Maria ontvangen werd.

Hij ging dus naar Jeruzalem
En wist wat hem te wachten stond.
Hij was niet meer onder de zijnen, de Galileeërs,
Maar in Judea, waar de gevaren groot waren,
Waar hij met de kinderen der duisternis te maken had,
De hoogste joodse en Romeinse gezagdragers,
De Romeinse stadhouder, Pontius Pilatus,
En de goddeloze priester, Kajafas,
Die het gewijde ambt vervulde
Van hogepriester,
Verkregen met het goud van zijn goedgevulde kas.

Pasen werd in de eerste maand gevierd,
Ter herdenking van de wonderen die eertijds in Egypte waren geschied,
Toen God zijn volk uit de slavernij had bevrijd.
Dan werd het paaslam gegeten,
Dat Jezus die avond was.

En het ongegiste brood van zijn lichaam
En de bittere kruiden van de vernedering,
Want het paasoffer geschiedde volgens de Schrift,
Jezus' eigen bloed moest vergoten worden, zoals wijn bij feestelijke gelegenheden.

En dan zou hij verheerlijkt worden,
Want de eerste vruchten van de gerst werden aan God gewijd,
De dag na de paassabbat,
Als er om dauw gebeden werd.
Zo stond het geschreven:
De doden van mijn volk
Zullen leven, weer opstaan.
Wie in de aarde ligt:

Ontwaak en juich!
Uw dauw, Heer,
Is een levenwekkende dauw,
Door uw dauw
Geeft de aarde zijn doden terug.
Ik zal hen genezen van hun afkeer.
Ik zal voor Israël zijn als de dauw.
Want God zou hem niet in de steek laten.

Hij ging dus naar Jeruzalem,
Want hij moest zich openlijk aan Israël vertonen
Als de Messias.
Dan was zijn uur gekomen.
Het uur van de komst van het hemelse Koninkrijk,
Het laatste, schone uur,
En de tijd was voor hem
Meester van de diepten en de duisternis.
Nee, God zou hem niet verlaten.

En in Jeruzalem
Kwam het Sanhedrin in buitengewone zitting bijeen.
De hogepriester, Kajafas, sprak als volgt:
'Begrijpt u dan niet dat het beter voor u is
Dat één man sterft voor het volk dan dat de hele natie verloren gaat!'
En de Raad besloot Jezus te veroordelen.

En dat wist hij,
Want zijn vriend Johannes,
De leerling die hij liefhad,
Zijn vriend en gastvriend,
Zijn geheime bondgenoot, zijn spion,
Was priester van het Sanhedrin.
Hij wist van alles wat er gebeurde
En vertelde alles door aan zijn meester, Jezus.

Jezus ging nu uit Betanië weg
En trok zich terug in de stad Efraïm,
Aan de rand van de woestijn.
Daarna ging hij terug naar Galilea,
Om met de Galileeërs
De pelgrimstocht van Pasen te maken.

En hij kwam in de buurt van Jeruzalem,
In Betfage.
Daar moest Lazarus zorgen
Voor de uitvoering van het Plan
Dat de Essenen beraamd hadden.
Aan de rand van het dorp in Betanië
Moest een ezelsveulen vastgebonden staan.

Maar niemand van de Twaalf was daarvan op de hoogte.
Als consigne was gegeven
Om hem mee te geven aan boodschappers die zeiden:
De Heer heeft hem nodig.
De boodschappers kwamen met de jonge ezel terug
En waren vol verwondering,
Want volgens de profetie
Zou de Messias rijdend op een ezel komen.
De mensen bedekten zijn weg
Met hun mantels en met afgesneden takken.
In Bethanië had Martha het maal bereid.
Zij smeerde kostbare nardusolie op zijn voeten
En droogde ze met haar haren af.
Zo zalfde zij alvast
Haar Esseense broeder.
Jezus had haar gevraagd
Voor heilige olie te zorgen,
Zonder te zeggen waarom,
Opdat een van zijn leerlingen, geërgerd, hem zou verraden
En de profetie vervuld zou worden:
Zelfs mijn beste vriend,
Die mijn vertrouwen had

En met mij het brood deelde,
Zelfs hij heeft zich tegen mij gekeerd.
Want dat was het teken:
Rijkdom en dood,
Zo was het plan van de Essenen.

Hij ging dus naar Jeruzalem
Als een koning.
Ze hieven het Hallel aan
En zeiden *Hosanna!*
Zegen rust op hem die komt in naam van de Heer!
Enkele geschokte Farizeeën vroegen hem hen tot zwijgen te brengen,
Om hem te redden
Van de dood,
Maar hij antwoordde:
'Neem van mij aan: de stenen zullen het luidkeels uitroepen, als zij zwijgen!'
Hij wilde zich wel laten toejuichen door de menigte joden,
Bij wijze van provocatie,
Van ontrouw jegens de keizer.
Hij werd vergezeld
Door de vele Galilese pelgrims
En de Kittim hadden opdracht die zingende joden
Naar het centrum van hun cultus te laten gaan.

Op de voorhof van de heidenen,
Het algemeen toegankelijke deel van de Tempel,
Ging Jezus de kooplieden te lijf.
Hij maakte een zweep van touwen
Waarmee te koop aangeboden offerdieren waren vastgebonden,
En sloeg erop los.
Hij gooide de tafels van de geldwisselaars om
En de stoelen van de duivenhandelaars,
Niet op de heilige plaats,
Maar juist daarvoor,
Op de voorhof van de heidenen,

Waar de mensen geld wisselden
Om offerdieren te kopen.
Er staat geschreven, zei hij:
Mijn huis moet huis van gebed heten,
Maar jullie maken er een rovershol van.
En hij voegde eraan toe:
'Ik zal deze tempel, die door mensen gemaakt is, afbreken
En na drie dagen zal ik een andere bouwen, die niet door mensen gemaakt is.'
Dat was een profetie van de verwoesting van de Tempel.

Zo wilde het Plan het:
De ramp moest onafwendbaar zijn.
Want het enige bolwerk van de Sadduceeën was de Tempel.
En nu voorzegde hij het einde van de Sadduceese priesters
En van hun Tempel.
Want de Tempel was bezoedeld
Door wetteloze bedienaars van het altaar,
Door hun onwettige kalender
Die de gewijde en de wereldse tijd
Op hun manier indeelde.

Het was de strijd, de vergeldingsoorlog
Van de kinderen van het licht tegen de kinderen der duisternis,
Van de zonen van Levi,
De zonen van Juda,
De zonen van Benjamin,
De ballingen in de woestijn,
Tegen de legers van Belial,
De inwoners van Filistea,
De scharen van de Kittim van Assur,
En van hun handlangers, de verraders.

En de kinderen der duisternis
Stelden hem strikvragen.
'Met welk recht doet u dit?' vroegen zij.
'Is de doop van Johannes volgens u

Door God ingegeven of niet?' vroeg hij.
'We weten het niet.'
'Dan vertel ik u ook niet,' zei hij,
'Met welk recht ik dit doe.'
Er werden handlangers op hem afgestuurd
Om hem te betrappen
Op een of andere uitspraak.
Maar hij had ze door
En liet zich niet vangen.
'Mogen we aan de keizer belasting betalen?' vroegen zij.
Want die belasting was gebaseerd op een volkstelling,
Die bij de wet verboden was.
'Waarom wilt u mij in de val laten lopen?
Laat me eens een zilverstuk zien.'
Zij lieten het hem zien.
Hij wilde het niet aanraken
Om geen aanstoot te geven aan de zeloten
Die voor hem waren.
'Van wie zijn die afbeelding en dat opschrift?'
'Van de keizer.'
'Geef dan de keizer wat de keizer,
En God wat God toekomt.
Want God alleen is de Heer,' zei hij.

En Jezus vierde het paasfeest
Op dinsdag, volgens de zonnekalender van Qumran,
En niet volgens de kalender van de onreine Tempel,
Zoals hij altijd deed
Met leden van de gemeenschap.
Aan het eind van de dag
Kwam hij voor het laatst de Tempel uit.
Hij bracht de vierde dag in Bethanië door
En was 's avonds te gast bij Simon de Melaatse.
Op de vijfde dag begon het Massotfeest
Waarbij het paaslam geslacht werd
Dat Jezus die avond was.

III

Hij ging dus naar Jeruzalem
Voor het laatste maal,
Dat was het paasmaal.
Hij verzamelde zijn leerlingen
Om de traditionele maaltijd met hen te delen,
Ter herdenking van de bevrijding uit Egypte.
Maar het was geen nacht als andere nachten,
Want die nacht was de laatste van zijn leven op deze wereld.
Zijn uur was gekomen,
Hij vermoedde het,
Hij wist het.
Maar was het zijn uur of dat van deze wereld?
Was dit de laatste nacht van zijn leven *op deze wereld*?
Of de laatste *van zijn leven* op deze wereld?
Hij had besloten om zijn leerlingen
Nog één maal te verzamelen.
Zij zaten alle dertien rond de tafel
Die voor de Seider was gedekt.
Judas Iskariot was er ook bij,
Want ook hij was een leerling
Van wie Jezus hield
En die op zijn laatste nacht was genood.

De twaalf leerlingen zaten aan tafel
Met Jezus, die opstond,
Zijn mantel aflegde
En zich een linnen schort voorbond.
Hij goot water in een bak
En begon de voeten van de leerlingen te wassen
En ze af te drogen met het schort dat hij voor had.
Zo was de rite van de Essenen,
Zodat niemand zich hoger dan anderen voelde
En iedereen volkomen gelijk was.
Toen was het de beurt aan Simon Petrus.
'Heer, gaat u mijn voeten wassen?

Nooit!'
Want Petrus maakte geen deel uit van de sekte
En wilde geen deel hebben aan het complot.
'Als ik je voeten niet was,
Hoor je niet bij mij,' antwoordde Jezus,
Want hij geloofde dat de Essenen
De sleutels tot het hemelse Koninkrijk bezaten.
'Dan niet alleen mijn voeten,
Maar ook mijn handen en mijn hoofd,'
Antwoordde Simon Petrus,
En daarmee aanvaardde hij de doop
Van de Essenen,
Want hij geloofde in Jezus.
'Wie een bad heeft genomen, hoeft zich niet meer te wassen,
Want hij is helemaal schoon;
Ook jullie zijn schoon,' zei Jezus.
'Alleen niet allemaal.'
Want Judas was erbij,
En Jezus wist dat hij uitgeleverd zou worden.
Want Judas, de zoon van Simon
De zeloot,
Was de sterkste van de Essenen
En degene die het meest in Jezus geloofde,
Al ging dat ten koste van zijn reinheid.
Meer dan Petrus
En alle anderen
Geloofde Judas dat Jezus de Messias was
En geloofde hij in God.
Judas dacht,
Judas wist
Dat God hem niet in de steek zou laten;
Judas moest hem uitleveren
Om het hemelse Koninkrijk te doen komen,
Dat van de koninklijke Messias,
Van Jezus.
En hij moest sterk zijn
Om die onreinheid te verdragen,

En hij moest zeloot zijn
Om zulk een offer te verdragen,
Het offer van de eeuwigheid,
Het offer van zijn offer.

Toen Jezus klaar was
Trok hij zijn mantel aan,
Ging weer aan tafel zitten
En zei:
'Begrijpen jullie wat ik gedaan heb?
Jullie noemen mij meester en Heer,
En dat is juist,
Want dat ben ik.
Als ik, jullie Heer en meester,
Je voeten heb gewassen,
Moeten jullie ook elkaars voeten wassen.
Want ik heb jullie een voorbeeld gegeven.
En wat ik voor jullie heb gedaan,
Moeten jullie net zo doen.
Ik verzeker je:
Een knecht staat niet boven zijn heer;
Een afgezant niet boven degene die hem gestuurd heeft.
Gelukkig ben je als je dat onthoudt
En in praktijk brengt!
Ik doel nu niet op jullie allemaal.
Ik weet wie ik heb uitgekozen,
Maar in de Schrift staat:
Iemand die met mij het brood deelde,
Heeft zich tegen mij gekeerd.
Het moet nog in vervulling gaan,
Maar ik zeg het je nu vast;
Als het dan gebeurt,
Zullen jullie geloven dat ik ben die ik ben.
Ik verzeker je:
Wie iemand ontvangt die door mij is gezonden,
Ontvangt mij,
En wie mij ontvangt,

Ontvangt hem die mij gezonden heeft.'
Hij wilde dat zij bleven ijveren voor die broederschap
Van de Essenen, de armen,
Mocht hij niet terugkeren,
Want hij wist wat voor risico hij nam
Door met het Plan in te stemmen,
Hij wist dat hij *zijn leven* riskeerde.

En zij nuttigden het maal
Gelijk de Essenen dat deden,
En Jezus zei:
'Ik verzeker je,
Van nu af aan zal ik geen wijn meer drinken
Totdat het Koninkrijk van God is gekomen.'
Zo maakte hij zich aan zijn leerlingen bekend
Als Messias.
Zo onthulde hij zijn leerlingen
Dat hij niet meer aan de gewijde maaltijd zou deelnemen
Als communicant,
Maar als Messias, zichtbaar aanwezig
Bij de confrontatie met de priesters.
Want de geschriften van de Essenen zeiden
Dat de Messias van Israël
Het brood in zijn handen zou nemen
En na het gebed te hebben gezegd
Het met de hele gemeenschap zou delen.
En Jezus volgde dat ritueel
Zoals hij altijd deed
Als hij Pasen vierde
Met de Essenen.
Terwijl zijn leerlingen aten
Nam hij het brood,
Zei het zegengebed,
Brak het
En gaf het hun.
Hij wachtte met het sacrament
Tot zijn leerlingen met eten begonnen waren,

Zoals hij altijd deed
Als hij Pasen vierde
Met de Essenen.
En Jezus sprak als volgt tot de twaalf leerlingen:
'Wat heb ik ernaar verlangd dit paaslam met jullie te delen,
Want ik verzeker je,
Ik zal het niet meer eten tot we opnieuw eten in het Koninkrijk van God.'

Daarna nam hij een beker wijn,
Dankte God
En zei:
'Neem hem
En geef hem aan elkaar door,
Want ik verzeker je:
Van nu af aan zal ik geen wijn meer drinken
Tot de dag waarop ik in het Koninkrijk van God nieuwe wijn zal drinken.'
Want hij dacht dat het Koninkrijk van God
Aanstaande was.

Daarna verrichtte hij de gewijde handeling
Van de Messias.
Hij nam het brood,
Dankte God
En zei:
'Dit is mijn lichaam.'
Zo sprak hij de laatste woorden van de maaltijd,
Waarin hij het brood met zijn lichaam
En de wijn met zijn bloed gelijkstelde.
Die avond zei hij niet het gebruikelijke Esseense gebed
Volgens welk het voedsel de afwezige Messias voorstelde.
Want dat brood was gewijd
En verzinnebeeldde het voedsel.
Hij stelde zichzelf gelijk met het brood,
Dat bij de gewijde maaltijd
De Messias voorstelde.

Hij zei niet
Zoals gewoonlijk:
'Dit brood vertegenwoordigt de Messias van Israël',
Maar hij zei:
'Het vertegenwoordigt mijn lichaam.'
Zo openbaarde hij zich aan hen,
Want hij dacht
Dat het Koninkrijk van God
Aanstaande was
En dat hij weldra
Gered zou zijn
En iedereen gered zou zijn.
En hij zei tegen zijn leerlingen:
'Ik verzeker jullie:
Eén van jullie gaat mij verraden.'

Zij keken elkaar aan
En vroegen zich af wie hij bedoelde.
Een van hen, Johannes, de priester,
Degene die Jezus bijzonder liefhad,
Zat naast hem.
Simon Petrus gaf hem een wenk:
'Vraag eens wie hij bedoelt.'
Want alleen tegen Johannes
Sprak Jezus vrijuit.
Tegen hem
Zei hij alles,
Want hij was de priester
Die een geestverwant van de Essenen was,
Die precies wist wat er in het Sanhedrin omging
En hem alles vertelde.
De leerling leunde tegen Jezus aan
En vroeg hem:
'Wie is het, Heer?'
En Jezus antwoordde:
'Het is de man aan wie ik het stuk brood zal geven
Dat ik in de schaal doop.'

Toen nam hij een stuk brood, doopte het in de schaal
En gaf het aan Judas Iskariot,
De zoon van Simon,
Simon de zeloot.
En Jezus zei de afgesproken woorden;
Want ze hadden zojuist een pact bezegeld.
'Doe nu maar gauw wat je van plan bent.'
En omdat Judas de kas beheerde
Van de Esseense gemeenschap,
Dachten sommigen dat Jezus hem gezegd had
Iets te kopen voor het feest
Of wat te gaan geven aan de armen.
Maar zij hadden samen afgesproken
Dat Judas hem bij die woorden
Zou uitleveren,
En dat hij de beloning
Die hij daarvoor zou krijgen
In de kas van de Esseense gemeenschap zou storten.
Hij nam het stuk brood
En ging meteen naar buiten.

Toen hij weg was,
Was Jezus opgelucht,
Want zij waren niet gezwicht,
Met z'n tweeën,
En hij was weggegaan
Zoals ze hadden voorzien,
Waarvoor ze hem hadden aangewezen
Volgens het Plan.

Hij zei tegen de anderen:
'De Mensenzoon is nu verheerlijkt
En door hem is God verheerlijkt,
Die hem aanstonds zal verheerlijken.
Voor ik heenga
Geef ik jullie een nieuw gebod:
Heb elkaar lief.

Zoals ik jullie heb liefgehad,
Zo moeten ook jullie elkaar liefhebben.
Als er liefde onder jullie heerst,
Zal iedereen kunnen zien dat je mijn leerlingen bent.'

Dat Plan was van de Essenen afkomstig,
Want zij wilden dat hij
De Waarheid onder ogen zag,
En dat door hem
Hun waarheid zegevierde.
Zij dachten dat God hem zou redden
Zoals hij Isaäk gered had,
Zij wilden eindelijk de openbaring,
En daartoe, dachten zij,
Moesten de zaken bespoedigd worden,
Door God tot getuige te nemen,
Hem te laten ingrijpen,
Hem te dwingen de Messias te openbaren.

Dat was hun Plan,
Hun complot,
Een complot voor God,
Een complot tegen God:
Jezus, zijn afgezant,
Aan de Kittim uitleveren
En aan de goddeloze priester.
Niet zoals het lam op het altaar,
Maar zoals Isaäk op het altaar
Moest hij op het laatste moment gered worden.
En Jezus had met dat pact ingestemd,
Want hij geloofde in hen,
Zoals zij in hem geloofden.

Na de maaltijd
Ging Jezus met zijn leerlingen
De stad uit,
Naar de Olijfberg,

Op een plek die Gethsemane heette.
Hij zei zijn leerlingen daar te blijven
En vroeg hun
Te bidden.
Daarna liep hij wat verder,
Liet zich voorovervallen
En bad:
'Vader, als het u belieft,
Neem deze beker van me weg.
Alleen: laat niet mijn wil
Maar uw wil geschieden.'
Hij zou zelf niets doen,
Maar slechts op een teken van God wachten.
Hij zou zichzelf niet redden,
Maar wachten tot Hij hem redde.

Hij ging terug naar zijn leerlingen
En vond hen in slaap.
'Hoe kunnen jullie slapen?'
Zei hij hun
'Sta op
En bid dat ik niet in verleiding kom.
De geest is gewillig,
Maar het vlees is zwak.'
Want hij was bang zijn opdracht niet te volbrengen,
Te zwichten
En te vluchten.
Maar hij wist de verzoeking te overwinnen,
Die hem overmand had,
Onweerstaanbaar,
Die van wat men angst noemt,
Om van de duisternis gebruik te maken
En uit de boomgaard van Gethsemane te vluchten.

Jezus ging dus met zijn leerlingen
Naar de overkant van de beek de Kidron,
Waar een boomgaard was

Die hij met zijn leerlingen in ging.
En Judas, die hem zou uitleveren,
Kwam aan het hoofd van een afdeling soldaten
En van wachters, geleverd door de opperpriesters,
De boomgaard binnen, met fakkels, lantaarns en wapens.
Daar kwamen de tempelwachters
En de heidenen,
En de zoon van de zeloot,
Die op hem toe liep.
En ze kusten elkaar
Om elkaar hoop te geven
En sterkte te wensen
En ook om afscheid te nemen.
Jezus ging ze tegemoet,
Om zichzelf uit te leveren,
En zei:
'Wie zoekt u?'
'Wij zoeken Jezus.'
Zij deinsden terug
En beefden hevig.
Op dat moment
Had hij kunnen vluchten,
Maar ook op dat moment
Volhardde hij.
En hij vroeg hun nogmaals:
'Wie zoekt u?'
En zij antwoordden:
'Jezus van Nazareth.'
'Dat ben ik.'

Toen trok Simon Petrus,
Die een zwaard droeg,
Het uit de schede,
Trof de knecht van de slechte priester
En sloeg diens rechteroor eraf.
Eindelijk had hij begrepen wat er beraamd was,
En hij wilde Jezus redden.

Het was zijn eigen oor,
Dat half dicht was,
Dat hij had willen afslaan.
Maar Jezus zei meteen tegen Petrus:
'Steek je zwaard weer in de schede!
Wat denk je?
Dat ik de beker zal weigeren die de Vader mij te drinken heeft gegeven?'

Toen was het Petrus duidelijk:
Tussen Petrus en de Essenen,
Tussen Petrus en Johannes,
De leerling die Jezus liefhad,
Was het pleit beslecht;
Zij hadden gewonnen,
Hij had gewonnen.
Zwaard, ontwaak!
Val mijn herder aan,
De man met wie ik mij verbonden heb.

De soldaten met hun aanvoerder
En de joodse wachters arresteerden Jezus
En deden hem de boeien om.

Op die bewuste avond
Was Judas niet een verrader,
Maar de reinste, de gelovigste,
De zoon van een zeloot,
Degene die het meest op de uiteindelijke Verlossing hoopte,
Degene die het meest geloofde in de Messiaanse overwinning,
Die van Jezus,
Op de kinderen der duisternis;
Degene die er het meest van overtuigd was
Dat hij de Messias was.
Zelfs Petrus, de welbeminde,
Verloochende hem die avond driemaal.
Judas was namelijk de broeder van Jezus,

Door de sekte ermee belast hem aan te geven,
En zo de Waarheid aan het licht te brengen:
Hij was de Messias,
Het hemelse Koninkrijk was gekomen,
De kinderen van het licht zouden zegevieren
Over de kinderen der duisternis.
Ze wilden het einde van de wereld bespoedigen
Door de oorlog
Van de kinderen van het licht en de kinderen der duisternis.

En Jezus wist het.
Tegen de opperpriesters sprak hij
Van de eigenaar van een wijngaard
Die een dienaar naar de wijnbouwers stuurde
Om zijn deel van de opbrengst in ontvangst te nemen.
Maar de pachters sloegen hem
En stuurden hem weg.
Hij stuurde nog een dienaar,
Maar ze mishandelden ook hem
En beledigden hem.
Hij stuurde nog een derde,
Maar ze mishandelden hem
En joegen hem weg.
Hij stuurde zijn zoon;
Voor hem zouden ze zeker wel ontzag hebben.
Maar toen de wijnbouwers hem zagen,
Overlegden ze met elkaar:
'Dat is de erfgenaam.
Laten we hem uit de weg ruimen,
Dan is de erfenis voor ons!'
En ze sleurden hem de wijngaard uit
En doodden hem.
Wat zal de eigenaar van de wijngaard nu met hen doen?
Hij zal zelf komen,
Hen ter dood laten brengen
En de wijngaard aan anderen geven.
De opperpriesters hadden het begrepen:

Die moordzuchtige wijnbouwers,
Dat waren zij,
De slechte priesters,
Die de baas speelden over het volk van God,
En de wijngaard, dat was het volk Israëls.

Die avond
Lagen zij met z'n dertienen aan
Aan de tafel van het paasmaal:
Jezus,
De twaalf,
En op de ereplaats
De heer des huizes,
De geliefde leerling, Johannes,
De Esseen die in het huis van de priesters kwam,
De priester die Esseen was geworden.
En toen Jezus gearresteerd werd,
Rende hij naar het huis van de priester Annas,
Zoon van Sen, de voormalige hogepriester.
Want hij wist waar Jezus heen gebracht zou worden.
Inmiddels was Jezus
Bij de priester voorgeleid.
En deze vroeg hem
Naar zijn leer.
'Waarom ondervraagt u mij?' vroeg Jezus.
'Vraag mijn toehoorders wat ik hun verteld heb.
Zij weten wat ik gezegd heb.'
Toen stuurde Annas hem naar de Raad.
Het Sanhedrin kwam bijeen,
Maar hij deed er het zwijgen toe.
Als een stom lam
Onder de handen van scheerders
Hield hij zich stil.
'Hebt u niets ter verdediging aan te voeren?'
Vroeg Kajafas, de hogepriester.
Maar Jezus bleef zwijgen.
'Bent u de Messias?'

'Ja, dat ben ik.
En u zult de Mensenzoon zien zitten
Aan de rechterzijde van de Almachtige
En hem zien komen op de wolken van de hemel.'
De hogepriester scheurde zijn gewaad.
'Waarvoor hebben we nog getuigen nodig?
U hebt gehoord dat hij zijn verraad bekent.
Wat vindt u ervan?'
Hij was namelijk de goddeloze priester.
En de Raad besloot dat Jezus de dood verdiende
Wegens blasfemie,
Niet jegens God,
Maar jegens keizer Tiberius.
Zij waren de aanbrengers
En dienden een aanklacht tegen Jezus in
Bij de vertegenwoordiger van de keizer.
En omdat Jezus niet tegen de Wet had gezondigd
Werd hij niet gestenigd.
Want hij had de heilige naam van God niet uitgesproken.
De volgende ochtend
Verscheen hij voor Pontius Pilatus.
Ze zeiden dat hij zich schuldig maakte
Aan opruiing van het volk,
Dat hij zei dat ze geen belasting aan de keizer moesten betalen
En dat hij zich voor Messias uitgaf, voor *Koning*.
En Pilatus verscheen op het bordes
En vroeg:
'Wat heeft hij misdaan?'
'Deze man is een misdadiger.'
'Houd hem dan zelf
En berecht hem volgens uw eigen wet.'
'Het is geen religieus misdrijf.'
'Bent u de koning van de joden?'
'Stelt u deze vraag uit uzelf
Of hebben anderen u over mij ingelicht?'
'Ben ik soms een jood?
Het zijn de mensen van uw eigen volk, de opperpriesters,

Die u bij mij hebben voorgeleid.
Wat hebt u gedaan?'
'Mijn koningschap is niet van deze wereld.'
'U bent dus wel een koning?'
'Ik ben koning, zoals u zegt.
Ik ben geboren
En in de wereld gekomen om van die waarheid te getuigen.
Iedereen die hart heeft voor de waarheid, luistert naar mij.'
'Wat is waarheid?
Ik vind niets waaraan hij schuldig is.'
'Hij brengt met zijn leer het volk in opstand!
Eerst in Galilea,
Toen in heel Judea
En nu hier.'
'Komt die man uit Galilea?
Dan valt hij onder het rechtsgebied van Herodes Antipas,
De tetrarch van Galilea.
Dien uw aanklacht dus bij Herodes in.'
En de goddeloze priester geleidde hem voor bij Herodes,
Maar hij bleef zwijgen
Terwijl de goddeloze priester beschuldigingen tegen hem inbracht.
Hij stuurde de beklaagde terug naar Pilatus.
De goddeloze priester verzamelde toen zijn slaven
En hun vrienden voor diens paleis.
Maar Pilatus zei dat Jezus
Moest worden gegeseld en daarna vrijgelaten,
Want het was Pasen.
Maar de menigte, bewerkt door de goddeloze priester,
Riep dat Barabbas vrij moest
En niet Jezus.
Hij liet Jezus geselen,
En ze deden hem een purperrode mantel om
En zetten hem een doornenkroon op,
Verkleed als koning.
En de mensen riepen dat hij gekruisigd moest worden.
Toen werd Barabbas vrijgelaten

En Jezus veroordeeld.
Op het kruis liet hij het opschrift aanbrengen:
Jezus de Nazareeër, koning der joden.
Want Jezus was een Nazareeër,
Zoals de Essenen, die zich
Nozerei Haberith noemden,
De bewaarders van het Verbond.
De Nazareeërs.

En Jezus werd door de Romeinse soldaten
Via de westelijke poort van de stad afgevoerd.
Maar niemand wist wat er gebeurd was
Op de heuvel van het regeringspaleis.
Het was het begin van het feest;
Alles was haastig afgehandeld
En geheimgehouden
En niemand wist
Van het beraamde complot.
Bij het kruis stonden
Zijn moeder,
Johannes, zijn geliefde leerling,
Maria van Magdala,
Maria, de moeder van Jakobus,
Salome, de moeder van Jakobus,
En Johannes, de zoon van Zebedeüs.
De soldaten lootten om de kleren van Jezus,
Zoals in de psalm staat geschreven.
Ze doorboorden zijn handen en voeten,
Zoals in de psalm staat geschreven.
De opperpriesters en schriftgeleerden bespotten hem,
Zoals in de psalm staat geschreven.
Ze riepen:
'Hij vertrouwt op de Heer,
Laat de Heer hem dan redden, als die van hem houdt!'
Zoals in de psalm staat geschreven.
Daarna gaven ze hem azijn,
Zoals in de psalm staat geschreven.

Ze staken een lans in zijn zij,
Zoals in Zacharia staat geschreven.
Die dingen zijn gebeurd
Opdat het Plan nagekomen werd,
Opdat de Schrift vervuld werd.

De menigte, bewerkt door de priesters,
Eiste de dood van Jezus.
De goddeloze priester gaf blijk
Van zijn haat jegens de Verlosser.
Farizeeën zag men er niet;
Die waren er niet bij.
Judas zag men er niet;
Judas, de geslachtofferde,
De vrome,
De sterke en oprechte,
Die in Jezus en God geloofde,
Die het begrepen had
En die het geld teruggaf,
Niet aan de Essenen,
Maar aan de priesters,
En zelfmoord pleegde.

Want het was te laat,
De tijd van de confrontatie was gekomen,
En in deze wereld
Kon niemand meer iets uitrichten.

Die avond
Vastten de Essenen
En baden de hele nacht
Om Gods ingrijpen.

Naar het sombere Golgotha werd hij gesleept,
Aan een kruis werd hij genageld,
Zijn kleren werden verdeeld,
Verloot.

Samen met hem waren twee misdadigers,
De een rechts van hem,
De ander links.

Wie hem sloegen,
Hield hij zijn rug voor,
Wie zijn baard uitrukten,
Zijn wangen.
Wie hem beledigden en bespuwden
Ging hij niet uit de weg.
Hij werd mishandeld en verdrukt,
Maar hij hield zich stil,
Als een lam op weg naar de slachtbank.
Smart en angsten stond hij uit
En tuchtiging.
Maar wie van zijn tijdgenoten
Geloofde dat hij uit het land der levenden was weggerukt
En gestraft voor de zonden van zijn volk?
Erger nog, hij was een worm, geen mens,
De schandvlek van de mensen,
Veracht door het volk.
Allen die hem zagen bespotten hem,
Hoonden hem,
Schudden het hoofd:
'Vertrouw op de Eeuwige!
De Eeuwige zal je redden,
Hij zal je verlossen,
Want hij houdt van je.'
'Mijn hart vloeit weg als water,
Ik ben geradbraakt;
Mijn hart smelt als was,
Mijn keel is droog als een potscherf,
En mijn tong kleeft aan mijn verhemelte,
U brengt me terug tot het stof van de dood.
Want honden sluiten me in,
Mijn vijanden hebben mij omsingeld.
Ze hebben mijn handen en voeten doorboord,

Mijn botten zijn te tellen.
En zij kijken toe,
Vol leedvermaak,
Ze verdelen mijn kleren,
En dobbelen erom.
Al die spot heeft mij gebroken,
Ik kan niet meer.
Ik hoopte op wat medeleven,
Maar tevergeefs,
Op een woord van troost,
Maar ik kreeg er geen.
Ik had honger
En zij gaven mij gif.
Ik had dorst
En ik kreeg azijn.
Want zij denken te mogen vervolgen
Wie door u zijn gestraft;
De wonden door u toegebracht
Halen zij nog eens open.
Maar ze zullen hun blik naar mij wenden,
Degene die ze doorboord hebben.
Ze zullen hem bewenen
Zoals een enige zoon beweend wordt.
Ze zullen bitter wenen
Zoals een eerstgeborene beweend wordt.'

Voorbijgangers beledigden hem
En zeiden:
'Jij die het heiligdom afbreekt
En in drie dagen opbouwt,
Red nu jezelf
En kom van het kruis af.'
Ook de goddeloze priester
En de schriftgeleerden deden met hun spot mee.
'Anderen heeft hij gered,
Maar zichzelf redden kan hij niet.
De Messias,

De Koning van Israël,
Moet maar van het kruis afkomen,
Dan zullen we zien
Of we in hem geloven!'
Ook degenen die samen met hem gekruisigd werden, hoonden hem.

De koningen op aarde kwamen in opstand
En de vorsten verbonden zich met hen,
Tegen de Eeuwige en zijn Gezalfde.
Door iedereen veracht en verlaten,
Een man, getekend door lijden, een man die weet wat pijn is,
Als iemand voor wie men de ogen sluit
Hebben ze hem verguisd.
De steen, door de bouwers afgekeurd,
Is de hoeksteen geworden.
Zijn vijanden zeiden vol venijn:
'Wanneer gaat hij eindelijk dood?
Wanneer zijn wij van hem af?'
Al zijn tegenstanders konkelden tegen hem,
Zij dachten dat zijn ongeluk hem te gronde zou richten,
En als hem gevraagd werd:
'Waar komen die wonden aan uw handen vandaan?'
Antwoordde hij:
'In de woning van hen die mij liefhadden
Heb ik die opgedaan.
Zwaard, ontwaak! Val mijn herder aan.
Dood die herder! Dan zullen de schapen uiteengejaagd worden.
Zij beschuldigen mij op valse gronden,
Ik word belasterd en belogen.
Hun haat omringt mij,
Zij bestrijden mij zonder reden.
Liefde belonen zij met vijandschap.

Als ik in nood ben
Schenkt u mij het leven,
U strekt uw hand naar mijn vertoornde vijanden uit

En uw steun redt mij.
De Eeuwige zal mij bijstaan.
Van alle kanten dreigde de dood,
Ik raakte verstrikt in zijn netten.
In mijn benardheid
Riep ik de Eeuwige.
Ik schreeuwde mijn God om hulp.
In zijn paleis hoorde hij mij,
Mijn hulpgeroep drong tot hem door.
De aarde schudde en schokte,
De bergen trilden op hun grondvesten.
Uit de hemel reikte hij mij de hand,
Hij greep mij vast,
En trok mij uit het kolkende water.
Hij ontrukte mij aan mijn machtige vijand.
Kom, laten we terugkeren naar de Heer.
Hij heeft ons verscheurd,
Maar hij zal ons genezen.
Hij heeft ons geslagen,
Maar hij zal onze wonden verbinden.
Na twee dagen wekt hij ons weer tot leven,
De derde dag zal hij ons op doen staan.
Wij zullen leven in zijn nabijheid.
Ik houd de Eeuwige altijd voor ogen;
Hij is aan mijn zijde,
Mij zal niets overkomen.
Daarom verheug ik mij
En juich ik.
Ik voel me helemaal veilig.
U levert me niet over aan het dodenrijk,
U houdt mij weg van het graf.
U wijst mij de weg naar het leven;
In uw aanwezigheid ben ik blij,
In uw nabijheid ben ik gelukkig,
Voor altijd.
Eeuwige! De koning verheugt zich over uw macht.
Hij juicht om uw overwinning.

U zette hem een gouden kroon op het hoofd.
Leven vroeg hij van u
En u hebt het hem gegeven,
Leven tot in lengte van dagen.
U omgeeft hem met pracht en praal,
Groot is zijn faam.'

'Steek je zwaard weer bij je,'
Had hij tegen Petrus gezegd,
'Denk je soms dat ik mijn Vader niet te hulp zou kunnen roepen?
Hij zou me dadelijk bijstaan met meer dan twaalf legers engelen.
Maar hoe zou dan de Schrift in vervulling gaan?
Die zegt dat het zo moet gebeuren.'
Hij dacht,
Hij geloofde dat hij gered zou worden.
Hij wist het, totdat
Hij eindelijk begreep dat daar niets van kwam
En dat God hem in de steek liet.

De dag dat de Messias de geest gaf
Was de hemel niet donker.
Er was geen helder licht te zien,
Als een wonderteken.
Ook was er geen verduistering.
De hemel gaf nog een flauw schijnsel te zien.
Het was een dag als andere,
Maar dat normale was geen voorteken
Van het ontbreken van een voorteken.

Zijn doodsstrijd was lang en zwaar.
Zijn ademhaling was één lange, eindeloze klacht,
Immens van wanhoop.
Zijn haar en baard hadden niet meer de gloed
Van de wijsheid,
Zo lenigend, zo helend.
Gedoofd was in zijn ogen het vuur
Van de gedrevenheid,

De goede woorden
En de profetieën,
Toen hij de komst van de nieuwe wereld verkondigde.
Zijn lichaam, verwrongen als een doek, getekend,
Was een en al lijden,
De botten tekenden zich af onder het vel
Als macabere striemen.
Zijn huid was verschrompeld,
Toegetakeld als een hemd
Waar de lappen bij hangen,
Een verlote lijkwade,
Een uitgerolde en ontwijde boekrol,
Een halfvergaan perkament met letters van bloed
Op ingekraste regels.
Zijn ledematen waren uitgerekt,
Met nagels doorboord,
Vol paarsblauwe plekken;
Zijn doorstoken handen
Stonden krom.
Het bloed stroomde
Overvloedig,
Een warme golf welde op uit het hart.
Zijn mond was uitgedroogd,
Gespeend van de woorden van liefde,
Verstild.
Zijn zwakke borst
Zette zich plots schrap,
Alsof het hart naar buiten zou komen
In al zijn naaktheid, berstend, opgeofferd.

Toen verstarde hij,
Bedwelmd door zijn eigen bloed,
Met verwezen blik
En halfopen mond,
Een toonbeeld van onschuld.
Ging hij naar de Geest?
De Geest verliet hem juist,

Nu hij die, de wanhoop nabij,
Leek aan te roepen
En bij de naam te noemen.
'*God redt,*
God met ons,
Red mij.'

Maar er kwam geen teken voor hem,
De rabbi, de wonderdoener,
De verlosser, de vertrooster van armen,
De genezer van zieken, krankzinnigen en verlamden.
Niemand kon hem redden,
Niemand, ook hij niet.
Ze gaven hem wat water,
Lenigden zijn nood.

Om drie uur
Besefte hij dat alles voorbij was.
In zijn wanhoop,
Zijn eenzaamheid,
Zijn droefheid,
Zijn ontgoocheling,
Riep Jezus:

'*Eli, Eli, lama sabachtani?*'

En zo gaf Jezus de geest.

Wie is ten hemel gestegen,
En wie is eruit neergedaald?
Wie heeft de wind in zijn handen gevangen?
Wie heeft de uiteinden van de aarde doen verschijnen?
Wat is zijn naam?
En die van zijn zoon?
Weet je dat?

Ze hadden gezegd
Dat God hem niet in de steek zou laten.
De opdracht die ze hem toegedacht hadden
Moest hij tot het bittere einde uitvoeren,
Zo zeker wisten ze dat hij de Messias was,
Zo overtuigd waren ze dat ze het zouden winnen.
Ze wilden de eindstrijd uitlokken,
De confrontatie met de priesters
En de Kittim,
En allen die zuchtten
Onder die vervloekte overheersing
Laten zien dat Jezus de langverwachte Messias was.
Dat moest dan de aanvang van de laatste oorlog zijn
Vóór de komst van het Koninkrijk van God,
De oorlog die hen zou verlossen,
De oorlog waar ze met smart op wachtten.
Ze wilden handelend optreden
En voelden zich sterk genoeg om de loop van de tijd te bespoedigen.
Hun afgezant was Jezus geheten.
Ze wilden hem niet zien sterven.
Ze dachten dat hij zou zegevieren.

Vanwaar dat gewoel onder de naties,
Die loze plannen onder de volken?
Waarom komen de koningen op aarde in opstand,
En verbinden de vorsten zich met hen
Tegen de Heer,
De Gezalfde?
In de laatste tijden
Zullen de goddelozen zich verbinden
Tegen de Leraar der Gerechtigheid, om hem te vernietigen,
Maar hun plannen zullen op niets uitlopen.
De Kittim overheersen vele naties.
De vorsten
En de familiehoofden
En de priesters van Jeruzalem die Israël regeren
Met behulp van hun goddeloze Raad.

Hij wist welk lot hem wachtte
En dat hij zou terugkeren in glorie
Om over de naties te heersen
En ze te oordelen.

Daar hadden ze hem van overtuigd.
Maar ze hadden hem laten doden.
Dat vervulde hen van zo'n schaamte
Dat zij plechtig zwoeren
De ware geschiedenis van Jezus
Voor zich te houden.

Sommigen wachtten
Tot het wonder zich voltrok
En hij in een apotheose herrees,
Of tot een wereldramp alles wegvaagde, zoals in hun profetieën.
Anderen zagen een stralend licht door de hemel gaan.
Weer anderen zeiden
Dat ze hem in hun dromen hadden gezien.
Maar hier beneden
Was de aarde, deze wereld, niets.

Op een dag zal hij komen,
Hij zal van het geslacht van David zijn,
Het geslacht van de Essenen,
Hij zal machtig zijn op aarde,
Iedereen zal hem eren en dienen,
Machtig zal hij heten en met Zijn naam zal hij worden aangeduid,
Zoon van God zal hij genoemd worden,
Zoon van de Allerhoogste zullen ze hem noemen.
Als een vallende ster,
In een visioen, zo zal hun koninkrijk zijn.
Ze zullen een zeker aantal jaren
Op aarde heersen
En alles verpletteren.
De ene natie zal de andere verpletteren,

De ene provincie de andere,
Tot het volk van God opstaat
En het zwaard doet rusten.

Door de man der naties,
De opgeofferde rechtvaardige,
Zal hij gezalfd worden
Op zijn tijd.
Hij zal vechten tegen de kinderen der duisternis
En de goddeloze priester
Op zijn tijd.
Hij zal ze overwinnen.

In het jaar 3787
Door Johannes, de verholen priester,
de leerling die Jezus liefhad.

Want wie het gezien heeft, moet getuigenis afleggen,
Een waarachtig getuigenis,
Want hij weet dat hij de waarheid spreekt.

Achtste rol

DE MESSIAS-ROL

Hij zal wederkeren, wie men Jehosua noemt,
God redt,
Want de eerste keer
Redde God hem niet.
Hij was zoon,
Hij werd Heilige Geest,
Hij zal vader worden,
Zo zal hij wederkeren,
En hij zal vastgebonden worden
Als een lam,
En gered,
Want God redt
Opdat zijn woord vervuld wordt.

En een scheut zal uit zijn wortels opbloeien
En de geest van de Eeuwige zal op hem rusten,
De geest van wijsheid en inzicht,
De geest van overleg en kracht,
De geest van kennis en ontzag voor de Eeuwige
Zal op zijn zoon zijn.

En niets zal geschieden
Vóór de strijd, de vergeldingsoorlog
Van de kinderen van het licht tegen de kinderen der duisternis,
Van de zonen van Levi,

De zonen van Juda,
De zonen van Benjamin,
De ballingen in de woestijn,
Tegen de bewoners van Filistea,
De scharen van de Kittim van Assur,
En hun handlangers, de verraders.
En de kinderen van het licht
Zullen Jeruzalem heroveren
En de Tempel,
En die oorlog tegen zeven landen
Zal meer dan veertig jaar duren.

En dat zal plaatshebben
Na de eeuw van de verwoesting,
Van de ramp,
De haat,
De ziekte,
De broederstrijd,
De etnocide,
De genocide.

En dat zal plaatshebben
Als de Mensenzoon komt
Uit het geslacht van David,
Dat van de Zonen van de woestijn.
Hij zal gezalfd worden;
Op zijn hoofd
Zal balsemolie gegoten worden
Door de man der naties,
De doorboorde rechtvaardige,
De opgestane Elia en Johannes,
Door hem zal hij aangekondigd worden.

En door de duivel in het bos
Zal hij verleid worden.
Driemaal
Zal hij overwinnen.

Hij, de Koning van de Glorie die op de wolken van de hemel komt,
De zwakke plant,
Als een spruit die uit de dorre aarde opkomt,
De nederige koning die op een ezel rijdt,
En de lijdende dienaar,
Zoals Hosea zegt:
Ik ga terug naar de plaats waar ik woon,
Tot zij genoeg gestraft zijn
En mij weer zoeken.
De hand van de Eeuwige was op mij.

En allen die zijn brood eten
Zullen zich tegen hem keren.
Zij zullen kwaad van hem spreken
Met een boze tong,
Allen die tot zijn vergadering zijn toegetreden.
Zullen hem belasteren bij de kinderen van het onheil,
Maar opdat Zijn stem geprezen wordt,
En wegens hun schuld
Heeft hij de bron van inzicht,
Het geheim van de waarheid verborgen.

En anderen zullen zijn nood nog erger maken.
Zij zullen hem in duisternis hullen,
Brood van zuchten zal hij eten,
Zijn drank zal in tranen bestaan, zonder einde.
Want zijn ogen zullen dof worden van ellende,
Zijn ziel zal elke dag in bitterheid verzonken zijn.
Vrees en droefheid zullen hem omringen.

En dan zal het oorlog zijn
In de hele wereld.
Hij zal strijden tegen de kinderen der duisternis,
Ze opjagen
Zonder ophouden,
En tegen de goddeloze priester

Zal hij strijden,
En hij zal hem overwinnen
En hij zal de goddeloze priester doden
Met de Wet.

En dan zal alles gereed zijn voor de komst van de Messias,
Alles zal in de woestijn bereid zijn,
Ook een schat van edelstenen en heilige voorwerpen,
Afkomstig uit de oude Tempel,
Opdat hij naar Jeruzalem gaat,
In volle glorie,
En de Tempel weer opbouwt.
En hij zal hem weer opbouwen,
De Tempel die hij in een visioen heeft gezien.

En de Mensenzoon zal een leger hebben,
Dat zal optrekken vanuit een vlakte vol botten.
De talloze botten zullen er overal verspreid liggen
En helemaal uitgedroogd zijn.
Dan zal de Eeuwige van de Heerscharen hem zeggen:
'Mensenzoon, zouden deze botten weer levend kunnen worden?'
En hij zal antwoorden:
'Heer, Eeuwige,
Dat weet u alleen!'
En dan zal hij hem zeggen:
'Profeteer over die botten
En zeg ze:
Jullie uitgedroogde botten,
Luister naar wat de Eeuwige te zeggen heeft.
Dit zeg ik, de Eeuwige:
Ik zal jullie de levensadem schenken,
Je zult weer leven.
Ik zal jullie bedekken
Met pezen en vlees,
Overtrekken met huid
En je levensadem geven.
Zo zul je tot leven komen

En weten dat ik de Eeuwige ben.'
En hij zal profeteren
Zoals hem gevraagd is,
En nauwelijks zal hij geprofeteerd hebben,
Of er zal een ratelend geluid zijn.
De botten zullen zich aan elkaar voegen.
Hij zal zien
Hoe ze bedekt worden
Met pezen en vlees
En overtrokken worden met huid.
En de levensadem zal weer in ze komen,
Ze zullen weer levend worden
En gaan staan
En een zeer groot leger vormen.

En hij zal met zijn leger
Naar Jeruzalem gaan,
Hij zal door de Gouden Poort binnenkomen,
Hij zal de Tempel herbouwen,
Zoals hij die in een visioen heeft gezien,
En het langverbeide
Hemelse Koninkrijk
Zal komen, door hem,
De redder
Die de *Leeuw*
Zal worden genoemd.

En al die dingen zullen plaatshebben
In het jaar 5760.

1	2	3
א	א	Α
ב	ב	Β
ג	ג	Γ
ד	ד	Δ
ה	ה	Ε
ו	ו	Υ
ז	ז	Ζ
ח	ח	Η
ט	ט	Θ
י	י	Ι
כ	כ	Κ
ל	ל	Λ
מ	מ	Μ
נ	נ	Ν
ס	ס	Ξ
ע	ע	Ο
פ	פ	Π
צ	צ	
ק	ק	
ר	ר	Ρ
ש	שׂ שׁ	Σ
ת	ת	Τ

1. Hebreeuws alfabet ten tijde van de Qumran-boekrollen.
2. Modern Hebreeuws alfabet, het zogenoemde kwadraatschrift, dat vanaf de vijfde eeuw opgekomen is.
3. Vergelijkbaar Grieks alfabet.

Verklarende woordenlijst

ASJKENAZIM: uit Midden- en Oost-Europa afkomstige joden.

BAÄL TESJOEWA: jood die tesjoewa heeft gedaan.

BACHOERIM: leerlingen aan een hogere talmoedschool.

BAR MITSWA: 'zoon der wet'; religieuze plechtigheid als een jongen zijn dertiende levensjaar voltooit en religieus meerderjarig is, met lezing van een passage uit de thora.

BELZ: kleine chassidische vredesbeweging.

CHALLE: sabbatbrood.

CHANOEKA: tempelreinigings- en inwijdingsfeest, ter herdenking van de overwinning van de Makkabeeën op de Romeinen in 167 v.C.

CHASSIDIM: 'vromen': ultra-orthodoxe joodse gemeenschap onder het gezag van een rabbi.

CHOLOT: soort zwarte kamerjas met ronde kraag, gedragen door bepaalde orthodoxe joden.

DEVÉKOET: mystiek hoogtepunt bij de chassidim: de innige beleving van God.

GABBAI: soort ceremoniemeester in de synagoge (penningmeester, assistent van de rabbi).

GALOET: diaspora.

GEMARA: deel van de talmoed: rabbijnse commentaren op de misjna.

GOER: voornaamste vertegenwoordigers van de Poolse chassidim, die hun leven aan de studie wijden.

GOJ: niet-jood.

GUERTL: ceintuur; lang gevlochten zwartzijden lint dat boven- en onderlichaam scheidt.

HABAD: Messianistische zendingsbeweging, verbreid over de hele wereld, die gelooft dat de Messias pas kan komen als alle joden religieus zijn geworden.

HAGANA: voormalige joodse verzets- en onafhankelijkheidsbeweging in Palestina.

JESJIWA: talmoedschool.

JIDDISCH: Duits-Slavisch-Hebreeuws-Arameese mengtaal van Oost-Europese joden, rond het jaar 1000 in het Rijn- en Moezeldal ontstaan.

KADDISJ: 'lofprijzing'; gebed voor een overledene.

KAPPILOESJ: hoed; grote vilten hoed met brede rand en zijden lint rond de bol.

KIDDOESJ: zegening (van de te drinken wijn).

KIPA: keppeltje.

KOLLEL: hogere talmoedschool (voor getrouwde mannen).

KOOSJER: volgens de joodse religieuze voorschriften bereid of geoorloofd.

KVTITL: verzoekschrift (aan de rabbi).

MASHIAH: Messias.

MATSE: ongezuurd paasbrood.

MEZOEZA: kokertje aan de deurpost, met thorateksten erin.

MIDRASJ: joodse bijbeluitleg aan de hand van eigentijdse situaties en beelden.

MIKWA: joods ritueel bad.

MINJAN: quorum van tien aanwezigen bij een godsdienstoefening.

MISJNA: deel van de talmoed: verzameling leefregels.

MITSWA: gebod, wet.

PARNAS: leider van de gemeente.

PASCHA, PESACH: joods paasfeest ter herdenking van de uittocht uit Egypte onder leiding van Mozes.

PIDJON: 'inlossing'; betaling voor consult bij de rabbi.

PILPOEL: talmoedische exegese of redenering door middel van subtiele abstracties.

ROSJ HA-SJANAH: joods nieuwjaar.

SABBAT: wekelijkse joodse rustdag.
SABRA: in Israël geborene.
SANHEDRIN: joodse Hoge Raad in bijbelse tijd.
SATMAR: anti-zionistische beweging, vooral in de Verenigde Staten, die de staat Israël bestrijdt.
SEFARDIM: joden van Spaanse of Portugese oorsprong.
SEIDER: huiselijke joodse paasceremonie.
SJAWOEOT: Wekenfeest (zeven weken na Pesach), ter herdenking van de overhandiging van de thora aan het volk.
SJIKSE: (pejoratief) niet-joodse vrouw.
SJOCHET: rituele slachter.
SJOFAR: ramshoorn.
SOEKKOT: Loofhuttenfeest.
SOFER: schrijver, schriftgeleerde.
STREIMEL: met bont afgezette hoed, door chassidim op feestdagen gedragen.
STRUDEL: Midden-Europees gebak, gevuld met vruchten; appelflap.
TALLITH: gebedssjaal.
TALMOED: mondeling overgeleverde Wet, neergelegd in de misjna en de gemara.
TAREF: niet-koosjer.
TEFILLIN: gebedsriem voor het ochtendgebed: doosje met bijbelteksten, met een riem aan voorhoofd of linkerarm bevestigd.
TÉKOE: religieuze formule, die zoveel betekent als: 'Deze vraag blijft (tot de eindtijd, de komst van de Messias) onbeantwoord.'
TESJOEWA: terugkeer tot een praktiserend religieus leven.
THORA: de geschreven joodse Wet, de Pentateuch.
TIKOEN: heelmaking, goedmaking.
TISH: maaltijd aan het eind van de sabbat.
TSAHAL: het Israëlische leger.
TSIMTSOEM: sleutelbegrip van de kabbala: het zich terugtrekken van God op zichzelf, om de schepping de ruimte te laten.
VISJNITZ: politiek gematigde chassidische beweging.
ZOHAR: het *Boek van de Luister*, hoofdwerk van de kabbala met mystiek commentaar op de thora, eind dertiende eeuw geschreven door Moses de Leon.